伊藤喜良著

日本中世の王権と権威

思文閣史学叢書

思文閣出版

日本中世の王権と権威／目次

Ⅰ　天皇制と観念的権威

Ⅱ　南北朝動乱と社会と思想

Ⅲ　室町幕府と王権

日本中世の王権と権威

序論　中世天皇制と収載論文をめぐって

一　中世天皇制と公家政権研究の現況

昭和天皇の死去、現天皇の即位・大嘗祭があった天皇をめぐる一九八九〜九〇年の騒動は、天皇制に関心を持ち、天皇に関わる歴史的な諸行事・儀礼について学ぶものとして深く考えさせるものであった。歴史的に見れば異常な「即位儀」であった。だがこの騒動は歴史学の発展には多少の「貢献」をしたかもしれない。天皇制についての研究は従来より活発であったが、政府やマスコミあげての「儀礼騒動」により、その批判も活発となり、研究のさらなる活況をもたらしたからである。歴史学研究会や日本史研究会等の学会を中心として、批判的な企画が多くなされて活発な議論が展開された。またこの代替り儀式の数年前から企画されていた講座『前近代の天皇』(1)が出版され始めたこと等もそれを示している。このような企画や講座ばかりではない。現在、中世史研究のなかにおいて天皇制研究や公家政権に関わる研究が活発化し、その深化は目を見張るばかりである。

幕府研究はやや停滞的であるが、公家政権に関しては刺激的論文が近年数多く発表されており、それは院政論、「治天の君」論を中心としているが、公武関係をはじめとして多方面に広がりを見せている。この様な天皇制や公家政権論が活況を呈するようになった源流は、一九六〇年代に発表された黒田俊雄氏の「中世国家と天皇」(2)であることはいうまでもない。いわゆる「権門体制論」といわれる黒田氏のこの論文は戦後における中世天皇制研究の大きな画期となった。また七〇年代初期に橋本義彦氏によってなされた「院評定制」(3)についての研究は、鎌倉期の院政の構造、治天の君と政治形態について検討し、この期の公家政権の権力講造究明の出発点となるものであった。天皇・上皇や中世国家の存在形態等について様々な研究がなされ始めたのであるが、一方でいわゆる社会史研究をとおして、中世身分制の研究も深化し、中世社会のなかにおける天皇の位置づけ、天皇に対する社会意識等について大きく研究が進んだ。

八三年、佐藤進一氏は『日本の中世国家』(4)なる著書を出版した。この書は黒田氏の「権門体制論」を批判し、中世前期の日本には京都の公家を中心とする国家と、鎌倉の幕府という二つの国家が存在したとし、両国家ともに「官司請負制」を共通の特色としていたという。中世の権力機構を特徴づけるとする、「官司請負制」という新しい概念の提起は中世国家の究明に刺激を与えたが、ことに公家政権論に大きな影響を与えた。この佐藤氏の「二つの国家論」「官司請負制」を批判的に検討することを初めとして、「院評定制」「治天の君」に関わる諸問題、公武関係論等の検討が深まり、研究がさらに進展している。

例えば公家政権成立に関わる諸問題については、従来の「王朝国家論」の議論を踏まえたうえで、律令的な天皇制、太政官政治が十世紀に消滅して、中世的な公家政権が成立するとする見解が提起されている。井原今朝男氏の「天皇摂関共同執行体制」論等が代表的なものである。(5)

鎌倉期の公家政権、公武関係については、主要なものだけでも、佐藤進一『日本の中世国家』を初めとして、山本博也「関東申次と鎌倉幕府」(6)、近藤成一「中世王権の構造」以下の諸論文(7)、市沢哲「公家徳政の成立と展開」(8)「鎌倉後期の公家政権の構造と展開」(9)、本郷和人「鎌倉時代の朝廷訴訟に関する一考察」(10)、美川圭「関東申次と院伝奏」(11)等、森茂暁『鎌倉時代の朝幕関係』(12)等々、公家政権や公武関係に関する研究が目白押しであり、目を見張るばかりである。

中世天皇制、公家政権の消滅については、今谷明『室町の王権』(13)、富田正弘「室町殿と天皇」(14)が詳細に論じている。以上のような公家政権、中世天皇制の研究の盛況は、中世国家をどの様に考えるかということが大きな論点として存在し続けてきたことによる。現在でも、黒田氏の「権門体制論」、佐藤氏の「二つの国家論」、永原慶二氏の提起している「職制国家論」「大名領国制論」(15)、その他に「多元国家論」「複合国家論」「無国家論」等の「複数国家論」の変形等がある。大きくいって「権門体制論」と「二つの国家論」が四つに組んでいるように見受けられるが、黒田氏の強みは、「権門体制」という国家論のみではなく、支配・収授体制として荘園・公領制、支配思想の体系を「顕密体制」と規定して、支配階級が全人民を支配し、搾取する体制をトータルに見据えていることである。ただ弱点はすでに多くの人が指摘しているように、室町時代の国家を「権門体制論」で処理することができるかということである。

佐藤氏の「二つの国家論」は東国と鎌倉幕府を主たる研究の対象に据えている研究者に支持者が多い。そもそも歴史的に畿内の人々は東国を異質な地と見なし、「東夷」などと呼んで、東国の人々を蔑んできたことは周知の事実である。東国の人々が畿内から「独立」しようとしていたことも事実である。網野善彦氏(16)をはじめとして、東国と西国の相違とそれぞれの地域の特質を追求する研究者も多く、人種も違っているのではないかとの指摘もある。佐藤氏の「複数国家論」を支持する研究者は峰岸純夫氏(17)をはじめとしてかなり存在している。

ただ佐藤氏の見解にも弱点がある。室町期を対象外にしていることは問わないとして、村井章介氏が指摘しているように、[18]二つの国家論の核となっている「官司請負」とは、所詮「権門」の形成ではないかということであり、権力形態は意外と黒田氏の見解と近いということである。とすれば幕府を一つの権門と規定するか、それとも独立した権力と見なすかどうかという論点が浮び上がる（近藤成一氏は幕府を権門体制外の権力と見なしている）[19]。幕府は独立した権力と規定するには曖昧さが残っている。それとともに、寺社勢力が国家論の中に位置づけられていないという点も弱いところである。

当時の国家を一つと考える筆者としては、「権門体制論」にやや親近感を持っている。当時の人々は、国家という認識はきわめて曖昧であり、「天下」によって国家認識が代位されていた。確かに中世においては分権的要素が濃厚であり、その分権的側面のみに目を奪われたならば、到底単一国家であるといえる状況ではないと見なすのも当然である。しかしこの「分権」というのは実力、武力を「ものさし」として検討したときの規定である。寺社勢力、支配思想、支配収授体制等の中世国家を形成する諸々の要素を考慮にいれた場合に、果たして上記のように言い切って良いのかどうか検討の余地がある。

中世国家の規定をめぐってほど激しい論争にはなっていないが、中世天皇制と公家政権の成立からその終末に関わる論点もかなり明確にされてきている。例えば「王権」をめぐる見解の相違、すなわち王権掌握者は天皇か上皇か将軍かの問題である。この点も国家論と密接不可分の関係があることより、決着が着いていない。さらに中世的天皇制の形成と変質、その政治形態（徳政論）、公武関係について研究を進めることが重要な課題となっている。

戦国時代の天皇制をめぐって刺激的な論文が相次いでいる。天皇制がもっとも衰退した時期が戦国時代であるという認識は払拭されつつある。治罰の綸旨や官位・官職をめぐる天皇・将軍・大名の関係、戦国大名の上洛運動、天皇の寺社支配等の研究が進み、将軍権力の衰退するなか、逆に天皇の権威が強くなってくると指摘され始めている。代表的論考は、脇田晴子「戦国期における天皇権威の浮上」（上）・（下）[20]、今谷明『戦国大名と天皇』[21]

である。もちろんこの様な見解に対して、批判も存在している。[22]その批判点の中心となるものは、戦国期における天皇のこれらの権威はほとんど実態のないものであり、「名目的なもの」であるとする点である。統一権力形成期の天皇の役割についても、同様な見解の相違が存在している。[23]筆者は第Ⅲ部第四章「伝奏と天皇」において、「応仁の乱における天皇の役割」について論じているように、脇田氏や今谷氏の見解に親近感をもっているが、中世国家や天皇制研究を深めるためには、支配思想（正当イデオロギー）、儀礼と秩序、官位・官職と中世社会等のような諸点について研究を進める必要性を益々感じており、この様な諸点を筆者の今後の研究課題として掲げながら、中世の公家政権、天皇制の問題を追究していきたい。

二　収載論文について

本書は筆者が二十年程にわたって様々な雑誌や論文集に発表してきた中世の王権とその権威に関わる論文を集成したものである。発表した時期によって問題意識もかなり変わっているところもあり、一部に首尾一貫しないところもある。現在の時点での問題意識とはかけ離れた論文も収載している。しかし現在の問題意識と若干ずれているといっても、論旨に関わるような修正を加えず、当時のままとした。多くのものは誤字、脱字、史料の写し間違い、意味不明や不正確な文章の訂正、注の追加等に止めた。ただ「衛門府とケガレのキヨメ」のみは、その論旨を変えずに史料削除・補訂をした。

第Ⅰ部は主として中世前期の天皇制に関わる論文を集めたものであり、観念的権威・身分制を中心的論題としている。一九七〇年代末からほぼ十年にわたって、歴史学研究会中世部会に関係した。隆盛をきわめた「社会史」「民衆生活史」「中世身分制論」等のテーマと否応なく対応せざるをえず、中世史部会の活動の中から、諸氏に学んでなしたものである。

第一章「中世における天皇の呪術的権威とは何か」は、村山修一氏の『陰陽道総説』(24)に刺激を受けて成したものである。天皇制を支えた思想、その民衆にたいする呪縛、中世身分制等の相互の関連について模索している中で発表したものである。ただこの論文が成される一年以上以前に岡田荘司「陰陽道祭祀の成立と展開」(25)が発表されており、氏の論文を引用しなかったのは不勉強の致すところであった。この後、高橋昌明氏がこの問題を精力的に研究し、十世紀末の疫病の流行、陰陽道の祭祀、酒呑童子説話を結び付け、その源流を探った『酒呑童子の誕生』(26)という興味深い新書を出版した。参照されたい。

第二章「四角四堺祭の場に生きた人々」は、第一章の補説で、使い慣れない文学作品を史料としていることより、やや冗長となっている。なお、石井進氏は「回顧と展望」において、上記二論文を「社会史」批判の論文に位置づけられ、「社会史」批判が成り立っていないとの評価をなされたが(27)、筆者の意図するところとやや齟齬があった。

第三章「抜頭の舞」は舞楽の「抜頭の舞」と民衆運動と非人との関連を追求したものであり、謡曲「蝉丸」との関わりから、非人にたいする意識の変化を見ようとしたものである。この論文について、非人が蔑視されるようになっていった要因にたいする究明が弱いと批判された(28)。

第四章「衛門府とケガレのキヨメ」は、丹生谷哲一氏の『検非違使』(平凡社刊)の書評(29)との関わりで成したものであり、一九八七年度の東北史学会大会古代・中世部会報告に手を加えたものである。なお原論文に引用した「衛門府粮料下用注文」(『平安遺文』第四五八号文書)の一部を削除し、若干の補訂を成した。

第五章「ケガレ観と鎌倉幕府」は、「「東国国家」と天皇」と題して『東国史の研究』に掲載したものを改題したものである。鎌倉幕府の観念的権威の形成は、将軍の「聖」化に見られるように、中世天皇制を模倣したものでしかなかったことをみた。山室恭子氏から「同様の祭祀を行ったから天皇制から自由になりえなかった、という論理の運びはいささか短絡的」との批判をあびた。(30)やや短絡的な側面がないではなかったが、鎌倉の浄・穢の問題に切り込んだものであり、鎌倉の身分制や意識をみるうえで、祭祀への注目は重要であり、今後も支配思想の検討と絡めながら注目し続けたい。

第六章「中世国家と領域観」は、一九八七年度の歴史学研究会大会総合部会報告「日本中世における国家領域観と異類異形」を改題したものである。天皇制と身分制の問題、すなわち聖・浄と賤・穢の意識を中央と周縁の関係まで広げて考えたものである。この報告批判については、荒井泰典氏から四点にわたる「大会報告批判」をいただいた。(31)宮廷儀礼と「浄穢観」、境界地の両属性の問題、浄穢観と仏教・儒教的価値観との関わり、天皇の観念的権威と浄穢観の関わりの問題である。いずれも大きな問題であるので、今後の検討課題として残されたままである。なお、もとの論文においては、注は文中にカッコで括って挿入してあるが、本書においては、他の論文にならって最後に纏めた。

第Ⅱ部は、南北朝動乱期の社会と、その時代に生きた人々の意識・思想・文化について論じたものである。歴史学研究会・日本史研究会編『講座日本歴史』(東京大学出版会)の執筆に参加したことにより、その折に与えられたテーマの問題意識を深めて成したものである。なおこの時代についての全体像は、通史的なものであるが、『南北朝動乱』(集英社、一九九二年)にて概括しているので参照されたい。

第一章「南北朝動乱期の社会と思想」は、主として殺生と殺害を論点として追求し、中世の社会に生きた人々の生活や意識を見ようとしたものである。講座という性格上「注」を付さず、論文末に「文献一覧」を載せているが、原文の通りにした。この論文については、志賀節子氏が「全体的にはやや雑然とした印象を残すところがあり、論理展開の面に難点が見出だされる」と批判された。(32)講座という性格から十分な論証ができなかったので、後に第二章、第三章の論文を発表した。

補論「南北朝内乱と変革」は、南北朝期の研究整理をしたものである。

第二章「寺社縁起の世界」は、寺社縁起内に見られる動物の殺生、殺生のありかたを見ることを通して、東国の民衆思想を探ったものである。ここで明らかにした東国の民衆意識については、賛意の見解もあるが、批判もある。平雅行氏は殺生功徳論は西国の神社にも見えるから東国＝殺生仏果観、西国＝殺生罪業観は図式的であると批判された(33)。また今堀太逸氏も同様な批判を展開している(34)。

第三章「中世後期の雑芸者と狩猟民」は、謡曲「善知鳥」を主要な題材として、中世後期の漁師・漁夫という人々に対する社会意識を見ようとしたものである。

第Ⅲ部は室町時代の公武関係を主として論じたものである。公武関係研究の隆盛によって、現在のこの分野の研究はきわめて進んでいるので、もはや研究史上の意義しか有しないと思われるような論文もあるが、室町期の王権検討の出発点とした論文であるので採録した。なお以下の論文の中で、第一章、第二章、第四章のものについては『日本古文書学論集7』の「解説」において、編者の上島有氏が研究史上の位置づけを行っている(35)。参照されたい。

第一章「室町幕府と武家執奏」は、公家裁判権等が南北朝期を通して幕府側に吸収されていく問題を、武家執奏を通してみ、公家政治の空洞化について検討したものである。岩元修一氏は「武家執奏」についてさらに検討を深め、「武家執奏」という幕府の役職の存在をも示唆している(36)。参照されたい。

第二章「応永初期における王朝勢力の動向」は、室町初期における伝奏の政治行動を分析することによって、義満政権の権力構成をみ、権力の在り方について検討したものである。

第三章「義持政権をめぐって」は、足利義持政権の確立過程を論じたものであり、禅秀の乱以後の京都政界の動きを詳述している。

第四章「伝奏と天皇」は、嘉吉の乱以後における伝奏の行動、幕府と伝奏の関係を明らかにすることにより、この期における朝幕関係、天皇の政治的役割を論じたものである。富田正弘「室町時代における祈禱と公武統一政権」[37]を批判的に検討したものである。富田氏もその後再反論されている。[38]

以上、論点と主なる批判等について記した。[39] 前近代の天皇の基本的性格を検討するための視点は、王権掌握者であるかどうかということとともに、祭司権掌握者たる天皇を支配思想や諸儀礼のなかでどの様に位置づけて、天皇制を歴史的に解明していくかということである。天皇が支配機構を統括して国政上の頂点に立ち、支配者層内部の最高位を占めて、中世のある時点まで国王として統治行為を行っていたことは通説となっている。本書第Ⅲ部収録の論文は王権をめぐる天皇（朝廷）、武門（将軍）の関係、両権力の相互依存の在り方を追究し、室町期の権力形態と王権の様態を究明しようとしたものである。中世前期の王権や権力形態についてなんら検討していないという弱点を抱えており、この問題が課題として残されているが、前述したように、鎌倉期における公家政権の研究が隆盛をきわめている現在、いずれこれらの研究の驥尾に付して検討を進めたいと考えている。

祭司に関わり、教権を掌握していた天皇が、観念的・宗教的な権威を有して、きわめて神秘的な存在として位置づけられていたことは周知のことである。天皇は「帝王」としての側面を持ち、様々なものに権威を付与して、それらの権威を正当化するという「権威の源泉」たる位置にあった。第Ⅰ部収録論文は、天皇の観念的・宗教的権威に付いて論及したものであるが、その権威の問題を前述したように「身分制」や「民衆生活」とも関わらせて、宗教的側面から、権力機構からの観点から、民衆運動の関わりの側面から、境界周辺地域に対する観点から見ようとしたものである。言わずもがなのことであるが、観念的権威は、儀礼や支配思想と密接に結び付いている。本書の論文においても陰陽道の諸儀礼と王権との関わりについて若干論及しているが、権威を支える様々な儀礼行為についての検討はきわめて弱い。さらに弱点なのは、支配思想と王権・観念的権威についてはまったく触れていないことである。これらの点の補強は是非必要である。(40) 第Ⅱ部の諸論文は民衆の社会意識をみようとしたものであるが、第Ⅰ部の観点と間接的に関わるものである。なお、これらの論文の中には、東国史に関わるものもあるが、いずれ東国史についても総合的に検討してみたい。

これらの論文はもとより問題意識を十分に練らないままに作られたものも多い。その時々の「思い付き」的問題意識の成せる業であったと思われるものもある。だが幾つかの問題は、論文作成時には夢想だにもしなかった程、他の研究者によって研究が深められたことは喜びにたえない。本書は「王権・権威」をテーマに掲げながらも、その本質まで十分に突いた「王権・権威論」を展開しているわけではない。今後さらに研鑽を積みたい。

(1) 青木書店。この講座は全六巻であるが、近代以後の天皇制についても、続編で期待したい。
(2) 『岩波講座日本歴史6』(岩波書店、一九六三年)、のち『日本中世の国家と天皇』(岩波書店、一九七五年)収録。
(3) 『日本歴史』二六一、一九七〇年、のち『平安貴族社会の研究』(吉川弘文館、一九七六年)収録。
(4) 岩波書店、一九八二年。
(5) 「中世の天皇・摂関・院」(『史学雑誌』一〇〇―八、一九九一年)、「摂関・院政と天皇」(『前近代の天皇』第一巻、青木書店、一九九二年)。
(6) 『史学雑誌』八六―八、一九七七年。
(7) 『歴史学研究』五七三、一九八七年。「鎌倉幕府の成立と天皇」(前掲『前近代の天皇』第一巻)等。
(8) 「公家徳政の成立と展開」(『ヒストリア』一〇九、一九八五年)。
(9) 『日本史研究』三五五、一九九二年。
(10) 『中世の人と政治』(吉川弘文館、一九八八年)。
(11) 『史林』六七―三、一九八四年。
(12) 思文閣出版、一九九一年。
(13) 中央公論社、一九九〇年。

(14)『日本史研究』三一九、一九八九年。
(15)「前近代の天皇」(『歴史学研究』四六七、一九七九年)。
(16)『東と西の語る日本の歴史』(そしえて、一九八二年)他。
(17)『中世の東国』(東京大学出版会、一九八九年)。
(18)「書評、佐藤進一『日本の中世国家』」(『史学雑誌』九三―四、一九八四年)。
(19)前掲「鎌倉幕府の成立と天皇」。
(20)『日本史研究』三四〇・三五一、一九九〇・一九九一年。
(21)福武書店、一九九二年。
(22)永原慶二「応仁・戦国期の天皇」(『前近代の天皇』第二巻、青木書店、一九九三年)。
(23)池享「織豊政権と天皇」(『前近代の天皇』第二巻、青木書店、一九九三年)を参照されたい。
(24)塙書房、一九八一年。
(25)『国学院大学日本文化研究所紀要』五四、一九八四年。
(26)中央公論社、一九九二年。
(27)『史学雑誌』九六―五、一九八七年。
(28)『史学雑誌』九九―五、一九九〇年。
(29)『史学雑誌』九七―八、一九八八年。
(30)『千葉史学』一三、一九八八年。
(31)『歴史学研究』五七五、一九八七年。
(32)「書評と紹介、『講座日本歴史』4 中世2」(『日本史研究』二八二、一九八六年)。
(33)『部落史史料集』第一巻(部落問題研究所、一九八八年)二〇〇頁。
(34)『神祇信仰の展開と仏教』(吉川弘文館、一九九〇年)一四七頁。
(35)吉川弘文館、一九八六年。
(36)「所務相論を通してみたる南北朝期の朝幕関係について」(『九州史学』七二、一九八一年)。
(37)『日本中世の歴史像』(創元社、一九七八年)。

（38）「嘉吉の変以後の院宣・綸旨」（『中世古文書の世界』吉川弘文館、一九九一年）。小川信氏も「足利将軍家の権力に関する一考察」（『日本中世の政治と文化』吉川弘文館、一九八〇年）、「伝奏の活動と義満政権」（『足利一門守護発展史の研究』吉川弘文館、一九八〇年）において、筆者と同様な観点から富田氏の論文を批判されている。

（39）筆者が論文を成して以後、数え上げられないほどの関係論文が成され、著書が刊行された。問題意識に関わるもの全てをあげることは無理であるので、言及しなかった主要な著書等をあげておきたい。第Ⅰ部では、『陰陽道叢書』全四巻（名著出版、一九九一年以後）が出版され始めたのは、陰陽道研究のうえできわめて有益であり喜ばしい。丹生谷哲一『日本中世の身分と社会』（塙書房、一九九三年）、黒田日出男『王の身体　王の肖像』（平凡社、一九九三年）等の力作が出版され、戸田秀典『奈良・平安時代の宮都と文化』（吉川弘文館、一九八八年）、脇田修『河原巻物の世界』（東京大学出版会、一九九一年）も興味深い。また新村拓『死と病と看護の社会史』（法政大学出版局、一九八九年）、山本幸治『穢と大祓』（平凡社、一九九二年）、水藤真『中世の葬送・墓制』（吉川弘文館、一九九一年）、細川涼一『逸脱の中世』（JCC出版局、一九九三年）、岩井忠熊・岡田精司編『天皇代替り儀式の歴史的展開』（柏書房、一九八九年）もある。第Ⅱ部では、網野善彦『異形の王権』（平凡社、一九八六年）、『日本論の視座』（小学館、一九九〇年）、『海と列島の中世』（日本エディタースクール出版部、一九九二年）、山路興造『翁の座』（平凡社、一九九〇年）、三浦圭一『日本中世賤民史の研究』（部落問題研究所、一九九〇年）、戸田芳実『初期中世社会史の研究』（東京大学出版会、一九九一年）、永原慶二『室町戦国の社会』（吉川弘文館、一九九二年）等をあげることができる。第Ⅲ部では、今谷明氏は前掲書の他に『天皇家はなぜ続いたか』（新人物往来社、一九九二年）、『信長と天皇』（講談社、一九九二年）を刊行している。石井進編『中世の法と政治』（吉川弘文館、一九九二年）は南北朝から戦国期までの法と政治制度に関する論文を集めており、前期のものについては『中世の人と政治』（吉川弘文館、一九八八年）も出版されている。古沢直人『鎌倉幕府と中世国家』（校倉書房、一九九一年）は鎌倉幕府の法や裁判の検討を通して、その権力構造を究明しようとした力作である。

（40）この点については今後の研究課題であるが、とりあえず拙稿「両統と正当化論」（『中世の発見』吉川弘文館、一九九三年）、「王土王民思想・神国思想」（『前近代の天皇』第五巻、青木書店、未刊）を参照されたい。

I

天皇制と観念的権威

第一章　中世における天皇の呪術的権威とは何か

はじめに

天皇制問題がきわめて注目されている。中世天皇制についても政治史的検討はもとより、身分制論や中世社会論のなかでも大きな議論の的となっている。網野善彦氏は、従来の非農業民関係論文をまとめて著書となし、『日本中世の非農業民と天皇』と題して刊行した。(1)その序章と終章において、網野氏の視角からした戦後における天皇制研究の総括がなされている。石母田正氏以来の中世天皇制研究を批判し、その天皇制研究を「領主制論」のうえにたったものと断罪する。天皇の対極に存在する「百姓」の存在形態と位置づけで永原慶二氏等の天皇制研究を批判するとともに、中世の社会構造を非領主的なものが主要であるとみなす黒田俊雄氏の諸研究をも、新「領主制論」の形成であるとみなし、同様に批判するのである。氏は、従来における中世天皇制研究が、ややもすれば権力構造研究の中でしか位置づけられてこなかったとし、少なくとも古代から現代まで天皇が「存続」してきたという事実を認めることから出発し、時の権力者がそれを利用したのは、天皇の地位自体に利用されうるなにかがあったのではなかろうかと指摘され、これは日本中世社会の体質につながる問題であり、この点を歴史的に究明することなしに、天皇の問題を論じ切ることはできないと論断しているのである。たしかに戦後の中世天皇制研究は網野氏のいわれるごとき諸側面があり、また権力構造論から接近するという状況が長い間続いたことは事実である。権力論のなかで天皇制の特質を見出すという視角は、現在でも充分説得的な観点であるが、権力機構の中でのみ天皇制論を展開すれば、ともかくも天皇制が現代まで「存続」しえた理由が「時の権力の政治的利用」以上にみえてこないことも事実である。この点網野氏の指摘は、まことに的確といわなければならない。だがこの点について、網野氏の著書を読むかぎり、いまだ鮮明な解答を引き出しているとはいい難いのも事実である。氏自身も今後の課題とみなしているが。たしかに網野氏の著書は非農業民の存在形態についてはきわめて詳細である。しかし、天皇と非農業民との係わりの根本的要因については、やや抽象的である。天皇の権力・権威の根源を「大地と海原の支配権」(2)(原始共同体の首長の権限)にすべて流し込んでいるが、そのような抽象的・一般的説明では、中世天皇制の独自な展開がみえてこないのではなかろうか。現在まで天皇制が「存続」した理由、天皇の地位自体に、それを可能にした「なにか」はあいかわらず残されたままである。

ところで現在まで一貫して中世天皇制論をリードしてきた黒田俊雄氏は周知のように権門体制論の提起や、天皇の「王家」「国王」「帝王」の三側面に注目することなど、天皇の実体的権限の追究とともに、顕密仏教と天皇制の関係について検討をくわえ、中世天皇の観念的権威の源泉を顕密仏教に求め、中世天皇制について権力機構、観念的権威の両側面からその特質を探り、多面的な議論を展開している。(3)天皇が政治的に利用されるような、その地位の「なにか」の探究は、黒田氏のごとく、中世天皇の観念的権威の源泉にメスを入れて具体的にそれを暴きだすとともに、網野氏が強調してやまない、民衆あるいは非農業民と天皇との係わりを一つ一つ具体的に描きだしていくことであろう。

近年における中世天皇制研究の深化により、天皇の政治的地位や中世における天皇と身分制との関連も次第に明確になってきており、中世天皇制の論点も明確に整理されてきている。中世社会は、きわめて呪術性が強い社会であったことが各方面から指摘されているが、小論も同様な認識のもとに出発したものである。課題である「天皇の呪術的権威」については、黒田俊雄氏の著書『日本中世の国家と宗教』、大山喬平氏等による(4)「触穢思想」研究の深まりにより、その実態も次第に明らかになりつつある。また村井章介氏は「中世日本列島の地域空間と国家」(5)なる論考において、中世国家の領域観念、ことに浄—穢の観念について、天皇を中心とする一定地域の同心円的構造について興味深い提言をしており、天皇を中心とする中世国家観に新しい視角を提示している。ここでは前述したような近年の中世天皇制研究や身分制論、あるいは中世社会論に学びながら、中世成立期の天皇制、ことに宗教的・呪術的権威の形成と特質、さらにその中世的展開をみようとするものである。天皇の呪術的権威の検討となれば、密教または神道がその主要な対象となってこようが、とりあえずここでは密教・神道に大きな影響をあたえた陰陽道を中心にすえて、天皇の呪術性研究の出発点としてみたい。密教については、黒田俊雄氏(6)の研究をはじめ多くの研究が蓄積されており、にわかに介入する余地はないし、また神道についても戦前以来、数多くの研究があるが、神道が中世において独自な意義と存在があったかどうか疑問とするとの指摘もあるので(7)、とりあえず、必要最小限なことのみ触れることとし、課題として残したままである。

すでに触穢思想と陰陽道の関係が指摘されているが(8)、陰陽道研究は思想史上の課題のみならず、中世社会・民衆研究や天皇制研究の不可欠の課題であるといえよう。中世陰陽道の研究は斉藤励氏の『上代の陰陽道』(9)以外にこれといったものはなかったが、最近村山修一氏の『陰陽道総説』(10)が出版され、陰陽道研究以外にも多大な恩恵を与えるようになっている。小論も村山氏の著書から多く学んでいることはいうまでもない。

一　平安期の陰陽道

藤原明衡の作と伝えられる『新猿楽記』にみられる西京の右衛門尉一家、十六人の娘とその聟、九人の子息は、十一世紀段階における社会的職能と民衆像を活写したものとして有名である。それら人々のなかに、十の君の夫として「陰陽先生賀茂道世」がその道の達人として列挙されているのである。彼は覆物を占うことは目に見るがごとくであり、物怪を推することは掌を指すがごとくであり、「凡覩覧反閉究術、祭礼解除致験、地鎮・謝罪・呪術・厭法等之上手也」とし、形は人体をなしているが、心は鬼神に達し、身は世間に住むといえども神《たましい》は「天地経緯」していると、陰陽師として極致をきわめた達人ぶりを描いているのである。

鍛冶・鋳物師等の手工業生産者や交易・運輸業者さらに紀伝・明法・明経にいたる知識・技術の習熟した職能をもった人々とともに、陰陽師が当時の代表的な所能として描かれていることに注目しないわけにはいかない。陰陽道は平安時代に入るとにわかに発展をとげ、陰陽道的識者が多く輩出するようになってくる。(11) 律令時代の陰陽道は壬申の乱のあと陰陽寮が設けられ、それは中務省に属し、頭・助・允・大属・小属が存在し、陰陽師として陰陽博士、暦博士、天文博士、漏刻博士等々が配されていた。職掌は卜占と土地の吉凶を相することであり、それは四分野にわかれ、陰陽道、暦道、天文道、漏刻であったとされている。律令的陰陽道は奈良時代末期に一旦停滞的状況となったのであるが、九世紀頃から多くの陰陽師が知られるようになり、十世紀に入ると、賀茂忠行、その子保憲、さらにその子光栄が陰陽師として不動の地位をえ、また保憲の弟子安倍晴明も非凡の才を有し、光栄には暦道を、晴明は天文道を分ちて伝えたことにより、賀茂・安倍両家による陰陽道の支配体制が確立したとされているのである。以後この両家が陰陽頭・天文博士・暦博士等を歴任し、いわゆる陰陽道を家業とするようになり、いわば陰陽道の「官司請負制」が展開していくのである。

律令制的な陰陽寮から、賀茂・安倍両氏による官司請負的なものとなった陰陽道は、呪術的要素が極度に肥大化していく。呪術的要素が肥大化していく経過については、斉藤励・村山修一両氏の著書が詳細であるし、『今昔物語集』等にも、陰陽師の活躍した多くの説話が存在している。この期、陰陽道は種々の新説が提起され、多くの儀礼や行事、また有職故実のなかに入り込み、それらの行事に神秘的な色どりを添え、さらに他の文化的領域、生活の場に多くの影響を与えていった。特に触穢思想が強化されるうえで、その果した役割はきわめて大きかったことに注意しなければならない。

ここで注目しておかなければならないことは、このような平安期の陰陽道(村山修一氏は「宮廷陰陽道」と称している)が呪術化、神秘化していくうえで、道教の果した役割である。下出積與氏は「道術は陰陽道のなかに解消されてしまったのであるが、実質において、陰陽道の成立を促進して大陸でみられぬ独自の展開をとげしめた原動力は道術にあると思う。(中略)陰陽道というのは、道術が日本独特の呪法体系に再編成されたもの(12)」とみなしており、また福永光司氏は陰陽道のみならず、神道を含む古代文化が道教の深い影響下にあることを詳細に論じており(13)、日本の古代・中世の宗教、思想を論ずるとき、道教の果した役割を無視することはできなくなってきている。道教の基底に人間の生命を損う疫病・災禍を祓う禁呪、すなわち生命の保護・加害を目的とした霊魂にたいする制御操縦法を試みるということが存在していた。それは生魂を原身に招きかえして疫を癒やす招魂からはじまって、鎮魂、蔵魂、摂魂等に大別される方法である。また一方、道教は触穢思想や汚穢の排除をもその中に秘めた存在であったことも知られている。ために、道教を下敷にして呪術的要素を肥大化した陰陽道は、人間に不快感を与えるものすべてを穢とみなすようになる。たとえば死穢、血穢、産穢はもちろんのこと、鳥・獣の糞、病気、災害、怨霊、物怪、犯罪等はすべて穢であった。死穢や血穢のみならず、多方面の穢が形成され、それにともなって触穢思想がきわめて強くなってきたのである。

では陰陽師の任務は何であったのであろうか。いうまでもなく、陰陽師はこれらの穢を予知して、それを未然に防ぐことであり、また「祓」と「祭」によってこれらの穢を除去することにあった。さらに人間の延命と福禄のために「祭」り、「卜占」することであった。では陰陽道の「祓」と「祭」とはどのようなものであったのであろうか。その実態に迫ることにより、本稿の課題である天皇の呪術的権威についてみてみよう。

二　祓と祭

陰陽道の祓や祭は複雑であるが、大きく区分すると、(1)穢を除去する祓・祭、(2)穢の侵入を阻止する祓・祭、(3)延命のための祭、(4)その他となる。これらの祓や祭について簡単に解説し、その果した役割について思想的・文化的のみならず、政治的意義についてもみておこう。

穢を身体等から除去する祓・祭として有名なものは、七瀬祓と河臨祭である。七瀬祓は天皇が撫物をとおして、天皇の身体に付着したり、侵入したりしている穢を河川に流し去る儀式であり、七か所でおこなうから七瀬祓と呼ばれた。『禁秘抄』に「毎月事」として「一日　内侍為御使参七瀬御祓、陰陽師進人形、入折櫃有蓋、書其処々幷名、女房令著色々衣、自内蔵寮召之、近代於台盤上著之尤無謂、(中略)次主上懸御気撫身返入折櫃、置台盤所西御簾下、侍臣各取之向河原、代厄祭具之、帰参之後主上著御衣」[14]とするのが祓の儀式であり、天皇が撫物に息を吹きかけ、それを撫でて、侍臣・陰陽師等が七瀬に出て穢を流しているのである。この穢を祓う七瀬祓は天皇を「聖」に保つという点から注目しなければならないが、七瀬祓の場所と「聖」ということが密接にかかわってくると思われる。

七瀬祓の場所は大きく三つに分けられる。その場所は洛中、洛外、畿内の三重構造をとっており、三つの七瀬祓があった。『公事根源』によれば、「是は毎月の事也、七瀬とは、川合、一条、土御門、近衛、中御門、大炊御門、二条のすえ、これを七瀬とは申也、陰陽師人形を奉る、主上御いきをかけ、御身をなでて返し給へば、殿上

図1　七瀬祓，四角四界祭関係図

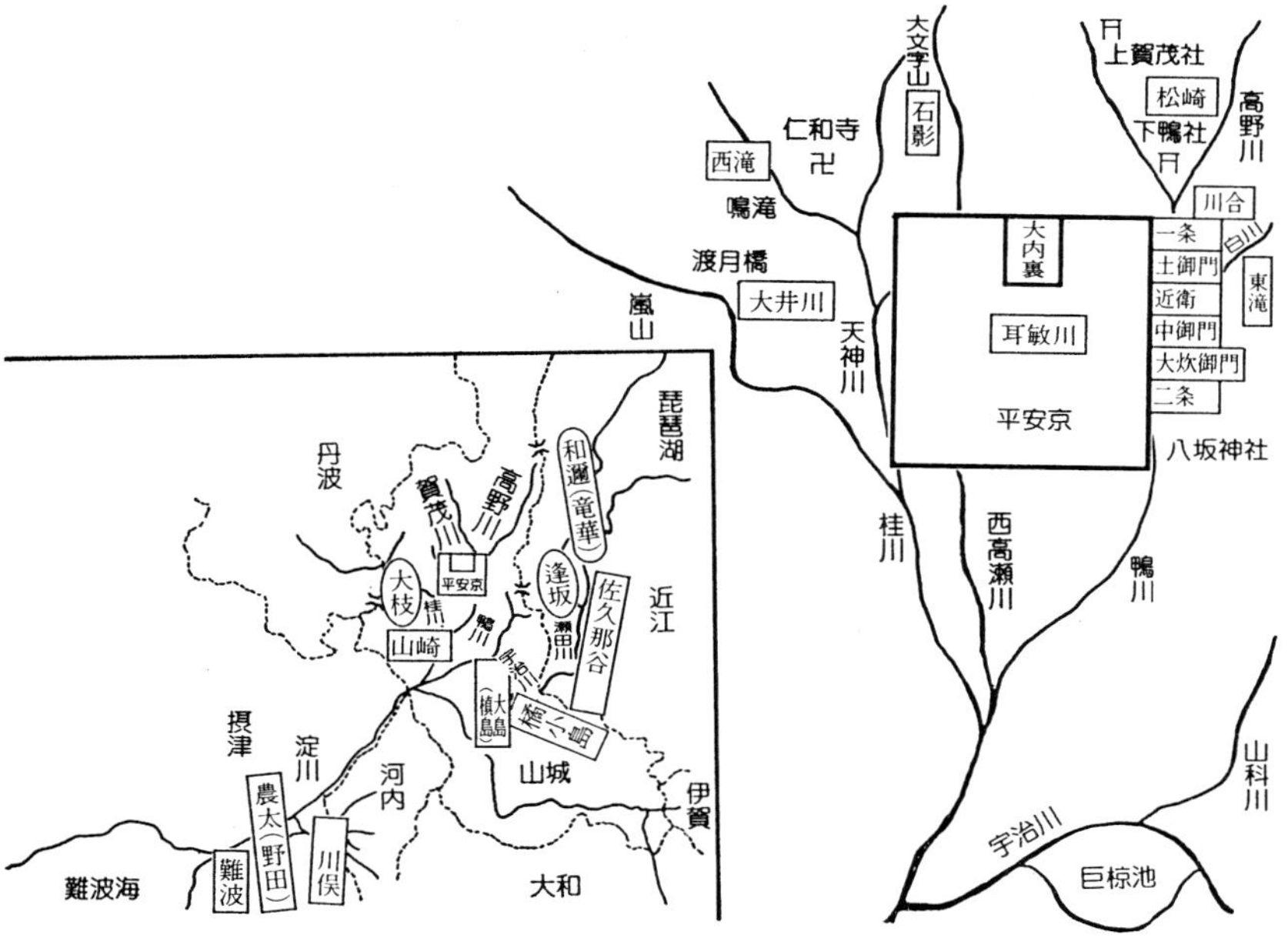

の侍臣この所々の川原にむかふ（中略）後冷泉院の御時は隔月に霊所七瀬の御祓をおこなはる、その所々は、耳敏川、河合、東滝、松崎、石影、西滝、大井川など也[15]」と記されており、川合・一条・土御門・近衛・中御門・大炊御門・二条末の七か所が七瀬祓の場所であったのであるが、後冷泉天皇のとき、耳敏川、河合・東滝・松崎・石影・西滝・大井川の洛外を中心とした七か所に祓の場所が設定されたのである。さらにその後、畿内の難波・農太・河俣・大島・橘小島・佐久那谷・辛崎の七か所においても七瀬祓がおこなわれるようになり、河臨祭（祓）とも称するようになったのである。洛中七瀬祓の場所（洛中から少し外れている地点もあるが、『河海抄』に洛中七瀬とあることよりこれに従った）である川合は、賀茂川と高野川が合流して鴨川となる下鴨社の南辺の地であり、以下鴨川の南流に添って、一条から二条末までの地点（図1参照）であり、大内裏の近辺である。

洛外を中心とした七瀬祓は『拾芥抄』に「川合　耳敏川朱雀門前二条南列爾　東滝北白河瀧　松ヵ崎　石影西園寺東北野北　西滝仁和寺鳴滝　大井河偏傀居住土一町許、仁治三四、以在、成説注付之」(16)とあり、仁治三、四年(一二四二、三)頃の説とするものであるが、川合は洛中七瀬の場所と同じであり、耳敏川は大内裏朱雀門の近辺(洛外七瀬の例外の場所)で鴨川あるいは桂川に注ぐ小河川か、東滝は鴨川に注ぐ白川の北白河辺に存在した滝、松崎は下鴨社の後方、高野川の瀬で祓いをしたものと考えられ、石影は左大文字衣笠の麗付近で天神川に添った場所、西滝は仁和寺の近くで、御室川に存在したものと考えられ、大井川は現在の渡月橋付近の桂川のことをいう(図1参照)。これら洛外七瀬の場所の特徴は耳敏川を例外として、平安京の東・西・北を取り巻くような場所にあったことである。

畿内でおこなわれた七瀬祓＝河臨祓の場所はどこかといえば、『河海抄』(17)に七瀬所々として、難波・農太・河俣は摂津、大島・橘小島は山城、佐久那谷・辛崎は近江としている。摂津所々のうち難波は問題ないとして、農太については現在地名として「野田」が都島区、福島区、高槻市、豊中市に旧町・村名としてみえており、このいずれかの地と考えられるが、後に述べるように渡辺惣官との関係からして、都島区内の野田の可能性が高いのではないかと考えている。川俣は河俣御厨地で、長瀬川・楠根川・菱江川の合流地点であり、この河川はさらに淀川に注いでおり、淀川流域であった。山城国大島は宇治市槇島町に大島という地名が存在することよりこの地と推定され、槇島は古代以来景勝地として有名であった。橘小島は宇治市、『源氏物語』浮舟巻をはじめ、多くの書物に景勝地としてみえている。近江国の佐久那谷は桜谷とも書き、勢多川が近江国から山城国に入る谷々を桜谷と称している。辛崎は唐崎・可楽崎・韓崎ともつくり、琵琶湖のほとりで比叡山の東麗下に存在している(図1参照)。この畿内の七瀬祓の特徴は琵琶湖・瀬田川・宇治川・淀川という琵琶湖から大阪湾にいたる河川の流域、すなわち、淀川流域でおこなわれていたところにある。

これら三つの七瀬祓を統合的に検討してみると、まず天皇が自らの穢を河川に流すこととともに、洛中から穢を流し、平安京をぐるりと囲む地域から穢を祓い、さらに琵琶湖から難波にいたる淀川流域で穢を河川に祓い流しているということである。そしてその穢をすべて難波海に流し込んでいることである。

ところで穢を追い払うということで注視すべきものとして、これも陰陽師がかかわりあう追儺がある。その祭文に「穢悪伎疫鬼能所所村々尓蔵里隠布留乎波　千里之外、四方之堺、東方陸奥、西方遠値嘉、南方土佐、北方佐渡與里乎知能所乎、奈牟多知疫鬼之住加登定賜比行賜氏」（『延喜式』巻十六）と、穢悪しき疫鬼の追放の地を明記しているのである。ここにみられる穢、すなわち疫神を千里の外、四方の堺に追放するのであるが、この四方の境は東は陸奥、西は遠値嘉（五島列島）、南は土佐、北は佐渡であった。すなわち、この地が当時における日本国家の四至であり、この外に穢＝疫鬼を追放するというものである。

七瀬祓や当時大規模におこなわれていた追儺祭等を総合的にみてみると、穢の追放、祓は、天皇の身辺、洛中、洛外、畿内から追放し、さらに国家の四至から祓い追放するという構造であったことが知れよう。これらの陰陽道の祓は当然のこととして、古代の大祓と関係があることはいうまでもない。大祓が朱雀門の前で百官が穢を祓うという行為、その穢を難波海に祓い流すという祝詞にもとづく行動が、七瀬祓・河臨祓の出発点であったことは否定できず、ここから七瀬祓等に発展していったものと考えられる。(18)

つぎに穢の侵入を阻止する祭をみてみよう。七瀬祓と逆に、穢・疫神・疫鬼が入り込んでくるのを防止する祭は、宮城四隅疫神祭、宮城四角四堺祭、畿内十処疫神祭、蕃客送神堺祭等が有名なものである。宮城四隅疫神祭は『延喜式』に臨時祭としてみえるものであり、宮城四角鬼気祭とともに陰陽道と密接に関係する祭で、内裏の四隅で仁王経読誦とともに、疫病の侵入消除をおこなうものである。四角四堺祭は、本来四角祭と四堺祭に区別されるものであるが、一般に四角四堺祭と称している。四角祭は平安京四隅に使者（蔵人所衆、陰陽師）を派遣し、洛中へ穢・疫病が侵入することを防ぐ祭であり、四界祭は山城四境の四か所において同様におこなわれる儀式である。『朝野群載』に載せられている、天暦六年（九五二）六月二十三日付「四角四堺祭使等歴名」はつぎのようなものである。

右弁官下　山城国

和邇堺

使　蔭子橘兼舒　従三人　陰陽允中原善益　従三人

祝　少属秦春連　従三人　奉礼　陰陽師布留満樹　従二人

祭郎　学生四人　従一人　左衛門府生美努定信　従二人

看督長一人　従一人　火長一人

会坂堺　同前　大枝堺　同前　山崎堺　同前

ここにみられる四堺は和邇堺、会坂堺、大枝堺、山崎堺であり、和邇堺は山城と近江境であり、北国若狭に通じる北国街道の要地に存在し、竜華越ともいわれる場所である。会坂堺は山城と近江の国界で、東国へ通じる要衝の地であり、大枝堺は山城と丹波国界で現在老ノ坂と称される西京区大枝水掛町で、山陰道の要所、山崎堺は山城と摂津の境で、宇治川、木津川、桂川が合流して淀川となり、瀬戸内、山陽、南海道方面との接点で交通の要地であったことは周知の事実である。このように四堺祭の場は北国・東国・西国へ通じる交通上要衝の地であった。ところでもう一つ注目すべきは、四堺祭に派遣する使者である。陰陽寮の職員が派遣されるのは当然であるとしても、左衛門府や検非違使庁から看督長、火長等が使者として派遣されていることを注視しなければならない。さらに『侍中群要』によれば、「御祭等事」として「四角四堺、四角使所衆四界使滝口」(19)としており、四角祭は蔵人所、四堺祭は滝口が使者とされているのである。このように四堺祭には衛門府、検非違使、滝口等の「武」に携る人々が係わりあっていたことはかなり大きな意味をもっていたであろうと考えられるが、この点については後述する。つぎに畿内十処疫神祭の場所は『延喜式』によれば、山城と近江境、山城と丹波、山城と摂津、山城と河内、山城と大和、山城と伊賀の、山城国を中心として六か所の境に、大和と伊賀、大和と紀伊、和泉と紀伊、摂津と播磨境を足した十か所であり、四界祭よりも大規模なものであったといえよう。その他、『延喜式』によると外国を穢とみなし、蕃客送堺神祭等をおこなっている。(20)

これらの堺祭は陰陽師が牛・熊・鹿・猪の皮を用いて祭るのであるが、古代において同様な形態でなされていた道饗祭がこの源流であったことはいうまでもない。『令義解』等によれば、道饗祭は牛皮等を用いて祭っており、平安期にいたって発展をみせる四角四堺祭等ときわめて近い関係にあったことを示している。平安期の堺祭は道饗祭から発展してきたものであるが、(21)大内裏、平安京、山城国、畿内境処々というように何重もの構造で穢、疫神・疫鬼の侵入を阻止するための祭をなしたのである。国家の四至においてはどうであったのであろうか。国家の四至においても同様な祭がなされていたと考えられる。たとえば、出羽国に大物忌神社がおかれたのは、穢の侵入を阻止するためであったとみられる。出羽国大物忌神社はまさに当時の国家の「東端」に存在し、祭神は大物忌神で穢を「キヨメ」る役割を負っていたと考えられているのであり、国家の守護神として、外敵=蝦夷・靺鞨=穢の侵入を防ぐという重大な任務を負わされていた。そのため早くより陰陽師が出羽国に下され、辺境における災異を祈らしめたのである。(22)同様な神社として伊豆国神津島に置かれた惣忌奈命神社があり、ここにも陰陽師(卜部)が下されている。(23)長門国に置かれた二宮である忌宮神社も本来同様な任を負っていたのではなかろうかと推測される。また境界地域である対馬や壱岐にも古くより多くの卜部が存在していたことが知られており、これも国家の境で、穢の侵入を防ぐために配置されたものと考えられるし、また陰陽師が配された場所は、海上交通上においても要地であったことに注目しておきたい。(24)

ところで陰陽師の重要な任務の一つに、天皇を疫神から直接守る任務があった。そのため陰陽師は日夜天皇の身辺において「身固」という術をほどこし、天皇が外出するときには「反閉」「禹歩」という方術をおこなって穢・疫神が天皇の身体に入り込むのを阻止しようとしていたのである。以上のような穢の侵入を阻止しようとする種々なる方策を、形式化して述べれば、つぎのように定式化できよう。まず穢・疫神の侵入を国家の四至で阻止し、つぎに畿内処々境で、さらに山城国界、平安京の四至、大内裏四至、天皇の身辺で阻止するという形態であったことが知られよう。これは穢の追放が天皇→大内裏→洛中→洛外→山城国→畿外→国家四至外に祓うという形態でなされたのとまったく逆の形態であることは明らかである。そしてこれらの何重もの同心円の中核となっていたのは天皇であった。まさに天皇の「聖」体化を示すものである。村井章介氏は日本の浄―穢の構造について、皇都→畿内→外国→異域は浄から穢へと段階的に移行する同心円構造をなしており、浄なるものの中心は天皇の身体であり、その清浄を保つために幾重ものタブーがとりまいていたとされているが、[25]密教等とともに陰陽道の祓や祭も天皇を清浄に保とうとする呪術の一つであり、そこには天皇を中心とする穢観念の同心円構造が典型的にみられる。

つぎに延命の祭について触れておこう。延命の祭も多くあるが、泰山府君祭・招魂祭・天曹地府祭等が有名である。泰山府君祭は陰陽道の祭として平安時代中期頃生まれたものとされており、天曹地府祭とともに泰山府君を祭るものである。山岳中に他界が存在するとする思想は世界各地にあるが、殊に中国における山東省の東岳泰山の太山信仰が典型的な例として有名である。泰山府君は人間の寿命と福禄をつかさどる神で、「太山天帝孫、主召人魂」「東方万物始、故主人生命之長短」(『孝経援神契』)などとされている。日本における泰山府君祭は都状を奉じて延命を祈るものであり、『朝野群載』に採録されている永承五年(一〇五〇)十月十八日付の後冷泉天皇都状が有名である。この後冷泉天皇都状(祭文)は明らかに後冷泉天皇の起請文である。銀銭二百四十貫文・白絹百二十四・鞍馬十二匹・勇奴三十六人を冥道諸神十二座に献上することを起請し、そのことにより、災厄を払除せられ死籍を北宮よりけずり、生名を南簡に録して延年増算、長生久視せられんこと、すなわち息災延命を請うているのである。すでに我々は初期の起請文に北斗七星、諸曜宿、琰魔法王、太仙府君、司命司録等の道教・陰陽道の神々がみられることを知っており、道教・陰陽道が起請文発生に大きな影響を与えたとの指摘もなされている。(26)

霊魂と身体との関係について、身体は霊魂を入れておく容器であり、霊魂はこの容器を自由自在に出入することができるという思想が強く存在していた。そのため遊離したり、離脱しようとしている霊魂を、制御したり操縦したりする方法が試みられるようになった。その方法は身体から離脱した魂を招き返して病を癒す招魂、魂の離脱を阻止するための鎮魂や蔵魂、摂魂等が知られている。(27) 陰陽師がおこなった招魂としてもっとも有名なものは万寿二年（一〇二五）八月七日に死去した藤原道長の娘嬉子に関するもので、『左経記』『小右記』『栄花物語』等に詳しく記されている。嬉子は十九歳で敦良親王を生んだ直後、「赤斑瘡」すなわち麻疹で死んだのであるが、このとき道長は悲嘆し、臨終の夜、陰陽師を嬉子の死去した場所である上東門院東対の屋根の上に登らせ、嬉子の着衣を振って魂を呼び返す招魂祭を営んだのである。(28) この例は天皇の例ではないが、当時天皇や公家を中心に数多くの招魂祭がおこなわれたことは多くの史料が示している。

その他の陰陽道の行為、すなわち方違、物忌、衰日、重日、厭日、鬼門、金神方等々はすべて「穢」＝「不浄」＝「凶」とみなし、穢を避けるための予防的行為であった。これらの陰陽道的儀式や行為、思想は時代が下るにしたがって、ますます複雑になっていった。

以上のごとく平安期における陰陽道の祓と祭をみてきたのであるが、これらの祓と祭は古代における大祓や道饗祭と密接な関係があることはすでに述べたとおりであり、古代の祭祀と断絶したところで成立したものでないことは明らかである。しかし問題は陰陽道の祓や祭が中世初期の十―十一世紀頃きわめて複雑、多岐にわたる展開・発展をとげ、呪術的要素が肥大化していったことである。村山修一氏は平安期に陰陽道が発展した理由として、藤原氏による政治の私物化を合法化するために陰陽師を利用したことによるのであり、当時の社会的停滞や宮廷の因習化・形式化によるところが大であったとしているのである。(29) 村山氏があげた理由をまったく否定すべきではないが、中世初期にこのような陰陽道の発展、それも前述したような天皇を同心円の核として何重にもなされた祓と祭の構造は、村山氏の説明だけでは説明できるものではないと考えられる。陰陽道の祓と祭は天皇のみならず、公家も盛んにおこなっていることも事実であり、さらに平安京内の民衆も人形を辻々に置いて穢＝疫鬼を祓っているのである。御霊・怨霊信仰が強い影響を与えていたことはいうまでもないことである。だがこの点を解明するためには、他の思想動向を分析対象とすることはもちろんのこと、当時における社会意識、地域論、対外関係、ことに東アジアとの関係の検討が必須の課題であり、究極的には、国家構造そのものを分析対象とせざるをえない。もちろんここでは、そのようなテーマに挑む力も余裕もない。ただそれらの課題に近づくために祓の場に生きた人々と天皇に視点を据えながら、天皇の呪術性について検討しておきたい。

三　聖・浄と賤・穢

七瀬祓においてみたように、当時における河川のもつ意味は重大であった。原始・古代においては河川は身体を清める場所であった。「禊」などという行為によって「清」「聖」を保つことが広くおこなわれていた。ところが中世においては川原者と呼ばれる人々が居住する場所となり、穢の多い場所とされるようになっていったのは周知の事実である。

すでに大山喬平氏等によって、中世初期における鴨川と穢との関係が追究されてきている。(30) すなわち、鴨川と桂川の河原に死穢が集中せしめられてきたこと、賀茂川と高野川にはさまれた鴨御祖社南辺に濫僧・屠者の居住を禁止したこと、さらに十一世紀初頭には河原人等が出現したこと等が明らかにされている。また鴨川等は遺骨を流す場所にもなっていた。『権記』寛弘八年（一〇一一）七月十二日条によれば「暁更以松脂幷油等、焼遺骨令成灰塵、即入其灰於小桶、到鴨川、当近衛御門路末、投之流水、令入海中」とあり、中納言源保光の遺骸が火葬され、その遺灰が「近衛御門路末」（洛中七瀬祓の場所か）から鴨川に流されているのであり、またそれ以前の長保四年（一〇〇二）十月十六日にも、藤原行成の妻の遺灰が白川に流されているのである。当時の公家が鴨川をどのようにみていたか興味深いものである。

長元九年（一〇三六）四月十七日後一条天皇が死去した。この葬の次第は「類聚雑例」に詳しい(31)。四月十七日天皇が死ぬと、その死骸を清涼殿から吉方に移し、陰陽師等の卜占により、神楽岡東辺を山作所（墓）と決定する。そして賀茂社四至外である浄土寺内故僧正明救旧室に遺骨を安置することにした。五月十九日に葬式がおこなわれたのであるが、そのとき陰陽師が地鎮祭をおこない、検非違使が山作所（墓）作りに従事していることが注目されることである。そしてその帰路「事畢関白相府以下帰路云々、於鴨河乍車牛祓、只以草人形不備祭物」と、鴨川において草人形で祓、すなわち穢を流しているのである。つぎの日の二十日、遺骨を浄土寺に移したのであるが、このときも鴨川において、草人形をもって祓をなしているのである。さらに同二十一日、新帝後朱雀は御贖物、錫紵を鴨川に流している。七瀬祓にみられるような単なる抽象的な穢でなく、具体的な死穢を祓っていることに注目しなければならない。これより以前の天慶四年（九四一）八月七日、小野好古は藤原純友を五月に博多津に討ち、京都に凱旋してきた。そのときの様子を『本朝世紀』は「山陽南海両道追捕使右近衛少将小野好古朝臣今日入京、先是自山崎津申上云、去年征東使大将軍藤原忠文朝臣入京時、公家遣神祇官等、相迎使河辺、行解除事、此般好古入京日、若准彼例、可有解除歟云々」と記しているのである。注目すべきは、将門の乱を鎮めた征東使大将軍藤原忠文が入京してきたおり、河辺において解除（祓）をおこなっていることである。この川は東国との関係からして宇治川、また鴨川と考えられるが、小野好古も純友の乱を平定して西国から上洛したおり、前年の先例からして、山崎より使者を派遣したものである。彼らが入京の折、河辺で祓をすることは、穢を流すことであり、合戦によって付着した死穢を宇治川、桂川、鴨川、あるいは淀川で祓い流したことを示している。同様な事例は他にもある。(32)

この京都近郊の河川と密接な関連を有するのが難波海、すなわち大阪湾である。七瀬祓等で流された穢が流れ着くのがこの海だからである。『源氏物語』の「須磨の巻」に巳の日の祓のことがみえており、三月の巳の日に人形を難波海に流して穢を祓っているのである。『日本霊異記』に長屋王の説話がのせられている。(33)叛逆罪に問われた長屋王の遺骨が流されて、難波海から土佐国(当時における国家四至の一つ)に流れ着き、土佐国で祟ったとするものである。長屋王の骨骸は火葬されたのであるが、『霊異記』の成立した時代、すなわち九世紀中頃にはすでに遺骸を河川に流し、難波海に流し去るという思想があらわれてきていることに注目したい。さらに難波海について触れておきたいことは、淀川河口は穢の除去のための祓や祭の場であったことである。(34)このことは災異(疫病等の蔓延)が難波海から淀川添に侵入してくるという意識が存在していたことを示すものであり、事実、流行病等は南海方面から入ってきたことは明らかであることより、陰陽師等の祓でもって、淀川の河口、大阪湾でその侵入を阻止しようとしたと考えられる。河川は穢を流す場所のみでなく、穢が侵入してくる交通路でもあったのである。四角四堺祭が深く交通路とかかわっていたことは前述した。社会思想と交通問題は深く検討しなければならない課題である。本来「清」「浄」「聖」なる川であった鴨川は「穢」なる場所に転換しはじめた。十世紀ごろのことである。河原者、屠者が出現しはじめた時期と一致している。

さて前節において、陰陽道の祓や祭が天皇を同心円の中心とした「聖」的な構造、すなわち穢を祓い流し、穢の侵入を阻止する構造に特徴があることを指摘したが、天皇の「聖」なる立場を強調すればするほど当然のこととして「賤」を意識せざるをえないことも自明なことである。すでに我々は『延喜式』の「甲乙丙丁」の穢について知っている。王朝貴族のケガレ観念の肥大化を示すものとして、穢の国家統制・管理を示すものとして注目されている。さらに死穢については平安京域から閉めだされ、鴨川と桂川の河原に集中せしめられ、九世紀末には桂川の二箇所、葛野郡、紀伊郡の一部を百姓葬送地として設定したことも知っている。そして『延喜式』の、鴨御祖社南辺は四至の外であっても、濫僧・屠者の居住を厳禁するとする規定から、およそ十世紀には中世的被差別身分の原型が鴨川の地に形成されていたとの指摘があることも知っている。(35)穢観がきわめて密接に天皇と結びついていたのである。ところで「聖」「浄」なる天皇の対極に位置する「賤」あるいは「穢」なる人々とはどのような人々であったのであろうか。河原者、屠者とする以外もう一つイメージがはっきりしないことも事実である。鴨川の地に中世的被差別身分の原型たる濫僧や屠者が居住しはじめたころ、鴨川は穢を祓う場所となり、七瀬祓という国家的行事がおこなわれはじめたのである。ところで七瀬祓や四角四堺祭等の穢を祓ったり、阻止したりする地に生活する人々、すなわち、河川・海や路や山を生活の場とする人々はどのような人々で、彼らにたいする意識はどのようなものであったのであろうか。天皇の「聖」「浄」を強調し、「賤」「穢」なる川・河原に転換しはじめた鴨川や桂川、あるいは淀川を生活の場とする人々を例として検討しておこう。

淀川流域を生活の場とする人々については、網野善彦氏が詳細に検討されている。(36)この流域を生活の場とする人々としては鵜飼と桂女が有名である。鵜飼も桂女も中世後期にいたれば、殺生に携わる人々として賤視される存在になることは周知の事実である。だが、網野氏はいう。鵜飼も桂女も決して単純に賤視などはされておらず、鵜飼の贄＝供御をうけとっていた天皇と深く結びつき、むしろ供御人・神人として特権をもっていたと。さらに彼らは蔵人に率いられ、御厨子所鵜飼と呼ばれ、検非違使庁役等の課役を免除されるのみでなく、保津川・大井川・桂川・宇治川等の山城の河川、さらに丹波・近江にわたる流域を飼場として自由に通行しうる権利を特権としてもっていたとされているのである。また鵜飼がその操る鵜船によって水上交通に寄与していたであろうことも指摘されている。

ところで淀川・宇治川流域にはもう一つの漁民集団が存在していた。宇治川・勢多川に網代をかけて生活の糧を得ていた漁撈民であり、彼らも天皇に贄として氷魚を献上する贄人集団であった。勢多・和邇・筑摩・宇治・田上等が知られているが、殊に宇治の場合は賀茂・鴨社に支配され、真木島を根拠とする村君に統率されていたのである。宇治の真木島を拠点としていた真木嶋氏の特質は、単に網代集団を率いる供祭人であるだけでなく、朝廷の楽所の楽人でもあり、また宇治川流域の水上交通にも携わる人々をも掌握する川の武士団であったことが知られており、宇治長者、真木嶋惣官とも称していたのである。(37) 真木嶋惣官については種々論じたいこともあるが、一つだけ述べておきたいことは、真木嶋氏が支配していた土地である真木島、橘小島は七瀬祓の場所であったことである。真木嶋氏は供祭人であり、川の民であり、芸能民であり、また川の武士団であり、七瀬祓の地の支配者でもあったのである。朝廷の楽人になっているのも七瀬祓地の支配者であったことと関係するものとみられ、(38) のちに殺生禁断の命令を何度かうけながらも、畿内武士団として発展していくのである。ところで淀川の河口上の要地である摂津国渡辺には、そこを本貫地とする渡辺惣官（渡辺党）が存在していたことは周知の事実である。(39) 渡辺惣官は大江御厨供御人を統轄するとともに、淀川河口周辺の非農業民の掌握者で、水軍としても難波海で活躍する武士団であった。さらに内蔵寮の所管に惣官として属し、蔵人所と密接な関係をもつとともに、滝口・衛門府尉・兵衛府尉として朝廷に「武」をもって奉仕する存在であった。この渡辺惣官の支配地も七瀬祓の地であった。

穢を祓う地すなわち宇治川（淀川上流地）と淀川河口（難波海への出口）に、朝廷と密接に結びつき、のちに畿内武士団に発展していく惣官と呼ばれる集団が存在していたことに注目しなければならない。この畿内武士団については種々論じなければならない点があるが、この点は別稿に譲るとして、たしかに真木嶋惣官も渡辺惣官も、穢たる河川になりはじめた淀川流域を生活基盤とし、交通・流通に携わり、殺生を職務としているとしても、平安期において賤視される存在でなかったことは事実であり、また鵜飼も同様にみえる。むしろ祓地の支配者・統率者として、滝口や楽人等に補されて、蔵人所と結びつき、特権も享受していることは網野氏が指摘しているとおりであろう。同じ水上交通に携わり、漁撈を生活の糧としている両者がのちに鵜飼は賤視され、真木嶋氏等の惣官は武士団となり、立場を異にする事態にいたることについては別に考えなければならないことであるが。

だが、はたしてそのように結論づけてよいであろうか。川や海等と穢の関係が強く意識されるようになったが、その川や海に生活の場を求める人々があいかわらず賤視されなかったと断言できるであろうか。むしろ賤視されはじめたと考えるのが自然である。淀川・宇治川・桂川・鴨川等山城やその近国の河川の支配・統轄権はどこにあったのであろうか。十世紀頃から検非違使の支配下にあった。検非違使庁は山崎・淀・大津等の津頭における非違検察をおこなっており、また朝廷の儀式や摂関家が寺社参詣するおりなど、検非違使が桂川・淀川あるいは木津川等で交通路の整備をおこなっていたことなどが指摘されており、検非違使は鴨川・桂川・淀川・神崎川・木津川はもとより、大和の河川をも支配しており、検非違使庁はこれらの河川を生活の場とする人々に使庁役を課していたことが知られているのである。(40) この地域における検非違使の任務はなにかといえば、非違検察、津における点定、関・市統制などとともに注目すべきは穢の管理・統制・除去があった。検非違使が穢と清目の問題に深くかかわっていたことは、すでに丹生谷哲一氏が論じているところである。(41) ケガレ—キヨメの実際の統轄者は検非違使であり、検非違使のもとで汚穢物除棄に従ったのは看督長・下部・衛士・乞食であったといわれている。また河川等の掃除と関係したものとして、侍・滝口・武者所・舎人・召次・雑色・人夫等が知られている。たしかに穢(死穢のみではなく)に検非違使や「武」に携わっている者が係わっていたことは事実である。四角四堺祭において陰陽師とともに看督長や左衛門府生が派遣されており、また滝口も派遣されていることは前述した。七瀬祓についての派遣者は明確にできないが、祓地の渡辺惣官の官職からみれば、「武」に携わる人々がそれに含まれていたであろうことは疑いないところである。(42)

淀川・宇治川・桂川流域でもう一つ注目されるのが散所である。平安末期、摂津国橘御薗・長渚浜・猪名荘・水成瀬郷・草刈・山崎・山城国山科・桂・淀等に散所雑色がおかれていたことは著名であり、散所の人々とは右衛門府・左兵衛府の下級官人、随身・楽人・衛士・法師・神人・陰陽師・声聞師・禰宜・公人等広い職能をもつ人々であった（真木嶋氏や渡辺氏が楽人であったり衛門府尉・兵衛府尉となっていることから当然、散所との関係を考えなければならない）。散所については厚い研究史があり、軽々に論ずることは差し控えるが、ただ一つだけ触れておくと、これらの散所は検非違使庁や衛門府等の「武」にかかわりのある官衙と密接な関係にあった。殊に平安後期以来、検非違使庁と掃除散所、すなわち散所法師はキヨメ、穢の除去という行為を通して検非違使庁の所管となっていたのである。(43)淀川流域に存在する散所の一定部分も、穢との関係を逃れることはできなかったのである。穢（殊に死穢）に係わった人々が祓をしなければ洛中に入れないとの観念（一七頁、小野好古の例をみよ）が成立していたことは、穢に携る人々への賤視の始まりとみなしても誤りないであろう。

河原において穢の除去にかかわる人々は清目、河原人、あるいは散所法師＝散所非人として、賤視の対象となりはじめていたことは、多くの人が指摘するところである。鎌倉時代初期の説話集『今物語』にみられる説話であるが、一条河原に居住する清目の美しい女性が、充分な和歌の素養がありながらも、その身を「賤」なるものと歎く存在は、清目の前身が下級官人的な存在であることを窺わしめるものであるとともに、鎌倉初期には清目が賤視の対象となっていることを示すものである。(44)また、『梁塵秘抄』巻二にみえる「鵜飼はいとほしや、万劫年経る亀殺し、又鵜の頸を結ひ、現世は斯くてもありぬべし、後生我が身を如何にせん」の鵜飼の罪業観を歌ったものも、殺生をする人にたいする意識が、清目と同様なものとなってきていることを示していよう。

淀川・宇治川・桂川流域を生活の場とする人々について概観してきたのであるが、平安期そこに生きた人々はたしかに、網野氏がいわれるように、特権をもった集団も存在すれば、大山氏がいわれるような河原人等の賤視の対象となりはじめた人々も存在しはじめていた。そして彼等にはいずれも交通、「武」、殺生、穢に携わりながら、検非違使庁や蔵人所、内蔵寮等につながっており、つきつめていえば、天皇と密接な関係をもつ人々であったといえよう。問題はなぜ、同じ河原や川を基盤とする人々が、特権と差別という対極的な位置づけがなされなければならなかったかである。河原は穢を清める場所であったことは、七瀬祓の叙述で再三述べた。また天仁元年（一一〇八）の鳥羽天皇の大嘗祭のとき「検非違使行重御禊之頓宮地、従今日触可令守護之由召仰了（中略）下人之中自然穢物有恐之故也、但至河原不可忌穢物之由、雖見天暦御記末代之事能々為致用心也」（『中右記』天仁元年九月廿日条）とあり、穢を「忌まない」という特殊な場所と河原はみなされていたというのである。そのため鴨川・桂川・宇治川等には穢を祓う人々が集まり、また汚穢も多く河川にもち込まれ、あるいは投げ棄てられるようになるのは自然のことであった。まさに「不可忌穢」とはこのような場所になることとなるのである。このような河川の汚濁現象を引き起こす背景には平安京の都市的発展、すなわち人口の増大があったことはいうまでもなかろう。このような事態であるからこそ、河川を掃除する人々、散所法師・清目・河原人等の存在がどうしても必要となってきたのである。河川は穢の多き場所に徐々に転化していくことは必然であった。それにともなって、これまた徐々に河川を生活の場とする人々も賤視されはじめることをまぬがれえなかった。だがこのように単純に規定しさることもできない。七瀬祓でみられるごとく、鴨川以下の淀川流域は、国家的行事である穢を祓う場所であった。このような国家的行事が遂行されることは、これに携わる人々になにがしかの特権が付与されるのは当然のことであったといえるし、また中央官衙との結びつきが強まることも自明なことであった。祓地の真木嶋氏や渡辺氏が朝廷の楽人や滝口・衛門府の官人となり、惣官と呼ばれたり、また鵜飼等に使庁役免除等がなされるのもうなずけるところである。穢を祓うということを通して、賤視と特権が裏表の関係で存在するのである。だが、その特権を享受したのは、どのような人々であったのであろうか。河川を生活の場とする民衆までその特権を行使できたのであろうか。真木嶋氏や渡辺氏等はのちに畿内武士団となっていく、ほんの一部の有力者だけが特権を享受できただけではなかったのではなかろうか。もしそうならば、特権ばかりを強調できないことは明らかである。

いずれにしても天皇の「聖」「浄」を保つためのタブーにおいて、河川の果した役割は大きかった。天皇の居住する平安京は四至を加茂川・鴨川・桂川・天神川等に囲まれ、さらに琵琶湖・瀬田川・宇治川・淀川に「保護」された存在であった。そしてこれらの河川や四堺祭のおこなわれた峠・路を舞台に、天皇の「聖」「浄」を維持するために車の両輪となって活躍したのが、陰陽師と検非違使であったことを強調しておきたい。

おわりに

天皇の呪術的権威に期待されたものは何かといえば、戦乱・災害を防ぐという国土安隠、病気や怨霊を阻止することというような生命保全、現世利益をまねく福の招来、真の意味の「穢」の「祓」等が主要なものであったといえる。これらはいずれも穢と係りあうものであるが、小論においては限られた枚数からして、これらの諸点の一部のみしか言及できず、充分な展開をみていない。分析の中心を陰陽道においたのは、天皇の呪術性がそのなかに鮮明にみられるからである。これらの諸点を真に検討しようとすれば、他の思想動向の検討が是非必要である。別稿を期さねばならないが、しかし天皇のこのような呪術的権威が「祓」や「祭」によって十世紀頃きわめて肥大化してきたことは疑いないところである。この肥大化に対応して出現してきたのが、賀茂・安倍両陰陽家であり、密教諸派である。密教については残念ながら触れえなかった。

ところで七瀬祓の場で生きた人々、すなわち川の民については多少触れたが、四角四堺祭のおこなわれた場所を生活の場とする人々や、その場所の歴史的位置づけについては触れられなかった。四堺祭の場の一つであった大枝堺については、すでに高橋昌明氏が酒呑童子と子捨との関係で論じられている。(45) また四角祭と平安京との関係について論ずべきことは多く残されているし、地方都市、たとえば鎌倉や他の国衙所在地においても同様な祓や祭がおこなわれていたことが知られているが、これをどう考えるべきか、勧請掛等についても関連を考えねばならない。また『小右記』にみられる「門」に「穢札」をはるという行為をどうみるか、これらの四角四堺祭に関する諸点は別稿で検討せざるをえない。(46) また天皇の呪術的権威と将軍権力の対比は是非とも必要である。

だが、中世の民衆はこのような呪術にすべて呪縛しつくされたであろうか、否である。たしかに触穢思想の深化、賤視、差別観の深まり、農業民と非農業民の明確な分化の進展、密教や陰陽道の複雑化等々、呪縛を促進させる要素は多かったわけであるが、だからといって民衆が呪縛されつくされたわけではない。民衆は陰陽道的な思想を逆手にとって活発に行動した。すでに我々はシダラ神、田楽、ヤスライ花、御霊会をめぐる民衆の抵抗運動を知っている。あるいは民衆の抵抗の大きなテコとなった起請文の成立に陰陽道が大きな影響を与えたこと、(47) また荘園領域四至はきわめて呪術性が強いものであったが、しかし民衆はそれを逆に利用して、きわめて活発に行動していたことなども知られている。(48) 民衆は陰陽道的呪術性を逆手にとって、たえず抵抗の糧としていたことは強調してもしすぎることはない。

なにゆえ中世初期にこのような天皇の呪術的・宗教的・観念的権威が形成されなければならなかったのであろうか、大きな課題として残されたままである。天皇を同心円の中心に据えようとする顕著な動きがみられる昨今、天皇制研究という荷は重く、課題は多い。

(1) 岩波書店、一九八四年。序章Ⅱ「戦後の中世天皇制論」に網野氏の問題意識が明確に表されている。
(2) 同右、九七頁。
(3) 『日本中世の国家と天皇』(岩波書店、一九七五年)、『現実のなかの歴史学』(東京大学出版会、一九七七年)等。
(4) 「中世の身分制と国家」(『日本中世農村史の研究』岩波書店、一九七八年)。
(5) 『思想』七三二号(一九八五年六月)、のち『アジアのなかの中世日本』(校倉書房、一九八八年)収録。
(6) 黒田、前掲書。速水侑『平安貴族社会と仏教』(吉川弘文館、一九七五年)が密教修法の展開を論じて、貴族社会と密教の係りを具体的に明らかにしている。
(7) 黒田俊雄氏は「中世宗教史における神道の位置」(『古代・中世の社会と思想』三省堂、一九七九年)において「古代の『神道』＝土俗的信仰は『日本の民族的宗教』というよりはむしろ、それなりに世界宗教ともみるべき道教の地域的形態であった」としなければならないと指摘している。
(8) 横井清「中世の触穢思想」(『中世民衆の生活文化』東京大学出版会、一九七五年)。
(9) 甲寅叢書(創元社、一九一五年)。一九四七年、『日本文化名著選』として再刊。
(10) 塙書房、一九八一年。
(11) 以下、平安時代陰陽道の概観については、村山・斎藤両氏の著書による。
(12) 『道教――その行動と思想――』(評論社、一九八二年)二四二頁。
(13) 『道教と日本文化』(人文書院、一九八二年)、『道教と日本思想』(徳間書店、一九八五年)等。
(14) 『群書類従』第二十六巻。
(15) 『公事根源愚考』巻三(『改訂増補故実叢書』)による。
(16) 『拾芥抄』下(『改訂増補故実叢書』)霊所部第五。
(17) 『河海抄』(『紫明抄　河海抄』角川書店、一九六八年)巻九第十六部。
(18) 大祓は七世紀後半に始まったものとされており、毎年六月と十二月の晦日におこなわれていた。奈良時代の都であった平城京と大祓の関係、また平城京に七瀬祓のようなものがあったかどうか現在は論及できない。律令国家と境界祭祀・さらに疫気等の関係について、前田晴人「古代国家の境界祭祀とその地域性(上)(下)」(『続日本紀研究』二一五、二一六号、一九八一年六月、八月)が論じている。参照されたい。

(19) 『侍中群要』第七(『続々群書類従』第七法制部)。
(20) 異域とケガレ観については、村井前掲論文を参照されたい。
(21) 四角四界祭と御霊信仰・御霊会との係わりもきわめて深かったと思われるが、これもここでは言及せず、後稿を期したい。
(22) この問題について検討したものとして、誉田慶信「大物忌神社研究序説――その成立と中世への推移――」(『山形県地域史研究』八号、一九八三年三月)があり示唆をうけた。
(23) 菊地康明「古代の六浦――三島信仰の展開――」(『六浦と上行寺東遺跡』名著出版、一九八六年)。
(24) 菊地同右論文。村井氏は前掲論文において、対馬のような境界的場の住人の帰属意識について詳細に論じており、中央における異域―鬼観と、境界人の異域―文明・交易観との相違をクリアに示し、国家観の同心円構造の矛盾を突いているのは示唆に富む。
(25) 村井前掲論文注(5)。
(26) 入間田宣夫「起請文の成立」(『百姓申状と起請文の世界』東京大学出版会、一九八六年)。
(27) 劉枝万『中国道教の祭りと信仰』下巻(桜楓社、一九八四年)。
(28) 高取正男『神道の成立』(平凡社、一九七九年)二二五頁以下参照。
(29) 村山修一、前掲書注(10)、一九〇頁。
(30) 大山前掲論文。
(31) 『左経記』(『増補史料大成』6)。
(32) 「武」人が洛中に祓をしなければ入れなかったのは『貞観儀式』巻第十(『改訂増補故実叢書』31)に「其将軍入京之時、去京一駅先遣軍曹申事由、仰大蔵省設幄於便河辺、遣神祇官、祓禊、久給戦場多裁戮殺之故也」とあることによろう。
(33) 『日本霊異記』中巻第一。
(34) 七瀬祓・河臨祓の他に、一代一度の八十島祭も営まれている。これも、七瀬祓と同様、人形に穢を付着させて流すものである。
(35) 大山前掲論文、永原慶二「中世社会の展開と被差別身分制」(部落問題研究所編『部落史の研究』前近代篇、部落問題研究所出版部、一九七九年)。

(36)「鵜飼と桂女」(網野前掲書)。
(37)「宇治川の網代」(網野前掲書)。
(38)「楽人」と「祓」の関係であるが、東密に「六字河臨法」なるものがあり、この「法」は陰陽道の「七瀬祓」ときわめて類似したもので、修法も「七瀬祓」とほとんど同じである(村山前掲書、二一五頁以下参照)。村山氏はこの修法について「伴僧四人は呪を誦し、錫杖を振り、四人は螺を吹く、一人は磐を連打し、二人は太鼓を打つ、(中略)人形に散米をかけ祓いをし、人形を河水に投ずる。まことに喧噪とすごい迫力を伴う」と述べている。「七瀬祓」もこれと類似であったと考えられ、「楽」と「祓」が結びつくのである。
(39)三浦圭一「中世における畿内の位置——渡辺惣官職を素材として——」(『中世民衆生活史の研究』思文閣出版、一九八一年)。
(40)中原俊章「検非違使と「河」と「路」」(『ヒストリア』一〇五号、一九八四年十二月)。
(41)「検非違使とキヨメ」(『ヒストリア』八七号、一九八〇年六月)、のち『検非違使』(平凡社、一九八六年)収録。
(42)三浦前掲論文「渡辺党官職一覧表」参照。
(43)丹生谷前掲論文注(36)。
(44)拙稿「南北朝動乱期の社会と思想」、本書第Ⅱ部第一章収録。
(45)「大江山と「鬼」説話」(『月刊百科』二二一号、一九八一年二月)。
(46)これらの諸点については、東北史学会機関誌『歴史』六六号(一九八六年十月)に掲載予定である(次章「四角四堺祭の場に生きた人々」を参照されたい)。
(47)入間田前掲論文。
(48)大石直正「荘園公領制の展開」(『講座日本史』3、東京大学出版会、一九八四年)。

第二章　四角四堺祭の場に生きた人々

はじめに

中世における触穢思想と密接に係わりあう陰陽道、その陰陽道の祭祀の一つに四角四堺祭があった。穢・疫神・疫鬼が山城国内、洛中に入り込んでくるのを阻止する祭である。この祭がおこなわれた場所は、四角祭においては平安京四隅、四堺祭は和邇、会（逢）坂、大枝、山崎の山城国界四か所であった。蔵人所衆、陰陽師、検非違使、衛門府官人、滝口等を派遣しておこなわれるこの儀式によって都の清浄をはかるのであるが、その根本は天皇の「浄」「聖」を守るところにあった。天皇の「浄」「聖」を守る陰陽道の祭祀は他に七瀬祓なるものも存在していた。この祓は穢を身体から除く祭祀であり、天皇の身体に付着したり、侵入したりしている穢を人形に付着させせて河川に流す儀式である。七か所でおこなう祓であるから七瀬祓と呼ばれていたが、この祓は洛中、洛外、畿内の三地域でなされたものである。四角四堺祭や七瀬祓の実態や、浄―穢観の形成、天皇制の係わり等に

ついては別に検討したのでここでは触れない。(1)

ここで問題としたいのは、都の清浄と安寧を守るため、穢や疫神を排除するという儀式が、異類異形や身体障害者、狩猟民等を「賤」「穢」とみなしたり、追放したり差別するという観念形成に大きな役割を果したということについてである。この点七瀬祓の場に生活する人々については別稿で触れた。だが四堺祭の場の持つ意味とその近辺に居住する人々についての検討は保留したままである。そこで小稿においては、この点を追究したものである。だが分析素材の多くを文学作品に頼らざるをえなかったという弱点をもっている。もう一つ検討課題としたのは、四角祭の場、もう少し言えば四角祭をおこなうことにより、清浄を保とうとした場所、すなわち平安京内に生きた人々の意識を呪術的側面からみようとしたものである。都市と呪術性について釘貫なる構築物をとおしてみようとしたものである。現在中世都市の研究はかなり早いテンポで進んでいるが、呪術性から都市をみようとする視角がどれほど有効かの検討は今後の課題として残すが、試論として追究したものである。

一　釘貫と呪術

「釘貫」なるものが中世の京都を考え、町衆の自治や自由都市を評価するうえで大きな意義をもっていたことについては、今谷明氏が論じているところである。(2) この釘貫なるものはいかなるものであり、いかなる役割を果したのか、今谷氏の論文から概観しておこう。『塵添壒嚢鈔』に「町々ニアル城戸ヲ、クギノキト云フ歟、文字如何、クギヌキト云也、平家ニモ成経帰洛ノ時、父ノ墓ニ参リテ壇築クキヌキサセト書ケリ、字ニモ釘貫ト書ク、人ヲ登セジトテ、釘ヲ打通シテ根ヲ返サザル故ニ、釘ヲ貫クト書ク歟」(3) とあり、室町時代中期には、釘貫は盗賊などを阻止するために柵に多数の釘を打って反対側に突き抜かせた施設としている。これから「木戸」的なものとみなされるが、今谷氏は「木戸」とは別な恒常的構築物とみなしており、この釘貫なるものは市内の諸方に存在し、京都の重要な防禦組織として土一揆等の防禦の役割を果していたこと、設置場所は市内辻々のみならず、禁裏をはじめとして公家・武家（将軍・守護）の家敷、大寺社、奈良市中、奈良の寺社、鎌倉末期の六波羅探題にも釘貫なる建造物が存在していたとされていること、またこの管理はそれぞれの本所がなしており、禁裏釘貫の場合は各門の外側に常設された構築物で、内裏門役が管理・開閉して、自由通行を許されず、通行は全面的に朝廷側の権限に属していたこと、いずれの釘貫も夕刻には閉鎖されるのが例となっていたこと、戦国期の釘貫が町衆の自治活動と密接な関係をもっていたことを指摘され、釘貫に関する最も古い記録は『吏部王記』延長八年（九三〇）十二月二十九日条の「午時参拝山陵於南釘貫外両段再拝、無知例人、准荷前式也」(4)であり、天皇陵墓の前に設けられた柵のような構築物に関する記述であるとしているのである。

今谷氏の論考によって釘貫とは何かのイメージはつかめた。殊に中世後期における京都と釘貫の関係は具体的である。だが中世前期における釘貫については残された問題もある。前期における釘貫の実態とその役割についての検討から、平安京内に生きた民衆の生活・文化や天皇の呪術的支配の究明という課題に入りたい。

長元九年（一〇三六）四月十七日死去した後一条天皇の葬式の次第については「類聚雑例」に詳しく記されており、前稿でも少し触れたが、後一条天皇の墓（山作所）は陰陽師が地鎮祭をおこなったのち、検非違使が京、畿内から人夫を召して作ったのであるが、その墓は「採鍬覆土、其後人夫等従此役、御墓上立石率都婆蔵陀羅尼、其廻立釘貫」(5)とするものであり、石塔のまわりに釘貫なるものを立てているのである。そしてその墓のまわりに「令人夫堀塘其廻令殖樹云々」(6)と塘をほり、樹を植えているのである。また『栄花物語』巻五に、長徳二年（九九六）四月、藤原道長との政争に敗れた藤原伊周は、太宰権帥として流されることとなったが、夜自邸をぬけでて宇治木幡にむかい、父道隆の墓に詣でて、恨みを述べたことが記されている。「その程ぞかしと推し量りおはしまいて、かの山近にてはおりさせ給て、くれ〴〵と分け入らせ給に、木の間より漏り出たる月をしるべにて、卒塔婆や釘貫などいと多かる中に、これは去年の此頃の事ぞかし。されば少し白く見ゆれど、其折から人〲あまたものし給ひしかば、いづれにかと尋まいらせ給へり」(7)とあり、夜中、父の墓を探して木幡の墓地の中を廻り歩く伊周を記しているのであるが、その墓地の中は卒塔婆とともに釘貫が数多く存在していたとしているのである。まさに『吏部王記』に記されているように、釘貫は墓ときわめて密接な関連があったことを示しているのである。これから石塔のまわりに廻らしたものが釘貫であることが知れるが、その形態はいかなるものであったのであろうか。南北朝内乱初期であるが、中原師守は父師右が康永四年（一三四五）二月に死去した際、石塔を建立したのであるが(8)、その建立した石塔の様子を「今日依為吉日、被立石塔并釘貫等、於御墓一事□上空一房沙汰也、早旦（師茂）家君黒染狩衣有御同車籠僧二人空一房了心房并少外記師躬等、参御墓給、予依物忌不参、及数剋調御墓、上人下部以下也、調了、立石塔置釘貫、其躰殊勝〻〻云〻、石塔有凢（マヽ）字、彫入、又釘貫四方柱并中柱等被書凢（マヽ）字、釘貫首五色綵（マヽ）敷也、先於御墓所作、宝篋印多羅尼・光明真言等也、立石塔了後所作、宝篋印多羅尼・梵網十重・光明真言也」(9)と記しているのである。師守の父師右が死去したのは二月六日であり、十一日に樋口寺の空一房に石塔や釘貫の建立を依頼し、料足三貫文余が彼に渡されているのである(10)。次の十二日は初七日で、長伯寺長老の説法や故人筆写の法華経の転読、師茂・師守等による諷誦文の作成、墓参等がおこなわれたが、注目すべきは、門に物忌札が立てられたことであり、「今日被立物忌札、門内也、入夜撤之、二七日前日又可立之」(11)とあり、その札は長さ三尺ばかりで椙の板に梵字とともに「物忌」と書かれたものであった。また非人施行のことも決定された。「二七日」、「三七日」も初七日と大差のない仏事をおこない、三月六日に石塔釘貫が建立されたのである。この石塔は高さ三尺三寸で塔には凢（梵）字が刻まれていた。釘貫は四方に柱を建てたものであり、柱と柱の間に中柱が存在していたことも知れる。そしてその釘貫にも梵字が書かれており、また釘貫の首には五色の「綵敷」がなされていた。さらにこの釘貫内に「自初七日至四七日、漸々経四部、釘貫内自艮方始之、南向次第置之也」(12)と、初七日から「四七日」にいたるまでにできあがった「経四部」が艮方から南向に置かれたのである。(13)『師守記』に記されている師右の墓の様子からして、釘貫とはどのようなものかといえば、まず石塔のまわりに建立されており、四方に柱を持ち、中柱等も存在するもので、その内部に石塔とともに写経、卒塔婆等が置かれているものである。その柱等には梵字などが刻まれて、故人の霊の安隠のために設けられたものであるといえるもので、いわば石塔を四角に囲み、その柱に梵字等を記して霊を慰め、不浄なるものの侵入を阻止するという、きわめて呪術性が強いものであったということができよう。

このような石塔のまわりを囲む釘貫なるものを可視的史料で確認できるであろうか。死や墓・墓地についての絵巻物の白眉はなんといっても『餓鬼草紙』である。シンボリックな風景をみつめ、中世社会の奥底に迫らんとすれば、絵巻物はきわめて貴重であり、特に『餓鬼草紙』は中世における「死」をシンボリックに表現している。この絵巻物のなかにみられる墓地の様相であるが、第四段に有名な図が存在する(図2参照)。この図では五匹の餓鬼とともに三人の男女の死者の姿と数多くの骸骨、犬一匹、三つの墓と二つの土饅頭が描かれている。この三

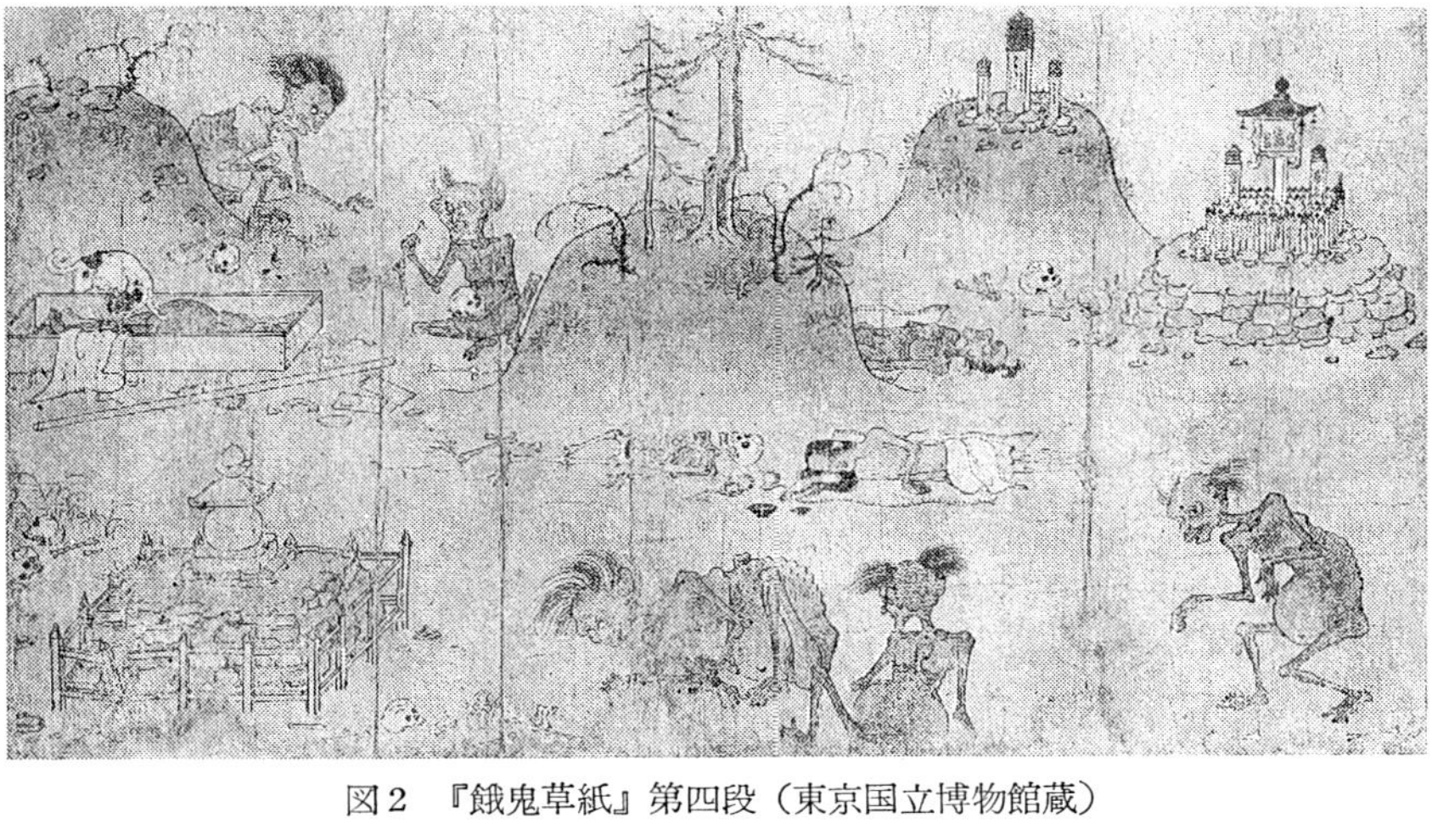

図2　『餓鬼草紙』第四段(東京国立博物館蔵)

人の死者の姿について黒田日出男氏は中世の死者は、基本的に裸で葬られ、「人」の象徴である烏帽子もとられ、髻を露にして、わずかに茵や莚が敷かれてその上に横たえられているのみであると、死者の姿を地獄におちた人々の姿と対比させながら論じている。(14) ところで注目したいのは三つの墓である。一つは石積壇の上に置かれた五輪塔があり、そのまわりに少し破損しているが四角に柵が設けられている墓、二つ目はこれも石積の壇の上に周囲を小卒塔婆で囲った中に供養塔や卒塔婆が存在する墓であり、三つ目は囲いのない土饅頭（盛土塚）のうえに卒塔婆三本がある墓である。いずれの墓の近くにも餓鬼は存在せず、他の土饅頭の脇に餓鬼が居ることと対照的である。卒塔婆や五輪塔が不浄なるものを排除する呪術的な意味があったことによろうが、注目したいのは五輪塔を置いた石積塚の周囲を四角に囲っている柵である。『絵巻物による日本常民生活絵引』(15)によれば、これは「忌垣」とされており、同じく小卒塔婆で囲った墓のものも「忌垣」とされている。ところが前述した『師守記』等の記載から推して、この四角な囲こそ釘貫と推定されるのである。『栄花物語』において、藤原伊周が夜中に木幡の墓地を彷徨した状況は、まさに『餓鬼草紙』にみられるような墓の光景であったと考えられよう。初期における釘貫とは、まさに墓地にあり、忌垣ともみなすことができるきわめて呪術性の強いものであったといえる。

　ところで釘貫は墓地のみにあったのであろうか。墓地のみでなく神社にも存在していた。『延喜式』巻三十八「掃部寮」の春日春祭の項に「凡春日春祭、著到殿東壁下西面、設公卿座、北壁下南面東上五位已上氏人座、南廂北面東上六位已下著到座、奉幣帛時南中門設神主座、同門西釘貫内北面東上内侍已下座、釘貫外南去一許丈北面東上公卿座、其西諸使座、後五位已上氏人座、其南六位已下座（以下略）」とあり、春日春祭における奉幣のおり、南中門西に釘貫があり、その近辺が内侍や公卿の座であったことが知られる。中門の近くに釘貫が存在したことは『台記別記』仁平元年八月十日条でも知られる。藤原頼長が春日社詣をしたときのことが記されているが、「進棚下件棚、在釘抜西南頭、以北為上（中略）余、兼長卿、資信、師長等朝臣、昇一棚、余、兼長、昇東端、資信、師長、昇西端、経釘抜西北、入自中門、立東第一宝殿前」と、棚の下に進み、その棚を昇いで釘貫の西北を経て中門より入り、第一宝殿にいたっているのである。『台記別記』には他にも春日社の釘貫について記した条項がある。『延喜式』や『台記別記』等からして、春日社の釘貫なるものは、中門の近くに存在した建造物であるとみられる。また承平元年十一月二十七日付の「神護寺実録帳写」[16]によれば「平岡神宮」として御在殿二宇、中門一宇等とともに、「内陣鳥居釘貫一廻」なるものが存在している。これは鳥居と釘貫がセットのものであり、春日社の例や墓地の例からして、内陣鳥居を狭んで、平岡社を一廻りした建造物で、これも墓地にある釘貫と同様、柵のようなものとみなされよう。中世の絵巻物を眺めると、鳥居を狭んで柵のような垣が多くみられる。これは現在「玉垣」と称するものであるが、当時は「釘貫」と称していたのではなかろうか。ちなみに『絵巻物による日本常民生活絵引』では、これを「忌垣」[17]と呼んでいる。何ゆえこのような「釘貫」＝「忌垣」なるものが神社の周囲に置かれたかといえば、神社の「聖」「浄」を保つためのものであり、いわゆる「聖域」なることを示すものであり、魂（霊）を祭り、神社のまわりを囲って強い「聖域」性を強調したものとみなされよう。このような釘貫は神社のみでなく、有力寺院にも存在していたことは今谷氏の指摘のとおりである。そしてこれら寺社の釘貫は中世後期にいたれば、より堅固に構築されて土一揆等の防禦の役割をも果すようになっていたのである。

二　平安京を守るもの

釘貫は墓地、寺社等に存在し、本来「聖」「浄」を保つものであったとみなされるが、このような釘貫は寺社にあったのみでなく、南北朝から室町時代にかけて市内各所に存在していたことが知られている。もっとも興味深い記述は今谷明氏が紹介している『建内記』文安四年（一四四七）五月九日条である。

今夜　禁裏西面門外針貫内有狼藉人云〻、以外物忩、武士等為警固馳参云〻、仍至禁庭内〻参入、高倉針貫示案内令開之参了、冬房同道之、自東門廻西面、謁蔵人権弁・四辻少将(季春)、爰事已落居、自四足門外中御門大納言(松木)宗継卿直衣、当番也、帰参、相尋之処、不示案内欲穿通針貫之者在之、仍門役番衆等遮留之相尋之処、山名(持豊)内犬橋内者也云々、仍自門役所尋遣之処、無相違、仍渡彼許了、非殊事云々、静謐弥重々々、翌日伝聞、参詣一条衣服寺薬師者也、仍諸方針貫近日早閇失帰路、可開四足門前針貫由種々懇望之処、不承引、依無力少々穿通之時、号狼藉欲打留之間、両方已欲及弥事、仍遣人相尋之処、被管人無相違之由犬橋申請云々、為事実者非殊事歟、弾正尹(中山定親)近日甲穢、候門外云々、帥大(正親町三条実雅)納言同馳参在門外云々、次退出了、

ここにみえる「針貫」は、『康富記』にも同事件の記述があり、そこで「釘貫」と称していることから、「針貫」とは釘貫のことである。この事件から今谷明氏は次のような結論を引き出している。[18] ⑴禁裏の釘貫は、各門の外側に常設された構築物であり、内裏門役が管理・開閉していること、⑵有力大名の被官人といえども自由通行を許されず、通行は全面的に朝廷側の権限に属していたこと、⑶当時「諸方」釘貫が設置されており、夕刻には閉鎖されていたこと等である。さらに関連記載から、「文安土一揆」のおり、土一揆防禦の役割を果したともしているのである。今谷氏の結論は誤りないところであるが、小稿の問題関心から一、二点付け加えておくならば、一つは、万里小路時房も「高倉針貫示案内令開之」とあるように、公卿さえも、内裏門役に「案内」を乞わなければこれを開くことができなかったこととともに、弾正尹（中山定親）は甲穢であったことにより、門外にいたという事実である。門と穢との関係はきわめて深いものであり、中原師守も、父師右が死去した際、三尺ばかりの板に梵字とともに「物忌」と書いた札を門内に張り付けたことは述べたが、十一世紀初頭に門と穢についてのきわめて興味深い関係を示す事実が指摘されている。『小右記』寛仁元年（一〇一七）七月一日条に「一日、丁酉、当季十斎日大般若読経始、増暹、念賢不浄人不可来札令立三箇門、依行来月賀茂行幸事、近来処々穢多遍満、仍従今月所禁不浄事也」とあり、また八月四日条に「今日、取棄穢冊(礼)、令立不浄人不可来之簡」というように「不浄

人不可来札」や「穢冊」が門に立てられたり、張られたりしていることがそれである。門は穢の侵入する場所であるとともに、「忌札」や「穢札」を張ることにより、その侵入を阻止するところでもあったのである。この点についてはなにも公家のみでなく民衆の世界においても同様であった。たとえば『一遍聖絵』の中には「門守り」なるものが多くみられる。『絵巻物による日本常民生活絵引』の著者は二巻六一頁において民家の屋敷内を例として、「屋敷の入口の両側に門木がたち、門木と門木に注連縄をはり、門守りがつりさげてある」と門と注連縄の呪術的関連に注目している。さらに『立正安国論』には「七鬼神札」、「五大力菩薩札」を門にはり、天変・地夭・飢饉・疫病という災害から逃れようとし、また四角四堺祭をおこなって身の安全をはかっている民衆の姿が述べられているのである。貴族・武家から民衆まで、家敷の内と外を明確に区別し、家敷内部に穢や災害・疫神の侵入を阻止するために、多くの呪術的行為がなされていたのである。釘貫が墓の周囲をめぐらし、その中に五輪塔や塔婆を立てたり、神社の周囲をかこむ「忌垣」とみなされるような呪術的なものであることから、門と釘貫はセットで穢や災害、疫神の侵入を防ぐためにおかれたものとみなすことができよう。門と呪術的な行為は密接な関連があることを前提に禁裏門と釘貫の関係を考えれば、中山定親は門外とあるが「釘貫」の外にいたのかもしれない。禁裏の門外には釘貫なるものが立てられ(あるいは釘貫が内裏の周囲をかこっていたかもしれない)、本来呪術的な魔除け的な意味をもつものであったが、中世後期になると、土一揆や盗賊の侵入阻止の役割をも負うようになったと推定されるのである。このような内裏の周囲に呪術的な柵を置くということの源流はどこにあるかといえば、穢・疫神・疫鬼が入り込んでくるのを防止する陰陽道の祭である平安期の宮城四隅疫神祭、宮城四角鬼気祭にあった。そしてこのような呪術的な柵である釘貫は六波羅探題、室町殿や守護屋敷にも存在していたのである。

ところでもう一つ問題としたいのは市内の「諸方」に釘貫が設置されていたことである。「諸方」ということから、他の家敷や寺社ともみられるが、「諸方」とある文の前後関係より、これは市内辻々の各所とみなすのが自然である。市内の各所に釘貫があったであろうことは当時の地名の中に「釘貫」が残っていることからも知れ、釘貫が市内辻々にあったことを窺わせるものである。[19] さらにもう一つ付け加えておきたいことは、釘貫と木戸が同様なものとみなされつつあったことである。それは『壒嚢鈔』の「町々ニアル城戸ヲ、クギノキト云フ歟、文字如何、クギヌキト云也」とあることからも明らかである。これは今谷氏が論じているように、木戸（城戸）と釘貫は本来別のものであり、釘貫は前述のとおり、疫神等を防ぐ呪術的な要素がきわめて強いものであったが、中世後期には辻々の木戸と同様なものとみなされるようになったものと推定される。いずれにしても釘貫は境界の地にあったことは確かであり、『更級日記』に「清見が関は、かたつかたは海なるに、関屋どもあまたありて、海までくぎぬきにしたり」とあるのも、「くぎぬき」は関屋の施設の一部ではあるが、「清見が関」で西と東を別ける柵、呪術的な柵であったと推定できるのである。京都市内町々は辻々に木戸のみならず、釘貫を造り、町内に穢、疫病等が侵入することを防ごうとしていたのである。消厄除災の行為としては他に石を投げ合う飛礫・印地が知られている。平安末期の嘉承二年（一一〇七）に京中の辻ごとに石礫を投げ合って、殺害におよんだとする事件が有名である。[20] 京中の辻ごとに除災におよんだのである。しかし、京の民衆が消厄除災、疫神の侵入を阻止するためにとった行動として著名なものは『本朝世紀』天慶元年（九三八）九月二日条の記述である。この著名な記述によると、子供等が大勢集まり、騒ぎながら、東西両京の大小路の四辻に木で男女の体に似せてつくった神をおいて、それを岐神とか御霊とか称して祭り、鬼魅の侵入を防いだというのである。京中の民衆がそれぞれの町内の「四辻」において、疫神等の侵入を防いでいる行為は、平安京四隅においておこなわれた陰陽道の四角祭ときわめて関係する行動であり、印地も釘貫もまったく同様なものであったといえよう。四角祭は京四隅に蔵人や陰陽師等を派遣し、平安京の安寧を守り、穢の侵入を阻止し、清浄を守る儀式であった。また怨霊、疫病の平安京内への侵入を防ぐ祭であった御霊会のおこなわれた場所も、神泉苑を除き、出雲路、紫野、船岡、今宮、石影、衣笠、花園、天安寺、西寺、東寺、城南寺、熊野、八坂等の地で、いずれも洛外で平安京を東西南北に囲むような形態でおこなわれているのである。(21) これらの行為は天皇の居住する場、「都」を「聖」「浄」に保つための行為であり、疫鬼や疫神の侵入を阻止するためのものであったが、これらの呪術的な祭や行為を小規模にしたのが町内辻々を中心とする呪術的行為であり、屋敷周囲や門に「穢札」をはったりすることであった。そして釘貫は戦国期まで京辻々に残されていたのである。

義江彰夫氏はヨーロッパ中世都市との比較史的視点で平安京（殊に院政期以降の京都）の空間的諸特徴を概括されている。(22) 氏は多くの諸点をあげて検討しているが、小論との関連でいえば、洛中と洛外の区分が問題となる。京都全体の領域性は二重の構成をなしており、洛中は朝廷の強い主導性下にあり、国家権力体の敷地＝公家直領地として京職の管轄であったこと、洛外は権門寺社や武家―六波羅探題というような公家と異質な社会集団の存在地で、これらは鳥辺野・仇野というような葬送地とともに洛中をとりまくかたちで存在していたこと、にもかかわらず、洛中と洛外とは、社会的実体としては一体性をもったものになっていたこと等を指摘したのち、「この領域性を外界との関係からみると、洛中と洛外の区分けが形式化した京四周の道以外になかったと同様、洛外を含む京都も、みずからを周囲の世界と明確に区別する城壁・堀などで区切られていなかった」(23) とし、その理由として、諸権門の家産的経済構造からくる外周部との結合の強さ、それによる都市共同体の未成熟、さらに当時の日本においては、他民族の恒常的圧迫や、内的にも京都を恒常的に脅かす地方都市を想定しえないこと等が、物理的境界を生みださなかったのであるとしているのである。洛中と洛外の相違、物理的境界を生みださなかったことの理由や内的条件についての指摘は鋭い。だが、はたして京都に城壁（物理的な城壁のみを指すのではない）はなかったのであろうか。たしかに他民族の恒常的圧迫や、京都を脅かす地方都市がなかったことは事実である。

だがこのように目にみえる敵のみでなく、当時の人々を脅かす敵、生命を危険にさらす目に見えない敵、その敵は九州方面から瀬戸内海を通り、淀川を溯って京都に侵入してくる敵が存在した。すなわち疫病・疫神であり、穢であり、怨霊である。この敵を防ぐために強大な呪術的城壁、呪術的境界を内裏、市内辻々、洛中、洛外等に築いていたのである。その呪術的城壁は宮城四隅疫神祭であったり、四角祭、四堺祭であったり、釘貫であったり「穢札」であったりしたのである。また京都は周囲を賀茂川、鴨川、桂川、天神川等に囲まれた地である。これらは七瀬祓がおこなわれたところであり、祓いを行うこれらの河川も呪術的な壁・堀として大きな役割を演じた（七瀬祓については他に論じたのでここでは詳細には述べない）(24)。また寺社権門の多くが洛外に存在するのは「王都」「王城」の周囲を固めて守護することであったことは明らかである(25)。都市共同体が未成熟であるとする根拠について義江氏は、沐浴・芸能・教育等々について町住人の公的組織化が生じていなかったことや、諸権門の自給性の強い経済構造をあげ、公共的課題の最小限の分野のみ、都市領主や朝廷の手で組織されたものであるとしているが、ヨーロッパ都市と比較すればまったく指摘されたとおりである。だが平安京をとりまく、前述のような内外の条件からして、ヨーロッパ都市との単純な比較によって、都市共同体が未熟と規定することはいかがであろうか。この点今後の課題であるが、都市民衆の側からみると、『本朝世紀』天慶元年（九三八）九月二日条の著名な記事を引用するまでもなく、町内の辻々で岐神をまつる陰陽をそなえた神体がまつられたり、印地打がおこなわれたり、辻々に釘貫が置かれたりして、呪術的なものとはいえ、それなりの共同体的行動がとられているのである。

三　四堺祭の舞台逢坂堺

四堺祭のおこなわれたのは山城国界の四か所である。それは山城と近江国境である会（逢）坂堺・和邇堺、山城と摂津境である山崎堺、山城と丹波境の大枝堺である。いずれも東国、北国、山陰、瀬戸内に通ずる街道の要衝である。この地に陰陽師や衛門府や検非違使庁から使者が派遣されて、穢・疫神・疫鬼が山城国に侵入してくるのを防ぐ祭が遂行されたのである。四堺祭がおこなわれた場所は境界の地であったことより、種々の特色ある地として強く意識されていた。すなわち天皇を中心とする浄―穢の同心円的構造からして、この地には穢観が典型的にみられるのである。これらの場所についての当時の人々の意識をみておこう。

相坂のゆふつけどりもわがごとく

人やこひしきねのみなくらむ

『古今和歌集』にある「読み人しらず」の恋の歌である。[26]相坂は会(逢)坂のことであるが、「ゆふつけどり」とは、『古典文学大系古今和歌集』の頭注によれば「木綿付鳥」であり、「四境祭」のおり、鶏に楮の繊維を蒸してさらした「ゆふ」をつけて祓ったので「木綿付鳥」と称したとされており、鶏のことである。この頭注は『藻塩草』からの引用と考えられ、『藻塩草』の「鶏」の項には「ゆふつけ鳥、世中さはがしき時、四境祭とて、おほやけせさせ給に、鶏に木綿を付けて四方関にいたりて祭と云々、又暁になく夕つけのわび聲にとよめり[27]」とあり、『下学集』にも「一名　司晨、此鳥有五徳云、日本云木綿付鳥、或云臼辺鳥也[28]」とある。四堺祭と「ゆふつけとり」=鶏とは密接な関係をもっている。すでに平安中期には鶏に呪術的な「木綿」を付けて四境でそれを放って、穢・疫神の侵入を防ぐ祭をなしたものとみられる。『枕草子』にも会坂関と鶏との関連を記した歌と一文が存在している。[29]

鶏が「斎場の鳥[30]」となる理由については不明であるが、暁に鳴き、夜と朝を区別する鳥、夜昼の境界をつげる鳥、忌むべき夜から朝を導いてくる鳥とみなされていたことと関係していたことは誤りないであろう。だが『延喜式』に規定されている「道饗祭」の用途には「木綿」は存在するが、鶏はない。その声により当時の人々が恐れた夜に終りをつげるということから、呪術性の強い鳥とみられ、その呪術性からして山城国四境において疫神侵入阻止の一翼を担ったものとみなすことができよう。当時の人々の鶏にたいする意識をもっともよく示すものとしては『地獄草紙』の鶏の妖怪「鶏地獄」である。口、鶏冠、羽、尾から火炎を噴き出し、鋭い爪と嘴をもち、それで罪人を食いちぎり、蹴散らす巨大な鶏である。まさに「罪人を追っ立て鉄の、嘴を鳴らし羽を叩き、銅の爪を研ぎたてては、眼を摑んで肉むらを」(31)とする鶏である。地獄における閻魔の使者たる鶏妖怪は、現世においては四堺祭で平安京の安寧をはかる呪術的な鳥であった。

さてこの会坂関を舞台とし、「木綿付鳥」＝鶏も登場する謡曲が存在する。現在廃曲となっている「逢坂物狂」という曲で、別名「相坂目暗」「相坂庭鳥」とも呼ばれている。(32)作者は『申楽談儀』に世阿弥作とみえることより、世阿弥と考えられている。人商人にかどわかされた我子を探し、遠く白川の関、武蔵野の果てまで、東国一帯を三年間も探しまわった西国の旅の者が、諦めて「秋をもつるゝ東路の、秋をもつるゝ東路の、月の都に帰らん」とて、秋の夕暮に近江国松本の宿に着いたところから曲は始まっている。そこで「かふ御上候道相坂の関に男盲者の候が。童部をつれさゝら羯鼓を持て色々面白狂い候。いづくの者とも更に存ぜず候。」と聞くのである。旅の者は宿の者に案内されて逢坂関に行き、主人公の盲目の雑芸者による「さゝら」と「羯鼓《かっこ》」にあわせた童の舞を観賞するのであるが、「例の海道下りの曲舞謡御舞候へ」との要望により、曲舞を舞っている最中に盲目の雑芸者は突然神憑り状態となり「ワキ上ふしぎやな此盲目の気色変りて。神とは我をしらぬかとは。(中略)シテあわれさに。同親子の道を守るぞとて。此子を引たて見せ給へば。疑ひもなき親と子の、神の引合に逢坂の。名も有難き誓ひかな。是迄なりとて盲目は。我人間にあらずとて。関の明神の社壇の御戸の。錦をおし開き。入給ふかと見し月の。光りに立紛れつゝ。失給ふこそあらたなれ。失給ふこそあらたなれ」と、親子の幸福な再会をもって終るのである。

この曲の中に四堺祭の贄である「木綿付鳥」＝鶏が登場する。「実鳴も名は木綿付の鳥の声。〳〵。聞に付ても盲目の。あの鳥にても有ならば。君が往来を鳴々も。などか見ざらむ。返々も。浦山しの庭鳥や」とするもので、逢坂関と四堺祭の贄・木綿付鳥は当時の人々の認識からして切っても切れない関係にあったことを示している。しかし逢坂関と切っても切れない関係にあったのは「蝉丸」である。この「逢坂物狂」においても「シテ先此あたりに四の宮川原と申は。延喜第四の宮。蝉丸此所にて果給ひしによって。四の宮川原と申さずや　子カ、ル其蝉丸と申しも。盲目の御身にて乞食をしたまふ」と語られているのである。

蝉丸は百人一首にも登場する有名な人物であるが、殊に謡曲「蝉丸」(33)は国文学の研究対象として著名である。この曲は世阿弥とされているが、作者不明ともいわれる。その内容は、延喜帝の第四子である盲目の蝉丸が父のために逢坂山に棄てられ、雑芸者（乞食）として生活しているところに、これも身体障害者である狂女の姉の逆髪があらわれ、弟姉が再会して別れていくというものである。すでに知られているように、「蝉丸」の典拠となったのは『今昔物語』二十四―二十三、「源博雅朝臣、行会坂盲許語」であり、また『平家物語』巻十において、鎌倉に護送される平重衡が、四宮河原を通るときに「こゝはむかし、延喜第四の王子蝉丸の関の嵐に心をすまし、琵琶をひき給ひしに、博雅の三位と云し人」(34)と、述べているところに求められる。鎌倉初期においては、すでに逢坂山と蝉丸との関係はそうとう有名であり、鴨長明の『無名秘抄』に「會坂に、関の明神と申すは、昔の蝉丸なり、かのわらやの跡を失はずして、そこに神となりてすみ給なるべし」(35)とみえており、関の明神なる神社も存在していたことが知られる。その他『源平盛衰記』『後撰集』『和歌色葉』等々にも「蝉丸」説話がみえている。

さて、「蝉丸」で注目しなければならないことは、『今昔物語』『平家物語』、謡曲「蝉丸」「相坂物狂」にしろ、そこに登場する人物の多くはマイナスのイメージをもった人物、殊に身体障害者であるという点である。盲目の蝉丸、「みどりのかみは空さまにおひのぼって、なづれどもくだら」ない逆髪、「童部をつれさゝら羯鼓を持て色々面白狂ひ候」盲目の雑芸者等々である。このことは逢坂山は盲目の雑芸者の集住地、すなわち身体障害者＝異類異形の存在地であったことを窺わせるものである。これらの文学作品の中に四宮河原が逢坂山ときわめて密接な形態で登場してきているが、この四宮河原は、『宇治拾遺物語』巻五「四宮河原地蔵事」に「是も今は昔、山科の道づらに、四の宮川原と云所にて、袖くらべといふ、あき人あつまる所あり」とあり、平安末期には市が開かれていたところである。またこの地は率分所（関）がおかれ、内蔵領＝山科家領として、『教言卿記』にみえるところであり、[36]畿内から東国に、あるいは東国から山城に入るための要衝地であった。藪田嘉一郎氏は「春日社縁起」からして、四宮河原には地神盲僧という雑芸人が住みつき、雑人宿を形成していたと推定しているが、[37]そのような推定は可能であろう。また現存する逢坂山の蟬丸神社は近世末まで音曲芸道の免許状を発して、雑芸人を組織化していたことも知られている。[38]いずれにしても、逢坂山が身体障害者＝異類異形を平安京や山城国から排除する場であったり、あるいは障害児を捨てる場所であったと推定されうる。

さて蟬丸が延喜帝の第四皇子であるという設定からして、この謡曲「蟬丸」をもって「天皇制の深層構造」を探らんとしたのが、篠田浩一郎氏[39]と山口昌男氏[40]である。至高者天皇と天皇の子たる賤民という対極にある関係をとおして、聖なるものとしてのイメージを刻みつけるという隠微・隠湿な天皇制の深層構造とか、あるいは、王権を担う者は、大罪を出発点において背負い、住民の穢れを一身に引き受けることにより、これを権威に転化していくのであるとする考察である。天皇の「聖」をみるうえで興味深い観点を示しているが、家永三郎氏は両氏の解釈を遊戯めいた新奇な解釈と批判していう、「地上世界の最高至尊の地位である天皇を父として生れた皇子・皇女が、因果の故に不具の身という宿命を負わされ、あまつさえ山野に捨てられる非運に陥ったのは、「玉楼金殿の、床を磨きて玉衣の袖」を着した身上からの転落を強く印象づけるばかりでなく、（中略）地上現実の如何なる権威も、畢竟有限相対の無力な存在にすぎないと断定する鎌倉新仏教の出発点をなす思想が、芸術的な形を通し具体的に展開されているところにこの一曲の基本的精神を見出すべきであろう」[41]と。逆転、転倒、倒錯のテーマとみなして「天皇制の深層構造」を探らんとする篠田・山口両氏にたいし、家永氏はすなおに因果応報、権威の相対化という鎌倉新仏教の原点をそこに見い出そうとしているのである。逢坂山が四堺祭の場であるという事実、穢の侵入を阻止する場であったという事実、さらに異類異形の捨て場であったのではないかと推定されうること等々考えてみると、逆転、転倒、倒錯というような遊戯的な解釈を加えなくとも、「鎌倉新仏教の出発点をなす思想」が存在するかどうかはともかく、「不具の身という宿命を負わされた」者が「山野に捨て」られるという悲運、皇胤にしても免れることができない、いわんやその他の人々においておや、とするテーマ、すなわち当時における身分制の冷厳な哲理、非人のおかれた厳しい状況を明瞭に開示し、芸術的な形態を通して具体的に展開しているとする家永氏の見解を支持せざるをえない。

四　大枝堺と酒呑童子

次に山陰道の要衝、大枝堺についてみておこう。大枝堺についての研究は、すでに高橋昌明氏によってなされている。「大江山と「鬼」説話」と題する論文冒頭部の「都の安寧と清浄を守る儀礼「四境祭」の舞台、盗賊捜索の儀式「大索」を象徴する空間、そして都人の子捨ての場でもあった大江山―酒呑童子説話生成の背景を探る」[42]とする一文は、大枝堺の場としての特徴を的確に表現したものである。源頼光等が酒呑童子を退治する大江山説話は広く親しまれており、謡曲「大江山」、お伽草子「酒呑童子」、古浄瑠璃「酒天童子」としても知られている。大江山の位置は丹後・丹波国境にある大江山（千丈ヶ岳）と、丹波・山城国境である老ノ坂の南の大江山（大枝山）の二説がある。高橋氏は古代・中世においては丹波・山城国境の大枝山が大江山説話の場所であったとし、のちに丹波・丹後国境の大江山となったとしているが、これは謡曲「大江山」の地理観や、もっとも成立が古いとされている香取本『大江山絵詞』[43]の内容からして誤りないところである。この丹波・山城境の大枝山の特徴は高橋氏によると、四界祭の場であったこと、大索（オホアナクリ）などと称する儀礼、すなわち、都の治安を保つため臨時に衛府の官人以下を総動員して、洛中洛外に捜査網をはり、大規模の検挙を行なおうとする儀式をおこなう場所であったこと、さらに「酒呑童子」の原義は「捨て童子」であったとする佐竹昭広氏の説(44)を受けて、この場所は鬼子というような異常な子、すなわち異類異形を捨てる場所ではなかったかとみなされること等々である。

大枝山も逢坂山とまったく性格を同じくする場所であったことが知られる。高橋氏の研究は的をえたものであり、あまり付け加えることもないが、四界祭と「酒呑童子」説話の関係について多少触れておきたい。「酒呑童子」説話で現存最古のものとされている香取本『大江山絵詞』があり、成立は南北朝期までさかのぼるとされている。この香取本の冒頭部は欠落しており不明であるが、陽明文庫本『酒天童子物語絵詞』が香取本系の写本であり、それによって冒頭部分を補うことができるとされている。興味深いのはその冒頭部の内容で、他の多くの流布本と異なり、古色を呈していることである。陽明文庫本は(45)「□始のころより正暦年中にい□ひそかに都鄙の貴賤をうしなひ、遠近の男女をほろぼすことあり。九重の卿相侍臣よりはじめて諸国の上下土民にいたるまで或は父母兄弟にわかれてむねをこがすともがらもあり。或は妻子眷属を失て袖をうるをすやからもあり。洛中洛外にかなしみの涙置がたく、村南村北になくこゑたえざりけり。つねに暴風雷雨して変異奇特のごとく□有けり。上臥したるわが殿上人、しかるべき人々の姫君北方、つぼねまちの女童部にいたるまで其数おほくうせ行けり」と、都鄙・遠近・洛中洛外・上下貴賤の多くの男女が、「うせ」て嘆き悲しんだことから始まる。この「うせる」ことについて他の諸本は失踪としている。たとえば曼殊院本(46)では「しかるに京中にふしぎの事ありける。わかくかほよき女房おほくうしなふ事あり。死てうしなふにもあらず、行てうしなふにもあらず、只かきけすやうにみえざれば」と、美女が失踪する様子を記しているのである。だが陽明文庫本の場合は失踪とは考えられない。病死を指していることは明らかである。このように多くの人々が「うせ」たことにより、これは天魔の仕業ではないかと、諸寺諸社・貴僧高僧に仰せて加持祈禱をおこなわせたが効果がなかったことを記し、そして「其比晴明という者有けり、陰陽卜巫の術掌をさすににたり。天変地夭目に見がごとし。すなわちめされて御占ありけるに、うらなひ申ていはく、帝都より西北にあたりて大江山という山有、かの所にすむ鬼王の所行なり」と続くのである。

もっとも古いとみなされている香取本系の『酒天童子絵巻』は酒呑童子をたんに金品を奪ったり人をかどわかす盗賊とはみなさず。都鄙・洛中洛外・貴賤の男女の命を奪い、暴風雪雨等の「変異奇特」をおこなう天魔・悪鬼あるいは疫鬼の跳梁とみなしているのである。そしてその天魔・悪鬼を退治するのは、陰陽師晴明、すなわち、当時における一流の陰陽師安倍晴明(47)その人と、「武」に携わる人々、源頼光・渡辺綱以下の「侍」である。山伏に変装して鬼王の城に入り、酒呑童子と酒宴をおこなっているその席に、妖怪変化が次々にあらわれて、彼らをたぶらかそうとする。香取本系はこのような内容であるが、ここで注目しておかなければならないことは、都の西北の地、大江山で陰陽師と「武」に携る人々(検非違使等)によって、平安京に疫鬼・疫神、穢等の侵入を阻止する祭祀がおこなわれているという事実である。いうまでもなく四堺祭のことである。四堺祭は陰陽師と衛門府や検非違使庁からの使者によって祭祀が挙行され、疫鬼や穢れの侵入を阻止したのである。このようにみてくると、大江山酒呑童子説話は、四堺祭ときわめて近い関係にあることが知られる(48)。酒呑童子説話は四堺祭を核として成立してきたことはほぼ誤りあるまい。香取本よりさらに古いものが発見されればより確かなものとなろう。

中世の人々を恐れさせた悪鬼・疫鬼の居住地大江(枝)山、その穢気を祓い、追捕する陰陽師と検非違使等、酒呑童子説話は中世における穢観をその中に強烈に秘めたものであった。その場のもつ穢観から鬼子等の異類異形の子捨場となっていくのである。

では山崎堺と和邇堺はどうであったであろうか。山崎は周知のように非人宿があったことが知られており、この宿については詳述しないが、逢坂界、大枝界と同様な場であったことはまず誤りあるまい。和邇界については不明であるが、大索で官人を巡遣して警固させていることから同じような性格をもっていたとみなすことはできよう。(49) 四界祭の場所である逢（会）坂山、大枝山、山崎、和邇の四か所はいずれも身体障害者、異類異形、雑芸者、盗賊、物怪等の居住するところで、「清浄なる天皇居住地」、平安京から排除された人々の生活の場所であった。

五　今後の課題――むすびにかえて――

平安京内とその周辺部に生きた人々について、四角四堺祭や、それに類似した呪術的行為を通してみてきた。四角四堺祭は天皇を中心とする同心円的構造、すなわち天皇を中心とした聖・浄―賤・穢の関係が典型的な祭祀であるが、その場所に住む人々が、その祭祀に規定されていたことは言うまでもない。平安京と周縁部のこのような関係は他の諸都市においてもみられるのであろうか。鎌倉においては、由比浦、固瀬河、柚河、江島、金洗沢、六浦、杜戸において七瀬祓がなされ、小袋坂、小壺、六浦、固瀬河で四堺祭がおこなわれている。六浦が両祭祀に登場するのは、上行寺東遺跡との関連で注目しなければならないところであるが、都市鎌倉においても平安京と同じ祭祀がなされており、さらにその周縁部の様相も石井進氏等の研究によって明らかになってきている。(50) 石井氏によると、鎌倉の宗教的中心であり、都市プラン上の中核ともなっていたのは鶴岡八幡宮であり、周縁は京都からの入口である化粧坂、極楽寺坂で、ここは風葬の地であり、非人集住地であった。また東は日蓮の拠点となった名越坂で、この地も下層社会の地で多くの「やぐら」群があり、風葬の地の一つであったとされている。そしてその周縁部は下層社会であるとともに、宗教の熱心な布教の場であり、社会事業、救済事業の舞台でもあった。さらに葬送の死人の肉を食する龍象房などという僧侶が出現したのは小袋坂であった。鎌倉が少なくとも宗教的には京都と同様な構造をもっていたことは明らかである。

では他の地方都市においてはいかがであったであろうか。地方都市から「急々如律令」との呪札や人形が多く発見されているが、[51]他の都市も四角四堺祭や七瀬祓のような呪術的行為がなされていることは明らかであろう。また中世多賀国府について、斎藤利男氏は国衙政庁を中心に東西南北にそれぞれ、東宮、西宮、南宮、北宮の各明神がおかれていたことについて「延喜式段階では現われないことから、少なくとも平安末〜鎌倉初期のある時期に新設されたと推測できるものである。注目すべきは、右の神社が「府中」都市領域の四方の境界上、かつ国府域内への交通路の関門に位置していることである。すなわち、この四社は陸奥「府中」の四境を祭る神社とみなければならない」[52]と述べているが聴すべき見解である。中世のいずれの都市にも四界祭や、四境を祭る神社が存在したであろうと推測されるのである。また都市的構造に近い村落において東西南北に門が存在する場合があるが、[53]その門は呪術的な役割を演じたであろうことは前述したとおりであり、さらに村落の入口に縄をつるす勧請掛あるいは勧請縄と呼ばれる畿内地方の呪術行為も源は陰陽道の祭祀であり、四角四堺祭と同性質のものであろう。[54]これらの諸点については今後も検討していくつもりである。また家の独立性、神聖性なる中世社会の特徴も、陰陽道の呪術的行為を考慮しながら検討しなければならないのではなかろうか。小野寺実資や中原師守の「穢札」や「忌札」を立てる行動からして、「家」というものについて今後もう少し考えてみたいと思っている。

ところで国家の周縁部についてはほとんど触れなかった。この問題については村井章介氏が多くの問題を提起しているのでそれに譲るが、[55]外が浜や蝦夷をめぐる問題について、小稿と係わる部分についてのみ簡単に触れ、今後の課題として残しておきたい。外が浜や蝦夷問題をめぐっては、遠藤巌氏[56]や大石直正氏[57]が注目すべき論稿を発表していることは周知のとおりである。大石氏は国家四至のありかたから蝦夷問題を、遠藤氏も中世国家編成上の不可欠の要素として蝦夷支配問題を論じている。ことに遠藤氏は中世国家編成上の要素として鎌倉幕府の東夷成敗権をとりあげ、中世国家の軍事警察機構の特殊なあり方と、当時における蝦夷異民族観に鋭いメスを入れ、さらに国内政策上から、奥羽蝦夷地論を強引に国家が押し進めたとするとともに、北方交易体制の強化や外交政策上の必要性から夷島支配を位置づけたと詳述されるのである。その研究は緻密である。だが残された課題がないわけでもない。外が浜や蝦夷について記されている文学作品は数多い。謡曲、説経節、御伽草子等々、これらの作品の中に登場する人々は異類異形、狩猟民、塩商人等であり、「賤」「穢」と当時みられた人々である。[58]まさに中世前期に異類や犯罪者を追放した地たる意識が文学作品のうえにあらわれているのであり、浄―穢の観念として登場するのである。中世国家の枠組みや編成から蝦夷問題を考えようとすれば、このイデオロギー問題、身分制問題、もっといえば天皇制のあり方の問題を避けて通ることはできない。天皇から離れていくに従って穢が強くなっていくとするもので、もちろんこの穢観は中央に居住する人々、殊に公家層を中心としたものであるが、内裏→洛中→洛外→山城→畿内→畿外（東国）→蝦夷・外が浜と進むに従って穢なるものが強くなるとする構造であり、[60]穢の追放地が国家によって定められていたことも前述したとおりである。このようなイデオロギーの結果、いかなる事態がおこったのかといえば、畿内がもっとも穢観を強く持つ社会となり、浄―穢、聖―賤という観点による身分制がもっとも強固であったにもかかわらず、穢を追放したきわめて清浄なる社会とみなされ、畿内（天皇）から離れるに従って穢観による身分制は弱まるが、不浄の地とみられるという特徴をもつのである。東国、奥羽あるいは南九州においては殺生穢観は無いにもかかわらず、[61]穢地のごとくみられるのである。中世における天皇制イデオロギーが持っていた二重の「毒」をみないわけにはいかない。この点についての詳細は別の機会に譲る。また畿内と外国の境、東国との境界についても種々論ずべき点があるが、すべて他日を期したい。

（1） 拙稿「中世における天皇の呪術的権威とは何か」（『歴史評論』四三七号、一九八六年）。本書第I部第一章収録。
（2） 季刊論叢日本文化2『戦国期の室町幕府』第三章「門前検断と釘貫――権門の町屋支配」（角川書店、一九七五年）。
（3） 『大日本仏教全書』一五〇。

(4) 史料纂集『吏部王記』による。
(5) 『左経記』(『増補史料大成』6) 所収「類聚雑例」長元九年五月十九日条。
(6) 同右。
(7) 日本古典文学大系『榮花物語』上による。
(8) 伊藤唯真「『師守記』にみる中世葬祭仏教」(『鷹陵史学』三・四号、一九七七年) 参照。
(9) 『師守記』康永四年三月六日条。
(10) 同右 康永四年二月十一日条。
(11) 同右 康永四年二月十二日条。
(12) 注(9)史料。
(13) 伊藤唯真氏は「経四部」について「釘貫の内側には、初七日から四七日までにでき上がった、名号や法華経・浄土三部経を抄写した卒塔婆が、東北隅から南向けに立て置かれた」と、これを卒塔婆としている (前掲論文)。
(14) 「地獄の風景」(『姿としぐさの中世史』平凡社、一九八六年)。
(15) 小論で引用する『絵引』一～五は角川書店発行のものである (一九六四～一九六八年刊行)。
(16) 『平安遺文』二二三八号文書。
(17) 「忌垣」について『日本国語大辞典』(小学館) は、「神社など、神聖な場所の周囲にめぐらした垣、みだりに越えてならないとされた」と解説し、用例として『万葉集』『日本霊異記』『源氏物語』『石山本願寺日記』等をあげているが、釘貫ときわめて関係ありそうな用例は『石山本願寺日記』天正八年九月の「御影堂のまえに三鈷松あり、(略) まわりにいがきあり」である。なお淡路島の方言として、「埋葬したあとの土墳にめぐらす垣」なる例もあげている。
(18) 今谷前掲書。
(19) 今谷前掲書、一三六頁参照。
(20) 『中右記』嘉承二年五月二十三日条。
(21) 紫田實編 民衆宗教史叢書 第五巻『御霊信仰』(雄山閣出版、一九八四年) 参照。
(22) 「中世前期の都市と文化」(『講座日本歴史』3 東京大学出版会、一九八四年)。
(23) 同右書、二一五頁。

(24) 拙稿注(1)論文。
(25) 六波羅探題が鴨川の東に存在し、決して洛中に設置しなかったのは、「武」という殺生に携わるもの、すなわち穢の多きものを洛中から排除して入れないという、平安期以来の浄―穢の観念が存在したことによるとみなされよう。この点については別に考えてみたい。
(26) 『古今和歌集』(日本古典文学大系8) 五三六歌。
(27) 『古活字版藻塩草』(臨川書店、一九七九年)。
(28) 『岩波文庫』。
(29) 『枕草子』一三六段「いと夜ふかく侍ける鳥の聲は、孟嘗君のにやときこえたれば、たちかへり、孟嘗君のにはとりは、函谷關を開きて、三千の客わづかに去れりとあれども、これは逢坂の關なりとあれば」(日本古典文学大系『枕草子紫式部日記』一八九頁) 云々とある。
(30) 『東雅』十七 禽鳥に、「鶏ニハツトリ 日神天磐屋戸をさしこもり給ひし時、思兼神、常世長鳴鳥を集めて鳴しめられしと見えしは、旧事古事日本紀等に鶏をいふといひ伝へし也、さらばニハツトリとは斉場の鳥なるをいひしなるべし、一つに木綿付鳥などといひしも、此事にやよりぬらん」(『新井白石全集』四所収、一九〇六年) とある。
(31) 謡曲「善知鳥」(日本古典文学大系41『謡曲集』下 岩波書店)。
(32) 『未刊謡曲集』一 (古典文庫 第一九四冊 古典文庫発行、一九六三年)。
(33) 日本古典全書『謡曲集』下 (朝日新聞社) による。
(34) 日本古典文学大系『平家物語』による。
(35) 『群書類従』第十六輯。
(36) 『教言卿記』応永十三年四月七日条以下。
(37) 藪田嘉一郎『能楽風土記――能楽の歴史地理的研究――』(檜書店、一九七二年)。
(38) 篠田浩一郎「二つの坂」(『中世への旅』朝日新聞社、一九七八年)。
(39) 篠田浩一郎「「蝉丸」論――天皇制と日本語」(『現代の眼』一九七六年九月号)、のち『仮面・神話・物語』(朝日新聞社、一九八三年) 収録。
(40) 山口昌男「天皇制の深層構造」(『中央公論』一九七六年十一月号) 等。

(41) 家永三郎『猿楽能の思想史的考察』(法政大学出版局、一九八〇年)一二二～三頁。

(42)『月刊百科』二二二号(平凡社、一九八一年)、のち『酒呑童子の誕生』(中央公論社、一九九二年)収録。

(43) 成立は南北朝あたりまでさかのぼると言われ、下総国香取神社大宮司家に伝わってきた『絵詞』である。本文は各所に欠落があり、全文の復原はまだ果されていないとされている(佐竹昭広『酒呑童子異聞』平凡社、一九七七年、一四〇頁以下参照)。

(44) 佐竹前掲書『酒呑童子異聞』。

(45) 陽明文庫本の引用は佐竹前掲書による。

(46) 京都曼殊院所蔵『酒呑童子』絵巻(三巻三軸)。佐竹前掲書に「曼殊院本について」なる論がある。

(47) 安倍晴明については、村山修一『日本陰陽道史総説』一三一頁以下に「安倍晴明の事蹟と伝承」と題して詳述されている。

(48) 源頼光の官職は『尊卑分脉』によれば「哥人　武略長　通神権化人也」として、大内守護、伊豆・信濃・下野守以下左兵衛兵部丞まで記している。四堺祭の使者として確認される検非違使、衛門府、滝口等の官職は伝えられていないが、兵衛府の官職でも四堺祭との関連を推測することは十分可能である。なお興味深いのは、四天王の一人渡辺綱についての説話と伝承である。渡辺綱は周知のように、摂津渡辺地を本貫とする渡辺惣官の祖とされており、「武」に携わるとともに交通・流通にも携わり、贄人としても注目される武士団であり、また七瀬祓地の支配者でもあった。この七瀬祓地の支配者の祖が源頼光とともに大江山の酒呑童子を討つことは、「大江山説話」が、益々四堺祭と関係するものであることを窺わせるものである。渡辺綱の伝承・説話は、『古今著聞集』巻九に記されている鬼同丸を討った話、屋代本『平家物語』にみられる愛宕山の鬼退治の話であり、そこにも安倍晴明が登場するのである。綱が一条戻橋で美女にあい、その美女が五条の渡しで鬼に変じたことから、川の渡渉地点が注目され、鬼女は水神で、渡辺惣官(党)は、水霊鎮斎、水難防止などの呪術に携わったのではないかとの推定もなされている(『平凡社大百科事典』山本吉左右著「渡辺綱」項)。

(49) 高橋昌明注(42)論文。

(50)「都市鎌倉における「地獄」の風景」(『御家人制の研究』吉川弘文館、一九八一年)。

(51) たとえば多賀城跡出土木簡に「急々如律令」としたものがあり呪符木簡とされている(平川南「宮城・多賀城跡」『木簡研究』三号、一九八〇年)。

(52) 「荘園公領制社会における都市の構造と領域——地方都市と領主制——」(『歴史学研究』増刊号、一九八四年)。

(53) たとえば、山城国一揆の中心の一人であった狛氏の本拠地、通称「大里」環濠集落等に典型的にみられる。ただし現在は「門」は残されていない。近世絵図に東西南北の「門」を明示している。

(54) 勧請掛、勧請縄については、中野豈任「中世絵巻に見る境界の呪的儀礼」(『政治社会史論叢』近藤出版社、一九八六年)、田村憲美「畿内中世村落の〝領域〟と百姓」(『歴史学研究』増刊号、一九八五年)等を参照されたい。

(55) 「中世日本列島の地域空間と国家」(『思想』七三二号、一九八五年)、のち『アジアのなかの中世日本』(校倉書房、一九八八年)収録。

(56) 「中世国家の東夷成敗権について」(『松前藩と松前』九号、一九七六年)、「蝦夷安東氏小論」(『歴史評論』四三四、一九八六年)等。

(57) 「外が浜・夷島考」(『日本古代史研究』吉川弘文館、一九八〇年)。

(58) これらの点については、拙稿「中世後期の雑芸者と狩猟民——「善知鳥」にみる西国と東国——」(『東国の社会と文化』梓出版社、一九八五年)を参照されたい。本書第Ⅱ部第三章に収録。

(59) 注(56)、(57)論文を参照されたい。

(60) 拙稿 注(1)論文を参照されたい。

(61) 拙稿「南北朝動乱期の社会と思想」(『構座日本歴史』4 東京大学出版会、一九八五年)。本書第Ⅱ部第一章に収録。

(補注1) 釘貫と墓に関わる史料を補っておきたい。『西宮記』巻十二裏書によれば、醍醐天皇が延長八年(九三〇)九月二十九日に死去したのであるが、葬儀のときに造られた墓の周囲には、柴垣の外に「刺釘貫」と記されている。

(補注2) 『餓鬼草紙』第四段の墓の周囲を囲んでいる柵、あるいは墓を取り囲んでいる小卒塔婆の柵を、水藤真氏も釘貫と見なしている(『中世の葬送・墓制』一七八頁、吉川弘文館、一九九一年)。

第三章　抜頭の舞

はじめに

賤視されつづけた芸能民世阿弥は、謡曲「蟬丸」の中で「不具」たる逆髪の姿を称した「抜頭の舞かや、浅ましや」と。一つの集団、あるいは一つの事象、またはある芸能、さらにはその他諸々のことにおいて、時代が異なることによってそれにたいする意識がかなり違ってくることは当然のことである。中世という一つの時代の中にも当然このことがみられる。殊に中世初期の平安時代と、中世後期の南北朝期以後では人々の認識にかなりの差があることが知られている。中世身分制の確立する以前と以後について、非人や清目等がその例とされている。(1)

このような例の一つとして、舞楽の抜頭を民衆運動と関連づけながら考えてみようと思う。以下、「永長大田楽」を中心とした記述となるが、第一節と第二節においては、すでに知られている史料を長文引用している。これは問題点を整理するための引用である。小稿では第三節「異形と舞楽」を主要な検討課題としたことをお断りしておきたい。

一　異形と田楽

中世身分制が中世文化と密接に関連していることはいうまでもない。中世文化や中世身分制の出発点となる平安時代は古代から中世への移行期であるとともに、未開社会から文明社会へ移行する第一段階の時期でもあった。この移行期は緩慢ながらも大きな変容をとげたので、文化的・思想的側面にかぎっても種々特徴ある動きが顕在化した。「文化的」といってもここでは、いわゆる王朝文化を論ずるつもりは毛頭ない。この移行期において様々な分野で活躍する民衆が古い意識にいかなる形態で拘束され、それをどのように克服したのか、またその結果いかなる事態が生じたのかという点が論究課題である。古代的な諸々の呪縛に対する民衆の抵抗は、願望や信仰・幻想等から生起する。この抵抗は華々しいものではないが、廻りめぐって古代専制国家や天皇の権威への抵抗ということになっていくのである。

民衆の願望とは何か。それは究極的には奴隷や農奴からの解放、あるいは非支配身分からの解放ということに繋がっていくのであるが、現実の意識としては、生産や日常生活の向上、「百姓」においては自立的な経営主体となることであり、また生活不安の解消であった。さらにこの世の苦しみからの救済であり、没落や転変からの救済である。そして、民衆にとって（これは民衆だけでなく支配者にとっても）いつの時代でもそうであるが、きわめて切実であったのは病魔からの救済であった。これらの願望や信仰・幻想等を担って平安時代に一つの「芸能」が流行した。田楽といわれるものである。そのもっとも大規模なものが有名な「永長大田楽」と称されているものである。永長元年（一〇九六）五月～八月におこった田楽は『中右記』が詳細であり、また大江匡房の著した『洛陽田楽記』が興味深いものである。いずれも著名なものであるが論旨の都合上、少し長くなるがその史料を引用しておきたい。

『中右記』(2)

(永長元年六月)十二月　早旦参内、頃而退出、此十余日間、京都雑人作田楽、互以遊興、就中昨今諸宮諸家青侍下部等、皆以成此曲、昼則下人、夜又青侍、皆作田楽、満盈道路、高発鼓笛之声、已成往反之妨、未知是非、時之夭言所致歟、寄事祇園御霊会、万人田楽不能制止也。

(六月)十四日　巳時許参内、終日祇候、今日祇園御霊会間、禁中無人、仍終日候御前也、後聞、院召仕男共四百人許供奉、又院蔵人町童七十余人、内蔵人町童部卅余人、田楽五十村許、近代第一見物之、年者入内従内退出。

七月十二日　早旦退出、申時許又参内、今夕雲客依仰作田楽、欲備天覧、人々議定云、田楽之中田主尤可候也、蔵人少納言成宗已当其仁、奏此由処、勅許已了、従院御使来被申云、殿上人田楽必可見給、就中成宗田主之躰欲一覧者、仍可参院由、被仰下了、事及広、出仕之人皆参、先於直廬調田楽装束、楽器等従院所進也、明月之前人々調装束参御前、紅汗取押銀薄文、指貫、冠上以冠筥蓋為笠、指山鳥尾、若人々此外風流錦繡作花、或浅履、或糸鞋、先於中殿南庭御覧、従南庭渡西一廻、於北陣方又御覧、人々入魔奏妙曲、右兵衛督雅俊為御使、相具田楽、被参院、六條殿、路間用車、於北中門之内御覧、上皇甚御感、就中蔵人少納言成宗田主之躰、不可思議神妙也、顕雅朝臣一足、経忠朝臣宗輔二足等尤得骨法、(以下略)。

(七月)十三日(前略)従去五月及近日、天下貴賤、毎日作田楽、或参石清水賀茂、或参松尾祇園、鼓笛之声盈溢道路、是称神明所好、万人作此曲、或又有夢想告、有俄作輩、世間妖言人々相好、誠入水火、天之令然歟、事已及高、但不知是非如何。

『洛陽田楽記』(3)

永長元年之夏、洛陽大有田楽之事、不知其所起、初自閭里、及於公卿、高足・一足・腰鼓・振鼓・銅鈸子・編木・殖女・舂女之類、日夜無絶、喧嘩之甚能驚人耳、諸坊諸司諸衛各為一部、或詣諸寺、或満街衢、一城之人皆如狂焉、蓋霊狐之所為也、其装束尽善尽美、如彫如琢、以錦繡為衣、以金銀為餝、富者傾産業、貧者跂而及之、郁芳門院殊催叡感、姑射之中此観尤盛、家々所々引党予参、不唯少年、緇素成群、仏師経師各率其類、着帽子繡裲襠、或奏陵王抜頭等舞、其終文殿之衆、各企此業、孝言朝臣以老耄之身、勤曼蜒之戯、有俊有信季綱敦基在良等朝臣、並折桂射鵠之輩、不偏一人、或着礼服、或被申冑、或称後巻、驍勇為隊、入夜参院、鼓舞跳梁、摺染成文之衣袴、法令所禁、而検非違使又供奉田楽、皆着褶衣、白日渡道、蓬壺客又為一党、歩行参院、侍臣復参禁中、権中納言基忠卿捧九尺高扇、通俊卿両脚着平藺水、参議宗通卿着藁尻切、何況侍臣装束、推而可知、或裸形腰巻紅衣、或放髻頂載田笠、六条二条往復幾地、路起埃塵、遮人車、近代奇恠之事、何以尚之、其後院不予、不経幾程、遂以崩御、自田楽御覧之戸、輦見御葬送之車、爰知妖異所萌、人力不及、賢人君子誰免俗事哉、

「永長大田楽」に関する史料は他に『百錬抄』『古事談』『醍醐寺雑記』等にもわずかに存在するが、『中右記』『洛陽田楽記』でほぼその全容が知られる。なお、『洛陽田楽記』は大江匡房の筆になるものであるが、「匡房の日記『江記』の一節でもなく、おそらく彼の文集類より抄出せられたものか(4)」とされている。匡房はこの当時権中納言で、『中右記』にもしばしば登場している。

この「永長大田楽」は、古代から中世への移行期、荘園制の確立期であることから、荘園体制の確立期の人民闘争、すなわちこの期における民衆運動と民衆の意識形態という側面から多くの研究がなされている。戸田芳実氏は「大田楽運動が神人の京都および近郊における活動の場を生み出したことにより、中央神人組織が強化・拡充した」とし、荘園体制を内部から支えた中央神人の動向に注目し、確立期荘園制の動態をみんとしている(5)。ま

た井上満郎氏は「摂関政治の克服と院政の成立期の文化」という観点からこの田楽をみようとして「院庁の勢力拡大ということであり、そのため院庁に集まり、またそれを盛りあげていくことに利益を見た中・下級貴族たちが、新しく登場しつつある村上源氏や摂関家流以外の上流貴族をまきこんで作り出したひとつのカーオス的な状況が永長大田楽の実体」(6)と政治史的視角で分析している。同様な評価として「古代律令国家の解体が進行しながらも、新しい社会秩序が未成熟であった時期におこった、諸矛盾の鬱積した精神的カタルシス(浄化作用)の意味」(7)をもっていたとの高取正男氏の見解が存在する。

「永長大田楽」という民衆運動と民衆意識を明確に結びつけて論じたのは黒田日出男氏である。黒田氏は一九七一年の歴史学研究会大会報告において、「荘園体制」確立期たる院政期の荘園制的勧農イデオロギーと民衆意識の析出を課題としてこの大田楽運動を検討し、この運動をとおして民衆意識の形態を探っている。そしてそこには鬼神(行疫神)の遷却と「触穢」の打破という二つの民衆意識が存在していたとする。殊に前者の意識は行疫神=国衙官人というダブルイメージをもっているとし、「永長大田楽」は行疫神を共同体外に遷却するのが主要な契機であったことより、国衙官人の遷却さえ期待されていたとしているのである。(8)黒田氏が提起された二つの問題は、その後深められることもなく現在まできているが、ここでは黒田氏が出された問題点をもう少し考えてみようとしたものである。

再度問題点を羅列してみると次のような諸点を指摘することができよう。まずこの大田楽に参加した人々は、中・下層貴族、武士、諸社・諸寺の神人、青侍・院召仕男というような官衙の下級官人・従者、都市の一般住民、京郊村落の人々等々であること、この大田楽は祇園御霊会に事寄せて起こったこと、これらの点はすでに指摘されているところである。問題としたいのは、この大田楽に参加している人々が異様な姿態であるということである。『洛陽田楽記』に「錦繡を以て衣となし、金銀を以て飾となす」とする民衆の姿は、現在における「祭」の様態とそれほど異ならないが、貴族が九尺の高扇を捧げ、平藺沓や藁尻切を着しているのは異様であり、まして裸形であったり、腰に紅衣を巻いた姿であったり、あるいは放髻（ザンバラ髪）であったり、頂に田笠を載せたりした姿は異形という以外にない姿である（『中右記』にも冠筥蓋をもって笠となす。あるいは山鳥尾を指すとある）。この異形という点が第三の問題点である。第四に法令の禁ずる摺染成文の衣袴を、本来それを取締るべき検非違使が着して、田楽に参加しているのはなぜかという点である。(9) 第五点として、仏師・経師等が帽子を着し褊襠に繍り、陵王・抜頭（ともに舞楽の曲名）の舞を奏したこと、すなわちなにゆえ舞楽をなしたのかという点である。これらの諸点が検討課題であるが論旨の都合上、御霊会の問題から入っていきたい。

二　異形と疫神

古代から中世への移行期であるこの時代、呪術思想がきわめて肥大化した時期である。(10) かつて筆者は天皇の呪術的権威について論じたことがある。(11) 天皇の呪術的権威に期待されたものは国土安穏、病気や怨霊を阻止することというような生命保全、現世利益をまねく福の招来、真の意味の「穢」の「祓」等が主要なものであったと結論づけ、さらに天皇のこのような呪術的権威が「祓」や「祭」によって十世紀頃きわめて肥大化してきたと論じ、七瀬祓や四角四堺祭等を検討した。そしてこれらの「祓」や「祭」のおこなわれた場である河川や峠・路は平安京、なかんずく天皇の「聖」「浄」を保つ舞台であり、天皇を疫鬼・疫神や怨霊（御霊）から保護するためのものであったことをみた。ところでこれら「祓」や「祭」の原点はどこにあったのであろうか。それは疑いもなく御霊会であった。

古代末期には多くの民衆信仰が流行した。疫神や漢神あるいは北辰信仰などが知られており、十世紀にいたればのちに触れるが、志多良神の入京などが有名である。その中でも殊に疫神信仰たる御霊信仰がもっとも有名であり、御霊会と呼ばれる「祭」が度々もようされた。この信仰は『延喜式』にみえる疫神祭等と密接な関連をもっていたものと思われる。周知のような御霊会に関する史料の初見は『三代実録』貞観五年五月二十日条である。それによると神泉苑で催された御霊会は「延律師慧達為講師、演説金光明経一部般若心経六巻」と、経をなすとともに、注目すべきは「命雅楽寮伶人作楽、以帝近侍児童、及良家稚子、為舞人、大唐高麗更出而舞、雑伎散楽競尽其能」と、雅楽寮伶人が楽をなし、天皇に近侍する童や良家稚子が唐・高麗の舞をおこない、雑伎散楽を尽したというのである。そして「或礼仏説経、或歌且舞、令童貫之子靚粧馳射、膂力之士袒裼相撲、騎射呈芸、走馬争勝」という状況であった。そもそもこの御霊会が催された理由は「近代以来、疫病繁発、死亡甚衆、天下以為、此灾御霊所生也、始自京畿、爰及外国、毎至夏天秋節、修御霊会」とするもので疫病の流行の原因が御霊にあるとし、その御霊とは中央政界における政争の犠牲者である崇道天皇、伊予親王、藤原夫人、観察使、橘逸勢、文屋宮田麻呂(観察使を橘逸勢の官職とする説もある)である。

疫病の流行と御霊会との関連は従来から種々の観点から指摘されており周知の事実であるから[12]、いまさらここで論じようとは思わない。ただ注目したいのは御霊会でおこなわれた儀式の内容である。御霊(怨霊)を慰撫した儀礼は、金光明経、般若心経の「演説」はともかく、注目したいのは雅楽寮伶人による「楽」、天皇近侍児童、良家稚子による「舞」と、馳射・相撲・騎射・走馬等の「武」にかかわる儀礼である。「永長大田楽」騒動のおり、陵王・抜頭の舞楽がなされたり、多数の武士が参加していることが想起されて興味深いが、まだ貞観御霊会の段階においては、異様なる姿態はみられない。

怨霊・疫神・疫鬼等の慰撫は「経」「舞」「武」「異形」が主要なものであるとみなすが、いまだこの時期には「異形」は登場しておらず、いつの段階であらわれるのか、当時の思想・意識形成のうえで興味深いものがあるが、この点についてはのちに触れる。いずれにしても、御霊会がのちの民衆意識や民衆運動に大きな影響を与えたことは事実である。

この御霊会がどのようにして「永長大田楽」につらなっていったのであろうか。この点をいくつかの民衆運動をとおしてみておこう。御霊会が催された二年後、『三代実録』貞観七年六月十四日条に「是日、禁京畿七道諸人寄事御霊会、私聚従衆、走馬騎射、小児聚戯、不在制限」という事実を載せている。京畿七道の民衆が群集して、御霊会に事寄せて「走馬騎射」することを禁止しているが、「小児聚戯」(これは御霊会における児童の舞に比定されるものであろう)は規制せずとしているのである。これは疫神追放に関する民衆の自然発生的な動きがあったことを示している。この動きと密接に関連する史料として諸氏が引用している八坂神社蔵「祭神御事歴等取調書草案」(13)に記された事項がある。そこに引用されている「祇園社本縁録曰、貞観十一年、天下大疫之時(中略)率洛中男児及郊外百姓而送神輿于神泉苑以祭焉、是号祇園御霊会」と記載されているのは、はるか後代の近世に書かれたものとみられるものからして、全面的には信用できないが、洛中民衆の動向を示す雰囲気は伝えているものとみなされる。その後御霊会は「会集之男女不知幾千人」(14)という盛況が続くのである。

そして天慶八年(九四五)七月には志多良神が数百人の男女に担れて入京してくる。この神の本体は不明であるが、菅原道真の御霊ではないかといわれている。だがこの神には御霊―疫神信仰という側面と、農業賛歌の「童謡」を歌っていることから田楽・田遊を主とする農耕儀礼・予祝神事の側面があったことが知られている。この時期にいたれば疫神・疫鬼追放と、農村の農耕儀礼が強く結びついてきているのである。これら志多良神をめぐる諸問題については多くの研究があることより(15)ここでは言及しないが、農村の農耕儀礼と都市民衆の神事とが強く結びついてきたことは事実である。それが「永長大田楽」に京近郊村落の人々、都市民衆が多く参加している理由であり、さらに御霊会に系譜を引くことより、官衙に属する人々の参加も自然なものであることを示している。そしてこれらの運動は爆発的なものとなっていくのである。

ところでこのような異様な姿で騒ぎまわる「祭」は他にあるであろうか。他にも多くその例がみられる。「永長大田楽」が起こる二年前の寛治八年（一〇九四）五月にも田楽が流行した。このときの様子を『中右記』は「今夜少納言家俊引率青侍十余人、已作田楽横行京中、其供奉之輩、或以裸形、或放烏帽、異体奇異也、遇道之者、以為百鬼夜行、（中略）而彼家俊存致軽慢之由、仰青侍等、各以瓦礫、令打其宅如雨、于時侍等驚騒、為問子細、自家中走出之間、進士惟兼殿下所司也、打破其面了、田楽之輩走迯東西面、雖然殿下侍等追北、纔搦一人、将参殿下、倩見件男、兵衛府生、某丸、家俊笛師云々、(16)」と記している。この状況も「永長大田楽」と同様に、少納言家俊に引きいられた青侍たちは、あるものは裸であり、あるものは烏帽（子）もつけていないというような状態であり、さらには瓦を投げあう闘乱に及んだのである。そのとき搦められた青侍の一人は兵衛府生で、かつ笛師であったという。すなわち兵衛府に属する武人であるとともに「楽人」であったことに注目したい。嘉承元年（一一〇六）六月には「近日京中下人等作田楽輿、毎日遊行、或切破錦繡、或随身兵仗、数千成党、横行道路間、及闘争、有夭命者、先年有如此遊、不吉事出来也、今不被制止、頗不穏便事歟(17)」とこのときも錦繡を切破った異様な姿態で数千人が党をなして乱闘におよんでいるのである。

「永長大田楽」を想起するほどの大きなひろがりをみせたのは鳥羽院政の末期、仁平四年（一一五四）四月におこった「夜須礼《やすらい》」である。これはその後、旧暦三月十日の紫野今宮「ヤスライハナ」として現在まで伝承されており、すでにこの「事件」については、河音能平氏によって「ヤスライハナ」の成立とその歴史的意味について、鳥羽院政期から保元・平治の内乱を経て後白河院政期にいたる政治過程の中で検討されている(18)。この史料は『梁塵秘抄口伝集』巻十四が主たるものである。すでに知られているものであるが、問題点を明確にするため、やや長文であるが、その大部分を記しておく。

ちかきころ久寿《近衛院》元年三月のころ、京ちかきもの男女紫野社へふうりやうのあそびをして哥笛たいこすりがねにて神あそびと名づけてむらがりあつまり、今様にてもなく乱舞の音にてもなく、早哥の拍手どりにもにずしてうたひはやしぬ。その音せいまことしからず。傘のうへに風流の花をさし上、わらはのやうに童子にはんじりきせて、むねにかつこをつけ、数十人斗拍手に合せて乱舞のまねをし、悪気と号して鬼のかたちにて首にあかきひたたれをつけ、魚口の貴徳の面をかけて十二月のおにあらひとも申べきいで立にておめきさけびくるひ、神社にけいしして神前をまはる事数におよぶ。京中きせん市女笠をきてきぬにつゝまれて上達部なんど内もまいりあつまり御覧におよびぬ。夜は松のあかりをともして皆々あそびくるひぬ。そのはやせしことばをかきつけをく。今様の為にもなるべきと書はんべるぞ。

音発ノ人唱出スカクセウタキ人ス乱舞ノ音ノ様ニ唱正音ニアラズ不信用

はなやさきたる　付所 やすらや

はなやさきたるや　同 やすらいはなや

はなやさきたるや　同 やすらいはなや　（「はやしことば」以下略）

此哥をはやして唱ぬるに有勅禁止はんべり。何のさはりとも聞えず、わけあらんとつたへきゝしぞかし。唱ものをこのむといふて、みだりにすべからず。ついにはたゆることもあり。高尾に法会あり。そのわけにてやらんか法会に子細ぞあらんと申はべりき。ものゝちやうじたるときは、さはりいできぬるものぞ。音曲の稽古もそのしんしやくあるべしと語りつたへはべり。

一条院正暦五年六月廿七日為疫神修御霊会木工寮修理職造神輿一基、安置北野船岡山窟令行仁王経之講説城中之人招伶人奏音楽都人士女賷持幣帛不知幾千万人礼了送難波海此非朝議起自巷説。

一条院宇 長保三年五月九日庚辰於紫野祭疫神号御霊会依天下疫疾也、是日以前神殿三宇瑞垣等木工寮修理職所造也。

（以下略）

この「ヤスライハナ」という民衆運動を河音氏の研究を参照しながら問題点を整理しておこう。河音氏によって『梁塵秘抄口伝集』巻十四は「楽界長老・後白河院近臣源資賢に口伝をうけた新進気鋭の殿上楽人（後白河院近習）によって、治承・寿永内乱期に草された」[19]ものであることが明らかにされており、まず、楽人によって記されたものであることに注目しておきたい。ただ注意しておかなければならないことは、たしかに紫野社は疫神を慰める紫野御霊会（五月九日）を修する神社であったが、「ヤスライハナ」が起こった四月は紫野御霊会と時期が一カ月程ずれており、また疫病もとりたてて大流行しているというほどではなかったことである。ただ藤原頼長の『台記』によると同月二十九日条に「自去廿一日、兼長病悩、温気、昨今有増、近日此病死満京師、或称中宮病、或称虚子病」とあり、「ヤスライハナ」と疫病の流行が無関係でなかったことを示している。この「ヤスライ」集団は①鬼のかたちをした「悪気」、②それをとりまく数十人の童子の舞踊集団、③歌・笛・太鼓・擦鉦でうたいはやす音楽集団の三つによって構成されていたという。[20]さてここに参加している人々の姿態を注目すると、まず「悪気と号して鬼のかたちにて首にあかきひたたれをつけ」あるいは「京中きせん市女笠をきてきぬにつゝまれて」いるというような異様な姿であること、さらに「魚口の貴徳の面をかけて」というように、ここにも「貴徳」という舞楽の曲名が登場してきていること、第三に「童子」が主役となっていること、第四として、「傘のうへに風流の花をさし上」というように、「永長大田楽」の様態にきわめて近いものがあることを指摘できよう。さらにこの集団がうたった歌謡（はやしことば）である「やすらひはなや」は「美濃田歌」の末章であることが明らかにされており、稲の収穫の豊饒を神に祈る神事歌であったとされている。[21]すなわち「田楽」「田遊び」と基盤を同じにするものである。そしてその歌舞集団は楽所楽人であったと推定されていることも注目しなければならない点である。このようにみてくると「ヤスライハナ」は「永長大田楽」と基本的性格が一致するのではなかろうか。たしかに疫病は大流行しているというほどではなかったが。

平安期における民衆運動の中からいくつか検討しなければならない課題があらわれてきた。人々はなぜ異様な姿態となるのであろうか。そもそも田楽とは何か。これらの運動の中に舞楽が様々な形態で登場するのであるがそれはなぜか。青侍・検非違使・兵衛府等の「武」にかかわる人々がしばしば登場するがそれはなぜか。舞楽とともに「童」がしばしば主役を演じているがこれはなぜか。そして異形の人々はその後どうなっていったのであろうか。いずれも大きな課題であるが、かなり明らかにされてきているものもある。

三　異形と舞楽

さて前記した課題すべてを小稿において解決しようとすることは困難である。以下舞楽と異形について簡単に触れておこう。

「永長大田楽」や「ヤスライハナ」において、舞楽が演ぜられている。たとえば「永長大田楽」においては陵王・抜頭の舞が、「ヤスライハナ」においては貴徳の面をつけた舞がなされているのである。さらに溯れば御霊会においても雅楽寮伶人によって技楽がなされているのである。何ゆえに、疫鬼・疫神追放の「祭」のときに舞がなされるのであろうか。

伎楽・舞楽・散楽は大陸から伝来し、平安時代に日本的なものとなり固定化していく。伎楽は七世紀に伝来し、仮面舞踊劇であったとされており、仮面を用いての芸能は伎楽から始まったのではないかとされ、その仮面は胡人・アーリアン民族系のものであったり、異形な獣であったりする。『教訓抄』(22)によれば、当時(『教訓抄』成立時＝鎌倉初期)東大寺でおこなわれていた伎楽は、仏会における仮面舞踊行列(練供養)で、行列の先頭に立つ者は治道で、青地錦の頭巾をいただき、緋地花形錦の裲襠をはおったいでたちで、道案内をかねて道浄の役をなすものであった。獅子の面は治道とともに、悪魔払いの役目をつとめ、悪魔や疫病を追い払う力をもつとされていた。

ここにみられるように裲襠をはおった伎楽の治道は悪魔や疫病を払うものとみられていたことに注目したい。『洛陽田楽記』にも裲襠を着して陵王・抜頭を奏すとみえる。

舞楽はいつ頃日本に伝来したか不明であるが、およそ伎楽より五十年程度後であったろうと推定されている。『大宝律令』によると、治部省のもとに雅楽寮が置かれ、頭・助・大允・少允・大属・少属各一人以下合計四百二十人以上に及ぶ職員が配された。だが平安時代にいたると、雅楽寮も衰退し、衛府の官人をして舞楽を奏さしめるようになり、殊に近衛府がその中心となっていった。さらに奈良興福寺、大阪の四天王寺等には楽人が置かれた。(23)

舞楽は左舞と右舞に区別されていた。左舞は唐楽・天竺楽・林邑楽等、中国・西域方面の舞楽であり、右舞は高麗楽・渤海楽等朝鮮系の舞楽であった。そして左方の舞人の装束は赤色系統であり、右方の装束は萌黄色（藍色）系統が用いられた。舞う形式から文舞・武舞・走舞・童舞等に区分されていた。そして装束にも四種あり、常装束・蛮絵装束・別装束・裲襠装束と呼ばれていた。また仮面は胡人型もあれば中国・日本人型、獣面・菩薩面等が存在した。さらに舞人の装束で注目しておかねばならないものは摺袴を着すこと、挿頭花をさし、鳥甲、鉾、棹等を使用する舞楽があることである。ちなみに「永長大田楽」も「ヤスライハナ」も人々が挿頭花をさしている。

舞楽は一定の定型があり、最初に必ず「振鉾」が舞われ、最後に「長慶子」が奏される。この「振鉾」（振舞・厭舞とも書く）とは何かといえば、『塵袋』に「桙フルヲエン舞《ブ》ト云フハ正字如何、其心オボツカナシ、厭舞トカク也、厭ノ字ヲバマジナウトヨム、蔡邕ガ伝ニハ、厭ハ伏也ト釈セリ、サレバ邪鬼等ヲ降伏シ、災殃ヲケススガタナル故ニ、イワヒテ最初ニ是ヲナス、エンブノ乱声トテ三度ホコヲフル、ハジメノ乱声ハ天ノ分、第二度ハ地ノ分、第三度ハ人ノ分、三才ニ配当シテホコヲフルアヒダニ、トナフル頌交アリ、ヲハリノ一句ニハ両説アルベシ、新造ノ御堂、御前ナドニテ、此事アルヲバ鎮舞トモ云フ」というように、災殃を消し、邪鬼等を降すために舞うものと解説している。また『教訓抄』には、「振鉾」のとき発せられる乱声について、「三節乱声謂之、口傳云鞨鼓、三鼓、禰取者奏乱声之間為之、但号乱声時者如常也、金妻子云、周武王朝至于商郊牧野、誓武王左杖黄鉞右採白髦以代帝付定天下之時、先供（天神）祭地祇也、（中略）至舞台半、鉾右頭採直成礼、初二後一礼有三説、（供祭神祇先霊之後、其鎮詞云）「天長地久　政和世理　王家太平　雅音成就」。又云、「聖朝安穏　政和世理　国家太平　雅音成就」。初二後一礼畢、後合桙時鎮詞云」(24)と「鎮詞」を詠じながら「振鉾」をおこなったと記している。西角井正慶氏は振舞（厭舞）について、「左頭に持つ桙を右頭に採り直して、礼をなす三節、即ち天神地祇先霊に祈願し、鎮詞がある『天長地久　政和世理　王家太平　雅音成就　聖朝安穏　政和世理　国家太平　雅音成就』と唱へる。（中略）周の武王の戦勝祈願に起源を置き、桙を振るが、振舞の意は反閉であろう」とされ、少なくとも悪魔払への観念があったとされている。(25) 林屋辰三郎氏の研究によれば陰陽師と雅楽頭の兼任が多いとされており、陰陽師と芸能との間には共通するものがあると推定されている。(26) それゆえ陰陽道の作法である反閉と振舞が関係あるとするのはうなずけるところである。『今昔物語集』巻二十八の七「近江国矢馳郡司堂供養田楽語」に「舞楽ヲ以テコソハ供養スレ、此レハ皆極楽天上ノ様也、但シ其レハ楽人ナド呼ビ下スハ大事ナレバ」云々と記載されており、以下矢馳郡司が舞楽と田楽を混同した有名な話が続いている。これらの諸点からして舞楽とは穢を祓い、怨霊を慰撫し、福を求めるものであったことが知られよう。

さて舞楽の一般的な思想的位置づけはこれくらいにして、「永長大田楽」等にみられる陵王、抜頭、貴徳とはどのような舞楽であったのであろうか、鎌倉時代初期、天福元年（一二三三）成立の楽書である『教訓抄』によってみておこう。陵王は巻一に「羅陵王《られうわう》　別装束舞　通大曲《ツウタイ》　古楽　（中略）面《オモテ》ニ有《アリ》二様、一者武部様《タケムベノヤウ》、黒眉《クロマユ》八方荒序之時用之、一者長恭仮面《チャウケウカリオモテ》様小面云、光季家相伝宝物也、」と、羅陵王とも称し、別装束の仮面を用いる舞であった。この曲の由来について「此曲ノ由来ハ、通典ト中文ニ申タルハ、大国北斉ニ、蘭陵王長恭ト中ケル人、国シヅメンガタメニ、軍《いくさ》ニ出給フニ、件王ナラビナキ才智武勇ニシテ形ウツクシクヲハシケレバ、軍ヲバセズシテ、偏ニ将軍ヲミタテマツラム、トノミシケレバ、其様ヲ心得給テ、仮面ヲ着シテ後ニシテ、周師《いくさ》金墉城《せい》下ニウツ。サテ世コゾリテ勇、三軍ニカブラシメテ、此舞ヲ作。指麾撃刺《クキゲキラツ》ノカタチコレヲ習。コレヲモテアソブニ、天下泰平国土ユタカ也。仍テ、『蘭陵王入陣曲《しょうぢむの》』ト云」とあり、礼楽思想にもとずき、武勇たたえた舞である。河竹繁俊著『日本演劇全史』によれば「赤い裲襠扮装に切れ顎金色の竜の面をつけ、細い撥を持って舞う。舞楽中では最も代表的なものの一つ。（中略）走舞であるから荘重ながら軽快味を失うことなく、鮮かな音楽の旋律と共に活気のある舞で、めでたい曲とされている(27)」と記している。抜頭については『教訓抄』巻四によれば「小曲　別装束　古楽　又『髪頭』。破、拍子十五。搔拍子物」とし、その由来について「此曲天笠ノ楽ナリ。波羅門伝来随一也。舞作者非詳之。一説云。沙門仏哲伝之、置唐招提寺云々。唐后嫉妬貞云々。未詳。古老語云、唐ノ后、物ネタミヲシ給テ、鬼トナレリケルヲ、以宣旨楼ニ籠ラレタリケルガ、破出給テ舞給姿ヲ模トシテ作此舞。而無作者。尤不審云々」と、古老の伝承として、嫉妬に狂った唐后の鬼形を模して舞ったものとしている。だが前記『日本演劇全史』によれば、「伝説によると、この舞の起源は、むかし印度地方の人が、猛獣のために横死した父の仇を討つために山中に行き、その猛獣と大格闘の末討ち殺し、めでたく本懐を遂げて喜び勇んで下山した。この時の感激をこの舞に托したのだという。赤色に頭髪を振りみだした物凄い形相の面、手に持つ七八寸の桴は猛獣を倒したときの武器になぞらえたものだという(28)」と記しているが、これは『旧唐書』「音楽志」からの引用と考えられる(29)。さらに、神から与えられた王の白い神馬が、毒蛇と闘った場面に由来するとの説もある(30)。いずれにしても抜頭の物凄い様相は嫉妬に狂った鬼形であったり、人間に害をなす動物殺害の修羅場を象徴的にあらわしているものである。貴徳については『教訓抄』巻五は次のように記している。「別装束舞　有面二様嘯口人色中曲『帰《クキ》徳侯《トクコウ》』謂之。破、拍子十。急、拍子十六。漢書曰、神封中、匈奴日逐王先賢撣、欲降漢、使人相聞、逐詣京師。漢封日逐、為帰徳侯。用鯉口《コヒグチ》、潘子《バム》着面也、先欲舞出時、吹乱声、執桙立桙之間、作法。大旨、如『散手』也、桙立之後、在鎮詞」とあり、匈奴日逐王が帰徳侯に封ぜられたことを祝いて舞ったもので、これも礼楽の仮面舞楽である。これらの曲はいずれも、「王」に危害を加えたり、祟をなすものを鎮したことを祝って舞ったり、鎮する場面を模して舞ったものである。

この三曲の中でも殊に抜頭の面はものすごい形相であった。清少納言は『枕草子』(二二六段)において「抜頭は髪ふりあげたる。まみなどはうとましけれど、楽もなほいとおもしろし」と言っており、「髪ふりあげたる」様は、目つきなど恐しいけれど興味深いと称しているのである。貴徳の古い面はうそぶくように口先をすぼめているものであるといわれている。舞楽の面について『今昔物語集』巻二十八—三十五「右近ノ驚場ノ殿上人ノ種合語」に興味深い説話がのせられている。後一条院時代、何かにつけて張り合っていた二人の頭、左の頭弁藤原重尹、右の頭中将源顕基が、北野の右近の馬場で競馬を約束したのであるが、その競馬・相撲が終らないうちに、右方が勝負舞たる落蹲(納蘇利)を始めてしまったことを記し、そののち「本ヨリ勝負ノ舞可有キ支度ニテ、左ニモ陵王ノ舞ヲ儲タリケレドモ、未ダ事不畢ヌニ、此ク落蹲ヲ出セバ、左ニハ、「此ハ何為ル事ゾ」ナド云合タルニ、関白殿忍テ、女車ノ様ニテ御覧ジケルニ、此ク落蹲ノ出ルヲ「奇恠也」ト思食テ、忽ニ人ヲ召テ、「其ノ落蹲ノ舞人、慥ニ搦メヨ」ト高ク仰セ給フ時ニ、落蹲ノ舞人踊テ入ヌ。然テ装束モ不解ズシテ、迯テ迷テ馬ニ乗テ、西ノ大宮下ニ、馳テ行ケリ。其ノ舞人ハ多ノ好茂也。「面形ヲ取去テハ、人モゾ見知ル」ト思ケレバ、面形ヲシ乍ラ、申ノ時許ニ馳テ行ケレバ、大路ノ人ハ「彼レ見ヨ、鬼ノ書中ニ馬ニ乗テ行クヲ」ト云喤テ、幼キ者ナドハ、此レヲ見テ、恐迷テ、「実ノ鬼也ケリ」ト思ケルニヤ、病付タル者モ有ケリ」と述べている。勝負舞は勝負の決着がついたのち勝方から、あるいは左方から出すものであったが、それが終らないうちに右方から勝舞が出たことにより、ひそかにこの様子をみていた関白殿（藤原道長）が怒って、その舞人を捕えようとしたのである。其舞人（多好茂）は装束も解かず、面形も取りはずさずに宮大路を馬に乗って逃げた。その様子を洛中の人々は鬼が昼中に馬に乗って行くと騒ぎたてたというのである。「納蘇利」(31)の面が鬼のようであったことを示している。

「永長大田楽」や「ヤスライハナ」で人々が演じた陵王、抜頭、貴徳等は礼楽思想にもとづいて「天下大平」「国家安穏」を稔じた姿を模して舞ったと推定されうるが、それは異様な恐しい面をつけた、派手な別装束の舞楽であった。「永長大田楽」や「ヤスライハナ」では人々が「以錦繍為衣」「裸形腰巻紅衣」「放髻頂載田笠」という姿態のみでなく、異様な「面」をつけた人々も多く参加していることが知れるのである。そして彼らは陵王・抜頭等の舞を奏したというのである。このように平安中期には異様な姿態、異様な仮面等は何ら問題にされず、「天下太平」「現世安穏」を願う人々の姿をあらわしたものであった。

（一声）（してさしこゑ）是は延喜第三の御子《みこ》、さかがみ（逆髪）とは我ことなり。我王子とは生まるれども、いつの因果の故やらん。心寄寄《よりより》狂乱して、辺都（土）遠境のきやうじん（狂人）となつて、みどりのかみは空さまにおひのぼつて、なづれ（撫）どももくだらず。いかにあれなるわらむべどもは何を笑ふぞ。何我髪のさかさまなるがをかしいとや。実《げに》さかさまなる事はをかしいよな。扨は我かみよりも、汝等が身にてわらふこそさかさまなれ。おもしろしく。是等はみな人間目前の境界也。夫《それ》花の種は地にうづもれて千林の梢にのぼり、月の影は天にかかつて万水の底にしづむ。是等はみないづれをか順と見逆なりといはん。我は王子なれども疎人《そじん》に下り。髪は身《しん》上《しやう》よりおひのぼつてせいさう（星霜）をいただく。是みな順逆の二つなり。おもしろや。（カケリ）柳のかみをも風はけづるに、（同）風にもとかれず、（して）手にも分けられず。（同）かなぐり捨つる御手の袂、（して）抜頭の舞かや、浅ましや。(32)

謡曲「蝉丸」の中の逆髪登場の一節である。延喜帝の第四皇子盲目の蝉丸が勅命により宮廷を追放され、逢坂山の山中に捨てられた。(33)彼は従者清貫によって剃髪させられ、蓑と笠と杖を渡されて一人逢坂山に残される。そこに登場してくるのが、同じく「不具」である姉の逆髪である。逆髪は延喜帝の第三皇子であったが「なづれどもくだら」ない髪（逆髪）であったため、これも帝によって捨てられた境遇で、各地を流浪する身であった。この「蝉丸」は制作年代、作者が必ずしもはっきりしているわけではないが、世阿弥の『申楽談義』に「さかがみの能」としてみえていることから、室町初期にすでに存在しており、流布していた「さかがみの能」に世阿弥がかなり手を入れたものともいわれている。ここで問題としたいのは、室町初期に成立していたとされている「蝉丸」に「抜頭の舞かや、浅ましや」と記されていることである。『日本古典全書　謡曲集』下の頭注では「荒荒しく掻きむしり捨てようとする身の、袂の手ぶりを見ていると、抜頭の舞かと思われ。（中略）抜頭の舞は髪を振り乱して舞ふグロテスクな舞楽の曲」としている。田代慶一郎氏は『謡曲を読む』の中で「わたしの髪ときたら、風に梳《くしけず》られるどころか、自分の手ですき分けようとしても、それさえもできない。絶望のあまり、いっそかきむしって捨て去ろうとしてみるが、……でも、そんなことをしている自分の姿は抜頭の舞のようで何とまあ浅ましいことであろう」(34)と解釈して、逆立つ髪に対する女らしい羞恥の肉声までが、そこから聞こえてくるとしている。いずれも抜頭の舞は、浅ましいもの、グロテスクなもの、羞恥すべきものとの意識が室町期には存在していたことを示している。平安期には民衆が喜んで舞った抜頭は、浅ましきもののへと変化していっているのである。抜頭の舞と逆髪との関係を詳細に論じたのは服部幸雄氏である。(35)奇怪な姿を現わしてきた逆髪宮について、世阿弥はどこからこの女の発想を得たのだろうかとの問題意識から、「禅の教える世俗の順逆二つの境界の象徴を逆髪の畸形と現在の境遇との中に発見した。これが、この曲の発想の根源である」とし、「世間から差別され卑賤視されるこの境遇から、蝉丸と逆髪とを救済し得る論理は、まさしくこの禅であった。（中略）多くの不幸な夙の民を救う論理でもあったはずである。何よりもまず、世阿弥自身を含む猿楽芸能民たちを救済する哲学であり」

と、「蝉丸」を通して、禅と「夙の民」「芸能民」との関係を規定したのち、逆髪のおどろおどろしいイメージは世阿弥の独創などとは考えることはできないと断定する。[36] そして舞楽の抜頭の舞こそが、世阿弥が「蝉丸」の創造に当たり思い描いたものであるとしているのである。まさに抜頭の舞こそはこの当時の人々にとって、世間から差別され卑賤視される代表的なイメージであったのである。

さらに近世にいたると逆髪＝癩病と位置づけられてくる。『大和国添上郡奈良坂村旧記』[37]に「元和四年弓削夙人記録ニ曰ク。光仁天皇ノ之曽孫ニ田原太子ト申テ一人御坐ス処ニ、頭ノ之髪逆髪ニ生出、皇孫ト乍申則癩人之体相ニテ御座間（中略）桓武天皇次男ニ太原太子不慮ニ逆髪ニ生立癩病請給云云、御子六人座、則是夙人ト云」、あるいは『平城坊目考』に「縁起曰、桓武天皇御宇春日王不慮有疾〔生逆髪白癩病〕、因茲密退出皇都、隠居奈良山」というような縁起が大和国には伝えられているのである。光仁天皇の曽孫、桓武天皇次男である田原太子（春日王）が癩病にかかり逆髪となり、夙の先祖となったとするものである。この『大和国添上郡奈良坂村旧記』について、藪田嘉一郎氏は「これは大和国添上郡奈良坂村（現在奈良市奈良阪町）に住んでいた夙人の謂れを説く古記録である。（中略）編纂は近世であるが、中世の記録を履まえており、この地にあったシュクの翁猿楽などの伝承を物語るので、わが芸能史の資料としても相当の価値を持つものと信じ[38]」ると解説している。被差別部落に存在する『河原巻物』と同様な縁起と考えられるが、少なくとも中世末〜近世初頭の被差別部落の人々の意識は窺うことができると考えられる。その中で貴種である桓武天皇の皇子が逆髪＝癩病となり宮廷を「退出」して奈良山に隠居する構図は、謡曲『蝉丸』において、延喜天皇の皇子である逆髪、蝉丸が、「不具」、盲目であることにより宮廷を追放される構想ときわめて近い[39]。また『旧記』が翁猿楽伝承として伝わっていることも興味深い。ただ室町期においては抜頭の舞＝「逆髪」であったのが、「逆髪」＝「癩病」と、さらに賤視化がすすんでいることに注目しなければならない。三段論法的な極論をするならば、抜頭の舞は癩者をあらわすものにさえなってしまうのである。平安期に「天下太平」「安穏」を求めて民衆が舞った抜頭は、中世末～近世には非人、癩者に近づいていくのである。また舞楽抜頭が散所たる四天王寺楽人によって、同寺聖霊会の秘曲と伝えられたことも、この点と関連するものとみられる。(40)

おわりに

冗長な文章を延延と続けてしまったようである。平安時代の都市民衆が、農耕儀礼の予祝行事から起こってきた田楽をかかげてなした騒動は、ただ単なる「カーオス的」というような評価だけではすまされないし、荘園制的支配体制と収奪の強化にたいする抵抗という側面のみを強調することも許されない。民衆の間にも貴族層にも広く鎮魂呪術信仰が蔓延していたこの時期、民衆が古代専制国家から解放される途上にあり、はじめて集団で自己主張するにいたったこの時期、御霊会と結びついた「永長大田楽」のような運動が起こってきたのはそれなりの理由があった。大きくみれば、古代専制国家や荘園支配体制に抵抗し、それからの解放という歴史的役割を演じていた民衆であるが、日々の日常生活における闘いは自然災害や病気、死等との闘いであった。このような転変や没落、死というような不安を人々は宗教や呪術によって解消しようとした。人々は様々な呪術にとらわれたり、宗教的熱狂をくりかえすのである。民衆も貴族も異様な姿で舞い、踊り、歌い、練り歩いて疫鬼・疫神等を追い払おうとした。これこそが古代から中世への移行期における民衆の自己主張にほかならなかった。

だがここでなされた行動や諸儀礼は時代が進んでくると、賤視されるようになっていく。田楽そのものも鎌倉末期にいたれば、なにやら「不吉」観が濃厚となってくる。たとえば延慶四年（一三一一）に疫病が大流行したが、この疫病を当時の人々は「田楽病」などと呼んでいた。(41)また田楽そのものも、中世以後寺社に伝えられるとともに、被差別部落に伝えられることが多かった。舞楽抜頭が同様な形態でみられるようになったことは前述したとおりである。穢の祓にたずさわるようなキヨメ（清目）といわれる人々が次第に賤視されるようになり、中世には非人と位置づけられるようになったことは周知のことである。ここでは天皇を最も「聖」「浄」なるもの、非人を最も「賤」「穢」なるものとして位置づける中世身分制形成の中で、舞楽の抜頭をみんとしたものである。なお本文中で課題とした中でも殊に舞楽伶人と「武」との関係、舞楽が近衛府に属すること、伶人の官職が「武官」であること、伶人がのちに畿内の有力武士団となっていくこと（たとえば真木嶋惣官）等については強い興味をおぼえるので、いずれ稿をなしたい。

（1）網野善彦『日本中世の非農業民と天皇』（岩波書店、一九八四年）等参照。
（2）『中右記』（『増補史料大成』9）。
（3）『古代中世芸術論』（『日本思想大系』23、岩波書店）所収。
（4）注（3）書七五五頁以下の「洛陽田楽記」解題。
（5）「荘園体制確立期の宗教的民衆運動――永長大田楽について――」（『歴史学研究』三七八、一九七一年）。
（6）「永長元年の田楽騒動」（『芸能史研究』36、一九七二年）、「洛陽田楽記をめぐって」（『赤松俊秀教授退官記念国史論集』京都大学文学部国史研究室、一九七二年）。
（7）『京都の歴史』2（学芸書林、一九七一年）一五四頁。高取氏は続けて「芸能と宗教の分離が不完全で、芸能者の専業化の不充分であったことが、これを助長したであろう。田植歌や囃子の交錯するなかで早乙女が道行く人に悪口をいい、泥を投げつけるのを祭礼の無礼講として許してきた地方は多い。かつて人々は芸能することで容易に日常と断絶した世界に入ることができたし、芸能にはそのような聖なる力があると信じられていた。遊女・白拍子・傀儡子たちがその芸によって貴顕に近侍し、貴族たちが髻を放って市井にまじり、田楽に狂ったのも、この意味で理解すべきである」と、芸能と「聖なる力」の関係について述べているのは示唆的である。
（8）「中世成立期の民衆意識と荘園体制」（『日本中世開発史の研究』、校倉書房、一九八四年）。
（9）この点については、丹生谷哲一『検非違使』（平凡社、一九八六年）が詳細に論じている。しかしまだ課題は残されている。伊藤の『検非違使』書評（『史学雑誌』九七―八、一九八八年）を参照されたい。

(10) 村山修一『陰陽道史総説』(塙書房、一九八一年)等を参照されたい。
(11) 「中世における天皇の呪術的権威とは何か」(『歴史評論』四三七、一九八六年)。本書第Ⅰ部収録。
(12) 柴田実編『御霊信仰』(雄山閣、一九八四年)等を参照されたい。
(13) 菊地京子「御霊信仰の成立と展開――信仰の支持階層を中心として――」(注(12)書所収)引用「八坂神社所蔵史料」。筆者未見。
(14) 『本朝世紀』正暦五年六月二十七日条。
(15) たとえば、戸田芳実「中世文化形成の前提」(『講座日本文化史』第二巻、三一書房、一九六二年)、のち『日本領主制成立史の研究』(岩波書店、一九六七年)収録、山上伊豆母「常世神から志多羅神へ」(『国学院雑誌』六八―五、一九六七年)、黒田日出男「田遊びと農業技術」(『日本中世開発史の研究』、校倉書房、一九八四年)等。
(16) 『中右記』寛治八年五月二十日条。
(17) 同 嘉承元年六月十三日条。
(18) 「ヤスライハナの成立」(『中世封建社会の首都と農村』東京大学出版会、一九八四年)。
(19) 注(18)書、六三頁。
(20) 同右、六四頁。
(21) 同右、六八頁以下。
(22) 『教訓抄』は天福元年(一二三三)の成立で作者は狛近真である。狛氏は興福寺に属する南都楽人であり、さらに大内楽所をも構成する楽家であった。注(3)書解題によれば、わが国最古の総合的楽書であり、十巻から成るとし、「近真はそれを二部に分ち、前五巻を歌舞口伝、後五巻を伶楽口伝と名づけた。一、二、三の三巻は狛嫡流が相伝する舞曲、巻四は他家相伝の舞曲、巻五は高麗楽、巻六は楽曲のみ伝わる曲、巻七は舞楽の全般にわたる心得をそれぞれ説き、八、九、十の三巻は楽器、楽曲に関する口伝物語とする」と、その構成を述べている。
(23) 林屋辰三郎『中世芸能史の研究』(岩波書店、一九六〇年)二六七頁以下。
(24) 『古代中世芸術論』(『日本思想大系』23、岩波書店)所収。以下『教訓抄』は同書所収のものによる。
(25) 『古代祭祀と文学』(中央公論社、一九六六年)四五一頁。
(26) 注(23)書、三四九頁で雅楽と陰陽師との関係を次のように述べている。「雅楽頭をはじめとする雅楽寮官人が、歌舞に直接関係していたことはこれを認めねばならない。従ってそのような雅楽寮の長官たる雅楽頭に、特別の家職を有つ陰陽師が補せられたということは、雅楽頭の管掌する楽舞と陰陽寮に属する陰陽師の職掌とが無関係でなかったことを推察せしめると思う」として、鳥羽天皇が堀河内裏に遷幸するとき、雅楽頭泰長が反閉を奉仕したことなど、いくつかの例をあげている。

(27) 『日本演劇史』第一篇第五章舞楽（岩波書店、一九五八年）五一頁。

(28) 同右、五三頁。

(29) 『旧唐書』巻二十八　志第八　音楽二に「撥頭出西域。胡人為猛獣所噬、其子求獣殺、為此舞以像之也」とある。

(30) 高楠順次郎「奈良朝の音楽殊に『臨邑八楽』に就いて」（『史学雑誌』明治四十年六・七月号）。

(31) 『教訓抄』には「納蘇利　別装束舞　有面二様紺青色緑青色小曲『落蹲』謂之。（中略）此曲ニ、荒序ニ対スル日、秘事アルベシ。多氏ニ申ハ、戸《ト》渡手《ワタルテ》、更居《サラヰ》突《ツキ》ト申。又膝打手《ヒザウッテ》尤為秘事也、常ニハ二人舞之。一人『落蹲』、スコシ事《ト》アル時ニ舞ナリ。興福寺ニ緑青色ノ面一枚アリ。是ハ対荒序曰、一者一人着是面、舞ベシ」とあり、普通は二人で舞うのであるが、一人舞のとき「落蹲」と称している。なお『今昔物語集』二八―三五の説話も、『教訓抄』に引用されている。前掲『日本演劇全史』によれば「納曽利。朝鮮の地名から生れた曲名という。二人舞あるいは一人舞。一人のときは落蹲とよぶ。面は長い牙を持つ猛々しい獣面であるが、非常に活潑な舞で、竜の踊るさまを舞踊化したものと伝えられる」と解説している。

(32) 『日本古典全書　謡曲集』下（朝日新聞社）。

(33) 蟬丸が逢坂山になぜ棄てられたのかという問題、すなわち逢坂山という場所のもつ意義については「四角四堺祭の場に生きた人々」（本書第Ⅰ部第二章収録）において検討した、参照されたい。

(34) 朝日選書三三二（朝日新聞社、一九八七年）三〇四頁。

(35) 「逆髪の宮（中）――放浪芸能民の芸能信仰について――」（『文学』一九七八―五、一九七八年）。

(36) 同右。

(37) 藪田嘉一郎『能楽風土記』（檜書店、一九七二年）附篇「奈良坂村旧記」による。内容は（一）平城津彦霊祠（二）南良春日宮三社縁起（三）夙人元来（「元和四年弓削夙人記録」引「正中元年弓削夙氏相撲記及若宮勧請記」）（四）箱石（元明天皇陵碑）の四種とされている。なお『平城坊目考』も同書による。

（38） 同右書、三一七頁。

（39） これらの諸点については藪田前掲書が詳細である。

（40） 林屋前掲書によれば、天王寺楽人に対する差別はきわめて多かったとして、いくつかの例をあげている。そして興福寺や東大寺の楽人は大内の楽所に登用されるにもかかわらず、天王寺楽人は大内に採用されることはなかったとし、天王寺自身が楽人を散所として隷属させたために、このように特別に卑賤視されるようになってしまったと述べている（二七二—三頁）。

（41） 『続史愚抄』（『新訂増補国史大系』第十三巻）延慶四年三月九日条。

第四章　衛門府とケガレのキヨメ

はじめに

王朝国家権力の武力機構の一つの側面について考えようとしたものである。武力機構については北面や滝口等も存在するが、なんといっても六衛府（左右近衛府、左右衛門府、左右兵衛府）が有名である。

この六衛府についての研究は笹山晴生氏の『日本古代衛府制度の研究』(1)が詳細である。笹山氏の研究は暴力組織としての武力機構について論じられている。六衛府は本来天皇の護衛機関であったことより当然なことである。だが、律令国家の衛府制度が変質していく過程の中で、衛府の役割も大きく変化していったと考えられる。すでに丹生谷哲一氏によって、衛門府を本府とする検非違使がケガレ—キヨメに深く係わっていたことが明らかにされている。(2)

古代から中世にかけて、天皇を護衛するとはどのようなことであったのであろうか。たしかに天皇の身体に暴力的に危害を加える者から天皇を守るということは重要な護衛であった。だが天皇の命を奪うものはなにも暴力による殺害のみではなかった。怨霊や穢もその一つと考えられていた。それゆえ怨霊や穢等から天皇の身体を守ることも大切な任務として存在していた。そのために密教僧や陰陽師が護持僧などと称して存在していたのである。ここでは衛門府もこのような穢の祓に関与していたことをみようとするものである。

一 「衛門府粮料下用注文」について

次の史料は『平安遺文』第四五八号文書の最初の部分である。

三斗、兵部鳩次所炊料　三斗二升、大炊殿葺工料
一石、今月四日仁王会炊料
十五『三』『三』石五斗四升二合六夕、陣食炊料
六斗陣粥料
卌『卌五』一石七『六』斗七『二』升、宣旨雑用『四合』『定卌二石一斗四合』
三升、依宣旨伐進榁木料二日、蔵人季任仰府生滋時奉
三斗三『二八』升二合、依宣旨頭中将宿所前敷砂料一日頭中将朝臣仰、府生滋時奉
三斗、『二五升』砂六『五』両料三升二合、敷仕夫料
七石八斗、依宣旨長日御修法今月卅箇日乳木用途料一日蔵人季任仰府生滋時□　一日所当二斗六升
『六』八斗四升、依宣旨仁王会料殿上口弓場殿所ム敷砂料
三日蔵人惟任仰府生兼則奉
『六』八斗、砂十『二』六両料　四升、運敷夫料

四斗五升、依宣旨今月十日諸社臨時神宝持衛士十三人料八日蔵人庶政仰府生真平奉

七升、丹生河上一人　一斗、広瀬・龍田二人

一斗、住吉・広田二人　六升、石清水・大原野二人

一斗二升、京内六人　（以下略）

『九条家本延喜式』巻卅裏文書であり、衛門府の十一世紀初頭の活動を示すものとして知られているものである。笹山晴生氏はこの史料を引用しながら、摂関期の衛門府の衛士は宮中の雑用のみに駆使されており、武力的にはなんらの役割をも果していなかったと論じており、(3) 丹生谷哲一氏も「衛士の本質は、もはや兵士役勤仕者などではなかったわけで、ここには、公事雑役人夫として編成された衛士の姿が如実に示されている。とりわけ、宮内所々の掃除、敷砂、汚穢物運棄などいわゆるキヨメ役に多く従っている点に注目されるのである(4)」と述べている。両者ともにこの史料から衛士は雑役に従事するものが任務であったと位置づけているのである。殊に丹生谷氏はキヨメとの関連を指摘しており、小稿において問題にしようとするのがまさにこの点であって、氏の本質をついた見解によって、摂関期の国家機構のあり方、機能の変化を見通せるようになったといえよう。

この文書は寛弘七年（一〇一〇）十月の衛門府支出帳簿ともいうべきもので、『平安遺文』の編者は「衛門府粮料下用注文」なる文書名を付している。前欠のため十月の「粮料下用」すべてが明らかとならないのが惜しまれる。またこの文書は六枚の断簡よりなっており、前後関係が明らかでないため、編者は紙継目ごとに、点野……を入れて継目を示している。さらにこの文書には朱字による訂正がかなりあり、編者によって『　』をもって明示されている。また本文の筆蹟の異なる文字は「　」を付している。

なお、『平安遺文』四五五号文書として、寛弘七年二月三十日付の門部多治等六名連署の「衛門府粮料下用注文」が存在しているが、これも前欠であり、最後の部分の断簡一枚である。そしてそれは十月のものとほとんど

同様な記載となっている。

二 「公務雑用」と「宣旨」

この「下用注文」によれば、衛士は『延喜式』の規定どおり、係わった雑務について一日一人二升が支給されていたことを示しているが、その公務雑用は「宣旨」によってなされているのである。たとえば「三升、依宣旨伐進樫木料二日蔵人季任仰府生滋時奉」、「三『二』斗三升二『八』合、依宣旨頭中将宿所前敷砂料一日頭中将朝臣仰府生滋時奉」というように「宣旨」により、蔵人や頭中将が衛門府の府生に「仰」て行なわせているのである。ここで注目したいのは「宣旨」を蔵人（蔵人頭）が衛門府府生等に「仰」せ、府生等が「奉」っていることである。宣旨とは相田二郎氏の『日本の古文書』上によれば、「内侍が勅旨を蔵人の職事に伝えた。而して職事から上卿（中略）が之を各所に伝えたのである。（中略）外記・弁官から更にその勅旨を伝宣する為に出す文書を宣旨と申したのである」とし、さらに「而して弁官から出すものに二様あり、一を宣旨、他を官宣旨と称したのである」[5]としている。また佐藤進一氏は「内侍から蔵人とくにその職事に勅命を伝え、職事から上卿（当日の政務担当の公卿、多くは大臣）に伝え、上卿は事柄の内容によって、これを外記局、弁官、内記局などに伝えて発布せしめた。こうして外記局か弁官から勅命を伝えるために発布された文書を宣旨という」[6]と述べている。宣旨発布の形式は、天皇→内侍→蔵人→上卿→外記→宛先、または天皇→内侍→蔵人→上卿→弁→史→宛先と整理することができ、外記、弁から発給される文書が宣旨であるとされている。

だが、宣旨の定義はきわめて曖昧であり、「宣旨」という言葉が史料にあっても、必ずしも前述のように規定できず、じつに多様な形で存在しているとの指摘もなされている。このような見解に賛意を示した今江広道氏は多様で曖昧な「宣旨」を次のようにくくっている。「宮中から出されるものに内侍宣、口宣案があり、府中から出されるものに上卿の宣があった。前者は勅旨を太政官（の上卿）に伝えるものであり、後者には、伝えられた勅旨を下達する奉勅宣と、議政官会議の決定事項を下達する上宣の別があり、奉勅宣・上宣とも、下達の方式には公式令によった官符・官牒と、弁官または外記が奉った〃宣旨〃があったのである。したがって官文書としての「宣旨」を定義するとすれば、上卿の宣を伝達する文書のうち、公式令の規定によらないもの(7)」が宣旨であるとしている。この見解にたいし、いまだ有力な反論もみられないようであるから、かなりの重みを持った説といえるであろう。

以上のような「宣旨」に対する定義を参考にしながら、「粮料下用注文」にみられる「宣旨」を検討してみるが、「蔵人」の「仰」という点が気にかかり、いま一つぴったりせず、多様な宣旨の一つ、例外的な宣旨といわざるをえないようである。「宣旨」を蔵人が「口頭」で「仰」せ、府生が「奉」っているというような口頭で宣旨を伝える例は『西宮記』内の承平五年（九三五）正月十六日、小録麻績幹時が奉じた「右大史坂上経行仰偁」との書き出しの宣旨がある(8)。注目したいのは、『政治要略』に載せられている次の史料である。

典侍源朝臣珍子宣、奉勅、今月中宮被奉歌舞於賀茂神社、宣聴儛人等着摺衣者、実仰蔵人左近衛少将藤原朝臣実頼

延長五年四月五日　　左衛門大志惟宗公方奉(9)

これは「典侍源朝臣珍子宣」とあることから、古文書では「内侍宣」と呼ばれているものである。この「内侍宣」を左衛門大志惟宗公方が奉っているのである。惟宗公方は検非違使であり、美服なる摺衣の着用を歌舞伎人に許可したことを検非違使に伝えたものである。だがここで注意しなければならないのは「実仰蔵人左近衛少将藤原朝臣実頼」という割注である。これについて土田直鎮氏も(10)、今江広道氏も(11)「典侍源朝臣珍子宣」とあるのは名目のみで、実際の奉勅者は「蔵人左近衛少将藤原朝臣実頼」であったと述べているのである。すなわち実際には蔵人が勅を奉って左衛門大志惟宗公方に伝えているのである。『政事要略』には他にもこのような例がいくつ

かあり、その中で康保三年（九六六）八月二十八日付の内侍宣である「典侍従三位藤原朝臣灌子宣」においては、「実仰蔵人藤原時清」との割注があり、実際は蔵人藤原時清が勅を奉ったものであった。この内侍宣について『政事要略』の編者は「今件宣旨、雖奉勅宣旨、依看督使奉、検非違使不可依行哉」というように、「宣旨」と称しているのである。この頃の内侍宣の中には内侍宣とは名目のみで、上卿を経ないで蔵人が「仰」せた「宣旨」があったのである。この点について土田直鎮氏は「蔵人は内廷職員であると同時に兼ねて太政官の官人であり、上卿をさしおいて、みずからの名を以て諸司に宣下することは越権というべきであろう。その点、天皇に近侍することのみを職とする内侍は、古来の例により、自分の名を冠して勅旨を宣することが出来る。その故に蔵人はどこまでも名を現さず、内侍の名を借りて宣する例であった」とし、「や、こみ入った実務的な用件は、専ら蔵人が事に当った」と推定している。(12)

さて、上卿の手を経ない内侍宣なども宣旨と呼ばれていたことは明らかである。そしてそれは宮中の実務的な用件が主であり、実際は蔵人が勅を奉じて宣下したものであった。このような事例を参考にして、「粮料下用注文」の「宣旨」を検討してみると、「内侍宣」の「宣旨」であると考えられる。だが、五味文彦氏(13)や早川庄八氏(14)はいくつかの実例を挙げて「蔵人方宣旨」の存在を指摘されている。この宣旨は上卿に伝えられることのない宣旨で、上卿に伝える必要のない事柄に関する勅命を、蔵人が奉って記したものであるとする。そしてこの伝達は蔵人が「仰せる」という方法でおこなわれた。「下用注文」にやや近い例として挙げられているものに次のようなものがある。

蔵人左少弁藤原朝臣伊房仰云、従今月廿五日被行御八講胁御膳、宜仰内蔵寮令勤仕者。

治暦元年九月一日

出納右京少属佐伯政輔(15)（奉脱）

蔵人が直接出納の佐伯政輔に「御八講の胁御膳のことは内蔵寮に仰せて勤仕させよ」と命じたものである。この例を参考にすれば、「下用注文」の場合は次のようになるであろう。

蔵人〇〇〇朝臣季任仰云、従今月〇〇日被行〇〇〇榁木料、宜仰衛門府令勤仕者。

寛弘七年十月二日　　府生〇〇〇滋時奉

五味氏や早川氏は蔵人方宣旨の様なものは、蔵人所という一つの機構内部の一司内宣旨であるとしている。その宣旨は口頭で伝えられた可能性が大であると推測される。なお、「下用注文」内に「史善政仰、府生真平奉」との記載があるが、前述したように『西宮記』に右大史が口頭で宣旨を伝えている例があることより、「史」も上卿を経ずに直接「仰せる」権限があったとみられる。「公務雑用」は、実際は蔵人が勅を奉じて、衛門府の府生に直接口頭で伝えたものであろう。宮中に関する実務的な用件はこのような形態でほとんど処理されたものと考えられる。

三　衛門府と呪術的行為

「衛門府粮料下用注文」によると、「宣旨」によって衛門府に蔵人から命令された「公務雑用」は以下のようなものであった。

伐進榁木、頭中将宿所前敷砂、長日御修法今月卅箇日乳木用途、仁王会料殿上口弓場殿所々敷砂、諸社臨時神宝持、御誦経布施持、有絵所御障子運、初七箇日薬師御修法乳木用途、大宮神解小道御障子運、殿上口蔵人所敷砂、枸杞堀殖、太伯星御祭楉等、大仙府君御祭用途、神宝所採進山藍卅荷、天台運御経幷御誦経物、穢供御犬遣淀、内溝堀、初七箇御修法二壇乳木用途、観音院奉運御仏、西陣内外敷砂、蔵人所牒遣国々、不断御読経所採進花十箇日用途、天台御誦経布施持、御国忌所用途、神宝所掃除幷役仕、御国忌所掃除、蔵人所幷御国忌□所敷砂、御国忌御誦経布施運、蔵人所御牒讃岐国、廿一箇日御誦経布施持、御本命御祭、諸社奉幣持、中宮御前敷砂、中宮御坐北面汚穢物運棄、弓場初料御前弓場殿并所〻敷砂、月曜御祭用途、於一条院被初行御読経採花用途、辛櫃運一条院、北斗御修法七箇日乳木用途、月曜御祭所掃除、中宮御前立蔀内所〻敷砂、雪掃、蔵人所御牒遣播磨国、賀茂臨時祭料採進山藍、臨時祭調楽所掃除敷砂、秋季御読経所採進花、於真言院被修孔雀経御修法乳木用途、火灾御祭料桐板廿枚採進

まさに衛士の仕事は「公務雑用」と称するにふさわしいものである。

敷砂や蔵人所の牒を各国に遣す任務等を除いて、圧倒的に多いのが密教や陰陽道・神社関係の雑用にたずさわっているということである。陰陽道や密教の祭礼、祓等に必要な品々を具体的に調えるのが衛士の任務であったと知られるのである。たしかに、「穢供御犬遺淀」「中宮御坐北面汚穢物運棄」「御国忌所掃除」のような「掃除」、キヨメに関する雑務もみられるのであるが、多くは祈禱等の宗教的・呪術的儀礼の補助者の任であった。宮中で行なわれる呪術的儀礼は衛門府の参加なしにはありえなかった。儀礼は天皇→内侍→蔵人→衛門府というような下達形態で準備されたものであるが、実質上は蔵人所の判断で衛門府に命令が下ったものとみなされる。

「粮料下用注文」を離れて、他の史料から衛門府、衛士の役割をみてみよう。『左経記』寛仁二年五月十二日条に「参内、滝口所戸屋中、雑仕女頓死、仍召仰滝口等、令候其辺、兼又召誡左右衛士等、入夜自北陣被取出云〻」[16]とあり、また『日本紀略』寛仁三年六月二十三日条に「太皇大后宮侍所雑仕女落入后町井、召左衛門衛士令汲上之」[17]とあり、同万寿元年八月九日条に「御書所女落后町井死去、左右衛門衛士取上弃了」[18]とあり、いずれも宮中の雑仕女の死体の運び出しにたずさわっていることが知られる。また『御堂関白記』長和四年八月二日条に「辰時許右衛門志宣明申云、皇太后宮北対与北屋間、少兒頭身一手一足付侍、以下人令取出已了云〻」[19]とあり、右衛門志宣明が小児の頭等を下人をもって棄てさせたとあるが、この下人というのもたぶん衛士であろう。これらの記録にみられる例からして、衛士が宮中の死体を棄てるというような穢にかかわった任務、すなわち、穢の

キヨメに関与していたことは明らかである。『日本紀略』天徳四年十一月十九日条に「於神祇官有新嘗祭、又於八省院被発遣諸社奉幣使（中略）各有台長櫃等、衛士持之、奉移院乾方新屋」[20]とあり、宮中における諸物の運搬であるが、しかしこれも宗教的儀礼に係わったものである。また『三代実録』貞観十七年六月二十三日条に「不雨数旬、農民失業、転経走幣、祈請仏神、猶未得嘉澍、古老言曰、神泉苑池中有神龍、昔年炎旱、焦草礫石、決水乾池、発鍾鼓声、応時雷雨、必然之験也、於是勅遣右衛門権佐従五位上藤原朝臣遠経、率左右衛門府官人衛士等於神泉苑、決出池水」[21]等の記載があるが、たしかにこれは「土木工事」といえるものである。だが、これも祈雨という呪術にかかわるものであったことも事実である。

さて以上の点を整理してみると、衛門府はかなり呪術的行為にたずさわっていたことは疑いない。ただ単なる「掃除」や「穢物」を棄てる役目というだけでなく、「ケガレ」の「キヨメ」「ハライ」に係わっていたことは言うまでもなく、密教、陰陽道イデオロギーの最底辺を支える任務にあったことが知れる。そして彼らは蔵人の管轄下にあったであろうと推察できるのである。洛中の「ケガレ」のキヨメが検非違使に属したのに対して、宮中の「ケガレ」のキヨメは蔵人―衛門府に属していたといえまいか。

ところで丹生谷氏は前掲書で『今昔物語』巻十六―二十九話によれば、ある貧しい生侍が検非違使庁の下部によって無理矢理「夫ニ取」られ、宮中の八省院にある死人を「此レ、川原ニ持行テ弃ヨ」と命じられる話がある。これは禁中における死穢管理人としての検非違使庁の位置と、使庁の夫に取られるということが何を意味するか、を象徴的に示している」[22]と論じており、この『今昔物語』の説話は宮中の穢の祓は蔵人所―衛門府にあったとする指摘に都合が悪いようにみうけられる。だが必ずしもそうではない。『今昔物語』には、「只独リ心細クテ行ケルニ、庁ノ下部ト云フ放免共ニ会ヌ。此ノ男ヲ、放免共俄ニ捕フレバ、男、此ハ何故ニ捕フルゾト云ヘバ、早ウ、夫ニ取也ケリ、曳張テ上様ヘ将行テハ省ニ将入ヌ。男奇異ク怖シク思フ程ニ、内野ニ有ケル十歳許ナル死人ヲ、此レ、川原ニ持行テ弃ヨト責ケレバ……」(23)とある。ここにみられるように、放免によって「夫」に取られた生侍は内野にある十歳程の死人を棄てるように命ぜられているのである。宮中（禁中）ではなく「内野」なのである。すなわち旧大内裏の址に倒れていた死人を棄てるように命ぜられているのである。

四　衛門府と奉幣

衛門府の大小尉・志などの官人が、この頃犯人の追捕や捜盗にかかわって活躍していたことは、笹山晴生氏の前掲書に示されているとおりである。ところで時代は降るが、鎌倉後半期の『公衡公記』の中に興味深い史料がある。この史料は別名「昭訓門院御産愚記」などと称されるもので、その中に昭訓門院の御産のため、諸社諸寺に神馬を献じ御誦経使等を発遣した記載がある。(24)なお昭訓門院は亀山上皇の中宮藤原瑛子で、父は西園寺実兼である。院号宣下は正安三年（一三〇一）三月になされている。瑛子の御産により、種々の密教・陰陽道の秘法がおこなわれ、安産を祈ったのであるが、その中に諸寺社への奉幣があった。

先是奉仕御装束了、女院渡御〻産御産之後也、諸社・諸寺有御誦経、又被献神馬、使女院侍并法皇北面衆、兼所司法皇并女院所司兼行催之、前伊世守景長、儲之、其所〻兼治定、各相触了、自今朝催促之、随参入之次第被発遣之、（中略）神馬兼儲東中門外、各相具之馳向其所、今度重〻兼日有沙汰、於神馬者、可□於御誦経御衣者、可付女院御師之由被治定了、神馬各飾之、不及居飼・御厩舎人、飾三十具許兼仰御厩用意之、師景(中原)相具参上、

八幡神馬給御厩栗毛、付社務妙清法印、　御衣唐織物藤二御衣、文藤・橘等、女院御服也、付御師尚清法印、　即

使左衛門尉源良兼女院侍

というように、八幡（石清水八幡か）から始まって各寺社に神馬を献じているのであるが、注目したいのは使者の官職である。八幡の使者は女院の侍である左衛門尉源良兼である。他の寺社への使者を示せば次のとおりであ

る。

八幡薬師堂　左衛門尉源良兼（八幡と同一人）
賀茂　左衛門尉橘秀国
鴨社　左衛門尉源致範
平野社　左兵衛尉大江景朝
稲荷社　左衛門尉中原行職
春日社　左衛門尉藤原朝昌
大原野社　左衛門尉藤原季種
日吉社　左衛門尉藤原広重
吉田社　左衛門尉藤原為成
祇園社　左衛門尉藤原信冬
北野社　大江景朝（平野社と同一人）
粟田宮　左衛門尉藤原広有
行願寺　左衛門尉大江景繁
新日吉社　左衛門尉藤原光清
西園寺惣社　左衛門尉源重茂
御霊社　左衛門尉中原某

これ以外に大神宮（伊勢）の内・外宮に各一疋奉納したが、この使者名と官職は記されていない。神馬奉納の使者の官職は平野社・北野社に派遣された左兵衛尉大江景朝が唯一の例外であるが、他十五人はすべて左衛門尉である。このような安産の儀礼である奉幣と左衛門尉とは深い係わりがあると考えられるが、それは前述した衛門府の役割と関係があるのではないかと推定されるがいかがであろうか。

『扶桑略記』第二十三裡書、延喜十五年九月七日条によると、「内裡有犬死穢、仍上卿以下於左衛門陣南屏風前、立幄床子等、被立諸社奉幣使、因万木花幷赤痢病也」(25) とあり、内裡（裏）の穢により左衛門陣より奉幣使が派遣された（疫病の流行による）としている。また『北山抄』によれば、「奉幣諸社事、禁中有穢之時、令外記伝仰、或就左衛門仰之」(26) として、その例としてあげているのは次のようなことである。

延喜十九年六月廿三日、諸社使自左衛門陣発遣、上卿着陣座、使参議已上就床子、内記授宣命、依禁中穢也、

（中略）

天徳四年七月十日、行月次祭、奉別幣於太神宮云々、民部卿藤原朝臣令奏奉幣時文、申二刻藤原朝臣令奏宣命、案依内裏穢不御八省、藤原朝臣著左衛門陣、（下略）

このように宮中の穢と左衛門陣が深くかかわっていたことが知られるのである。『公衡公記』にみられる諸社奉幣、神馬奉納の使者に「左衛門尉」が選ばれたのは明確な理由があると思われるが、その理由は産穢と係わりがあるに相違ない。平安時代には宮中（内裏）の穢の祓と深く係わっていた衛門府であったが、鎌倉末期頃にはかなり形骸化し、産穢奉幣（安産祈願）に「左衛門尉」という官職を付した使者が選ばれたものと考えられるのである。『北山抄』にみられる禁中（宮中）の穢を祓うための奉幣使が「左衛門陣」から発せられるという儀礼は、(27) 前述した衛門府が宮中の祓を担当していたという点を抜きにしては考えられないことである。

戦国初期の日記である『和長卿記』の明応三年（一四九四）五月五日条に (28) 「菖蒲御与」について左衛門府、衛士が関与した記載がある。菖蒲・蓬は穢を祓うものと古代以来されており、菖蒲・蓬で造った薬玉は悪鬼を祓い寿命をのばすものとされていた。そして、五月五日の端午の節会（節句）の菖蒲・蓬は六衛府が献上するもので

あった。「衛門府粮料下用注文」にみられる密教・陰陽道の祭礼や祓に必要な品を衛門府が献じたと同様に、端午の節会の品々も六衛府が献じていたのである。このような行動は『和長卿記』をみるかぎり、六衛府の一つである衛門府は戦国期まで続けているのである。平安中期頃に確立された宮中における穢の祓は衛門府が行うという慣行は中世を通して続けられ、戦国期まで続いていたことに注目しておきたい。

おわりに

衛門府についてこのようなゴタゴタしたものを書かなければならなくなったのは、丹生谷哲一氏の『検非違使——中世のけがれと権力——』の書評をしたおり、苦しまぎれに次のようなことを書いてしまったことによる。(29)

「中世国家におけるケガレ—キヨメにたずさわる機構は検非違使のみであったろうかという問題もある。たとえば検非違使の本府たる衛門府をみてみると、(中略)寛弘七年の「衛門府粮料下用注文」を引用して衛門府の変質をみている。だが著者は衛門府＝検非違使とみなしているように思われる。しかし衛門府はすべて検非違使にケガレ—キヨメの統轄権を吸収されたのであろうか、否と考えられる。戦国期まで衛門府の衛士がケガレ—キヨメにたずさわっていた例もみられる。このことは衛門府のみならず六衛府全部にいえることである」といい放ってしまったのである。論証もせずにそのままにしておくこともできないので、中世における衛門府の位置と役割を考えてみようとしたのが本稿である。

どこまで論証することが出来たか定かではないが、少なくとも宮中(内裏)のケガレ—キヨメにたずさわっているのは蔵人—衛門府衛士ではなかったかと推測され、洛中のケガレ—キヨメを担当する検非違使と異なっていたのではないかと考えられることである。ここに衛門府の独自の役割があったと推定されるのである。前掲書評において、「王朝国家の全武力組織はたしかに治安警察を担当する組織でありながらも、他方では穢や疫鬼と闘う「武」力組織であったといえまいか。(中略) 王朝国家の「武」力組織全般を考える必要がある。この点「武」力組織のみでなく、蔵人所以下の諸機構も同様である」と問題点を指摘しておいたが、今後もこれらの諸点を念頭において研究をすすめていきたい。

(1) 東京大学出版会、一九八五年四月発行。
(2) 『検非違使——中世のけがれと権力——』平凡社選書一〇二(平凡社、一九八六年十二月)。
(3) 笹山前掲書、二一七頁。
(4) 丹生谷前掲書、二九頁。
(5) 岩波書店、一九四九年十二月発行、二三四頁以下。
(6) 『古文書学入門』(法政大学出版局、一九七一年九月) 七七頁。
(7) 「宣旨」(『日本古文書学講座3』古代編Ⅱ 雄山閣出版、一九七九年八月) 九四頁。
(8) 『改定史籍集覧』編外一による。
(9) 『新訂増補国史大系』二八による。
(10) 「内侍宣について」(『日本学士院紀要』一七—三、一九五九年)。
(11) 今江前掲論文。
(12) 同右。
(13) 「宣旨類」(『日本歴史』四一七号、一九八三年)。
(14) 『宣旨試論』(岩波書店、一九九〇年)。
(15) 『朝野群載』(『新訂増補国史大系』29下) 巻五。
(16) 『左経記』(『増補史料大成』六) による。
(17) 『日本紀略』(『新訂増補国史大系』) による。
(18) 同右。
(19) 『御堂関白記』(『大日本古記録』) による。

(20) 注(17)史料による。
(21) 『日本三代実録』(『新訂増補国史大系』)による。
(22) 丹生谷前掲書、五一頁。
(23) 『今昔物語集』三(『日本古典文学大系』)による。
(24) 『公衡公記』三(『史料纂集』)「乾元二御産愚記」第八。
(25) 『新訂増補国史大系』一二。
(26) 『北山抄』巻六(『改訂増補故実叢書』三一)。
(27) すべての奉幣使が左衛門陣から派遣されたわけではなかったことは注意しておきたい。奉幣使については『古事類苑』神祇部二を参照されたい。
(28) 東京大学史料編纂所蔵『和長卿記』。
(29) 『史学雑誌』九七―八、一九八八年。

第五章　ケガレ観と鎌倉幕府

はじめに

畿内に対抗する政治勢力として、東国がもてはやされるようになって久しい。論者によっては縄文時代以来、東国と西国は厳然と区分される地域であり、多くの対立点があったと指摘するとともに、中世にいたると「東国国家」なるものの存在も想定しているのである。(1)十世紀に起こった平将門乱をもって東国の自立した国家とみなして、これを畿内の支配を打ち破る新しい動きと位置づけ、その意義をきわめて注目し、さらに鎌倉幕府の成立をもって、「東国国家」成立の一画期とみなしている。東西両「国家」の特徴を一言でいうならば、東は「主従制的国家」、西は「職能的国家」と規定することができるという。

小稿においては、縄文から近世初頭までの東国を論じようと思わない。ここでは東国を論ずるうえでの一つの論点である鎌倉幕府将軍権力について、その「浄」「聖」的側面について垣間見ようとするものである。たしかに東国と西国との間には歴史的・地域的に大きな差異があり、ことに中世においては、それが顕著であったことは事実である。だが東国に「東国国家」なるものを想定するとなると、東西両地域の比較による差異のみを数多くあげても、国家論にならないことはいうまでもないことである。「東国国家」を究明するためには数多くの論理装置が必要であるが、もっとも初歩的なものとして、「東国国家」の国王をどう規定するかという問題がある。常識的にみて、「東国国家」の国王なるものは鎌倉幕府の将軍に比定されるであろう。将軍は御家人に対する主従制的支配権とともに、統治権をも掌握していたということは、つとに佐藤進一氏が指摘されている有名な事実であるが(2)、西国で天皇が握っていた交通路の統治、すなわち「過所」発給権、関所の設定権、勧進上人の活動の保障、棟別銭の賦課権等を、幕府が東国において掌握していたとされている(3)。これらの権限は、統治権を握るもののみが行使することができる権限であり、幕府の首長である将軍が「東国国家」の国王たる地位を示すものとされている。だが、主従制的支配権や統治権のみをもってして、国家の国王と規定することはまだ不十分である。前近代においては、ことに古代—中世においては、その宗教的・観念的権威の問題にメスを入れなければ十分なものとはならない。

中世身分制の根幹に中世天皇制があることは周知の事実である。身分制が中世国家秩序を構成するうえで必要不可欠のものであることはいうまでもない。将軍を国王とする「東国国家」が身分制的秩序にいかに対応したか興味あるところである。「東国国家」を「主従制国家」と規定することにより、武士相互間、領主—農民間の身分や階級構成のみを問題とすればよいかといえば決してそうではない。鎌倉幕府が積極的に「西国国家」の文化・思想・イデオロギーや身分秩序を取りこみ、「東国国家」の都である鎌倉はあたかも小京都的な存在となっている点をみても、東国における文化・思想や身分秩序等を大いに検討していくことが重要な課題であると考えられる。「東国国家」は「西国(畿内)国家」の多大なる文化的・思想的影響下にあったことは明らかであるといえるし、「東国国家」そのものが西国の文化・思想・イデオロギー等を積極的に取りこまなければ存続しえなかったともいえよう。

ここでは畿内と東国の相互関係を検討するための一課題として、日本国における東国の位置づけとともに、将軍権力の観念的権威の形成のために幕府がなした種々の行為の検討をとおして、将軍権力の一側面を見んとしたものであり、ひいては中世天皇制の一面に迫らんとしたものである。[4]

一 東国と畿内をめぐって

貞応元年（一二二二）十二月、慈円は鎌倉将軍となった三寅（頼経）のために天下安穏と静謐を祈願したが、その願文[5]で慈円は三寅が鎌倉に下ったことについて「保元乱世之後、執権武将平氏源家次第滅亡、外舅大臣（之脱カ）息男、定将軍向関東、厳親執政之佳運、居輔佐被定家、今当内乱之刹那而改易、得外国之武士而依違」と述べ、さらに「又将軍外祖太政大臣・今上陛下・太上法皇、崇宗廟霊神、鎮怨霊邪鬼、再存吾日本国之中興、可待仏神感応之佳会也」と述べているのである。ここにみられる「外国之武士」が東国武士であることは明らかである。この点について黒田俊雄氏は「外国之武士」とは「内乱之刹那」に対する対語であるとしながらも「意味の上では『外国』が『日本国』に対していることは明らかである。彼にとって中興さるべき『日本国』という国家は、究極は帝王と『臣』つまり貴族だけの支配秩序でなければならなかった」とし、慈円の「日本国」の階級的性格は、『愚管抄』においても「日本国」が、はっきり貴族政権の国家秩序をさすことより、帝王と貴族階級だけのものであったと論じられているのである。[6]

「我朝ハ神国ナリ」という表現は平安期の貴族の表現にしばしばみられるが、同様なものに「本朝」「此国」等がある。この「朝」や「国」は一種の観念であり、「天皇を政治的首長とする支配体制」で、日本国土を示すものではなかったともされている。(7) いずれにしても「日本国」は当時の天皇や貴族という支配者階級のみのもので、観念、国土ともに畿外を含むものでなかったことは通説である。

「日本国」に対して東国あるいは畿外を「外国」とみなす観念の形成は、律令国家成立以前の畿内政権が畿外の政治的諸集団に対してもった意識に由来するものとみなされており、(8) さらに律令国家における畿内と畿外の区別も明確であり、畿外の政治的諸集団は決して畿内の支配者集団と同質ではなく、畿内に従属してきた集団とみなされて、彼らは同質の「日本」とはみなされず、律令法によって「外国」と規定されていたとされるのである。

このような「外国」のもつ政治的意味を考えるとき、畿内と「外国」の境界が問題となる。律令法的にいったならばその境界は明らかであるが、ここで境界というのは境界がもっている種々なる意味である。律令制下の東国という地域概念については、広狭三種類の用例が存在した。(9) 一つは関東と同じ意味で使用される東国で、関東とは三関である伊勢鈴鹿、美濃不破、越前愛発関より東の地域をさす。第二は遠江・信濃以東をさして東国と称する用例である。さらに三番目として坂東と同義語であり、現在の関東地方をさして東国と称したものである。三関以東を東国とみなす関東をとってみても、東国が必ずしも畿内、畿外の律令法的区分と一致するものでないことは明らかである。律令制下における畿内政権といっても、その東辺は、東山道に属する近江国あたりまで含まれていたであろうと考えられている。

ところで『延喜式』二十九に以下のような記載がある。

> 凡流移人者、省定配所申官、具録犯状下符所在幷配所良人請内印賤隷請外印、其路程者、従京為計、伊豆去京七百七十里、安房一千一百九十里、常陸一千五百七十五里、佐渡一千三百廿五里、隠岐九百一十里、土佐等国一千二百廿五里、為遠流、信濃五百六十里、伊予等国五百六十里、為中流、越前三百一十五里、安芸等国四百九十里、為近流、

流罪地を遠流・中流・近流と、京都からの距離によって示したものである。遠流地は伊豆国、安房国、常陸国、

佐渡国、隠岐国、土佐国であり、中流地は信濃国、伊予国で、近流地は越前国、安芸国である。まず遠流地の特徴であるが、国家の境界地を穢地とみなすうえでもっとも古いものとされている、同じ『延喜式』十六にみられる穢悪き疫鬼を四方境である東方陸奥、西方遠値嘉、南方土佐、北方佐渡より追い払うとする追儺の祭文にやや近いものである。西方の遠値嘉（五島列島）はみられないが、南方土佐、北方佐渡は同じであり、東方が陸奥ではなく、伊豆、安房、常陸となっており、陸奥国の隣接地であることである。古代においては罪が穢とみなされていたことより、遠流地と疫鬼追放の祭文とが重なることは当然である。このような罪＝穢観からすると、伊豆・安房・常陸は当時における国家の境界部分にあたるといえようか。そして前述した東国についての三つの地域概念との関係からすれば、この遠流地は、いわゆる現在の関東地域にあたる足柄以東の坂東であるといえる。このような比較でいえば、中流地である信濃国は、鎌倉期の地域区分として周知のこととなっている、いわゆる鎌倉幕府の裁判管轄下にあった地域、一般に東国といわれる地域の境界であるといえる。また近流地である、越前は「軍防令」の規定する三関の一つである愛発関が存在する国であり、いわゆる三関以東の東海・東山・北陸道諸国の大部分を示す「東国」の境界国であるといえる。遠流地・中流地・近流地がそれぞれ広狭三義の用例が存在する東国の境界地であることは興味あることである。このような東方の状況からして、遠方より近隣について、王権の強弱が同心円的に「化外」として区分される古代においては、西方も同様な観点で位置づけることができよう。四国伊予国と安芸国あたりが地域区分の一つの目安ではなかろうか。この点は後の検討課題としておきたい。

二　境界の国伊豆

東国についての広狭三境界はそれぞれ論ずべき点がある。ことに三関以東を境界とする地と、伊豆国について触れてみたい。なお一つの境界地たる遠江・信濃等についての検討は従来よりなされてきているので、ここでは省略したい。王都たる平安京を中心に、王都から遠くへ離れれば離れるほど王権は弱くなり「化外」地となる、あるいは穢地となるとする観念の存在からして、その強弱を区切る境界が多く存在するのは当然である。山城と近江の境界地（畿内と畿外の境界地）である逢坂は境界地として有名なところであり、服部幸雄氏等によって、その地の特質が論じられている。[10] そしてそこは謡曲「蟬丸」に代表されるように、中世の琵琶法師・盲僧・説経師等の放浪芸能民が「蟬丸」を神格化して音曲芸能の祖神として崇め、守護神として祭祀していた場所であったとされている。筆者もこの場所に注目し、音曲芸能という観点からだけでなく、穢を祓う平安期の儀礼である四角四界祭の場として検討してみた。そしてそこは、天皇を中心とする穢の同心円構造の一つの場であり、天皇の清浄を保つうえで大きな役割を演じた場所であること等を論じた。[11] 逢坂関が東方との間におけるきわめて重要な境界地であることは明らかである。東国との境界地である三関近辺と畿内との関係について、この地域は畿内の東辺とみなす見解がある。[12] 三関は畿外の地であり、伊勢・美濃・越前の三国を三関国と称しているが、これらの諸国やその周辺には天皇制と深く関わる神社が存在していた。すなわち伊勢には伊勢神宮が、越前には気比神社が、また美濃隣国である尾張国には熱田神宮が存在しており、王権の境界領域とみなされているのである。これらの神社は畿内の境界神との見解もあり、[13] いずれにしても広義の東国と畿内を区分し、夷狄の穢の侵入を阻止し、祓うためのものであったと推測されるのである。『太平記』巻十六「日本朝敵事」に「天智天皇ノ御宇ニ藤原千方ト云者有テ、金鬼・風鬼・水鬼・隠形鬼ト云四ノ鬼ヲ使ヘリ」と藤原千方について述べたのち、彼のために「伊賀・伊勢ノ両国、是ガ為ニ妨ラレテ王化ニ順フ者ナシ」とする状態であったが、紀朝雄が宣旨を奉て彼の国に下り「草モ木モ我大君ノ国ナレバイヅクカ鬼ノ棲ナルベキ」との歌を鬼に送り、鬼や藤原千方を退治した話が記されている。この説話も畿内と外国の境界を示す一つの説話であり、化外のもの、すなわち王化にまつろわぬものを鬼とみなすことにより、異域意識を示したものといえよう。[14] その異域の境界が伊賀・伊勢であった。さらに近江国・美濃国の境で、不破関近くに存在する伊吹山に伝えられる伊吹童子説話も同じようなものである。「近江美濃両国ノ境ニ伊福貴ト云太山アリ。(中略)近会彼ノ伊福貴山ニ弥三郎ト云フ変化ノ者栖ケリ、昼ハ崔嵬畳嶂洞壑ニ住シテ、夜ハ関東鎮西ノ遠境ニ住還シ、人家ノ財宝ヲ盗奪ヒ、国土ノ凶害ヲ成ス事不レ斜ナラ、天下ノ大ナル愁ヘナル故ニ、当国ノ守護佐々木ノ備中ノ守源ノ頼綱ノ卿ニ勅命ヲ下レテ分国之狼藉可レ令二対治一云々」(『三国伝記』巻六ノ六「飛行上人ノ事、付伊吹弥三郎殿事」)と、これまた勅命をうけて討たれているのである。伊吹童子と酒呑童子の関係等々について、すでに多くの研究がなされているが、(15)「童子」=異類異形=鬼というような意識が形成され、東国=外国と王権の関係が具体的に三関という境界で、穢をもって論じられているのである。

ところでもっとも注目すべきは狭義の東国(坂東)の入口であり、遠流地であった伊豆国である。狭義の東国に居住する人々は、畿内の人々から東夷と賤称されていたことは周知の事実である。この伊豆国こそはまさに東国の境界国であった。この国には境界神として三島神社、伊豆走湯山、相模に箱根神社が存在しており、また伊豆七島の一つである神津島に物忌奈神社がある。『延喜式神名帳』によれば伊豆国には式内社が九十二座あり、その内賀茂郡に四十六座あって、狭い地域にこれほど式内社が集中しているのは全国的にもきわめて特異なことであるとされている。(16)ことに三島神社は、もと賀茂郡にあり、海上交通の守護神として崇められていたであろうとされている。(17)物忌奈神社についてみると、「物忌」と称される神社は穢観と関係があり、国家の辺境の守護神的存在であった。たとえば現在の山形県と秋田県境にある鳥海山を神体とする出羽国の大物忌神社をみてみると、この神社は極端に穢を嫌ったことが知られている。大物忌神社は古代史上頻繁に史料上に登場するが、それは浄穢観による国家の北方神であり、律令国家の守護神であり、かつ境界神であったとされているのである。(18)そしてその穢観が火山活動と関係していたことも知られているところである。出羽国大物忌神社のような性格は伊豆国物忌奈神社についてもいえよう。伊豆諸島が富士火山帯に属することは周知のことである。古代においてもしばしば噴火したことが伝えられている。神津島も『続日本後紀』に、承和五年（八三八）七月七日に噴火のあったことが記されている。(19) 物忌奈神社も出羽大物忌神社とまったく同じような観念から神社が造られたものとみなされよう。さらにもう一つ指摘しておきたいことは伊豆国が遠流地であったことである。罪＝穢とする古代の認識においてはそれを「キヨメ」るものがどうしても必要であった。

伊豆国は流罪地として有名である。伊豆国に流罪となった人物をあげれば、文屋宮田麻呂・橘逸勢・伴善男・山木判官・源為朝・源頼朝・役小角等々、歴史上に名を残した多くの人々があがってくる。文屋宮田麻呂は承和十年（八四三）に謀反事件を起こし、「謀反文屋宮田麻呂罪当斬刑、宥降一等配流於伊豆国」(20)と伊豆国に流罪となり、橘逸勢も伴健岑による承和の変に連座して、非人の姓を賜って伊豆国への遠流となり、配流地に向う途中遠江国で死去している。彼らは死してのち怨霊となり、疫病流行や祟りの原因として恐れられ、御霊会や御霊信仰の基となったことは周知の事実である。また他の流罪者も説明するまでもない人々である。たしかに伊豆国は特殊な国であった。佐渡や隠岐国と同様に犯罪穢を追放する境界の国であったのである。荘園領主が犯人をその所領内から追放することが、災気の除去、正常な状態への回復のためにもっともふさわしい処置であった(21)とするような観念的世界においては、伊豆・佐渡・隠岐、あるいは喜界島はまさに穢の追放地であり、国家の境界であり、異類異形の出没するところであった。

『玉葉』承安二年七月九日条に以下のような記載がある。

或者語云、伊豆国異形者出来云々、国司頼政朝臣知行国也、注進子細、去比当国出島鬼形者五六人許出来、乗珍重之船一艘、以紫檀赤木等之類造之、来着件島、島人等暫成怖畏之思、雖不近之、只有希異之容貌、未有非常之所行、（中略）彼鬼類等乞弓箭等云々、島人惜而不与之、爰各太怒、以三尺許白木件木自本指腰云々、打突嶋人等、即時五六人終命、（中略）則乗船逐電、指南海逃云々、疑是蛮夷之類歟、縡希代也、仍粗注置之、国司付蔵人右少弁親宗奏之云々、

伊豆国はまさに異形の鬼が流れついたり、出没する場所であったのである。伊豆国は国家の境界部分にあたり、罪穢の人々を流す場所であることより、異形が出現しても不思議ではない。そういえば橘逸勢は「非人」の姓を与えられたというが、これは「異形」という観念と無関係ではなかろう。

ところで承安二年（一一七二）の伊豆国におけるこの事件は、『古今著聞集』十七にも説話としてみえている。それによると「承安元年七月八日、伊豆国奥島の浜に、船一艘つきたりけり。（中略）鬼は物いふことなし。其かたち身は八九尺ばかりにて、髪は夜叉のごとし。身の色赤黒にて、眼まろくして猿の目のごとし、皆はだか也」とするものであり、年は承安元年としているが、ここではより説話的に、より具体的に異形の鬼として記しているのである。平安末・鎌倉初期において、畿内からすれば伊豆国を鬼が漂着する国とし、「王化」にまつろわぬ地域との境界地とみなしていたことは確かである。そしてこの伊豆国の東方が坂東であり、慈円が「外国之武士」と呼ぶ者の生活地域であった。

三　東国社会と呪術的権威

中世の東国社会は畿内社会と比較して、かなりの差異があることが知られている。東は畠作中心であるが、西は水田を中心とした農耕であること、東は主従制的支配形態が強いが、西は職能的形態であること、東は狩猟民的な社会であり、その儀礼も残されているが、西は触穢思想がきわめて強いこと等々、その相違はほかにもかなり存在する。このような相違については網野善彦氏等によって精力的に研究が進められている(22)。ここで問題としたいのは、東西の相違と融合という観点、さらに鎌倉幕府の性格規定に関連して、鎌倉幕府成立以後、天皇のもっていた呪術性が積極的に東国に導入されるという点についてである。

定

一　起請文失條々

一　鼻血出事

一　書起請文後病事但除本病者、

一　鵄烏尿懸事

一　為鼠被喰衣裳事

一　自身中令下血事但、除用揚枝時、并月水女及痔病者、

一　重輕服事

一　父子罪科出来事

一　飲食時咽事但、以被打背程、可定失者、

一　乗用馬斃事

右、書起請文之間、七箇日中無其失者、今延七箇日、可令参籠社頭、若二七箇日猶無失者、就惣道之理、可有御成敗之状、依仰所定如件、

文暦二年（一二三五）閏六月二十八日に発せられた追加法[23]であるが、この法文について『吾妻鏡』は「是於政道、以無私為先、而論事有疑、決是非無端、故仰神道之冥慮、可被糺犯否云々」[24]、と記載している。また石井進氏は「証文もなく、証人もいないときには、いよいよ本人の主張の当否を神がさばくよりほかにない。その方法としては、本人がそれぞれ自分の主張を神前に誓う起請文を書き、神社に七日間おこもりをする」として、その間に前記「起請文失条々」に定められたような、鼻血や病気になったり、トビやカラスの尿をかけられたり、ネズミに着物を食い切られたりするような九カ条の異常がおこらなければよし、異常がおこればその虚偽が神によっ

て見破られたものとするとし、これを「神判、すなわち神意による裁判とよぶ(25)」と論じているのである。ところでこの神意の判断材料となる鼻出血、鵄・烏屎、鼠の喰等はどのような思想から導きだされてきたのであろうか。それは陰陽道にほかならない。

平安期に呪術的要素を肥大化した陰陽道は、人間に不快感を与えるものすべてを穢とみなすようになり、死穢・血穢・産穢がその代表的なものであるが、その他、鳥・動物の糞、病気、災害、怨霊、物怪、犯罪等すべて穢であったと指摘されている。触穢思想といわれるものである。であるから鼻血・出血は当然のこととして、鼠による災害から、鵄や烏の屎も穢とみなされるのである。たとえば、永延二年（九八八）閏五月二十七日、「璽御莒」の上に鼠が屎を遺す怪によって代厄祭等の日時が勘問されたり、天仁二年（一一〇九）六月夜大炊殿の天井に声があり、みると鳶が住んでいたので怪異なりと占わしめたりし、また烏についても種々の例が知られている(26)。これらの陰陽道的な呪術的禁忌はまさに天皇を取りまくものであり、東国社会とはなじみの薄いものであった。だがしかし、鎌倉時代中期には理非を尊び、公正を原理とする鎌倉幕府の裁判の判断材料となっているのである。

鎌倉幕府成立以前の東国社会は、天皇を中心とする呪術性とまったく無縁でなかったことも事実である。だが『将門記』にみられるように、平将門が新皇として、百官を定めたとき、暦博士以外は置かなかったこと、『陸奥話記』において、源頼義が磐井郡小松柵を攻撃するとき、日次の悪さから、それを延期しようとしたが、あえて出撃して勝利をおさめたこと等々が知られており、これらは陰陽道的禁忌の意識が当時の武士には薄かったことを示すものである。東国社会にも当然のこととして、呪術的要素や儀礼が存在していたのであるが、畿内において天皇を取りまいてなされていたような呪術や儀礼とはかなり相違していたであろうと思われる。それは狩猟民的儀礼や呪術がかなり色濃く残されていたとみるべきであろう。これらの点については千葉徳爾氏が『狩猟伝承研究』等で詳細に論じている(27)。

だが鎌倉幕府が成立すると、時代が降るほどに、宮廷儀礼や呪術が幕府の行事として多くなっていく。『曽我物語』で有名な建久四年（一一九三）五月の富士裾野の巻狩のおり、十五日は斎日として殺生を忌み、狩を休んだことが知られており、[28]それなりに禁忌が入ってきているのである。しかし頼朝が陰陽道的なものをあまり重くみていなかったであろうことも事実である。治承四年（一一八〇）十月二十七日、常陸の佐竹を討とうとして進発したおり、人々が衰日たることにより延期することをすすめたが、令旨が四月二十七日到着して東国を領掌した日だから日次の沙汰に及ぶべからずとして、進発したとの『吾妻鏡』の記載[29]からもそのことが窺える。

頼朝が東国において反旗をひるがえしたとき、頼朝軍団内部には二つの勢力が存在していたとされている。一つは一日も早く上洛すべしとする勢力であり、他は京都朝廷と訣別して以仁王を戴く新しい国家を東国に樹立しようとする勢力で、東国独立派ともいうべき存在であった。前者は京都朝廷の侍大将的存在と化しうるし、後者においても、東国国家の首長には皇族を迎え、頼朝は武家棟梁としての地位にとどまるとするものであり、東国独立といっても「皇親—武家棟梁」という両主制構想であったのである。[30]皇親を首長に据えなければならないという点が独立派にとって最大の弱点であったといえる。なぜなのかといえば、皇親以外の人物では首長たりうる権威がなく、幕府独自の支配イデオロギーと支配秩序等が、東国においていまだ形成されていなかったことによる。独自の武力はあっても、それのみで国家は形成されないのである。さらにその東国独立派も上総広常が誅殺されたことにより後退する。

鎌倉幕府はたしかに武力では京都朝廷側を圧倒するのであるが、支配のためのもう一つの要である支配イデオロギーの形成については京都側の支配思想を模倣しながら、徐々に東国社会の狩猟民的な殺伐たる風習を止揚していく。国土、自然を統御し、人々を支配していくためには、宗教的・呪術的・観念的イデオロギーが必要であったことは当時においては当然であった。国土安穏・万民快楽・徳政の興行というような帝王としての役割は、少なくとも初期における源氏将軍にはそのような権威はそなわっていなく、将軍では代位できなかった。これらの点を体系的に保持しているのは天皇であったことより、これらの権威の源泉を天皇制に求めざるをえなかったことは当然である。頼朝の神国思想をみると、それは畿内貴族とは異なっているが、伊勢神宮その他諸社の崇敬が強かったことが知られている。(31) 頼朝が鎌倉に居を定めたとき、鶴岡八幡宮をもってその守護神としたことは周知の事実である。文治三年（一一八七）八月十五日、鶴岡若宮において初めて放生会が行われ、(32) 以後石清水を模して八月十五日に例年放生会がなされ、舞楽・相撲等の神事も整備されていくのである。さらに次年六月十九日には、彼岸放生会の間、東国における殺生禁断を定め、(33) 建久元年（一一九〇）にも、関東御分国に聖断による殺生禁断を命じているのである。(34) また頼朝時代は軽服、衰日、あるいは怪異の卜占等が『吾妻鏡』に散見され、陰陽道的呪術の影響も多少みられるが、いまだ支配的なものとなっていないことは明らかである。頼家期には放生会は細々ながら続いていたものの、呪術的世界に関する記載は『吾妻鏡』にはみられず、頼家は狩猟に非常に興味を持っており、強大な軍事力を背景にして、武断的な政治運営を行った。(35) この頼家は幕府有力御家人により、追放されて暗殺されるのであるが、軍事力のみでは東国さえ統合することができなかったことを示すものである。幕府政治の転換は必然であった。それは「撫民」政策への転換といわれているものである。これこそが東国政権として存続するのみでなく、全国の統治権掌握者となる道であったのである。

この転換をなしたのは実朝であった。支配権力のなすべきことは日々安穏と徳政＝撫民の計であった。天災地変を鎮め、疫病の流行、兵革を止め、現世の秩序を維持するために権力のなすべきことは多かった。幕府がこれらのことを遂行して、支配を確立するためにはどうしても支配思想が必要であった。そのためには新たなイデオロギーを創造するか、あるいは他者から取りこまなければならなかったのである。これは京都の朝廷から移入する以外なく、吉凶を占い、穢を祓うという行為でしか示されなかったのである。実朝は和歌・蹴鞠等をよくなし、坊門信清の娘を妻として、王朝貴族的な教養を好んだことは周知のことである。小稿の課題よりして注目すべきことは、陰陽師安倍維範を承元元年（一二〇七）に京都から呼び、安倍氏の鎌倉への進出がなされたということである。村山修一氏の『日本陰陽道史総説』によれば、以後実朝の依頼をうけて陰陽師による泰山府君祭、属星祭、熒惑星祭、歳星祭、天曹地府祭、鬼気祭、百怪祭、天地災変祭、六字河臨法等々の陰陽道の諸祭が修せられていることが知られる。(36)

ところで建暦二年（一二一二）六月七日、侍所宿直侍等が闘争をおこし、死者二人、刃傷者二人がでて、鎌倉中騒動するという事件がおこった。刃傷の二人は伊達四郎と萩生右馬允であり、死者は両者の郎従であった。伊達と萩生はそれぞれ佐渡と日向に遠流になり、この事件は一件落着となるのであるが、問題は血が流れた侍所をどうするかということにあった。『吾妻鏡』同年七月二日条によると「依去月刃傷事、可被造替御所侍之由、相州大官令等令致沙汰、而雖無其儀、不可有憚之旨、雖有計申之輩、不能御許容、仰千葉介成胤、可造進之由、被定之云々」とあり、また同月九日条には「今日御所侍被破却之、被寄附寿福寺、即可被新造云々、是依去月七日闘乱事也」とみえ、流血により穢れた侍所を破却して、新しく造替しているのである。そのおり、そのようなことは無用との意見もあったが、あえて実朝の命によって行ったことは、幕府内部に触穢思想が強くなってきていることを示していよう。東国社会の習いからして、血を穢として忌みきらうことはなかったが（それはこのとき「不可有憚」と主張する人々がいたことによっても知れる）、このときは血穢思想が強調されていることに注目しないわけにはいかない。以後の触穢に関するものを『吾妻鏡』から若干抜き出してみると、建保七年（一二一九）三月一日の条文によると、二月十五日駿河国で阿野暁元（阿野全成子）が東国を管領すべき宣旨をたまわったと称して反乱をおこしたが、このときの兵革を触穢とみなしていること、承久の乱の年、天下大穢なりと称して鶴岡八幡宮の放生会を延引したこと、貞応三年（一二二四）六月十五日、北条義時の死により、七瀬祓を穢によって延引したこと、また六月祓を、天下諒闇の時は行われないと、義時の死を天皇死去と同様なものとみなし触穢であるとして中止していること、嘉禄元年（一二二五）八月、平政子が死去したことにより、触穢と称して鶴岡放生会を延引したこと等々をあげることができる。いずれも血、死、兵革等を穢とみなしており、不浄なるものの追放、あるいは国家の安穏をめざすものであるといえる。また鎌倉御所を「清浄」に保つことも重要なことであったことを示していよう。

鎌倉において浄穢観を示す王朝的、畿内的な祓や祭をさらにあげれば、七瀬祓や四角四堺祭等をあげることができる。これについてはすでに前稿において触れたが、[37]七瀬祓はすでに『吾妻鏡』承久元年（一二一九）七月二十六日条にみられるが、貞応三年（一二二四）六月六日に「炎旱渉旬、仍今日為祈雨、被行霊所七瀬御祓、由比浜国道朝臣、金洗沢池知輔朝臣、固瀬河親職、六連忠業、独河泰貞、杜戸有道、江鳥龍穴信賢、此御祓、関東今度始也」とあり、炎旱により祈雨を修すとするものである。四角四堺祭については元仁元年（一二二四）十二月二十六日条に「此間、疫癘流布、武州殊令驚給之処、被行四角四境鬼気祭、可治対之由、陰陽権助国道申行之、謂四境者、東六浦、南小壺、西稲村、北山内云々」とある。これは朝廷が内裏、平安京を中心に行った同心円的な祓とまったく同じであり、鎌倉においても、将軍御所を中心として鎌倉の境界地で陰陽道の祓や祭を修して穢を追放し、市中の清浄をはかったとみなされよう。これ以後、鎌倉は浄穢観によって都市が形成されるのである。鎌倉幕府の支配イデオロギーや都市構造等が畿内王朝側の借物であるということは大いに考えてみなければならない問題である。前述した追加法「起請文失条々」もこのような観点から位置づけられよう。

四　東国における「聖」と「賤」——むすびにかえて——

鎌倉中期以後の皇族将軍について佐藤進一氏は「時の将軍（宮将軍）が身分の尊貴性は備えていても、将軍に求められるもう一つの属性としての武芸の棟梁たりえないという体制上の不備の何人の目にも明らかである」[38]と論じられている。皇族将軍東下については、三代将軍実朝横死ののち、摂家将軍を経て実現するのであり、頼朝の策した両主制構想に近い形態であるが、ここにいたるまでの将軍と執権勢力との抗争、北条一族間の嫡流争いや、北条・三浦に代表されるような有力御家人間の確執、京都と関東の政治動向等々については佐藤進一氏が詳細に論じている。これらの抗争の原因について佐藤氏が強調してやまない点は、将軍の権能に執権の干与しがたい部分があるということである。(39) それにしても「将軍が武芸の棟梁たりえないという体制上の不備」がなぜ許容されたのであろうか、あるいはなぜこのような形態のほうがよかったのであろうか。

たしかに、北条氏による幕政の主導権の掌握という観点からのみみるならば、将軍のロボット化・無力化は北条氏にとって好都合であったに相違ない。将軍権力に執権の干与できない部分が存在するとしても、統治権はいうまでもなく、将軍の専権であった事項の多くも執権の掌握下に入っていったことも事実である。対立・抗争、権限の争奪という経過の中から皇族将軍の東下となったことは疑いないところである。だが他面からみるならば、政治抗争のみで割り切れないところもある。「棟梁たりえない体制上の不備」があえて許されたのは、それを補っても余りあるものが、皇族将軍に存在したからであろう。それはいったい何か。それは国土や自然を支配するための観念的、呪術的、宗教的権威がその中に見出せたからと考えられるのである。天災地変を鎮め、疫鬼や疫神を祓い、豊作を祈り、兵革をとどめ、徳政＝撫民の計をなし、吉凶を占うことによって現世秩序を維持し、平安と安穏を祈るというような国家安穏、万民快楽を願うという観念的権威が皇族将軍に求められたと考えられるからである。

中世天皇制の基本的要素は第一に権門という側面、第二に国家権力の制度上の統轄者としての側面、第三に帝王と称されるような観念的権威としての側面があることであるとされている。(40) 皇族将軍の役割についてここで強調したいのはいうまでもなく第三の帝王としての位置づけである。帝王のもつ観念的権威とは「世上のさまざまな地位に権威を付与しそれらの権威を正当化するところのいわば『権威の源泉』としての役割、さらに国王の権威も含めて世上の一切の権威を裏付けるための儀礼行為(41)」と規定されるものである。このような権威は少なくとも初期の将軍にはなく、また代位もできなかった。初期の鎌倉幕府がこのような権威を必要としたかどうかも疑問であるが。だが、「撫民の計」や「徳政」を政策基調とするようになれば、国土安穏、万民快楽のため、帝王的権威が必要となってくることはいうまでもないことである。すなわちそれを皇族将軍で代位させようとしたのである。

それにしても頼家から実朝への将軍交代は将軍権力のあり方、あるいは鎌倉幕府の性格を規定するうえで大きな画期であったといえる。頼家は狩好みであり、頼家こそ狩猟民の長たるにふさわしい存在であり、そのような行為をくりかえしていたのである。実朝は歌人、王朝貴族的な生き方をし、天皇への忠誠を誓い、穢の思想を大幅に取りこみ、非人施行を京をまねてなし、寺社参詣を数多く行い、殺生禁断を命ずるように、行動も思想も完全に京都従属派であった。承久以後の摂家将軍期の東国社会、ことに鎌倉では畿内的イデオロギーが蔓延していき、触穢思想等が広くみられるようになったのは前述のとおりである。

東国社会あるいは「東国国家」においても天皇の一分枝をもって首長に据えなければならなかったのは、中世天皇制のもつ「帝王」としての意味が大きかったことによる。すべての権威の源泉を天皇に求めるという古代以来の儀礼体系が厳然と存在し、天皇にもろもろの権威づけがなされ、さらに中世身分体系の頂点に天皇が存在するという事態において、鎌倉幕府が日本中世国家を支配しようとすれば、その権威をまったく否定するか、さもなくばそれを取りこむ以外になかった。天皇の権威をまったく無視することは幕府にはできなかったし、またしようともしなかった。やはり天皇制的イデオロギーを取りこんでいく以外になかったのであり、畿内的呪術が持ちこまれ、皇族を将軍に据えることにより、将軍の「聖」=「浄」化がなされるのである。御所や鶴岡八幡宮を中心とした「聖」的な場所が存在するようになれば、京都の天皇と同様、将軍の居住する都である鎌倉市中が「聖域」化され、各種の祓や祭が修せられるようになり、鎌倉の境界地は「非人」等の集住地となり、「賤」なる人々が多くみられるようになるのである(42)。鎌倉幕府は政策的に非人を創出したとさえみなされるのである。

網野善彦氏は過書（所）発給権、棟別銭賦課権等を例として東国において幕府の駆使した権限が天皇と同質のものであったとし、「東国の場合、さきの本源的権利が東国の首長―幕府によって体現されうる条件があったことを示す」(43)と、将軍権力の独立性を論じているが、将軍の「帝王」的側面は天皇の持つ観念的権威の借物であることは誤りないところである。軍事力のみでは国家は支配できず、「帝王」的部分がどうしても必要であったことはいうまでもないことである。鎌倉幕府＝「東国国家」なるものが自立したものでなく、中世天皇制の枠の中でしか存在しえなかったことは明らかである。(44)

室町幕府はどうであったであろうか。幕府所在地が京都であることより、室町将軍は「東国国家」の「王」ではなかった。しかし室町将軍が「帝王」的側面を必要としていたであろうことはいうまでもないことである。そのためどうしたかといえば、足利義満にみられるように天皇家との一体化をはかり、自分自身を天皇家の一員・一族化策を遂行したのである。だがこれも失敗した。将軍の「聖」化というような中世天皇制を模造するような政治権力の枠組は、決して天皇制を克服するものではなく、何かあるごとに天皇の政治権力の復活をまねくのである。なお、鎌倉中期以後における天皇と将軍との関係について、ほとんど触れえなかったので、今後の課題として残したい。

（1）網野善彦『東と西の語る日本の歴史』（そしえて、一九八二年）等。
（2）佐藤進一「室町幕府論」（『岩波講座日本歴史』7、岩波書店、一九六三年）。
（3）網野善彦注(1)著書等。
（4）これらの諸点と密接に関わらせながら一九八七年度歴史学研究会大会総合部会において「日本中世における国家領域観と異類異形」なる報告をなした（『歴史学研究』五七三号、一九八七年）。「中世国家と領域観」と改題して、本書第Ⅰ部第六章収録。
（5）貞応元年十二月金剛仏子願文（「伏見宮御記録」利七十二『大日本史料』第五編之一、五二九頁）。
（6）黒田俊雄『日本中世の国家と宗教』（岩波書店、一九七五年）三一〇頁。
（7）早川庄八「平安時代における天皇の一断面――長元四年の斎王託宣事件をめぐって――」（『講座日本思想』3、東京大学出版会、一九八三年）、のち「長元四年の斎王託宣事件をめぐって」と改題して『日本古代官僚制の研究』（岩波書店、一九八六年）収録。

(8) 早川庄八「古代天皇制と太政官政治」（『講座日本歴史』2、東京大学出版会、一九八四年）。

(9) 小山靖憲「古代末期の東国と西国」（『岩波講座日本歴史』4、岩波書店、一九七六年）。

(10) 「逆髪の宮」（上）、（中）、（下一）、（下二）（『文学』一九七八年四月号、五月号、十二月号、一九七九年八月号）。

(11) 拙稿「四角四堺祭の場に生きた人々」（『歴史』六六号、一九八六年）。本書第Ⅰ部第二章収録。

(12) 早川万年「畿内の東辺――日本古代史における『中央と周縁』――」（『史境』一二号、一九八六年）。

(13) 同右。直木孝次郎「天照大神と伊勢神宮の起源」（『日本古代の氏族と天皇』、塙書房、一九六四年）。

(14) 村井章介「中世日本の国際意識について」（『アジアのなかの中世日本』、校倉書房、一九八八年）に関連記載がある。

(15) 佐竹昭広『酒呑童子異聞』（平凡社、一九七七年）等を参照されたい。

(16) 菊地康明「古代の六浦――三島信仰の展開――」（『六浦と上行寺東遺跡』、名著出版、一九八六年）。

(17) 同右。

(18) 誉田慶信「大物忌神社研究序説――その成立と中世への推移――」（『山形県地域史研究』八号、一九八三年）。

(19) これらの噴火と伊豆三島社との関係については菊地康明注(16)論文を参照されたい。

(20) 『続日本後紀』承和十年十二月条。

(21) 勝俣鎮夫「家を焼く」（『中世の罪と罰』、東京大学出版会、一九八三年）。

(22) 網野善彦注(1)著書、同『中世再考』（日本エディタースクール出版部、一九八六年）、同「日本論の視座」（『日本民俗文化大系』第一巻、小学館、一九八六年）、大野晋・宮本常一他著『東日本と西日本』（日本エディタースクール出版部、一九八一年）等。

(23) 追加法七三（『中世法制史料集』第一巻　鎌倉幕府法）。

(24) 『吾妻鏡』文暦二年閏六月二十八日条。

(25) 石井進『鎌倉幕府』（『日本の歴史』7、中央公論社、一九六五年）四〇八頁。

(26) 村山修一『日本陰陽道史総説』（塙書房、一九八一年）一七二頁以下参照。

(27) 『狩猟伝承研究』（風間書房、一九六九年）。

(28) 『吾妻鏡』建久四年五月十五日条。

(29) 同右、治承四年十月二十七日条。
(30) 佐藤進一『日本の中世国家』(岩波書店、一九八三年)六三頁以下。
(31) 黒田俊雄注(6)著書、三一二頁以下。
(32) 『吾妻鏡』文治三年八月十五日条。
(33) 同右、文治四年六月十九日条。
(34) 同右、建久元年七月一日条。
(35) 「守護・地頭と領主制」(『講座日本歴史』3、東京大学出版会、一九八四年)。
(36) 村山修一注(26)著書、二八三頁以下。青山幹哉「鎌倉幕府将軍権力試論」(『年報中世史研究』八号、一九八三年)。
(37) 注(11)論文を参照されたい。
(38) 佐藤進一注(30)著書、一二八頁。
(39) 同右、一二五頁。
(40) 黒田俊雄「中世天皇制の基本的性格」(『現実のなかの歴史学』、東京大学出版会、一九七七年)。
(41) 同右、『現実のなかの歴史学』一六五頁。
(42) 石井進「都市鎌倉における『地獄』の風景」(御家人制研究会『御家人制の研究』、吉川弘文館、一九八一年)、同「中世都市としての鎌倉」(『新編日本史研究入門』、東京大学出版会、一九八二年)。
(43) 『日本中世の非農業民と天皇』(岩波書店、一九八四年)一〇〇頁。
(44) 鎌倉将軍の性格を穢観から追究したものに黒田日出男「こもる・つつむ・かくす――中世の身体感覚と秩序――」(『日本の社会史』8、岩波書店、一九八七年)がある。日食・月食の際に将軍御所をつつむことが行われており、これは自然秩序の変異(穢れ)から〈王〉としての将軍を守ろうとするものであり、鎌倉将軍も浄穢観からして、中世におけるもう一人の〈王〉であったと位置づけている。将軍を浄穢観からみようとするもので、筆者と視角を同じくするものであるが、将軍を「東国国家」の王とみなすかどうかという点について見解を異にする。

(補注) 黒田日出男氏は『王の身体 王の肖像』(平凡社、一九九三年)という興味深い書を刊行されて、中世・近世の将軍と浄穢の関係をさらに追求されている。肖像等から歴史を解かんとする『歴史図象学』というのだそうであるが、王の権威に関わる興味深いアプローチである。

第六章　中世国家と領域観

はじめに

委員会の報告者への要望は中世国家研究の現段階をまとめ、整理して報告し、そのなかでとくに国家認識について論ぜられたいとするものであった。国家認識などということについての全面的展開はとても不可能であるので、この問題について従来までの研究成果を整理し、二、三の問題点を指摘することによって報告の任を果たしたい。

国家領域はどのように認識されたのであろうか。中世国家意識と最も係りがあり、中世国家研究や天皇制研究のうえで重視されているのが神国思想である。仏教・陰陽道・易・神道などあらゆるものを含みこんで成っている神国思想は現世擁護、現世浄土とみなし、顕密諸宗（鎮護国家）を中心として、貴族政権の国家秩序に正当性を与えるものである。神の常住して支配する国土という神国思想による国家であるが、黒田俊雄氏はこのような国家観成立の基本的契機について、(1)国家の権威を前提とし、帝王(国王)の権威により、普遍的理念の実現、(2)東アジア国際関係、古代的冊封体制の弛緩による日本の相対的独立性、(3)国家イデオロギー、政治権力者の自己の権威の強調(中略)支配秩序の伝統的権威の守旧的、反動的強調をあげ、とくに国家や国家意識は、国内の階級対立の範囲だけでは、つまり対外的な契機の媒介なしには具体化しないと強調されている。(1) そして天皇を、すなわち彼を「現世浄土」の支配者ないし司祭者で神格的な存在とみなし、神国の国王・帝王と位置づけているのである。「現世浄土」は「現世穢土」に対置されるべきものであるが、神の常住し支配する国土観として、その「国」は国土・地域を意味するところとなり、現国土「日本」の境界や外国を穢とする観念の前提となっていくのである。大山喬平氏によれば触穢思想も加わって、浄土の中心平安京は清浄でなければならなかったし、とくに王城―天皇が最も清浄であることが要求されたのだとされている。(2) そして天皇から離れるに従って穢観が強くなっていくものとするのである。外化地、まつろわぬ者の居住地が最も強い穢地ということになる。すなわち浄穢観による領域認識が形成されるのであり、罪・穢地として境界が意識されるのである。

このような穢観は中世身分制と密接に係わるものである。中世身分制のひとつの特徴は身分の頂点に天皇を、最も末端に非人中の癩者を置くことである。身分体系の頂点の天皇は非常に清浄なものとみなされ、末端の非人、ことに乞食・癩者は最も穢れた存在とされており、この浄―穢によって構成される秩序が中世身分体系のひとつの特質である。(3) このような身分体系は垂直的な縦の関係としてのみ存在するのではなく、空間的・水平的にも存在していた。すなわち清浄なる天皇とその居住地である都を中心に、都から遠く離れれば離れるほど、穢が強くなっていくとする同心円的な身分構造が形成されていた。

この地域的な浄穢の構造は何重もの周縁や境界を生み出し、畿内、外国から国家境界にいたるのである。そしてそれぞれの境界には異集団や排除された人々の集団が存在し、国家領域の周縁部・境界には異民族をも含みこんでいたのであり、彼らは最も穢れた鬼などともみなされ、異類異形と呼ばれていた。

ここでは中世の身分制と国家意識・境界意識のあり方と、それに密接に関係する「異類異形」問題をとりあげ、単一民族・同質日本人論の原型の形成とその批判、天皇を中心とする浄穢観構造の特質をみることとするとともに、浄穢観の影響が強くない地域と中世天皇制の係り、中世天皇制の観念的権威の問題まで踏み込めたらと思う。

一　中世国家の四至

日本の東の境界についての研究は遠藤巌・大石直正・入間田宣夫氏等によって深められている。それによると、東の境界は外が浜であり、その地は流刑地であるとともに怪異なるものを追放する場所であった。『吾妻鏡』によれば「九本足の馬」や「死人のごとき大魚」、さらには「鬼王安日」等も追放されており、外が浜は国家に仇をなす犯罪者や怪異なるものの追却地であった。これに対置される西方の同様な場所は周知のように流罪地たる鬼界島であり、特徴的なことは、東西の境界地近辺に東は安東氏、西は松浦氏のような特徴的な武士団が存在していたことである。(4) 東の境界地たる外が浜は当然のことながら北方とのつながりが深く、さらに注目すべきことは、東の境界地は平安中頃までは陸奥国の真中ほどにあったのであるが、それが中世には北進して外が浜となったとされている。(5)

西の境界意識を含め、日本国の四至について鋭い洞察を加えたのは村井章介氏である。周知のように日本国家の境界地を穢地とみなし、その四至を明記したのは『延喜式』の「追儺祝詞」である（巻十六、陰陽寮）。十世紀段階における国家四至は東は陸奥、西は遠値嘉（五島列島）、南は土佐、北は佐渡であった。この枠組みは中世まで変わらないが、陸奥が外が浜となり、遠値嘉が鬼界島と少し変わっている。北の境界地である佐渡国について触れておくと、新潟県佐渡郡相川町馬場遺跡発掘調査報告(6)によれば、馬歯がきわめて多く出土していることが注目される。馬歯埋納は天皇等の死去、また疫病や旱害・風水害や地震等の災異が起こったとき馬歯を境界地に埋納して、守寧を祈り、清めたものであるとされており、平安時代のわが国においておこなわれていたとされる（『文徳天皇実録』嘉祥三年九月条）。これらの例は佐渡の両津遺跡でも知られ、佐渡が境界地と認識され、境界儀礼がおこなわれたことを示すものである。

村井氏はこれらの国家四至と顕密主義による国際意識を分析し、鎌倉期の国際意識について神秘主義にもとづく独善的な自国至上観、リアルに情勢を認識することの欠如等を指摘するとともに、日本の境界とその外、すなわち「ちくら」「両属性」の問題、「漂到琉球国記」や「ゆりわか」説話を例として「琉球鬼国」論を展開され、国家四至外の異域＝鬼の居住地というような注目すべき論点を明示した。さらに大山喬平氏の前掲「中世の身分制と国家」をベースにしながら「中世国家の領域観念」を論じ、穢観念と異域のあり方の特徴を「浄穢の同心円」構造と図式化している。

中世国家の境界地＝穢地とみなす見方はまさに中世的穢観を典型的に示したものであるが、問題としたいのは、このような国家領域観・意識がいつ、いかなる理由によって形成されたかということである。古代における国家、国際意識は石母田正氏の『日本古代国家論』(7)以来指摘され、石上英一氏等によって積極的に論じられているように、古代における日本は「東夷の小帝国」としてきわめてリアルな国際認識をもっており、隣国―唐、諸藩―新羅、夷狄―隼人・蝦夷という認識を持っていた。日本はこのような三類型の認識を基本として対外関係を成り立たせており、隼人・蝦夷は「小帝国」日本の構造をつくりあげる重要な柱であったこと、彼らを決して「鬼」とは認識せず、現実の支配構造のなかに位置づけられていると指摘されており、九世紀の国際交流のもつ意味が高く評価されているのである。ところが、このような広い国際交流のあった時代から、九世紀後半から十世紀にかけて大転換が起こり、朝鮮敵視へと変化していったとされている。(8)国家の境界地を穢地とみなす古いものは十世紀初頭に成立した『延喜式』であると述べたが、まさに国際関係の大転換と軌を一にするものであることに注目したい。

国家の境界地が、怪異なもの犯罪者を追放する地であったことは外が浜や鬼界島によって知られているわけであるが、『延喜式』によって当時の流刑地をみると、遠流地は伊豆国、安房国、常陸国、土佐国である。『延喜式』「追儺祝詞」の境界地と若干ずれている。東方についていえば、中世に至れば外が浜が境界になるが、それ以前はいわゆる現在の関東が「日本国」の境界地であったであろうことを暗示していようか。また西方については不明であるが、対馬は流刑地としての意識は薄い。文化流入の窓口とみなされていたことと関係するだろう。

村井氏の指摘した「異域」=鬼の居住地という認識についてであるが、異域の人を鬼とみなすようになったのはいつごろのことであろうか。まつろわぬ民を「おに」とみなしている例は『日本書紀』にあるが、古代においては対外関係がリアルであったことより「境界」外を鬼とする認識は存在せず、蝦夷や隼人の居住地を鬼の住家とはみなさなかった。むしろ強いものの住む所という認識があったことなどが指摘されている。(9) また隼人はその強さを重用されて、古代宮廷において呪術的役割を演じているのである。一般に現在のような鬼意識が人々の心の中に入り込むのは平安中期頃のこととされており、鬼の怪奇談がまともに出現してくるのも九〜十世紀のことである。そして触穢思想が明確にあらわれてくるのも十世紀であり、『延喜式』の甲・乙・丙・丁穢は有名である。日本国家領域についての意識、あるいは国際意識についての大きな転換があったのもほぼ十世紀前後のことであり、それは境界、異域についてのリアルな現実的認識から、観念的・呪術的認識への転換と重なるものである。

十〜十一世紀の日本は、古代国家から中世国家、古代社会から中世社会への移行期で、唐の滅亡等により冊封体制もゆるみ、日本の「東夷の小帝国」の解体期であった。さまざまな中世的意識が形成されてくる時期でもあった。その中世的社会意識のなかでも最も注目すべきは浄穢観の形成である。浄穢、聖俗による身分構造は黒田俊雄、峰岸純夫、黒田日出男、高橋昌明氏等によって追究されてきているが、殊に黒田日出男氏は黒田俊雄氏の卑賤論、非人=身分外身分論を積極的に発展させて、癩者を最も穢れた存在として、その対極の頂点を天皇とする人、僧侶、童、非人をトータルにとらえた中世の身分体系を明示している。(10) このような縦の身分体系とともに水平的・地域的浄穢観が形成されてくる。村井章介氏による「中世日本列島の地域空間と国家」(11)によって典型的に示されている。伊藤もこの点について若干触れたことがあるが、浄穢観による身分体系、地域構造の研究はめざましく発展し、中世社会はもとより、中世国家の特質究明のうえでも不可欠の課題となっている。

　中世国家の境界=穢観はまさに中世的穢観が典型的に示されたものであるが、では中世国家の境界地に居住する人々はどのように位置づけられていたのであろうか。東の境界である外が浜、夷島に住むエゾ=アイヌを例としてみてみよう。外が浜近辺には近世初期においてもエゾ村が存在し、アイヌは国家の境界とその外側に広く居住していたのであるが、中世においては穢地に存在する異類異形、すなわち非人として位置づけられていた。アイヌが異類異形として描かれているのは『諏訪大明神絵詞』である。そこには形体は夜叉のごとくであり、人倫禽獣魚肉を食となし、五穀の農料を知らず、語話通じ難い等々のことが記されているのである。『諏訪大明神絵詞』が成立した南北朝期にはアイヌは異類異形の様態でみられていたことが知られる。また鎌倉末期の「エゾ」の反乱等も蒙古襲来とならぶ重大事と考えられて、異民族の反乱として幕府では位置づけられるのである。(12) 室町時代の文学作品で外が浜を舞台としたものをみてみると、外が浜の猟師（謡曲「善知鳥」）や塩商人（幸若舞「信太」）等が登場し、それらの職業は非人の職種(13)とみなされており、猟師等は蓑笠姿であらわれるのである。蓑笠と非人の関係についてはすでに網野善彦氏によって指摘されている。(14) さらに「御曹子島渡り」という作品においても、義経が北方をめざして十三湊（津軽半島）を出航したのであるが、その北方の地は異類異形の国であったことがあからさまに語られているのである。函館シンポジウム「北から日本史を見直す」（大会テーマ「前近代における地域・民族・国家を考える――北から見た日本史像の再構成を目指して――」、主催北海道・東北史研究会、一九八六年七月）の大石直正氏の報告によれば、[15]「エゾ」（「エゾ」の大部分はアイヌとみなす）は流刑者ではないが、日本国の境界に放逐された存在であり（『妙本寺本曽我物語』巻一によれば、エゾは神武天皇により追放されている）、生まれながらに賤視の対象で、非人に通じあう特徴を備えているとされる。そして入間田宣夫氏によれば、伊藤唯真氏によって紹介された滋賀県信楽町玉桂寺の木造阿弥陀如来像の胎内に納入されていた願文にみられる三七〇名のエゾの名前[16]の特徴について、そこにみられる人々の大部分は無姓であり、さらに動物名、国名、仏神名等をつけた名前の特徴から非人ないし下人・所従の身分特質をそなえた人々とみなしており、[17]また大石氏は明確に非人と規定している。さらに中世のエゾの身分を考えるうえで注目すべきものは、佐々木利和氏によって紹介されている『聖徳太子絵伝』（堂本家本）の写本に描かれている姿である。[18]元亨三年（一三二三）、聖徳太子に降を乞う異様なエゾの姿が描かれており、それは蓑姿であるということである。『聖徳太子絵伝』については、鳥居龍蔵氏「太子絵伝中のアイヌの人物図」[19]以来多くの研究があり、大きな成果があがっている。それらの研究によると、『聖徳太子伝暦』に依拠してなされたものであり、『伝暦』の成立は十世紀初頭とされている。『伝暦』には二度にわたる蝦夷来襲（叛乱）の記載があり、聖徳太子が蝦夷の首領等を教え諭すことで乱を避けたとし、蝦夷の鎮撫を太子の事跡としているのである。佐々木利和氏によれば、『絵伝』は現在七十点ほど存在が確認されており、時代別では平安一点、鎌倉四点、室町十数点で、平安期のもの（延久元年〔一〇六九〕、秦致真作）には三人の蝦夷が描かれているが、その特徴は、①腰裳状のものをまとっただけの裸体、②左側の蝦夷は鳥の羽の腰裳をつけていること、③総髪であること、④眼の表現が異様に強調されていること、⑤鬚が認められないこと、⑥素足であること、⑦足には体毛と覚しき描写がみられること、⑧立て膝であること、⑨手を合掌のように組み前に伸ばしていること、⑩周囲の人物に比べて非常にいかつく、太子などとは明らかに風俗の異なるものとして描かれている等々の点をあげられている。そしてこの絵に描かれている人物について、アイヌと断定することは困難であるが、きわめてよく、アイヌ的特性が認められるとしているのである。鎌倉期の『絵伝』、とくに堂本家本の特徴は、①禿頭、鬚面であること、②いわゆる団栗眼であること、③素足で、鉢巻をしていること、④広袖の衣服で、蓑状のものを身にまとっていること、⑤左足を立てて、両膝を地面につけていること、⑥手をこすりあわせていること等であり、『諏訪大明神絵詞』の欠失した絵は、この堂本家本をもって補うことができるとされている。[20]平安期のものも、堂本家本もアイヌらしき人々を描いているのであるが、堂本家本のアイヌらしい人物の大きな特徴は蓑を着していることである。ここに中世的な意識によって描かれた「アイヌ」をみることができる。大石氏によれば、このようなエゾの身分的特徴は外が浜が日本国の東の境界となったとき以来であると述べている。[21]『諏訪大明神絵詞』にはいかなるエゾが描かれていたか知るよしもないが、堂本家本や上宮寺本にみられるような人々に近かったことは疑いあるまい。そして戦国期(永正十三年〔一五一六〕)に描かれた『清水寺縁起』(土佐光信作)にいたれば、ついにエゾ＝アイヌは角をもった鬼として描かれるのである。中世前期に描かれたもののほうがリアルに描写されていることに注目したい。以上エゾ＝アイヌは中世の文学作品、縁起、絵画、さらには願文の氏名からして、ほぼ非人身分に位置づけられていたことは誤りないところであろう。

では西方の境界はどうであったであろうか。このような意識構造は西の境界についても同様であった。村井章介氏による一九八二年大会中世史部会報告で引用されている[22]「硫黄ヶ島の内」(『幸若歌謡』)や『曽我物語』によれば、鬼界島は烏帽子も被らない異類異形であり、農業等もおこなわず、言語も通じないとするものであり、外が浜と鬼界島近辺に居住する人々が同じような意識でみられていたことに注目したい。

『予章記』という伊予国河野氏の系図と歴史を記した室町時代に成立したとされる合戦記がある。そこに「土佐鬼類」等の記載があることは、土佐が遠流国で南の境界の国であることから注目されるが、最も注目されるのは、推古天皇のとき攻めてきた三韓勢八千人と河野氏の祖先益躬が戦った記載である。「夷国ノ習、大将死スレバ士卒皆自殺也、戎人八千人自害スルマヽ（中略）余多切程打物皆ホトヲリ返ザレバ、少々ハ降ヲ赦シ、ヨウロ筋ヲ断テ海辺被放、其子孫海士宿海ト成テ、漁捕命ヲ続ケル故ニ、西国ノ海人河野下人タルベシト被定、其間ニ残従四国地渡テ濫妨シケルヲ、益躬下向有被追伐、其被切捨タル処ヲ鬼谷ト云」（『群書類従』三九六）とあり、三韓の捕虜を「ヨウロ筋」（膝の裏がわの筋肉）を切って障害者、当時の観念でいえば異類異形となして漁民となし、河野氏の下人としているのである。室町期に成立した合戦記であり、事実に反することはいうまでもないことである。しかし三韓の捕虜を異類異形となして漁民にするという観念は、領主制を展開している河野氏にとっては「下人」となすとの位置づけであるが、ほんらいの身分的観念からすると「非人」とみなされうるものである。『八幡愚童訓』甲にみられる朝鮮＝屠児＝穢多・非人論と全く同様で、朝鮮に対する意識のほどが知られる。三韓の人々は異類異形＝非人的意識、位置づけがなされていたことは明らかである。古代において「東夷の小帝国」の従属民として位置づけられていた人々は、中世にいたれば非人＝異類異形とみなされるようになるのである。

　中世国家の境界地やその周縁部分に居住する人々は、中世的身分体系のなかにおいては非人とみなされる存在であると述べたが、その境界とはどのようなものであったであろうか。黒田日出男氏は『境界の中世　象徴の中世』[23]において種々の境界について論じられているが、ここで問題としたいのは、テーマとの関連からして身分秩序と密接に関連する地域の境界である。これが問題となるのは穢観ときわめて強い関係があるからである。中世においては人間に不快感を与えるものすべてが穢であった。たとえば死、血、病気、災害、怨霊、物怪、犯罪等々である。そしてこれらの穢を各種の祓と祭によって除去するとともに、穢を予知して未然に防ぐことも大切なことであった。このような触穢思想が肥大化してきた前提には、怨霊や病気の流行等がみられるが、穢を追放する原型は怨霊や疫神、疫鬼の祓である。人々に祟りをなす怨霊や疫神等を追放するという儀式の中心となるのは

「清浄」なる天皇であった。

天皇と穢観の関係については古代から存在したものとみられるが、[24] 本格的に展開するのは十〜十一世紀頃とみなされている。このころ天皇の清浄化をもとめる宮廷儀礼がきわめて肥大化してくる。たとえば天皇が撫物をとおして穢を河川に流す儀礼である七瀬祓や河臨祭が大規模におこなわれるようになり、洛中、洛外、畿内各所で同心円的な形態でなされるようになるのが特徴的なことである。また穢の侵入を阻止する祭も宮城四隅疫神祭、四角四堺祭、畿内十処疫神祭、蕃客送神堺祭等々各種のものがなされるようになり、さらに御霊会も出雲路、紫野、船岡等々、平安京を取りまくような地域でおこなわれるようになった。また天皇の身辺を固める「身固」や外出のとき穢れないようにする「反閉」「禹歩」等の陰陽道的呪術がさかんにおこなわれるようになった。これらの儀式の検討から、穢の追放は天皇→大内裏→洛中→洛外→山城→畿外→国家四至外というように図式化でき、穢の侵入を阻止する儀礼は全くその逆の形でなされることである。[25] この儀礼の中心となっているのは天皇であることは明らかである。このような同心円構造からして、「清浄」なる天皇から外に向かって徐々に穢が強くなっていくという思想や意識が形成されてくるが、この思想は化外の思想と密接に関連するものである。

祓われたり、追放されたりする「もの」「ひと」は、初期においては怨霊や疫鬼等のきわめて観念的なものであったが、徐々に具体的なものとなっていき、中世には酒呑童子や伊吹童子という異形なる童子、蟬丸や逆髪というような身体障害者や天狗というような異類異形が具体的に姿をあらわしてくる。さらに、「外国」＝東国の人々に対する東夷、奥羽のエゾに対する「戎夷」とみなす観念が形成され、それらがさらにすすんで、エゾ＝アイヌを異形なる人々とし、非人と位置づけるところまでいくのである。異類異形とはなんであろうか。異類異形は『峯相記』の悪党の記述で有名である。画一化された姿態をしている人々から排除された人々のレッテルであるが、異類はともかく異形は排除された人々という意味以外に別な意味があったのではないかという指摘もある。

網野善彦氏の『異形の王権』(26)をみれば、後醍醐は異形の姿態にて東夷＝穢たる幕府を調伏したとされる。なぜか、網野氏は異形は原始以来「聖なるもの」「神・呪術的なもの」だからだという。このような観点もあることとゆえ、つぎに異形の意味について少し触れておきたい。

二　天皇と異形と清目

非人の源流が乞食・癩者にあることは誤りない。平安期に非人と明確に記した史料は少ないが、その中で『新猿楽記』において、雑芸者小野福丸について「小野福丸、其体甚以非人也、偏乞丐而不可衆中一列」とあり、雑芸者＝乞食＝非人としているのである。またそれより以前、橘逸勢が謀叛人として伊豆国へ流されたとき、本姓を除き、非人姓を賜わったとされており、さらに『江談抄』中に賀茂祭における放免の衣裳についての問答があり、「放免賀茂祭著綾羅事、被知哉如何、答云、由緒雖尋未弁、被命云、賀茂祭日於桟敷隆家卿問斉信卿云、放免著用綾羅錦繍服、為検非違使共人何故乎、戸部答云、非人故不憚禁忌也」とあり、放免は非人だから綾繍の美装も憚られないと述べているのである。このように非人とは乞食、乞丐や放免、謀叛人等の罪人をさす用語であり、穢た者としての意識・観念が強く存在したことは疑いない。であるからこそ中世身分制の最末端に位置づけられ、施行の対象とされているのである。だがこのような非人はただ施行をうけるだけの存在ではなく、非人のもつ職能についてもつよく主張されている。それは大山喬平氏(27)や網野善彦氏等(28)にいわせれば、「キヨメ」、すなわち穢を祓い、除去する職務である。

非人という語は本来夜叉等の空想上の怪物をさす仏典の言葉であったとされる。事実『日本霊異記』に地獄の閻魔大王につかえる非人が登場する説話がある。「七人の非人有り、牛頭にして人身なり」とするもので、胴体が人間で頭が牛である奇怪な異類異形である。地獄の閻魔大王につかえ、罪人を処断するのが異類異形なる非人であることに注目しないわけにはいかない。このような地獄における閻魔大王と非人との関係は、現世においてはいかなる関係に相似しているのであろうか。まさに検非違使と放免との関係がそれである。検非違使庁を閻魔庁とみたてることについては、すでに黒田日出男氏がなしている。(29)『今昔物語集』(一七―一八)に「本国ヨリ本寺ニ行ク間、途中ニシテ病ヲ受テ、忽ニ此ニシテ死ヌ。而ル間、我レ独リ広キ路ニ向テ西北ノ方ニ行ク、即チ、門楼ニ至ル。其ノ内ニ、器量キ屋共有リ。此ヲ見ルニ、検非違ノ庁ニ似タリ。其ノ所ニ官人其ノ数有テ、庭ノ中ニ着並タリ。多ノ人ヲ召シ集メテ、其ノ罪ノ軽重ヲ定ム。」と閻魔庁は検非違使庁のようなものと中世の人々は認識していたことを示しているのである。(30)閻魔庁において「罪人の罪の軽重を定む」官人、『日本霊異記』にみられる非人(異形の姿態である、のちに鬼とみなされる)こそが現世において罪人を処刑する放免にほかならない。

放免とは検非違使庁の下部であるが、元来罪人の放免せられたもので、盗賊の追捕や罪人の処刑等に従う人物である。放免の絵で最も有名なものは、『法然上人絵伝』の中における建永二年(一二〇七)二月に法然の弟子安楽坊が六条河原で処刑されようとしている図である。検非違使の一団のなかに派手な摺衣を着し、長い棒を持つ人物と、合掌する安楽坊を処刑しようとしている二人の者がそれである。この放免の特徴は派手な模様を染め摺った狩衣をつけていること、異様な棒を担いでいること、これらは摺衣と鉾とみられる。さらに特徴的なことは鬚である。このような異様な様態は異形ともいうべきものである。検非違使は周知のように、丹生谷哲一氏の『検非違使』(31)によると、穢を除去し、「キヨメ」るための総元締めといわれる任をおびており、国家による穢統制の中心であったとされている。罪人を処刑するといういわば穢の場において、非人たる放免が異様なる姿態(異形)でその場にのぞみ、処刑をおこなうということはどのような意味をもつのであろうか。結論からいえば穢を「キヨメ」るもの以外には考えられない。摺衣は「弾正式」によって禁止されていることは周知の事実であり、それが許される人々は特定の「公事」にかかわる人、たとえば鷹飼のような者であった。放免は特定の「公事」にたずさわる人であった。

穢や疫鬼追放のための御霊会等から発展していった賀茂祭や葵祭は、疫鬼等の穢を追放するためにきわめて派手な姿態を行列がしていた。安元二年（一一七六）における賀茂祭の行列は『吉記』四月二十二日条に詳細である。それによると検非違使庁の下部は「綾羅錦繡服」で赤・青系統が多く、棹（鉾）をもつものも二人存在する。注目すべきは「院の飾馬の口取」である右近将曹秦兼国で、彼は狛鉾の棹をもち舞楽装束で参加しているのである。その他この行列の持物等にのちの被差別民とかかわるものがあることが注目されている。(32)

前述した放免の長大な棒は興味ぶかい。本来、これは邪気（穢）をはらう鉾ではなかったかと推定される。鉾をもって舞う振舞（これは舞楽の最初におこなわれる）は、『塵袋』によれば「桙フルヲエン舞ト云フハ正字如何、其心オボツカナシ、厭舞トカク也、厭ノ字ヲバマジナウトヨム、蔡邕ガ伝ニハ、厭ハ伏也ト釈セリ、サレバ邪鬼等ヲ降伏シ、災殃ヲケススガタナル故ニ、イワヒテ最初ニ是ヲナス」とあり、桙をふることにより邪鬼を追い、災殃を消すとしているのである。また振舞は反閉と同じようなものとされており、林屋辰三郎氏によれば、陰陽師と雅楽頭の兼任が多いとされ、穢を祓う陰陽師と芸能との間には相共通するものがあると推定されている。(33)災禍を祓い、福を招くという点に共通項があるのである。『聖徳太子絵伝』上宮寺本にみられるアイヌの槍も、振舞の鉾的な意味がこめられているかもしれない。もしそうだとすれば、北方の守り、穢を祓うという意識も多少、その絵の中に入れられていたかもしれない。

追儺儀礼における異形なる方相氏の役割についても触れておきたい。本来の追儺儀式においては、方相氏は大舎人寮の長大な者一人が方相氏となり、黄金四目の仮面をつけ、玄衣朱裳を着して、右手に戈、左手に楯をもって、振子二十人をひきいて内裏の庭に参入し、悪鬼＝疫鬼を追い払うものであったが、だがその形相があまりにも恐ろしい形をしている（異形）ので、のちには方相氏そのものが鬼（穢）となってしまい、追放される役となってしまったとされている。(34) そしてこの鬼役を散所民が勤めるようになったとされ、また非人が勤めた史料も存在する。(35) ここに異形と穢との関係、その変化が明瞭にみられるのである。異形は穢を祓い「キヨメ」る側面があったであろうことは疑いないところである。

なぜ異形となるのか、これは穢を祓う神事のひとつであるからである。種々の祭における異形の人々をみよ。検非違使庁の下部が美服を着して異様な姿態となるのも穢の追放のためである。中世芸能の特徴のひとつに、衣裳にたいして非常に執着するという点があった。祭礼が異様なまでに華麗な衣裳に飾られるのもこの理由によろう。祭礼の異形が必ずしも美服ばかりを着するとはかぎらなかった。『洛陽田楽記』によると、永長の大田楽のおり、公卿・殿上人は「権中納言基忠卿棒九尺高扇、通俊卿両脚着平藺水、参議宗通卿着藁尻切、何況侍臣装束、推而可知、或裸形腰巻紅衣、或放髻項載田笠」というような「奇異異体」であった。また寛治八年（一〇九四）五月二十日の田楽も、あるいは裸形あるいは烏帽子を放ち百鬼夜行のようだったと記されている（『中右記』）。

丹生谷哲一氏の研究によれば、中世被差別民の成立や、中世天皇制の特質形成に、検非違使が深くかかわっていたことが指摘されている。(36) それは儀礼、秩序、キヨメの統制、滅罪浄穢の職務、さらにキヨメ、ケガレ秩序を支える身分制支配の核となる存在であった。検非違使とともに、軍事・警察（武）に携わるものとして近衛府や衛門府が存在していたことは周知の事実である。これらの機関も本来の「武」のみでなく「穢」とも深くかかわる存在であった。衛門府が検非違使と同様な役割を演じていたであろうことは、四堺祭のおり、使者として陰陽師や看督長とともに衛門府の官人が派遣されたとしていることから窺える。また舞楽の楽人が近衛府に属することも看過できない。舞楽が祭礼や祓と関係があったであろうことは振舞で少し触れたが、『梁塵秘抄口伝集』によると「ヤスライハナ」のおり「魚口の貴徳の面をかけて十二月のおにあらいとも申べきいで立にておめきさけびくるひ」と、舞楽の貴徳の面をつけた群衆が登場するし、また『洛陽田楽記』においても「陵王、祓頭等の舞を奏す」と、同じく陵王、祓頭というような舞楽がみられるのである。なぜかといえば舞楽の装束がきわめて異形であり、これによって穢を祓おうとしたものと考えられる。

浄穢を中心とする国家的身分構造に近衛府が強くかかわり、近衛府に属する舞楽―雅楽頭と陰陽師のかかわりが深いとの林屋氏の指摘は、楽人は特殊な呪力を持った人ともみなしうることが可能である。事実、七瀬祓の地の支配者である槇木島氏等は楽人、供祭人として活躍するとともに、畿内の有力武士団としても存在しているのである。かくして注目しなければならないのは近衛の随身（近衛舎人）である。彼らは諸芸能に秀で、馬芸・弓・舞・相撲等をよくなし、また散所支配をなすというように特殊な呪力を持つ人々とみなされうるのである。彼らは武力のみで天皇、貴人を守るのみでなく、「呪力」でも天皇等を守護するのである。天皇のまわりには何重もの祓―キヨメの構造が存在していた。

そして天皇を取りまく祓―キヨメの構造のなかでもとりわけ異彩なのは非人であった。非人として有名なものは清水坂、奈良坂の非人である。彼らは乞場をめぐって抗争をくりかえしたことで知られている。この抗争のなかで清水坂の非人が「清目重役非人[37]」と称していることは周知の事実である。また清目の職掌を示す最も有名な記載として『台記』仁平四年（一一五四）四月二日条がある。それによると同年三月二十二日、関白忠通につかえる承仕の妻が御堂付近で死去したが、そのとき問題となったのは彼女が息絶える以前に関白家から運び出されたかどうかという点で、穢が関白家さらに禁中に及ぶかどうかという点にあった。そして死人を取り棄てた清目、その目撃者たる前伊勢守貞正の従者が検非違使庁で尋問されているのである。清目は死体等の処置、すなわち穢を祓う職能をもつものであったことが知れる。そして彼らはこのとき「河原法師」とも呼ばれており、検非違使庁の支配下にあった。非人はキヨメという任にあったことは明らかであり、清浄なる天皇の居住する平安京の穢の除去が任であった。

清水坂非人はのちに犬神人と呼ばれるようになり、祇園感神院に属すことは周知の事実である。そして祇園会において彼らは重要な役割を演じている。彼らは神輿の先頭に立ち、六人でいずれも棒を持ち、白い頭巾をかぶって柿色の衣を着た異形のいでたちで、穢を祓いながら進むのである。天皇と犬神人の密接な関係についてはすでに大山喬平氏が論じている。(38) 彼らは天皇と京、市民のためにキヨメをなし、その安寧をはかったとされているのである。ところで清水坂非人＝犬神人が属した祇園感神院の祭神は牛頭天王である。牛頭天王は「其長七尺五寸也、頂有三尺ノ牛頭、又有三尺ノ赤角」(39) とする異形であり、『日本霊異記』の説話からすれば「非人」である。異形で「非人」である牛頭天王を祭神とする感神院に坂者＝非人＝犬神人が属し、京中の検断を任としていたことの意味は非人の性格を規定するうえで大きな意味をもっていたのではなかろうか。呪術的な力をもち、異形な姿態で、天皇を守護し、穢を祓い、清浄を保つための存在であったという性格規定は非人の一側面をつくものである。

だが非人＝清目という側面のみを強調することは許されない。黒田俊雄氏等が強調するように「中世の非人は生産・社会的分業の総体系から脱落したもの」(40) とする生産関係からの規定は強い説得力があるからである。むしろ清目的関係を示す史料より、施行をうけることを示す非人の史料のほうがずっと多く、中世の身分制を考えるうえで説得力を持っているのである。非人の性格規定の主要な側面が施行をうけるということにあるからである。本報告も非人を中世身分制の最末端に位置づけ、天皇と対置させることによって、天皇を中心とする地域的浄穢観をみようとしたわけであるから当然この点を考慮しなければならない。だがこの意識構造は穢の祓＝キヨメと一体的なものであった。天皇やその居住地である平安京の清浄や安寧を保つため、異類異形を境界地に追放し、穢を祓うとともに、彼らを身分制の最末端に位置づけることにより、天皇は身分制上もっとも清浄で「聖」の頂点をきわめるものである。浄穢の何重もの地域的構成により、浄穢の同心円の中核として存在するのである。さらに穢を祓うため、けがれたものとして賤視されている清目＝非人を使役し、非人の一部を天皇の近くに伺候させることにより、ますますその清浄化をきわだたせるという構造をとっているのである。

中世の天皇がきわめて観念的・宗教的・神秘的な権威に包まれていたことはいまさらいうまでもないことである。この観念的権威とは何か。それはいわゆる帝王と称される側面である。宮廷儀礼により何重にも取りまかれた聖・浄の観念であり、神秘的・呪術的な帝王としての位置であった。その観念は中世に生きたすべての人々、地域を問わず、身分制としてきちっと位置づけられているのである。国家の周縁や境界に住む人々、たとえばアイヌやエゾがいかなる意識で天皇をみようと関係なく、国家秩序のなかに位置づけられていた。

異形観の成立、すなわち異形が穢を祓うという認識の形成はいつごろのことであろうか。異形と神事との関係は古代に源流をもつものであることは事実であろう。網野氏がいわれているように、異形は「本来神、聖なる人の姿である」(41)とするのも事実の一側面をつくものであるかもしれない。しかし異形と祓との関連は穢観すなわち触穢思想の成立・形成がなければ異形観の成立もなかったであろうことは明らかである。十〜十一世紀における触穢思想の肥大化、さらにそれを根拠とする宮廷儀礼の肥大化こそ注目しなければならない。異形による祓は中世天皇制の成立、すなわち清浄なる天皇という観念の形成なしにはありえないことである。異形を本来「神・聖」的なものとみなし、原始以来のものとする網野氏の見解と異なり、平安期以後のものとみなす理由である。本来宮廷儀礼における祓の役を演じていた異形な人々が「非人」と称されるようになるのは、やや抽象的な説明と推測が必要である。それを推測するポイントは放免であろう。放免の異形の「いでたち」は前述したが、罪人たる穢れた放免が検非違使庁の下部として罪人を処刑する役を負っているという点に注目しないわけにはいかない。『日本霊異記』にみられる地獄の閻魔大王につかえる「非人」と全く同様な役割を演じているのである。地獄と現世を結んでダブルイメージでみれば、放免が非人と称される理由が類推されるのである。地獄の「非人」

＝鬼イメージと現世の非人との関連を検討することがどうしても必要である。本来乞食・癩者に清目的な呪力がなかったことは明瞭である。平安時代、『新猿楽記』の小野福丸の例をだすまでもなく、賤視のみの対象であった。放免等の異形の非人（彼らは穢を祓う職能あり）と、中世初期における賤視の対象の非人が完全に一体化して非人と称されるようになるのである。

宮廷儀礼の肥大化によって多数輩出されてきた異形の人々も民間に多く流出していく。陰陽師、放下僧、下級楽人等がそれである。そして彼らも一部は非人と呼ばれるようになるのである。宮廷に残った異形の人々は非人とは称されなかったことは当然であるが、犬神人と天皇の接点は宮廷儀礼からであり、その儀礼に携わった人々の一部が、非人として分離していったことによるのではなかろうか。古代儀礼に系統をひき、海外諸民族と文化類型を同じくする「異形」がなぜ日本のみ、清目―祓というような形態になっていくのであろうか、またそのような変化は文化面、社会面にどのような変化を起こしたのか検討課題は多い。

三　天皇の観念的権威と将軍権力

浄穢を中心とする天皇の観念的権威は鎌倉幕府の成立によっていかなる事態をまねいたであろうか。東国と西国の相違は多く指摘されている。そのなかで問題としたいのは東国と触穢思想である。西においては触穢・殺生禁断思想がきわめて強かったことは周知の事実である。東と西における殺生観の相違はきわめて大きかった。東西の武士気質を示す言葉として、『平家物語』の「富士川の戦い」の挿話が有名である。東国は殺生や合戦を肯定的にみなしているが、それは東国武士が本来、狩猟民的性格をもっていたからである。そして西国に殺生罪業観があるとすれば、東国にはその逆である「殺生仏果」観なるものが存在し、殺生に対する罪の意識は希薄であった。であるから、東国武士によって成立した鎌倉幕府は本来浄穢観とは無縁なものであったといえる。だからこそ、幕府成立当初において「狩人の祭典」たる巻狩が何度も遂行されるのである。また将軍源頼家も異常なまでの狩好み、武勇好みであり、政治も武断的であったことが知られている。武士にとって狩りとは山の神を祭る聖なる行為であったのである。浄穢観の中核である天皇と、殺生を聖的なものとみなす武士団の長・将軍とが、その支配イデオロギーで本来一致するはずがなかった。だが三代将軍実朝以後、幕府の支配思想は天皇のそれに急速に接近していくのである。

入間田宣夫氏は狩猟民の原理から撫民・仁政の思想あるいは法治主義の原理が急速に導入されてくるという。(42) 狩猟民の国家を治めるためには、国土安穏、万民快楽、徳政というような帝王としての役割は不可欠であった。狩猟民の長たる源家将軍にそのような権威が具わっていなかったことは明らかである。これらの権威の源泉は天皇に求めざるをえなかった。すなわち天災地変を鎮め、豊作を祈り、疫病を止め、兵革を防ぐというようなことは天皇の観念的権威によるしかなかった。そしてそれは吉凶を占い、穢を祓うという行為でもって示されるのである。村山修一氏の『日本陰陽道史総説』(43) によれば、陰陽師が実朝以後、多量に鎌倉に下向してくることが知られる。そして泰山府君祭、属星祭、熒惑星祭、歳星祭、天曹地府祭等々の陰陽道の諸祭が鎌倉幕府の主催で盛んになされるのである。

『吾妻鏡』によれば、建暦二年(一二一二)六月七日、侍所宿直侍等が争いを起こし、死者、刃傷者がでたのであるが、幕府はその侍所を流血により穢たとして、破却して新しく造替してしまうのである。幕府内に触穢思想が入り込んできたことを示すものである。以後『吾妻鏡』には多くの触穢に関する記載がみられるようになるのである。また鎌倉御所と都市鎌倉を清浄に保つために種々の祓と祭がおこなわれる。たとえば七瀬祓、四角四堺祭がそれである。これらの祓や祭は朝廷が平安京を中心としておこなった行為と全く同じである。(44) 以後、鎌倉も浄穢観によって都市が形成されていくのである。鎌倉幕府の支配イデオロギーや都市構造が王朝側の借りものであることは明らかであり、将軍そのものさえ、皇族将軍という天皇の一族となっていくのである。皇族将軍が身分の尊貴性を備えても、武芸の棟梁たりえないという体制上の不備は明らかだと佐藤進一氏は述べているが、(45)それは武芸の棟梁より、聖・浄なる存在の将軍を支配の骨格に求めたがゆえの帰結である。まさに本来、天皇制とは別のものとして出発した鎌倉幕府が天皇の観念的権威に包みこまれていった姿といえる。鎌倉幕府が源頼家の武断的な政治運営を経た後、鎌倉幕府が支配権力として存続しつづけるためにはどうしてもこのような観念的権威が必要であったといえる。天皇制的支配イデオロギーにかわる鎌倉幕府独自な支配思想は頼家的なものであり、それ以外に無かったからである。

この点室町幕府も全く同様であった。足利直義の政治姿勢にそれが顕著にみられる。また足利義満が天皇家の一員になろうとしたのはその典型的なあらわれであろう。それ以前、京都支配を検非違使―犬神人の検断等から侍所が掌握するようになるのであるが、これも穢の京中の統轄者たる検非違使庁から幕府の侍所が京中支配権を奪い、「清浄」なる都を掌握することによって浄穢の中核にすわろうとする幕府の努力のあらわれかもしれない。ともあれ室町幕府は直義以後殺生禁断もあまり発令しなくなるが、その観念と全く無縁となるわけではなく、むしろ天皇家と一体化することにより、観念的、呪術的、宗教的権威をえて、支配の貫徹を目指したものといえよう。室町期の幕府と天皇の関係は圧倒的に幕府が優位であったが、天皇は国王としての名目的地位を維持し、何重ものタブーと儀礼に取りまかれた観念的権威として存在し続けたのである。

おわりに

天皇を中心とする浄穢の同心円的構造は、村井章介氏が論じているように、(46)経済関係の発展や、対外関係の発展、倭寇等による海外認識の変化、さらに地域による自立的動き等により、大きく変化していったことは事実である。最も穢の強い地域とみなされていたところが、最も対外認識がリアルとなり、それらの地域が自立性を強め、独自な動きと独自な経済関係をつくりだしてくれば、京都を中心とする単一の同心円が成立しなくなることは明らかである。だが経済関係の進展や地域の自立的動きのみで、天皇を中心とする浄穢の観念が払拭されるものでもなかった。当時の人々の心に付着したこの観念はその後も長く残り、むしろますます「純化」していくのである。

永原慶二氏は「前近代の天皇」(47)において、天皇を徳川将軍の「金冠」部分と規定されているが、その強烈なケガレ—キヨメ観念は維持され、社会秩序の「金冠」部分としても存在していたのである。このような枠組みは国家の周縁部においても同様であった。中世国家の東の境である外が浜をみてみよう。浪川健治氏によると、江戸時代前期においても、外が浜が国家の境界地であるという認識が強烈であったとされている。近世初期には外が浜にはエゾ村が存在し、幕府の命により津軽藩が「善知鳥」をアイヌに取りにいかせたという。これは境界儀礼のひとつであるが、アイヌは「犾(狄)」として「乞食・非人・かったい」という被差別賤民に準ずる扱いをうけていたとされ、幕藩制的身分秩序に異民族ながら組み込まれていたとされている。(48)また函館シンポにおける菊池勇夫報告「近世における蝦夷観と『日本風俗』(49)」は近世における蝦夷観と日本風俗を論じ、多くの興味深い指摘をしているが、そのなかでも興味をひかれたのは穢多、非人の蝦夷地移住論が幕藩体制下に存在したという点である。たとえばアイヌについて「元来蝦夷の土人其形ちは、五体備りたりといえども人倫の道もしらず、男は髪を乱し、髯をそらず」(羽太正養『休明光記』)というような蝦夷風俗を示す史料を多くあげているとともに、帆足万里の『東潜夫論』の一節「今ノ穢多ト云モノ、古奥羽ニ住セシ一種ノ夷人ノ裔ナリ、上古蝦夷ノ俘ヲ伊勢ノ廟ニ献ジ玉ヒシニ、牛馬ヲ喰テ皮肉ヲナゲチラシ(中略)、今穢多ノ先祖ナリ、其後田村麻呂奥羽ノ地ヲ平ゲテ、蝦夷ヲ尽ク日本人トセリ(中略)、是ヲ蝦夷島空曠地ニ移シ、耕種畜牧ノ業ヲ開カシムベシ」との史料に注目されていることである。まさにアイヌ＝穢多、穢多の境界地への追放という中世以来の浄穢観がそのまま露骨にあらわれてはいまいか。さらに中世においては北や東の境界地であった佐渡・奥羽の風俗は「夷風」として、共有できない異質な風俗として賤視されたとの指摘も本報告のテーマからしてきわめて興味深いものである。江戸時代においても浄穢による国家領域観はかなり強烈な意識として存在していたであろうことを推測せしめるものである。

（1）「中世国家と神国思想」（『日本中世の国家と宗教』、岩波書店、一九七五年）。
（2）「中世の身分と国家」（『日本中世農村史の研究』、岩波書店、一九七八年）。
（3）黒田日出夫『境界の中世　象徴の中世』（東京大学出版会、一九八六年）。
（4）入間田宣夫「糠部の駿馬」（『東北古代史の研究』、吉川弘文館、一九八六年）。
（5）大石直正「東国・東北の自立と『日本国』」（『日本の社会史』第一巻、岩波書店、一九八七年）。
（6）『馬場遺跡』（相川町教育委員会、一九八三年）。当報告書は竹田和夫氏より拝借した。記して感謝したい。
（7）岩波書店、一九七三年。
（8）石上英一「古代国家と対外関係」（『講座日本歴史』2、東京大学出版会、一九八四年）。
（9）高橋富雄「蝦夷とは何か」（『シンポジウム　アイヌと古代日本』、小学館、一九八二年）。
（10）『人』・『僧侶』・『童』・『非人』（黒田日出男、前掲書所収）。
（11）『思想』七三二号、一九八五年。
（12）遠藤巌「中世国家の東夷成敗権について」（『松前藩と松前』九、一九七六年）。
（13）拙稿「中世後期の雑芸者と狩猟民」（『東国の社会と文化』、梓出版社、一九八五年）、本書第Ⅱ部第三章収録。
（14）「蓑笠と柿かたびら―一揆の衣裳」（『異形の王権』、平凡社、一九八六年）。
（15）「中世の奥羽と北海道」（『北からの日本史』、三省堂、一九八八年）。論文刊行以前に、当報告のために大石直正氏から原稿を拝借してなしたものである。氏の御好意に感謝したい。
（16）『玉桂寺阿弥陀如来像胎内文書調査報告書』（玉桂寺、一九八一年）。

(17) 「中世エゾの人名について」(『北からの日本史』、三省堂、一九八八年)。論文刊行以前に、当報告のために入間田宣夫氏から原稿を拝借したものである。氏の御好意にたいして感謝したい。
(18) 「古代・中世における蝦夷の風俗について」(『北海道の文化』二五号、一九七二年)。
(19) 『極東民族』第一巻(文化生活研究会、一九二六年)。
(20) 注(18)論文。
(21) 注(15)論文。
(22) 「中世日本の国際意識について」(「中世日本の国際意識序説」と改題して『アジアのなかの中世日本』に収録、校倉書房、一九八八年)。
(23) 注(3)書。
(24) 前田晴人「古代国家の境界祭祀とその地域性」(上)・(下)(『続日本紀研究』二一五・二一六号、一九六七年)。
(25) 拙稿「中世における天皇の呪術的権威とは何か」(『歴史評論』四三七、一九八六年)、本書第Ⅰ部収録。
(26) 注(14)書。
(27) 注(2)論文。
(28) 注(14)書。
(29) 「中世成立期の民衆意識と荘園体制」(『日本中世開発史の研究』、校倉書房、一九八四年)。
(30) 閻魔庁と検非違使庁とを同様なものとみなすダブルイメージについては、黒田日出男「地獄の風景」(『姿としぐさの中世史』、平凡社、一九八六年)に詳しい。
(31) 平凡社、一九八六年。
(32) 同右。
(33) 『中世芸能史の研究』(岩波書店、一九六〇年)。
(34) 河音能平「ヤスライハナの成立」(『中世封建社会の首都と農村』、東京大学出版会、一九八四年)。
(35) 注(31)書、二〇八頁。
(36) 注(31)書。
(37) 大和奈良坂非人陣状案(『鎌倉遺文』六三一五号文書)。

(38) 注(2)論文。
(39) 『続群書類従』巻五十五。
(40) 「中世の身分制と卑賤観念」(前掲『日本中世の国家と宗教』)。
(41) 注(14)論文。
(42) 「守護・地頭と領主制」(『講座日本歴史』3、東京大学出版会、一九八四年)。
(43) 『日本陰陽道史総説』(塙書房、一九八一年)。
(44) 注(25)論文。
(45) 『日本の中世国家』(岩波書店、一九八三年)。
(46) 注(11)論文。
(47) 『歴史学研究』四六七号、一九七九年。
(48) 「近世前期における松前・蝦夷地と東北」(『松前藩と松前』二四号、一九八五年)。
(49) 史料は菊池氏が報告のレジメで挙げられたものを引用させていただいた。のちに「近世における蝦夷観と『日本風俗』」として、『北方史のなかの近世日本』(校倉書房、一九九一年)に収録されている。

【付記】 本報告を成すうえで以下のような人たちにお世話になった。注でも記したとおり、大石直正、入間田宣夫両氏には発表前の論文を拝借して引用させていただいた。竹田和夫氏からは報告書『馬場遺跡』をお借りした。また浪川健治氏には江戸時代のアイヌについて種々御教示をいただいた。諸氏に深謝したい。

Ⅱ

南北朝動乱と社会思想

第一章　南北朝動乱期の社会と思想

はじめに

鎌倉末・南北朝動乱期の「転換期」としての性格については評価が分かれている。一般的にいって社会構成史的観点からみるならば、南北朝動乱期をもって社会構成を前後に分けて考えるより、平安から戦国まで一括した社会構成として捉える考え方が強い。しかしそれにもかかわらず、種々の側面から変革的要素が指摘されている。もっともそれを強く主張しているのは網野善彦氏である。民族史的な次元での大きな転換があったとして、中世前期まで存在していた「原始以来の自由」の消滅、無所有から私有の本格的展開、無縁から有縁へ、呪術性の希薄化、差別の固定化等多方面にわたり、社会構成史とはまったく別次元で問題を提起している（『中世の非農業民と天皇』ほか）。一方、社会経済史的見地からしても、この時期は変革的性格が強いとされている。その変革の主たる内容を永原慶二氏は次のようにまとめている。第一に、小農民経営の進展と加地子名主職の成立およびその売買関係の拡大、第二は、社会的分業と市場関係および貨幣流通の拡大、第三に、在地領主制の発展と荘園公領制の解体、第四として、生活・文化史的な諸側面の変化としている（「女性史における南北朝・室町期」）。このように鎌倉末・南北朝期に強弱はともあれ一定度の変革を認める意見が強い。どのような変革であったかということが当然問題となるわけであるが、網野氏の提起した諸問題を避けて通ることはできない。

民衆の闘争とともに、民衆の生活・意識・文化等に対して大きな関心が集まっている。研究が領主―農民関係の追究のみでなく、多面的な広がりをもってきた証拠である。網野善彦氏の提起もこのような民衆の社会意識に関するものが多い。ここではこのような動向を受けながら、動乱期前後の民衆の社会意識や文化、あるいは民衆を主人公とした文芸等の検討から出発したい。しかし民衆の社会意識といってもきわめて多方面にわたり、すべてをとりあげることはとうてい不可能である。そこで主要な関心事として「殺生」ということに対する当時の人々の意識をとりあげてみることにする。もとよりこの問題については多くの人々がすでに研究しているところであり、論点も多く出されているが、狩猟民・漁民・山の民・海の民・山賊・海賊、さらには武士等いわゆる非農業民のみならず農業民も多く殺生にかかわっていたことより、あえて検討してみたい。この動物を「殺す」という意識のあり方、それを職業とする人々の社会的地位やその変化をみることによって動乱期の社会意識の一端を、さらに東国、西国におけるその認識の差をみることによって、両地域の文化的特性をも視野の中に入れて考えてみたい。また同じく、これも多く明らかとなっていることであるが、「殺害」という行為と私的復讐の関係を当時の人々の社会的結合のあり方と関連させながらみることとする。そしてそれは必然的に検断ともかかわりをもつし、「惣」のあり方の問題ともかかわりをもつ。

本稿は殺生と殺害を主要なテーマとしたものである。殺生は殺生を業とする非農業民の社会的あり方から未解放部落の形成の問題を、殺害は自力救済の特質を追究しようとするものであるが、いずれも自律的社会集団、ことに惣の成立やそのあり方をみようと意図したものである。すなわち、殺生禁断は村落から殺生を業とするような人々を排除する論理であり、殺害・報復の論理は他の自律的社会集団との間の抗争のときに現われるものである。村落内部からの異質物排除と、外部の他者との抗争から惣の一体化という問題をみることにより、当該社会の特質に迫ろうとした。そしてこのような在地の動向をふまえながら、自律的社会集団と中世国家の緊張関係について、当時の徳政という政治思想・法秩序に簡単にふれながら検討し、最後に南北朝内乱とはなんであったかを考えてみたい。

一　動乱期の文芸と民衆

殺生を職業とする人々を扱った謡曲の傑作として「善知鳥《うとう》」「阿漕《あこぎ》」「鵜飼《うかい》」がある。「善知鳥」は「諸国一見僧」が越中国立山で老人（奥州外の浜の猟師の亡霊）に呼びかけられ、自分は猟師で外の浜でウトウと呼ばれる鳥を無数に殺したために地獄に堕ちたものであると名のられ、「妻子の屋を尋ねて、それに候ふ蓑笠手向けてくれよ」と頼まれたのである。そこで旅僧は外の浜に行き、かの亡霊の妻子に会い蓑笠を手向けると、古歌を詠じながらふたたび亡霊があらわれ、妻子の苫屋に近づくこともできず、ただ泣きながらみずからが置かれた地獄の様を語るのみであり、猟師は救われないままにこの曲は終わっている。殺生によって生計を立てるしか道のない猟師の宿命が、すさまじい地獄の描写とともに描かれ、親の子に対する情とその別離をウトウの親子の悲しみや恨みと重複させながら展開しており、能のなかの名曲の一つとされている。「阿漕」「鵜飼」も同様な内容である。中世初期より、殺生の罪により地獄に堕されるという説話が多く存在しているが、一般的にいって殺生を業とする人々に対する意識は中世後期のほうがより深刻となっていくことは確かである。当時の人々の関心を引いた「六道絵」や『地獄草紙』の迫力、さらにこれら謡曲の地獄描写、「善知鳥」や「阿漕」の猟師、漁夫がまったく救われない存在であることなどからして誤りないであろう。猿楽能に当該時代の思想史的基調を求める家永三郎氏はその基調を鎌倉新仏教の世界観の延長上に位置づけ、それが芸能に組み入れられて一般世人に享受された結果、猿楽能が生まれたとしている（『猿楽能の思想史的考察』）。鎌倉新仏教が殺生を業とする人々を救済の対象としたことはよく知られており、鎌倉時代はこれらの人々に対する蔑視観がより肥大化し、支配者から民衆、都市から農村へ拡大しつつあった時期である。「善知鳥」等の謡曲には殺生を業とする人々に対する社会の意識が強く反映されていたことは疑いないところである。ではこれらの曲はいつごろ成立したのであろうか。

「善知鳥」の作者は能勢朝次氏によると世阿弥とされている（『能楽源流考』）が、現在では不明とする意見が強い。成立時期についても諸説あるが、寛正六年（一四六五）二月二十八日に音阿弥が仙洞で演じた記録があることより（『親元日記』）この時期までに成立していたことは確実である。ではこの曲の成立時期はいつごろであろうか。現在までの研究で明らかにされている点は、この曲の作風が古色をもち、土俗エネルギーに満ちあふれていること（小西甚一・草深清「善知鳥」、それにもかかわらず、その舞の特徴は大成期猿楽以後のものである（小田幸子「作品研究『善知鳥』」）とされている点である。内容が古作様であり、舞が世阿弥以後の特徴を持ち、戦国初期に成された『能本作者注文』や『自家伝抄』は世阿弥作とすることより、すなおに考えて古作か地方猿楽に世阿弥が若干手を入れたと推定するのが自然である。「鵜飼」や「阿漕」も同様に「善知鳥」と同時代の作品とみなされる。殺生をもって生計をたてている人々を扱ったこれら謡曲の原形は鎌倉後半、南北朝期の社会意識にもとづいているとみなすことは可能であり、少なくとも室町前期におけるものであったことは確かである。

永和四年（一三七八）、三条公忠がその日記でかの散楽（猿楽）は乞食の所行なり（『後愚昧記』）と、将軍義満の寵愛していた世阿弥を評したのは有名である。室町期にあれほどもて囃された猿楽が乞食の所行とされるにはそれなりの理由が存在していた。室町時代の最高文化の一つとなる以前の猿楽は民間雑芸の一つであった。鎌倉期には座を結び各地に地方色豊かな猿楽座が存在していたことが知られており、これらの点については能勢朝次氏の『能楽源流考』が詳細である。座を結んだ猿楽は猿楽を演ずるのみでなく他の雑芸をも行ない、他の雑芸者も猿楽を演じていた。「千秋万歳参入猿楽三番了」（『花園院記』）と花園天皇がいみじくも記しているように、正月に訪れて門付《かどづけ》を乞う千秋万歳も猿楽を演じているのである。鎌倉時代の猿楽は、声聞師《しょうもじ》・琵琶法師・千秋万歳・白拍子・傀儡《くぐつ》師等と同様に各地を流浪し、雑芸を演じながら生活している漂泊・遍歴の芸能民であった。彼らは「千秋万歳トテ、コノゴロ正月ニハ、散所ノ乞食法師ガ仙人ノ装束ヲマナビテ、小松ヲ手ニサ、ゲテ推参シテ」（『名語記』）と、千秋万歳を散所の乞食法師と述べているように、社会的に蔑視される集団であった。室町期の大和地方では「猿楽、アルキ白拍子、アルキ御子、金タヽキ、鉢タヽキ、アルキ横行、猿飼」を七道と称しており、曲舞や千秋万歳とともに門付をしつつ遊芸する人々であったことは周知の事実である（『大乗院寺社雑事記』）。

狂言は好んで名主や農民、それも畿内農民を登場させているが、猿楽に農民が主人公となっている曲は少ない。家永三郎氏は『猿楽能の思想史的考察』で、猿楽能における皇室、武士、殺生を業とする人々、女性、貴族のとりあげ方を考察しているが、農民についてはふれていない。それは対象がきわめて少ないからである。猿楽が好んでとりあげる素材は殺生を業とする人々・乞食・身体障害者・狂女・遊女・山賊夜盗・放下僧・人商人等々の流浪・漂泊の人々である。このことは能が大成する以前の猿楽の社会的あり方と密接にかかわっていると推測される。能を演ずる人々はみずからと同様な生き方をしてきた人々、差別され、流浪していた人々に無限の親近感をもち、それらの人々の生活・行動・心情・意識を抽象化し、あるときは具体化しながら芸の質を高めていったとみなされよう。

「善知鳥」は世阿弥の修羅物とは違った種類の迫力に充ち、土俗的なエネルギーが横溢しているが、その土俗的な息吹きは曲の中に多く取りこまれている民間伝承・説話・山岳信仰であり、「立山地獄」「片袖霊譚」「陸奥外の浜」「蓑笠」等がそれである。「善知鳥」の舞台である「外の浜」については大石直正氏が詳細に論じており（「外が浜・夷島考」）、外が浜と狩猟民に関する説話も都の内外に広く存在していた。このような説話が成立する前提として、外が浜をめぐるかなりダイナミックな動きがあったことが、遠藤巌氏や大石直正氏の研究で明らかとなっている。

「善知鳥」において象徴的な位置づけがなされている蓑笠は亡霊（狩猟民）の身分象徴として意識的に登場させていると考えられ、非人の中に含まれる狩猟民の象徴として蓑笠が曲に登場していることは明らかである。弘安七年（一二八四）、一遍が丹波穴生で腹痛により十四日ほど逗留したときの様子を『一遍聖絵』は「おりふし腹をわづらひ給けるほどに、行歩わづらはしとて二七日逗留し給。そのあひだまいりあつまりたるものどもをみるに、異類異形にしてよのつねの人にあらず、畋猟魚捕を事とし為利殺害を業とせるともがらなり。このさまにては仏法帰依のこゝろあるべしともみえざりけるが、おの〳〵掌をあはせて、みな念仏うけたてまつりてけり」と記しており、猟師・漁夫は「異類異形にしてよのつねの人にあらず」とみられていたことが知れる。『一遍聖絵』に現われる狩猟民は蓑帽子をかぶり、弓矢を負っている人々であり、当時の人々から異類異形とみられる存在であった。

二　殺生にみる東と西

動乱の最中信濃国の諸氏を南朝方に組織するため諏訪に逗留していた宗良親王は、諏訪社の祭をみて次の歌を詠んだ。

あらたなるすは《諏訪》のまつり《祭》の御狩人しか《鹿》もありける神のちかひ《誓》か（『李花集』）

殺生禁断、触穢思想、殺生を業とする人々に対する賤視が強い京都近辺で生活していた宗良にとって、諏訪の祭は驚きであった。諏訪社の祭はまさに鹿を狩る祭であり、それを和歌にしたのであった。上祝家の庶流諏訪円忠によって動乱期に記された『諏訪大明神絵詞』の「祭巻」は、いたるところで祭における鹿等の殺生を記している。この殺生について『絵詞』は「狩ル所ノ畜類全ク自欲ノタメニアラス、仏道ヲ成セシメンカ為也、是若天意ニカナハヽ、梵天我ヲスクヒ給ヘト」といいはなち、殺生についての罪悪感は微塵もない。この「祭巻」は南北朝当時の祭礼の実態にもとづいて記されたものと推定されており（『群書解題』）、諏訪円忠は幕府奉行人として京都で生活していたにもかかわらず、祭礼を通して「山の民」の殺生に対する意識をみごとに示したといえる。

南北朝期の中頃に成立したとされている『神道集』に、「諏訪縁起」と称される本地物がある。いわゆる甲賀三郎の流離譚で、自分の妻を天狗に奪われた主人公が、妻を信濃国蓼科山の人穴から救出したのであるが、二人の兄にその人穴に落され、地底の国々を遍歴し、後に浅間山から地上に出て諏訪大明神に祀られたというものである。その地底の国々の中に維縵国という国があり、そこで甲賀三郎は鹿狩をしたことが語られており、彼が諏訪明神になった以後も狩を大切な行事としたとするものである。さらに『神道集』巻四「秋山祭」にも、諏訪明神が殺生を好むのは「善根ノ中ノ善根」とされている。神が狩を好み獣を殺すのは『絵詞』『神道集』ともに「業尽有情、雖放不生、故宿人天、同証仏果」、すなわち業の尽きた生きものは、放してやっても生きるわけでなく、人界・天界の胎に宿して、仏になるのであるとするのであり、殺生は「仏果」を得させるためであるとしているのである（千葉徳爾『狩猟伝承研究』）。この論理はまさに「山の民」「狩猟民」の論理なのであり、「諏訪の勘文」と呼ばれている。諏訪社信仰圏内の「山の民」の意識は「諏訪縁起」にとりこまれたのである。殺生を罪悪視し、忌み嫌う観念が拡大していく中で、この社寺信仰圏内ではこの思想が殺生を罪悪とする観念に対抗しうる普遍的な論理となっていった（桜井好朗『神々の変貌』）。『日光山縁起』は至徳元年（一三八四）の奥書があるが、成立は室町時代後期ごろと推定されている（『日本思想史大系』20）。この縁起も狩猟好みの有宇中将が日光権現となる本地物であり、『群書類従』の「宇都宮大明神代々奇瑞之事」あるいは『続古事談』にみえる宇都宮明神等、いずれも狩猟民たちの山の神信仰を示すものである。『神道集』内の「赤城大明神之事」にも赤城山での狩競、巻狩の場があり、そこで継母が先妻の子を殺すという話が記載されている。このように動乱期ごろ成立したとされる東国の寺社縁起の世界は殺生禁断、触穢思想とは無縁であった。

鎌倉末期、正安三年（一三〇一）から嘉元二年（一三〇四）までの間に成立したと推定されている石清水八幡の縁起である『八幡愚童訓』は八幡の神徳霊験を十四章に分けて述べているが、その中の「放生会事」で「悪業を断じ殺生をやめ給はんが為に、大菩薩は魚味をとめて精進の御供を参り、肉食の者をば百日、七日、三日、勝劣に随て忌給」とあり、東国の縁起物と比較すると、殺生に対する思想の相違に驚かされる。すでに鎌倉初期、畿内の主要な神社は産穢・死穢・触穢・五躰不具穢・鹿食・六畜産・六畜死等についてそれぞれ忌日をもうけている（『諸社禁忌』）。さらにさかのぼって『延喜式』には甲・乙・丙・丁の穢の発生と伝播に関する区別がなされており、人の死は三十日、出産は七日、六畜死は五日、六畜産は三日、宍食は三日というように穢日をも規定していた。このような穢の観念は十一世紀以後肥大化していき、ケガレの「掃除《キヨメ》」として葬送法師・掃除法師としてのキヨメが形成されるとされている（大山喬平「中世の身分制と国家」）。

縁起物の内容には飛躍があり現実離れしている点があるが、それにしても東国のものと西国のものにこのように大差があるのは縁起物が形成されてくるそれぞれの寺社の信仰圏、すなわち東国、西国における社会意識に差があるとみなさざるをえない。それは東国と西国との間における「殺生」についての認識の差である。しかし畿内西国においても古代から殺生が忌むべきものと民衆にみられてきたわけではない。長寛元年（一一六三）になった「長寛勘文」の中に「熊野権現御垂跡縁起」と呼ばれる熊野縁起の古型が収められている。熊野本宮大湯原の櫟《いちい》の木の梢に垂迹した神が八年後、南河内の住人熊野部千与定という犬飼（猟師）にみつけられるというものであり、猟師が一丈五尺もある猪を射て食ったことにより、櫟の木に垂迹した神をみつけるというように、狩猟と神が強く結びつけられている。桜井好朗氏は「神が人の世にあらわれるという神話の基本的な構造が、山中で獲物の肉を食うという狩猟民の日常生活の行為として象徴的に表現されている」とし、『熊野垂跡縁起』は狩猟民の古伝承と修験者の唱導という二要素によって成っていると述べている（前掲書）。成立は鎌倉初期とされている『粉河寺縁起絵巻』という粉河寺にまつわる縁起がある。その構成は二つの説話から成立っている。第一話は千手観音像出現の由来であり、紀伊国那賀郡において、山林の大木の上に踞木を置いて猪鹿を狙い撃つことを業としていた猟師、大伴孔子古が左の目の眦《まなじり》の方に大きな笠ほどの光る物を見て奇特の思いをなすことから始まる。第二話は河内国讃良郡に住む一人の長者の娘の病気平癒にまつわる利生縁である。第一話の絵画部分は孔子古の家族の食事風景、飼犬、獣の皮をはいで干してあるところなど、当時の猟師の生活を描いたものとしてまことに興味深いものである。本来、第一話と第二話は別の絵巻ではなかったかともいわれているが、いずれにしても平安〜鎌倉初期の縁起物や絵巻物に狩猟民が登場することに注目したい。事実このころ、畿内の山間部の村落では狩猟が盛んに行なわれていた。鎌倉初期、建保六年（一二一八）高野山所司等が吉野・野川・十津川郷等の住人が鹿を射、皮を剝ぎ、宍を取ることを禁ずるよう訴えている（『鎌倉遺文』四―二三六一）ことからも知られる。畿内の有力寺社が殺生禁断や殺生に対する罪悪視を強めてきているにもかかわらず、狩猟が公然と行なわれ、それが寺社縁起に登場するということは、とりもなおさず、この縁起物が形成されてきた信仰圏、畿内の山村部に触穢思想、殺生禁断思想がいまだ十分浸透していないことを示していよう。

しかし平安末期から肥大化してきた穢の観念は狩猟民をその中に呑みこんでいく。『石山寺縁起絵巻』をみよ。漁網を切り、弓を折る殺生禁断の絵が描かれており、さらにはかの有名な鎌倉末期の制作である『天狗草紙』をみよ。「ある天狗酔狂のあまり四条河原辺にいてゝ肉食せしむとしけるに、穢多、肉に針をさしておきたるをしらすしてにき(握)てけるに、はりを手にたてゝすてんとしけれともすてかねて、穢多童にとられてくひ(首)をねちころされにけり」云々とある詞書は、屠殺・殺生を業とする人々への賤視が強烈である。またそこに描かれている絵は、鷹をつかって小鳥を狙う「穢多童」や、捕獲した鳥類を料理する男の姿は、鎌倉末期の「穢多」の実生活を示すものであり、中世賤民史料として貴重なものである。同じ狩猟民を描いた『粉河寺縁起絵巻』と比較してみるとその差異は明らかである。同じ畿内でも差はあるが、殺生を業とする人々への賤視が徐々に肥大化していったことが知られよう。

この「東」と「西」における殺生観の相違はどこに由来するのであろうか。東国のほうが峨々たる山々が連なっていることより狩猟民が多かったであろうと想定されるが、やはりそれは荘園制的支配を主とする地域と、武士・在地領主による支配が主要である地域との相違がまず考えられよう。平安末・鎌倉初期の殺生禁断は荘園領主の領域支配を実現し、在地領主を抑圧するイデオロギーであった（小山靖憲「荘園制的領域支配をめぐる権力と村落」）。また荘園制的支配においては、検断や殺生もみずからは手を下さず「非人という、まさしく穢を『清目』る職能集団をつくって、その人々にやらせて自らは手をよごさないという方法をとっている」（『中世の罪と罰』）のが普通であった。一方、武士はどうであったであろうか。『御堂関白記』において藤原道長が源頼親について「件頼親殺人上手也」と記していることをあげるまでもなく、「タダ生キタル者ヲバ殺ス事ゾトノミ知リテ、アハレビノ心ハユメ〳〵無」（『今昔物語』）というように蔑視される存在であった。戸田芳実は永延二年（九八八）の「尾張国郡司百姓等解」をとりあげ、郡司百姓らが「国司子弟郎従」を「屠膾之類」と糾弾していることに着目しているが、彼ら国司の郎従は、日常的に鹿狩・鷹狩・川狩等の殺生を行なっており、騎馬の射手たる武士を中心に犬飼・鷹飼から餌取まで含むものであったとされている（「国衙軍制の形成過程」）。武士たるものは狩猟民であり、殺生の悪業を重ねるものであった。武士と狩猟民との関係を示す史料はほかにも多い。建久五年（一一九四）五月二十七日、富士の巻狩が行なわれたとき、老練な射手工藤景光が大鹿を射損じたが、そのとき景光は「景光十一歳より以来、狩猟を以て業となす、而して已に七旬に余るに、未だ弓手に物を獲ざるは莫し、而るに今心神惘然として太迷惑す」(『吾妻鏡』)と述べている。そもそもこの大規模な巻狩は統治者の資格を神に問うたものであり、また長子頼家が鹿を射とめたことは狩猟民として成人式の意味があったとされている(千葉徳爾前掲書)。まさに武士たるものは殺生を業とし、検断・殺人・狩猟を行なう存在であった。

しかし鎌倉幕府の成立以後になると若干の変化がみられる。殺生禁断や放生会《ほうじょうえ》イデオロギー、触穢思想が武士や東国の中に入ってくる。頼朝は文治三年(一一八七)八月十五日鶴岡八幡宮において放生会を行ない、建久二年(一一九一)には同八幡宮に石清水八幡宮の神体を勧請し、殺生禁断、放生会を積極的にすすめる。鎌倉中期以後になると殺生禁断が地頭にも取り入れられて農民支配の道具となっていくし、幕府も諸国殺生禁断令や鷹狩の禁令が発せられる。しかし東国に限ってみるならば鎌倉期の殺生禁断令は少ない。文永十年(一二七三)金沢実時が武蔵金沢世戸堤内入海を殺生禁断にしたのをはじめ、宇都宮式条に六斎日に殺生を禁断しているが、残されているものは総じて鎌倉後期以後のものである。また殺生禁断や肉食の禁が厳守されなかったことは鶴岡放生会の将軍随兵さえ鹿食していることからも明らかである(峰岸純夫「日本中世の身分をめぐって」)。しかし東国においても殺生を罪悪視する観念が広まっていったことも事実である。かの『諏訪大明神絵詞』においてもこっそり「放生会」が入りこんでいることからも知れる。だがこの思想は十分に東国社会に定着しなかった。中世後期になっても武勇や合戦を好意的にみているのは東国であり、嫌悪・非難しているのが西国であるとする見解がある(黒田俊雄「中世における武勇と安穏」)ことからも推定できる。「東国の都」鎌倉は律宗の忍性の救済事業や幕府の非人施行等や、幕府法等でみるかぎりかなり京都的な都市である。非人施行・殺生禁断・放生会等は京都より移入したものである。それは幕府が国政上大きな地位を占めれば占めるほど国家の支配イデオロギーを前面にかかげる必要に迫られたからである。この点を考えれば鎌倉は例外であり、東国全体としては動乱期においても「殺生罪業」観と「殺生仏果」観が攻めあいを演じていたといえる。「殺生罪業」観が支配層の文化、あるいは生産力の高い地域の思想であることより徐々に浸透していくのであるが、狩猟民の「殺生仏果」観は長く残され、前記「諏訪の勘文」は獲物の成仏を願う呪文となって現代の猟師の間にも伝えられている（千葉前掲書）。しかし西国においては「善知鳥」にみられるように賤視がますます強化されていった。東国と西国におけるこのような生命観の相違は以後の歴史に永くその刻印を残す。未解放部落のあり方の問題として。

三　「武者の習」と「清目」

日本古代の民衆は死穢に対して過敏でなかったことが知られている。千葉徳爾氏は古代儀礼の系統をひく狩猟伝承には殺生を罪業として悔悟する考え方は微塵も認められないとし、このような日本民族の古い思考形態がどうして単純な生命絶対視に転化したのか、またそれが文化面にどのように作用を及ぼしたのかという点に注目している（『狩猟伝承』）。まさに「生命絶対視」観が成立してきたのは中世社会の成立期、すなわち平安期のことであり、支配思想として都市貴族から都市の民衆へ、都市から農村へ、西国から東国へというように拡散していった。しかし南北朝動乱期においてもいまだ東国と西国との間にそのことについて認識の差があり、東国においては殺生を罪悪とする思想は確立していなかった。この点武士の存在あるいは武勇に対する認識も同様であった。平安期に「兵」として出現してきた彼らは屠膾下類と賤視され、殺生・殺人を職能とする集団であったのであるが、鎌倉幕府が成立するや、幕府は殺生禁断イデオロギーを取込み、また警察・軍事部門を担当する権力として、みずからの統制下にある武力のみを正当なものとし、他者の武力に対しては厳しく対応したことが鎌倉幕府追加法第二十八条、同七十条によって指摘されている（黒田俊雄「中世における武勇と安穏」）。「武者の習」は修羅道にあるとする考え方は鎌倉新仏教の開祖に受継がれ、武士を宗教的観点から「悪人」とする思想が形成され武士層に受容されていく。

しかし、幕府の武力観や、鎌倉新仏教の武士罪業観に対してこれに激しく抵抗する集団が存在した。武士の本来の職能を全うしようとしていた武士集団、すなわち悪党と呼ばれる集団である。もとより悪党は刈田・刈畠・追捕等の狼藉をなし、人を殺傷し、放火・山賊・強盗をなす人倫に異なる集団であったが、発生期の武士が暗殺・夜討・闘乱を常習とする暴力的集団であり、殺人をもって支配者に奉仕する地位にあったことからみれば、悪党なるものは武士の本質といわざるをえない。「人ヲ罰シ畜生ヲ殺」すのが武士の本質ならば、鎌倉幕府の施策、六斎日・二季彼岸の殺生禁止、焼狩・流毒の禁断、僧徒兵仗・博奕の停止、風流・過差・飛礫・印地等の禁圧はなにを意味したのであろうか。みずからの武力のみを正当とし、他を厳禁する悪党禁圧令は膨大な反体制的武士を生みだしていく。

とはいえこのころ武士団が大きな変化をみせることも事実である。惣領制が解体し、所領の嫡子単独相続へと変わる傾向が強くなり、所領の一円化が進む。鎌倉末期にいたり在地領主はみずからが統治者であることを成文法によって示すようになる。たとえば大友氏・宇都宮氏・宗像氏の領主法をみよ。そこにはみずから法を守り、非分の収奪を禁じ、殺生禁断・鷹狩・人身売買・博奕夜討強盗等の禁令等、広い範囲にわたる所領支配の条項がみられ、領主層の内部規範として、一族間の調和と従者の義務の実行を目的にしたものとされている(羽下徳彦「領主支配と法」)。統治者の自覚こそ幕府が期待し、求めてやまないものであり、たんなる殺生を職能とする集団から、支配者、統治者へ移行するための必須課題であった。鎌倉後半期以後領主層の内部規範として個別領主の成文法や置文が続々なされるようになる。しかし、佐藤進一氏が指摘しているように、動乱期においても、武士の中には武芸をもって支配者階級に仕える職能人、隷従者意識、番犬思想というべきものが根強く残っており(『南北朝の動乱』)、必ずしも幕府が期待するようにいかなかったことは明らかである。

鎌倉後期の武士団は統治者としての側面をますます強化していく在地領主集団と、悪党に代表されるような流動的・職能的武士団が存在しており、彼らは相互に交流しながら動乱期に突入していく。そしてその武士団は騎馬と射技という武芸から徒歩武者をも含みこんだ集団へと発展していくのである。だが、南北朝内乱の過程において職能的武士団も領主的武士団も相互に地縁的武士団へ一本化していく。領主の内部規範を確定し統治の法とした領主においても、その制定過程と家督決定については被官の合議と誓約を必要とした。たとえば動乱初期の暦応四年(一三四一)になされた摂津親秀置文をみよ。山岸蔵人入道以下五人の有力家人を指名して「内外大小事」について彼らの多数決にて決定すること、惣領等に「不恠」のことがあれば彼ら五人が談合し「器用之仁」を選んで、公方に言上して惣領となすことなどが定められており、そこには「多分評議」という一揆の原則がみられるのである(羽下徳彦前掲論文)。領主法は内部成員の合議と誓約によって定立され機能するのであり、室町時代に一般的にみられる「家中の支持者」すなわち領内の国人の支持によって家督が決定されるという形態がすでに法文化されているのである。親の一言が絶対という鎌倉的形態は崩れ、一円的所領形態に見合う支配形態が形成されつつあった。一方、職能的武士団もその活躍の基盤であった重層的な荘園体制が解体し一円化していったことにより、みずからも地縁集団化していく。あるものは国人一揆を結び、あるものは守護被官となる。いずれにしても動乱期を経ると、双方ともに一揆、党、郡中惣というような在地における自律的な集団となっていく。そして以後の室町幕府は自己の支配下にある武力のみを正当化するような思考はなく、観応擾乱後は、二、三の例外を除き殺生禁断をも発しない。

武士とともに斃牛馬の処理を業とする人々が京都に現われる。死穢の祓いや殺生にて寺社、公家に奉仕する清目といわれる非人である。鎌倉幕府成立以後になると、ことに畿内では彼らが武士に代わって寺社等に奉仕するようになる。清目は中世前期には賤視されず、中世後期にいたって被差別身分の呼称となっていくとの説もある

（網野善彦『日本中世の民衆像』）が、しかし彼らも殺生で奉仕することから、古代末の思想界に存在する殺生罪業観からまったく無縁であることはできず、賤視されていた。平安末から鎌倉初期の社会意識をみるうえで好個のものである『今物語』という説話集がある。その第九話に一条河原に住む清目の「いとうつくしげなる女房」の話がのせられている。ある五位の蔵人がある夜、革堂（行願寺）に参詣したおり、たいそう美しい女性を見そめて求愛したところ「私はまったくそのようなお求めには応じられがたい身の上」であるとして断わられる。男はなおも見捨てがたく女のあとをつけていくと、一条河原のあたりで振り返って、

玉みくりうきにしもなとねをとめてひきあけ所なき身なるならん

とひとりごとをいって「きよめ」の家に入っていったというものである。この歌について、久保田淳ほか校注の『今物語・隆房集・東斎随筆』という頭註本によれば、みくりは三稜草で、「三稜草が浮いていても根はとどめているように、私も非人のこの身を歎いているのに、どうして脱けだすことができないのだろうか」とあり、「きよめ」の境遇から抜け出せない身を歎いて詠ったものであるとされている。確かにここにみえる清目の女性は和歌の素養もあり、後期の清目のような強烈な蔑視はみられないが、和歌をみるかぎり、賤視から逃れることができなかったことも事実である。いずれにしても死穢等に関する観念の肥大化は律令国家解体過程の所産であり、それが鎌倉時代により肥大化し、『塵袋』や『天狗草子』にみられるように、それに携わる人々に対する賤視がより深まっていったとするのが多くの研究者の指摘である。殺生を業とする人々は「異類異形」として村落から排除されていった。

四　殺害と報復

殺害・刃傷は中世社会のあり方をみるうえで興味深い素材を提供する。それは所領争い、貸借関係から始まっ

て日常的な些細なトラブルにいたるまで、容易に打擲・刃傷・殺害が発生し、それをめぐって当時の社会のさまざまな側面が顔をのぞかせるからである。それゆえ、この殺害・刃傷の原因、形態、あるいはそれに対する意識、またその解決の方法等を追求するならば、当時の社会や人々の生活のあり方の一端にふれることができると考える。『嘉元記』延慶三年(一三一〇)十二月六日条に、蓮城院という寺に入った強盗として初石八郎というものが捕えられ、その処刑の様子が記されている。処刑は細工によって行なわれ、「国符後」の乞食によってさらし首にされている。ここに明らかに処刑を職能とする「細工」「乞食」なる賤民の存在をみることができる。興福寺や薬師寺等にもこのような賤民が存在しており、彼らは清目と呼ばれ、処刑等を行なう職能集団であった。このようなことを職能とする自律的な人々の存在は鎌倉後期にはみられるとされている(細川涼一「中世の法隆寺と寺辺民衆」)。ところで処刑や殺害を職能とする集団は西国や畿内においては非人であったが、それは鎌倉後期以後の特徴的なことであり、中世初期においては必ずしもそうではなかった。平安後期の公家の日記や『今昔物語』等の説話集をみてみると、まさに殺害に携わる集団は武士そのものであった。彼ら武士が殺人・暗殺の常習犯であり、職業的殺し屋であったことを示す史料は数多く存在している。

『保元物語』において伊豆大島に流された源為朝は「されば罪をつくらば必ず悪道におつべし、しかれども武士たる者殺業なくては叶はず、それに取っては、武の道非分の物をころさず、よって為朝合戦する事廿余度、人の命をたつ事数をしらず。されども分の敵を討って非分の物をうたず、かせぎを殺さず、鱗をすなどらず」といっているが、殺しについて「非分」の者を殺さず、「分」の敵を討つ、すなわち理非によってそれを観念的に区別しようとしている。「分」とは何か、それはその時代によって異なるであろう。「暗殺」を職能とし、それで奉仕する時代においては、まさにそれが「分」であったであろう。しかし鎌倉幕府成立以後、殺害が幕府法によって禁止される時代になればどうであろうか。寛喜三年(一二三一)湯浅党は「一味同心」の連署契状を認めたが、それは仏法の利益に預らんがため施無畏寺を建立し、寺域を寄進したときに作られたものである。その契状には「件の寺敷殺生禁断の事、本願の趣に任せ、未来際に限り敢て改転あるべからず」(施無畏寺置文)と殺生禁断を誓っている。動乱期も末の至徳元年(一三八四)、美濃の武士長江重景等十七名は連署起請して殺生禁断を誓っている。殺生を職能としていた武士が殺生禁断を誓うという状況になるのは武士の社会的地位や意識に変化があったことを示している。しかしこのような武士の殺生禁断には例外(「分」にあたるものか)が設けられている。長江等の殺生禁断では「夜打強盗に対し、ならびに身敵、公界に対し合戦する事を除く」(妙応寺文書)とあり、夜打・強盗・身敵・公界に対する敵対は除外している。身敵とは故戦や私的報復のことであり、公界とは連署起請した武士の形成する領主連合支配圏である(羽下徳彦「故戦防戦をめぐって」)。夜打・強盗を殺害したり、身敵、あるいは公界に対する侵害について合戦することは国人一揆を結んだ彼らにとっては「分」にあたるものである。殺害という行為に対する意識も中世前期と後期では微妙な変化をみせる。武士にかわる新たな職能集団が形成されたり、殺生禁断なるイデオロギーの深まりなどから「殺害」に対する「分」は狭まり、そのことは絶対的な悪であるとする思想が形成されはじめていた。鎌倉新仏教を武士が受容していったことはその現われである。しかしそうはいっても現実の在地においては殺害が横行していた。

「武者」は「仇を執る」べきものとする自力救済の思想が強く存在していることより、各地で私戦が頻発し、その形態は血縁集団相互の報復から、より広い族縁集団へ、さらには主従集団をも私的復讐の単位とするような状況となり、さらに拡大して一定の地域で生存をともにする地縁的集団、国人領主連合や惣等にもこの論理が広がっていく(羽下徳彦「領主支配と法」)。前述の美濃国の武士長江等の連署起請文もこれに属するが、動乱期以後このような動きは惣と惣との間に特徴的に現われてくる。

南北朝・室町初期醍醐寺報恩院の釈迦院の僧によって書き継がれたと推定されている『常楽記』という一種の

過去帳がある（『群書類従』）。その応永十三年（一四〇六）三月二十九日条に「徳住法師山下において殺害せらる。今朝横峰辺において山下の郷民一人殺害せらる。またこれ山木の事か。敵人これ知らずといえども、所質としてこれ害すと云々、すこぶる不便の次第也、かつ郷民等の所行また傍若無人か」と注記しているのである。徳住法師と称する僧侶が山下の郷民によって殺害されたが、それは郷民一人が今朝「山木」のことによって殺されたことに対する報復であり、「所質」と称する行為であった。同記の前年六月二十三日条をみると、山上慈心院行満法師、山上弥勒院竹一法師が同じように山下の郷民によって討たれている。その理由は禁制の山木をめぐる争いで、山下の郷民一人が山上の山で疵をうけ死去したための「還礼」と称する行為によって討たれたのであった。郷民が殺害された原因はいずれも「山木事」「依山木禁製（制）」とのみ記されているが、ともに材木伐採禁止地域における山木の盗みである。中世の地下においては窃盗が処刑されることは「天下の大法」であった。この当然の処置であるにもかかわらず、山下の郷は山上の法師を「所質」と称して報復殺害したのである。ところで「山上」「山下」とはどこかといえば、『常楽記』と醍醐寺の関係からして、「山上」とは笠取山（醍醐山）上で「山下」とはその山麓のことである。一般に「山上」を上醍醐といい、「山下」を下醍醐と称している。ここに下醍醐の郷民が不特定の山上法師に報復するというように「郷民」と「法師」という違いはあるが、二つの地域集団間の報復・相殺関係がみられるのである。

「盗」による報復として有名なものが応永三十三年（一四二六）六月に起こった山科醍醐の郷民と勧修寺間の闘争である。原因は醍醐の郷民の一人が勧修寺で「竹盗人」をしたことにより殺害されたところにあった。この殺害に報復しようとした醍醐の郷民が勧修寺に発向し、両郷の郷民が手負、矢疵を負うという騒ぎとなったのである（『満済准后日記』）。ここでも盗人殺害は「被任法条何子細哉」とまったく当然の処置であったにもかかわらず、醍醐郷民が勧修寺に発向するという事態となっている。この醍醐の郷民の行動は『常楽記』流にいえばまさに「所質」にあたるであろう。醍醐寺領といえば次のような事件もあった。貞和二年(一三四六)二月二十日、山科郷民が醍醐郷民の薪以下を焼いたことにより、たまたま小栗栖で行き逢った太郎左衛門行国というものを捕えて醍醐に抑留した。しかし三宝院賢俊の説得によって悪行張本人を醍醐に引渡すということで行国を山科に返し、紛争の拡大を押えた(『賢俊僧正日記』)。また応永二十四年(一四一七)二月八日醍醐と山科との間にまたまた確執があった。それは醍醐郷民が山科郷民を打擲するというささいな事件であったが、山科郷民はこの「還礼」として、醍醐より帰る途中であった玉櫛禅門なるものを捕えて山科に「誡置」いた。玉櫛は醍醐の者ではないと種々陳弁したが聞入れられず、斬るべきか否かの評定の最中に彼を知る者が現われてようやく放免されるという事態であった(『看聞日記』)。これらの小事件はいずれも醍醐寺領とその近辺の郷との間における日常的なもめ事であり、そこでは「所質」「還礼」なる行為が公然と行なわれており、その行為は事の「理非」はさておき、相手地域に属する郷民への報復であった。たまたま醍醐を例としたが、この当時ほかにも多くの例がみられる。『嘉元記』をみよ。暦応五年(一三四二)六月三日条以下に、盗人処刑に対する合戦がみえており、相互に報復行為を演じているのである。なおこの『嘉元記』には殺害・刃傷をめぐって私的復讐がいたるところにみえている。

盗人の処刑や殺害によって引き起こされる「所質」「還礼」と称する報復行為は、勝俣鎮夫氏が国質、郷質とともに塵芥集一三〇条、一三一条を典拠として論じている相殺原理、すなわち「加害者と同一の国に属し、たまたまその被害者の属する国に居あわせたという理由だけで、事件にまったく無関係な第三者が報復の対象となって殺害される」(『戦国法成立史論』)というすでに明らかとなっている中世社会のあり方そのものである。

五　惣と排他的領域観

盗人であるにもかかわらず、盗人が処刑されることは「天下の大法」であるにもかかわらず、盗人の属する惣が盗人を処刑した惣の構成員に「所質」「還礼」と称して報復するのは惣のあり方そのものの特質がそこに現われている。羽下徳彦氏は自力救済のあり方の変化を「一一、一二世紀から一五、一六世紀までの見通しとしては、私戦の主体は血縁集団からより広い族縁集団へ、また主従集団と地縁集団へと展開する」(「領主支配と法」)と述べている。地縁的集団相互の報復なるものはいつごろからみられるのであろうか。惣という地縁的集団が形成されたのは鎌倉後半期以後とされている。しかし中世前期においても上層農民を中心に強い村落結合が存在していた。たとえば臨時賦課や公田官物の軽減をめぐって「山林に交わる」というような逃散がみられ、荘園体制確立期においても、農民は連署起請して闘争する力量とまとまりをもっていたことが知られている(斉藤利男「一揆の形成」)。さらに中世初期村落においてもいまだ原初的ながら検断権も存在していたとされている。このように荘園の中で村落結合が形成されてくるとともに、排他的領域観もみられるようになってくる。

荘園制的支配秩序は分裂支配といわれるものであるが、荘民は荘園領域について政治的・体制的に「神聖なる領域」とする虚偽意識を領主によってうえつけられる(河音能平「中世社会成立期の農民問題」)。それゆえ堺相論は激烈であった。堺相論が荘堺を確定し、一円領域型荘園の形成のうえで大きな意義を有したことは事実であるが、民衆の間にも分裂をもたらした。平安末から鎌倉期にかけて続いた山城国薪荘と大住荘とをめぐる石清水八幡宮と興福寺の確執の根底には、在地住民の根深い対立がからんでいたとみられている(黒田俊雄「鎌倉時代の国家機構」)。正応六年(一二九三)一月、興福寺一乗院領である安明寺・吉田荘百姓数百人が武装して平野殿荘に乱入し、山木を伐り、萱草を刈取り、打擲・刃傷に及び、死者をも出す紛争となった事件、葛川の荘民と伊香立荘・木戸荘・朽木荘の荘民との間の争い(佐藤和彦『南北朝内乱史論』)等、いずれも中世農民が生活と生産の場をめぐり、また斧や鎌という生産用具をめぐり、種々の利害対立が生じ、激しい分裂と抗争を重ねていたことを示すものである。

中世の人々にとって境界の外は他界であり、悪霊の充満する世界であるとする思考もこのような現状と無縁ではない。このような中で「かへり《(返》ちう《忠)》おもせん者ニ於テハ、在地ヲ可追者也」(大島奥津島神社文書)というような違反者に対する村落からの追放規定がなされたり、「流浪人経廻の禁制」「タヒ《(旅》ウト《人)》ヲクへからす」(近江今堀日吉神社文書)のような規定にみられるように乞食はもとより、外来者、浮浪人のような非定住者、さらには非農業民との間の断絶が深まっていき、下人・所従も村落構成員の中から排除され、百姓中心の強固な惣が形成されてくる。とはいえ、成立した惣の内部にも地主層と農民層との間に深刻な対立があることが知られており(三浦圭一『中世民衆生活史の研究』)、内部矛盾があるからこそ、他村落に対して強い態度で臨む必要があった。

ところで鎌倉後半期以後になると「他庄の輩寺領に乱入し、殺害等の大犯を致し、又あるいは殺生せしめ、あるいは質物を取」(『又続宝簡集』一五四六)とあるように、農民の生活と生産の場をめぐっての衝突以外に「質物」を取るという行為、すなわち負物があると称して狼藉する行為が多くみられるようになる。すでに知られている菅浦の供御《くご》人《にん》藤二郎、平四郎が近江国平方浦、片山浦で船を差押えられた事件も、菅浦の負物によるものであり、その債権者が派遣した取りたて人の隣三郎等が菅浦の住民に殺害されたことに原因があった(小田雄三「路次狼藉について」)。これら質取行為の対象となるのは必ずしも債務者本人ではなく、債務者の所属する政治的・社会的結合体の構成員ならだれでもよかったことは、室町・戦国期の地下における質取行為を検討した勝俣鎮夫氏によって明らかにされており、国質・郷質と呼ばれていた(前掲書)。在地における質取行為は「殺害」や「殺生」とならべて狼藉と称しており、一般的には「合法的」なものとみなされていなかった。路次狼藉という路次において負物ありと称して強奪する行為も同様なものであり、私的な自力救済行為で国質・郷質と同一の原理にもとづいていた(小田雄三前掲論文)。苅田狼藉・苅畠狼藉・追捕狼藉もまったく同様な強奪行為であった。鎌倉後期以後、質取行為が路次・水上・田畠・屋内を問わずいたるところで行なわれ、きわめて大きな社会問題となっていた。鎌倉末期に成立した『沙汰未練書』の検断沙汰の項に「昼強盗、路次狼藉、追落、女捕、苅田、苅畠」というような『御成敗式目』に載せられていない「犯罪」が記されており、いずれも鎌倉後半期に検断沙汰の管轄となったものである。これらはもっとも「中世らしい犯罪」とみなされており、「女捕」を除きいずれも「質取行為」に多少ともかかわっていることが特徴的である（『中世の罪と罰』）。この背景としては諸氏によって指摘されているが、農業生産力の向上、商品経済の発展、都市の形成、高利貸資本の成立、さらには全国的な流通機構の確立と市場形成等々、鎌倉中期以後の経済発展があったことによる。荘や郷内の第三者をも巻きこんだ質取行為は鎌倉後期以後の現象とみなしてよい。古代から続く私的復讐観、村落の原初的検断権の存在、荘園制支配から必然的に生みだされてきた排他的領域観、さらには村落構成の変化等と経済発展、社会的分業の多様化等が複雑に絡みあいながら日本中世社会独自な社会意識が形成されてきた。

荘園制支配の中から生みだされ、民衆の間に強固な分裂をもたらした排他的領域観や賤視等はどのように克服されていったのであろうか。あるいはその方向性はどこにあったのであろうか。排他的領域観が、他共同体との間で存在するとともに、中世前期までは村落に含みこまれていた浪人・間人《もうと》・下人・所従等や非農業民を村落から排除し、彼らを差別し、賤視するようになるという身分的分裂を伴う二重構造の中で成立してきたことより、その克服は容易ではなかった。少なくとも後者とくに非人等に対する賤視がますます強まっていったことは明らかであるし、また下人に対しても同様であった。南北朝中期に矢野荘において是藤名を実円と慶若丸が争ったのであるが、そのとき相互に相手を下人と非難しあっている。これをみると惣を構成していた百姓層にとって下人とは賤視すべき身分であった。中世後期には下人の地位がさらに低下した側面もみられるのである。排他的領域観が成立してくる主要な契機が荘園制的支配であり、さらにその支配の思想的根拠は顕密体制にあった。顕密主義が末法・辺土の日本を神国に逆転させ、特殊な価値を有する地として日本を聖化するという国際意識をうえつけ、境界の内と外の差異を強く中世の人々に抱かせた（村井章介「中世日本の国際意識について」）。この意識の縮少されたものが荘園領域について「神聖なる領域」とする虚偽意識であり、境界の外は地獄、あるいは鬼の住む所とする認識である。このような意識が荘民を呪縛していたことから、このような呪縛からも解放されなければならなかった。さらに「神聖なる領域」内での「騒乱」や秩序破壊は凄惨な祟をまねくとする呪縛にも抗する必要があった。時代は少し降るが、文明元年（一四六九）ごろ、醍醐寺領で蜂起した農民がその後、殺害されたり、病死・餓死・頓死をとげたのは執金剛神像の祟とする醍醐寺の意識は中世民衆の呪縛の深さを示すものである（横井清「中世後期民衆の意識状況をめぐる二、三の問題」）。

しかし、このような排他的領域観が形成されつつある中で、「神聖なる領域」観を打破る動きが強まる。中世前期から存在する「山林に交る」という逃散闘争によって鬼の住むという境界の山林に対する意識の変革を、さらに「百姓申状」や「荘家の一揆」という闘争の中で、虚偽意識を荘園領主や荘官と闘いながら克服しはじめていた。「荘家の一揆」や一味同心、百姓一同の観念の形成は外部に対して強い一体感を保持し、生産や生活の場において他荘との間に確執が起こるのであるが、一方その生産にかかわる問題で相互協力によって問題を解決しようとする動きもようやく南北朝期ごろから部分的にみられるようになる。その一つは用水問題である。用水路維持のため諸郷が協力するということがみられ、桂川に用水を求めていた京郊西岡地方は農業生産をめぐって荘園村落が連合した例として著名である。惣相互間の紛争を解決するために在地に広く慣行として存在していた第三者による口入《くにゅう》、すなわち「中人《ちゅうにん》」と呼ばれる者の存在も注目される。人々が「中」に入って調停し、問題の解決が図られるという方法は、殺害、貸借関係、用水相論等の農業生産にかかわる問題を含めて各方面に及んでおり、中世社会の特徴の一つである（勝俣前掲書）。この中人制が在地において機能していたことから矛盾の激化が押えられ、むしろ中人制を通して惣間の連携が図られるという側面が存在したことは近江山中郡中惣、肥後相良氏領の郡中惣等の前提に中人制があったことより知れる。しかしいずれにしても鎌倉後期以後の農業生産力の向上と流通の発展等により、惣自体が高利貸収奪の対象となったことが、惣連合を形成せざるをえなくなった前提であることはいうまでもない。さらに分業流通の発展により、地域社会の連携も密になったことは事実であり、新たな信仰組織の成立も注目されるところである（三浦前掲書）。

六　徳政の終焉

所領相論にかかわる自力救済は故戦と呼ばれ、相手方の行動は防戦と称される。故戦は裁判が当事者を十分に納得させる手段ではなかったところにその原因があったとされている。鎌倉末期ごろから出現した故戦という語は、室町幕府法に「故戦防戦」として現われる。その法令は六カ条知られており、故戦防戦の禁止令である。初見は貞和二年（一三四六）二月五日付の法文で、故戦の側は理運あるといえども許さず、防戦は道理があれば許され、理がなければ故戦と同罪とするものである。故戦は論外、防戦は道理の有無によっていた。

ところが観応三年（一三五二）九月十八日付の「合戦咎事」とする法文によれば、理非を論ぜず故戦の輩は所帯収公、防戦側は所領半分収公、非領主ならば故戦に准ずると規定する。以後永正十三年（一五一六）までこの種の法令はみられない。「理非を論ぜず」とした観応三年の法文が故戦防戦禁止法上一つの転機であったとされている（羽下「故戦防戦をめぐって」）。貞和年間の故戦防戦禁止令は当時幕政の中心的存在であった直義の施策であり、観応三年のものは尊氏・義詮の政策である。

防戦について「理非」をどうみるか、すなわち、それを論ずるか否かは幕府の政策をみるうえで重要である。直義は周知のようにこの期の政治的特質、二頭政治の一翼をにない、政務の統轄者として平和的手段によって国内秩序を再建しようとしていた。彼の政治構想は鎌倉時代の執権政治の再現を理想とするところにあり、その政治思想は儒教的政治思想であった（佐藤進一前掲書）。前代の執権政治が「理非」決断、裁判制度の充実、さらに殺生禁断、僧徒兵仗、博奕、飛礫の禁止等を押し進め、幕府による暴力装置の独占をめざした。直義もこれにならい覇道をきらい王道をもって文治政治を行なおうとした。彼の政治は公家・武家・本所間のみならず、在地の隅々まで目をくばり、秩序安定のために強い姿勢を示し、私戦を非とし、裁判こそ是であるとする政治思想を強く押し出しており、自力救済を排除し、公権力の責任を明確にし、「理非」による決断、引付《ひきつけ》の充実、儒学者の幕政参与、多くの殺生禁断令を発し、さらに諸国寺社本所領を保護し、苅田狼藉、山賊海賊の厳禁、諸国往反要路警固等を命じたことなど、『中世法制史料集』の示すところである。さらに守護を「吏務職」とし、守護職の「永代職」観を排して「遷代の職」と規定する。まさに直義政権は執権政治を理想としただけでなく、その内実は鎌倉後半期の政治改革「徳政」の政治理念にのっていることは明らかである。

鎌倉後半期の徳政については網野善彦氏（『蒙古襲来』）や笠松宏至氏（『日本中世法史論』）が詳細に論じている。その骨子は「理非」による決断、訴の全過程から自力救済的な要素を追放すること、裁判機関および手続法の充実であり、その思想的背景は「撫民」にあった。当時おこなわれていた公家側の改革と濃密な連係をもって、幕府も徳政を推進し、弘安の改革、永仁徳政令、正和の神領興行令へと発展していったとされる。直義を中心とする初期室町幕府の政策基調が鎌倉後半期のこれらの政治思想を色濃く受継ぎながら展開していったのであるが、もとよりこのような集権的・権力的な社会秩序維持の様態に対して抵抗がなかったわけではなく、強い反対勢力が存在していた。『太平記』の著者をして「あさましき限り」と概嘆させた高師直や佐々木道誉らがそれである。彼らは秩序と権威を無視し、反倫理的で、「悪党」の系譜を引き「ばさらに耽」り、驕奢・放逸・虚飾・遊蕩・狼藉をこととする集団であった。足利尊氏がこれらの勢力に親近感をもっていたことから、政治過程は複雑な形態をとりながらも、直義政権は最後にはこれらの勢力に押し潰されてしまう。

ところで直義が潰えさった観応擾乱の直後の観応三年（一三五二）七月二十四日にいわゆる半済令が発布され

る。近江、美濃、尾張三ヵ国の「本所領」半分を兵粮料所として軍勢に預け置くとするものである。以後半済令は何回か発せられるが、応安元年(一三六八)六月十七日付法文をもって確立する。この応安の半済令の意義について、従来室町幕府権力の性格規定をするうえから、国人領主制の発展のために阻止的であったという見方と、これを促進したとする二つの見解に分かれていた。ところが笠松宏至氏(『シンポジウム日本歴史8　南北朝の内乱』中の発言)や村井章介氏(歴研例会報告「徳政としての応安半済令」)はこの法文の中に寺社徳政をみようとしている。すなわち「寺社領」を本所領一般から区別し、寺社一円領について現実に半済が行なわれていようといまいとこれを半済の対象から除くとするものであり、仏神領に対してきわめて強い保護を示したものとしている。この応安半済令は前年貞治六年(一三六七)六月二十七日付で発布された山城国の寺社本所領を還付するとする法令を全国的に拡大したものである。この法令は足利義詮が没し、義満が跡を継ぎ、細川頼之が管領として幕政を主宰する第一策として発布されたものであり、いわば「代替り徳政」とでもいうべきものであった。このようにみてくると、応安半済令は鎌倉末期、正和の神領興行令の系譜を引くものであることが知られる。この寺社保護を基調とした半済令がいくぶんかは在地領主制の進展を阻止したであろうが、しかし十分に機能しなかったであろうことは以後の歴史が証明している。鎌倉後半期から続いてきた政治思想「徳政」が政策として立案されたのはこの応安半済令が最後であった。

顧みれば徳政なるものは、凶事の生起は為政者の不徳、政治の悪弊によるとする儒教の徳治思想にもとづき、「廃れたるを興し、絶えたるをも継」ぐという理念をもつものであり、鎌倉幕府否定の理論をも内包するものであった(村井章介「中世日本の国際意識について」)が、現実の政策としては鎌倉後半期の社会・経済的矛盾と在地との緊張関係と、蒙古襲来という外圧の中から生まれてきたものであり、政権掌握者がその矛盾への対応として出したものである。その基本施策は本来あるべきところに戻すという点にあったが、この施策は国家権力掌握者が押し進めようとする支配秩序、すなわち中央の「理」と、在地の自律的社会集団の「理」との対決でもあった。各種社会集団の主張する「理」は国家意志をも拘束し、重大な制約を加えていたのであるが（入間田宣夫「中世国家と一揆」）、中世国家がそれを破るために在地の「理」に果敢に挑戦したのである。そのため権力の性格は必然的に専制的とならざるをえなかった。専制支配の強化が矛盾をさらに激化させ、けっして問題を解決しなかったことは周知のとおりである。この徳政思想は建武政権に受継がれるところとなる。建武政権の土地政策、徳政令、寺社政策、公家の相伝性の否定等々の政策をみれば本来あるべき姿、元に戻すという姿勢をみないわけにはいかない。笠松宏至氏は建武政権を鎌倉期の徳政の帰結としているのである（前掲書）。しかし直義を中心とする初期室町政権の政治理念も徳政的要素を色濃く含んでいた。結局徳政を標榜したり、政策基調とした得宗権力、建武政権、直義政権あるいは王朝権力が滅亡したり衰退していくのであるが、この点は政治史上特筆すべき特徴的なことである。

義満政権の登場。そこには徳政という政策基調は薄い。確かに万里小路時房はその日記に嘉吉の乱後の赤松所領の配分と関連しながら、義満のとき寺社本所領の回復について厳制が定められたとしているが、つづいて現実には大きな効果はなかったとしており、これが応安の半済令を指すかどうか不明であるが、在地の動きに積極的に対応しようとする義満の姿勢は弱かった。王朝側諸権限の吸収、みずからの公家化、官位昇進を望み、公武の最高位を極め、出家後は儀式・服装その他について法皇のものを準用したり、あるいは「日本准三后道義、書を大明皇帝陛下に上る」という書き出しの国書とともに使節を明に派遣したりして、朝廷・公家・寺社・有力守護との間の矛盾や緊張関係に対応するという姿勢が強く、ひたすら「日本国王」をめざすものであった。このような中で注目しなければならないことは「執事」と「引付頭人」の職権を合せた管領制度を完成させ、それに伴って引付制度が縮小され、ついには廃止にいたったことである。徳政が理非決断、裁判制度の充実、公権力の責任の明確化等を主要な眼目としていたことをみればその相違は明らかである。義満政権以後、徳政・撰銭令等の政所関係の法文はみえても、所務沙汰に関する立法はみられなくなり、所務沙汰に関するものは既成法の発見・適用、あるいはまた解釈によって問題の解決を図る純法理主義的傾向となった（笠松前掲書）。このような傾向は政治姿勢としては観念的・保守的な形態とならざるをえず、一時義教政権の初期に引付復活の動きもあったが、当時の在地の動向からして引付が十分機能するにはほど遠い状況にあった。「理非」は在地の自律的社会集団の中にのみ存在するようになっていた。たとえば国人一揆をみよ。政治的社会的集団相互間の争いを調停する権力に「理非」という政治理念がみられない時期となったのである。「徳政」から「徳政令」の時代へ、在地の自律的集団がそれぞれの「理」をかかげて衝突する時代へと進み、諸々の自立的権力主体が分権的構造をもちながら成立してきた時代にいたるのである。

七　「転換期」としての南北朝動乱

南北朝動乱が「転換期」であることは事実である。農業生産力の上昇を基底として、加地子名主職の成立、小農民経営の発展、貨幣流通の進展、社会的分業の拡大等々、社会経済史分野からの指摘が多くなされている。このような事実を基礎として、荘園公領制の解体をはじめとして、武士団の変化、惣の成立、「荘家の一揆」の発生、女性の地位の低下等々種々の指摘がなされており、総じて民衆の自立化や自律的社会集団の発展が説かれている。本稿も基本的視角をこのような観点においてきた。さらに網野善彦氏が指摘しているように色・服装・香り等の感性的要素の変化、呪術性の消滅、差別の固定化も事実であろう。しかし、視点を南北動乱期のみでなく、広く中世全般にわたって置くと、平安期こそが転換期であった。封建制の成立という社会構成の変化や荘園公領制の成立という支配組織や社会経済史上の変化ばかりでなく、社会意識や感覚等についても転換が指摘されている。

中世社会の生成期である平安期における社会意識や、感覚・視覚等の五感の変化については種々指摘されている。諸社会集団の結合の媒介となる「一味神水」が平安末から鎌倉初期に（入間田宣夫「逃散の作法」）、あるいは「理非」の思想が平安期の畿内農村から現われることが知られている（戸田芳実「中世文化形成の前提」）。黒田日出男氏は色彩シンボリズムの変動、転換を平安時代に求め（「中世の開発と自然」）、さらに、身体的感覚、すなわち白癩・黒癩＝業病観の成立を十二世紀とし、不浄のシンボリックな表現として柿色の着物が癩者に強制されたのもそのころからであるとしている（「中世民衆の皮膚感覚と恐怖」）。『長秋記』の天永四年（一一一三）一月十三日条に、千秋万歳は鳥兜のような帽子をつけており、鷹飼の帽子と類似していたので、太政大臣家の大饗のとき、鷹飼が千秋万歳のようで上達部《かんだちめ》に笑われたと記されている。鎌倉後期の『塵袋』に「千秋万歳ノ法師カ頭ニカシク物ヲトリカフト、云フハ何ナル義ソ」とあり、つづいて「コレ極タル僻事也甲ニ鳥ノ頭ノ出タルヲコソトリカフトトハ云ヘケレ」としているが、千秋万歳の服装が鳥兜をかぶったような装束であったことは誤りなく、この服装も平安期から一定であった。殺生を業とする鷹飼や雑芸をこととする千秋万歳の服装が平安期に一定の形態であったことに注目したい。『一遍聖絵』に現われる狩猟民の蓑帽子等も平安期以来のものかもしれない。さらに差別観念の肥大化が律令国家解体過程の産物であることについては前述した。

いずれにしても平安期に中世社会が成立してくるとともに、中世的な社会意識・五感・服装等の骨格が形成されてきたと推定される。それが鎌倉後半期〜南北朝期にかけて社会の深部まで浸透し、東国・辺境にまで広がっていき、その様態がより明確となり、あるいは肥大化し、ある場合には修正されるというような事態にいたったと考えられる。南北朝動乱とは日本中世社会の第二段階を画するものにほかならない。この時期における社会意識等の中世的「深化」はいかなる理由によるのであろうか。ここでは詳細に論ずることはできないが、もっとも具体的な問題としては流通・経済の発展に伴う社会的分業の多様化があげられる。平安期、大枠として形成された農民・狩猟民・職人の区分がさらに細分化されながら、職能としてより明確な形態をとるようになっていく。農民は百姓と下人・所従というように明確に意識される身分となり、狩猟民は山の民・海の民・海賊・山賊・悪党、あるいは転化上昇して武士となり、職人は『三十二番職人歌合』や『七十一番職人歌合』等々にみられるような種々の手工業・商業、「狭義の芸能」民に分化し自立していく。これらの人々は中世前期には相互に交流がありながらも、「殺生」を悪とみなす思想の肥大化や惣の発展等によって断絶化し、それぞれ独自な意識と自律的な集団を形成していく。

ところで「無縁」＝「無所有」にかぎりなく親近感を懐き、「無縁」の自覚化により、室町・戦国期にいたり、西欧における自由・平和・平等の思想と同様な「無縁」「公界」「楽」の原理が形成されたとし、現在でもこの「無縁」の思想が「有主」「有縁」の原理を克服・吸収しさるための課題であり、このことによって「理想郷」が出現するとしている網野善彦氏の著書『無縁・公界・楽』の中に「寺社と『不入』」という一節がある。そこにおいて寺社の「殺生禁断」「伐木禁制」は当時の一般社会に根強く生命力を発揮していた「無縁」の原理にほかならないとし、その理由を山林自体の聖地性に求めている。そしてその聖地性とはアジールの性格をもっていることであるとしている。この論理は聖地＝アジール＝「無縁」というように定式化することができる。この定式は同じく「無縁」の場所の例としてあげている「家」や「寺」その他においても同じように成立する。さらにこれはアジール＝「無縁」＝無所有の論理にもなるのであるが、ここで注目しておかなければならないことは、「無縁」という概念を介在させてアジール＝無所有となるであろうかということである。アジールとは科人《とがにん》や下人の走入を認めた場であり、権力の介入を排除する「不入」の場であるとするのが網野氏の主張である。とするならば、たとえばアジールとしての「家」をみるならば、それは公権力をも排除する強い排他的な私的所有権、自立性を前提としなければとうてい理解できないものである。アジールとは強い私有権との関連も考慮せざるをえない。アジール＝「無縁」＝無前有の定式は成立せず、アジールと「無縁」とは相対立する概念である。本稿でとりあげた「殺生禁断」やあるいは「伐木禁制」をめぐる動きは「無縁」の原理を前提としているのではなく、強い「有縁」の原理、排除の論理を前提としているのである。さらにこれらの動きはまた民衆の自立化を求める動きの一側面でもあった。黒田俊雄氏は殺生禁断は安穏を願う庶民の心情に依拠している寺社の活動であり、また深刻な性格もみられる（「中世における武勇と安穏」）としているが、南北朝動乱の基底に蠢いていた巨大なエネルギーは、民衆の自立や安穏を求める動きであり、勤労民衆の労働であり、努力であり、闘いであった。その労働・努力・闘いは生活向上と私的所有に結実していく。無所有こそ至上のものとし、民衆の闘いや努力で得た私的所有を「蔑視」することは首肯できない。

南北朝動乱がもたらしたものは諸社会集団のよりいっそうの結合強化と自立であり、幕府権力と諸勢力のせめぎあいの中で、幕府の在地不介入となったのである。しかし他面中央権力がみずからの支配秩序の中に在地集団を取りこむことに失敗したわけであるから、下剋上を伴うことは必然であった。民衆にとっては民衆のための「徳政令」を獲得する基盤を得たのであるが、一方民衆内部における賤視・差別の肥大化というマイナス面も増幅されたことは見落とせない。

文献一覧

網野善彦『蒙古襲来』（『日本の歴史』10）小学館、一九七四年
網野善彦『無縁・公界・楽』平凡社、一九七八年
網野善彦『日本中世の民衆像』岩波書店、一九八〇年
網野善彦『中世の非農業民と天皇』岩波書店、一九八四年
網野善彦・石井進・笠松宏至・勝俣鎮夫『中世の罪と罰』東京大学出版会、一九八三年
家永三郎『猿楽能の思想史的考察』法政大学出版局、一九八〇年

入間田宣夫「逃散の作法」豊田武還暦記念『日本中世の政治と文化』吉川弘文館、一九八〇年、のち同著『百姓申状と起請文の世界』（東京大学出版会、一九八六年）収録

入間田宣夫「中世国家と一揆」『一揆5　一揆と国家』東京大学出版会、一九八一年、のち同著『百姓申状と起請文の世界』（東京大学出版会、一九八六年）収録

大石直正「外が浜・夷島考」関晃還暦記念『日本古代史研究』吉川弘文館、一九八〇年

大山喬平「中世の身分制と国家」『岩波講座日本歴史8　中世4』岩波書店、一九七六年、のち同著『日本中世農村史の研究』（岩波書店、一九七八年）収録

小田幸子「作品研究『善知鳥』」『観世』一一月号、一九七三年

小田雄三「路次狼藉について」『年報中世史研究』六、一九八一年

笠松宏至『日本中世法史論』東京大学出版会、一九七九年

勝俣鎮夫『戦国法成立史論』東京大学出版会、一九七九年

河音能平「中世社会成立期の農民問題」『日本史研究』七一、一九六四年、のち同著『中世封建制成立史論』（東京大学出版会、一九七一年）収録

久保田淳ほか校注『今物語・隆房集・東斎随筆』（『中世の文学』7）三弥井書店、一九七九年

黒田俊雄「鎌倉時代の国家機構」『封建国家の権力機構』創文社、一九六七年、のち同著『日本中世の国家と宗教』（岩波書店、一九七五年）収録

黒田俊雄「中世における武勇と安穏」『仏教史研究』二四—一、一九八一年、のち同著『王法と仏法』（法蔵館、一九八三年）収録

黒田日出男「中世民衆の皮膚感覚と恐怖」『歴史学研究別冊（一九八二年度）』一九八二年、のち同著『境界の中世　象徴の中世』（東京大学出版会、一九八六年）収録

黒田日出男「中世の開発と自然」『一揆4　生活・文化・思想』東京大学出版会、一九八一年

小西甚一・草深清「善知鳥」『言語と文芸』一九六二年三月号

小山靖憲「荘園制的領域支配をめぐる権力と村落」『日本史研究』一三九・一四〇合併号、一九七四年、のち同著『中世村落と荘園絵図』（東京大学出版会、一九八八年）収録

斉藤利男「一揆の形成」『一揆2　一揆の歴史』東京大学出版会、一九八一年

佐藤和彦『南北朝内乱史論』東京大学出版会、一九七九年
佐藤進一『南北朝の動乱』(『日本の歴史』9)中央公論社、一九六五年
桜井好朗『神々の変貌』東京大学出版会、一九七六年
『シンポジウム日本歴史8　南北朝の内乱』学生社、一九七四年
千葉徳爾『狩猟伝承研究』風間書房、一九六九年
千葉徳爾『狩猟伝承』法政大学出版局、一九七五年
戸田芳実「国衙軍制の形成過程」日本史研究会史料研究部会編『中世の権力と民衆』創元社、一九七〇年、のち同著『初期中世社会史の研究』(東京大学出版会、一九九一年)収録
戸田芳実「中世文化形成の前提」『講座日本文化史』2　三一書房、一九六二年、のち同著『日本領主制成立史の研究』(岩波書店、一九六七年)収録
永原慶二「女性史における南北朝・室町期」『日本女性史2　中世』東京大学出版会、一九八二年
能勢朝次『能楽源流考』岩波書店、一九三八年
羽下徳彦「領主支配と法」『岩波講座日本歴史5　中世1』岩波書店、一九七五年
羽下徳彦「故戦防戦をめぐって」『論集中世の窓』吉川弘文館、一九七七年
細川凉一「中世の法隆寺と寺辺民衆」『部落問題研究』七六、一九八三年
三浦圭一『中世民衆生活史の研究』思文閣出版、一九八一年
峰岸純夫「日本中世の身分をめぐって」『部落問題研究』七一、一九八二年
村井章介「中世日本の国際意識について」『歴史学研究別冊(一九八二年度)』一九八二年、のち「中世日本の国際意識・序説」と改題して、同著『アジアのなかの中世日本』(校倉書房、一九八八年)収録
横井清「中世後期民衆の意識状況をめぐる二、三の問題」『日本史研究』一〇四、一九六九年、のち「心象の中世民衆」と改題して、同著『中世民衆の生活文化』(東京大学出版会、一九七五年)収録

(補注)　本文中に引用した村井章介氏「徳政としての応安半済令」(歴研中世史部会例会報告)は、『中世日本の諸相』下巻(吉川弘文館、一九八九年)に、「徳政としての応安半済令」として収載されている。

補論　南北朝の内乱と変革

前後六十年にわたって続いた南北朝の内乱を、歴史発展の上からどのように位置づけるかは種々議論されてきたところである。戦後、松本新八郎氏によって提起された、南北朝の内乱は古代奴隷制社会と封建制社会を区分する画期であったとする、いわゆる南北朝封建革命説によって南北朝の内乱は一躍脚光をあびた(1)。その後、安良城盛昭氏の封建制の成立の画期を太閤検地に求める見解や(2)、あるいは平安末期に日本封建制の成立をみる戸田芳実氏や(3)河音能平氏(4)らの学説が提起されたことにより、南北朝の内乱期を変革期とみなす見解は少なくなり、中世社会を一括した社会構成体として捉える見方が強くなった。そして、中世は荘園公領制を基礎的な土地制度として、国家や身分制などの諸制度も一つのまとまった構造をもつ社会であったとされている。このように南北朝の内乱を「変革的」視点でみる見解は少なくなり、内乱の歴史発展上の位置づけは相対的に低下し、代って、南北朝の内乱期を農民闘争の激化や悪党問題、また国人一揆発生というような内乱期社会の諸矛盾を追究するという側面に主眼が置かれるようになった(5)。

ところが、このような社会構成や階級闘争というような視点で南北朝の内乱を捉えるのではなく、既成の概念にこだわらずに、中世社会の特質をもう一度捉え直そうとする研究が現れてきた。網野善彦氏によると、南北朝の内乱期の民族の体質、あるいは民族の根底にかかわる大きな構造上の転換があったとされるのである。(6) 南北朝の内乱以前の社会は網野氏によれば、古代や原始社会に通ずる特質をもっており、原始性・呪術性に富んだ感性が大きな意味をもつ社会であり、「無所有」＝「無縁」の原理が脈々と息づいている時代であったとされ、その社会は異民族、非人や非農業民、遊女などが差別されない世界であったとされる。ところが南北朝の内乱以後の社会は、「無所有」＝「無縁」の原理が解体し、中世前期まで未熟であった社会的分業の発展と土地への定住などにより、私的所有が本格的に社会内部に浸透してくる。その結果、原始以来の産業である漁撈・狩猟・採集にたずさわってきた海・川の民、山の民、あるいは定住することなく各地を遍歴・漂泊する人々、あるいは「清目《きよめ》」と呼ばれる殺生にたずさわる人々に対する差別が固定化していったことをはじめとし、呪術的な魔除けの意味があったと考えられる飛礫《つぶて》(7)のような行為が禁止されたりして衰退したとする。社会内部の呪術性が希薄化していったこと、また目にみえる色・服装、あるいは匂い・香り、耳で聞く音、手・足の触覚などの感性を重視する社会から、理性的なものを重視する社会となっていったことなどを指摘し、支配者のみならず、広く民衆の間にも大きな価値認識の転換が南北朝期以後あったとするのであり、南北朝の内乱期は、社会構成史的次元ではかならずしも変革期とはいえないが、民族史的次元で大きな変化があったとするものである。(8)

このような網野氏の見解に親近感をもつ研究者もいるが、(9) また種々の疑問を呈する人も少なくない。従来の理論が社会構成史的観点から立論されて、変革の画期を平安末期、あるいは戦国期とみなしていたのに対して、網野氏の立論は民俗学・文化人類学などの隣接諸科学の方法論によっているところが多く、そのため網野氏の理論を発展させればさせるほど、必然的に中世国家や領主・農民間の階級関係はまったく後に退いてしまいかねず、大山喬平氏は、中世成立過程における農民のあらゆる前進や、中世村落を形成させた百姓の「イエ」成立の問題、さらには在地領主制の展開など、従来の研究成果がまったく無視されていると批判し、[10]入間田宣夫氏は「すべての事象を原始・未開の無階級社会に還元する文化人類学的思考」に近いのではないかと危惧している。[11]たしかに「有主」による現実の階級支配を嫌悪するあまり「無所有」=「無縁」に心情的に傾倒し、原始共同体を「賛美」する姿勢には批判もあるが、一方、戦後の中世史研究が領主—農民関係というあまりにも狭い視点からのみ研究を進めてきたことへの反省も生れ、網野氏の提起した問題が、中世史研究に深い衝撃を与えたことも事実である。

従来の通説である平安末期をもって日本封建制が成立したとする学説[12]と、南北朝期を民族的次元の変革の画期とする網野氏の見解との間には時間的ズレがあるが、これは基礎構造・土台である生産様式の変革と、上部構造である社会意識諸形態の変革との間の時間的ズレなのか、それともまったく別次元の問題であるのか、不明確なままに残されている。この点、黒田日出男氏の研究が注目される。黒田氏は歴史学研究会一九七一年度大会における報告「中世成立期の民衆意識と荘園体制[13]」以後、網野氏の分析方法に親近性を示しながら、「広義の開発史と『黒山』[14]」「中世の開発と自然[15]」「中世民衆の皮膚感覚と恐怖[16]」などの研究を次々に発表し、色彩シンボリズム・五体感覚などの「民衆意識」に強い関心を示し、それらの「民衆意識」の成立・画期を平安末期に求め、社会構成史的画期と一致させているのである。石井進氏が網野氏と同様な立論をしながら、その画期を戦国期に求め、[17]戦国末を社会構成体次元での変革期とする安良城盛昭氏の理論と結果的に一致しているのと対照的である。

ところで、従来南北朝の内乱以後に発生するとされてきた一揆結合や逃散などの農民闘争（これは荘家の一揆と称される）が、じつは平安期以来一貫して中世社会内に存在していたという事実も明らかとなってきている。[18]農民が集団で逃走する逃散は、平安後期にまでさかのぼることは確実である。平安中期から鎌倉初期の文書を集めた「儒林拾要」[19]という中世文書作成のための文例集に、臨時課役に反対して「百姓が一人も残らず身命を助けんがために山林に罷入」ってしまったと訴える書状があり、百姓の逃散は文例集に取り上げられるほど普遍的であったといえよう。[20]事実鎌倉時代には「山林に交わる」と称する逃散が多くみられるのである。また、農民が逃散にいたるまでには一定のパターンがあったことが知られている。[21]まず農民らは非法を列挙した「百姓申状」を領主に提出し、それが容れられない時、神前で誓約した連署起請文を書き、その起請文を焼いて水に混じて一同で飲み交すのである。[22]これを「一味《いちみ》神水《しんすい》」と呼んでいる。このように農民が団結を固めて逃散するのであり、これが逃散の作法であった。農民の逃散は、南北朝期の強訴・逃散（荘家の一揆）から始まるものではなく、平安末以来の長い闘いがあったのである。

南北朝期以降の中世後期は、武士・庶民・僧侶・俗人を問わず一揆が社会の特徴となった時代であり、中世後期は一揆の時代であったとされているが、[23]実は中世前期も一揆の時代であった。鎌倉幕府の基本法典である貞永式目も「一味」（一味同心）起請文の下に作成されたものであり、[24]また中世寺院の集会制度も「一味和合」「一味同心」を基本的精神とするものであった。[25]中世社会の大きな特徴は、諸社会的自律集団による一揆的結合であった。このように一方では、従来南北朝の内乱期が一つの画期ではないかと考えられてきた社会的現象を平安期以来のものとする見解が通説的となってきている。

南北朝の内乱は中世を一貫して捉えた場合の一画期でしかありえないとする見解と、民族を二分する大きな画期であるとする考えが交錯しているが、南北朝の内乱期を画して荘園公領体制が本格的に解体期にはいったことをみても「変革期」であることには誤りないが、どのような「変革」であったのか、今後の研究の深化が待たれる。

(1) 松本新八郎「南北朝内乱の諸前提」——『歴史評論』二巻八号(一九四七年)、のち『中世社会の研究』(東京大学出版会、一九五六年)収録。
(2) 安良城「太閤検地の歴史的前提」——『歴史学研究』一六三・六四号(一九五三年)、「太閤検地の歴史的意義」——『歴史学研究』一六七号(一九五四年)、のち『幕藩体制社会の成立と構造』(御茶の水書房、一九六四年)収録。
(3) 戸田『日本領主制成立史の研究』(岩波書店、一九六七年)。
(4) 河音『中世封建制成立史論』(東京大学出版会、一九七一年)。
(5) 佐藤和彦『南北朝内乱史論』(東京大学出版会、一九七九年)。
(6) 網野『日本中世の非農業民と天皇』(岩波書店、一九八四年)、同『無縁・公界・楽』(平凡社、一九七八年)、同『日本中世の民衆像』(岩波書店、一九八〇年)など。
(7) 飛礫については、中沢厚『つぶて』(法政大学出版局、一九八二年)参照。
(8) 前掲・網野『日本中世の民衆像』など参照。
(9) 網野善彦・石井進・笠松宏至・勝俣鎮夫『中世の罪と罰』(東京大学出版会、一九八三年)を参照されたい。
(10) 大山「中世社会のイエと百姓」——『日本史研究』一七六号(一九七七年)、のち『日本中世農村史の研究』(岩波書店、一九七八年)収録。
(11) 入間田「中世史研究の新段階」——『新編日本史研究入門』(東京大学出版会、一九八二年)。
(12) 前掲・戸田『日本領主制成立史の研究』、前掲・河音『中世封建制成立史論』。
(13) 一九七一年度別冊特集『歴史学研究』(一九七一年)。
(14) 『民衆史研究』一八号(一九八〇年)。
(15) 前掲『一揆』4。
(16) 一九八二年度別冊特集『歴史学研究』(一九八二年)。
(17) 石井「中世社会論」——『岩波講座日本歴史〈新版〉』8(一九七六年)。
(18) 入間田宣夫「逃散の作法」——『日本中世の政治と文化』(吉川弘文館、一九八〇年)、のち『百姓申状と起請文の世界』(東京大学出版会、一九八六年)収録、斉藤利男「一揆の形成」——前掲『一揆』2。
(19) 『続群書類従』。

(20) 前掲・斉藤「一揆の形成」。
(21) 前掲・入間田「逃散の作法」。
(22) 一揆と起請文については、入間田宣夫「庄園制支配と起請文」——『日本古代史研究』(吉川弘文館、一九八〇年)、のち『百姓申状と起請文の世界』(東京大学出版会、一九八六年)収録、千々和到「中世民衆の意識と思想」——前掲『一揆』4、同「『誓約の場』の再発見」——『日本歴史』四二二号(一九八三年)を参照されたい。
(23) 『日本思想大系21 中世政治社会思想上』(岩波書店、一九七二年)解説(石井進執筆)。
(24) 勝俣鎮夫『一揆』(岩波書店、一九八二年)。
(25) 黒田俊雄『寺社勢力』(岩波書店、一九八〇年)、前掲・勝俣『一揆』、峰岸純夫「中世社会と一揆」——前掲『一揆』1。

第二章　寺社縁起の世界からみた東国

はじめに

東国とは何かという研究が盛んである。東国論を積極的に展開して、その論議の中心となっているのは網野善彦氏である。氏の著書である『日本中世の民衆像』(1)や『東と西の語る日本の歴史』(2)には東国の特質が多面的に語られている。また『東日本と西日本』(3)では歴史・民俗・言葉等々の多くの領域から東国と西国の差異を明確にしようとする努力がなされている。さらに『中世の罪と罰』(4)でも東国の特質について言及している。また黒田俊雄氏の「中世における武勇と安穏」(5)も、東国社会を研究しようとするものにとって示唆に富む論文である。一方、佐藤進一氏は『日本の中世国家』(6)において、「東国独立国家」構想、両主制構想論を説き、中世国家論に大きな影響を与えている。また奥羽と東国との関係についても政治史的観点から示唆に富む発言もなされている。(7)歴史学研究会大会中世史部会は「地域史」をテーマとして一九七九〜八一年まで部会報告がもたれ、東国論が活発に議論された。[8] 筆者も「室町期の国家と東国」[9] なるテーマで報告を試みたが、政治史・政治制度史に偏った報告であったため、永原慶二氏から厳しい批判をあびた。[10]

さて小稿はこのような東国論をめぐる状況をふまえて、東国に従来より関心をもっているものの一人として、東国社会の特性追究という論議に加わろうとして成したものである。東国社会や東国の民衆、あるいは民衆生活、または社会意識等を取りあげようとすればどうしても史料的限界につきあたる。そこでどうしても隣接諸科学との交流を深めざるをえない。ここでは寺社縁起を通して東国というものをみてみようとするものである。寺社縁起の研究は国文学や民俗学、宗教学の研究者によって進められているし、『日本思想大系 寺社縁起』[11] も刊行され、寺社縁起についての認識も深まってきている。ことに桜井好朗氏の諸論考[12] は民衆意識や民衆文化を追究するうえで注目すべきものがある。小論においても桜井氏の諸論文から多く学んでいる。寺社縁起の成立は、在地の民間伝承や在地神にたいする信仰をもとに、寺社の教説を布教するために手を加え、さらに唱導文芸者も参加しているとされ、[13] 寺社縁起はまったく荒唐無稽なものではなく、それなりの歴史叙述があるともいわれている。[14] 布教を目的に作成された部分があり、「中世神話」などと呼ばれたりしているため、歴史の史料として使用する場合は慎重にならざるをえないであろう。しかし、小論は寺社縁起の記述の中から在地の臭をかぎわけ——実は在地の臭をかぎわけることがむずかしいのであるが——寺社信仰圏内の社会意識を、危険を承知のうえで追究しようとしたものである。寺社縁起に民間伝承や説話、さらには一定の歴史的事実が取り込まれており、信仰圏内の社会意識が一定度反映していると考えられるからである。

このような寺社縁起を使用して、動物と「殺生」、「殺生」のありかた、それにたいする意識、さらには民衆思想をも探ってみることとし、ことに「東」・「西」の縁起において、この問題をみつめる目が微妙に異なっていることに注目し、[15] 東国の特質の一側面をみんとするものである。

一　寺社縁起と「動物」

中世に成立したとされている寺社縁起には動物や猟師が登場するものが多くある。これらの縁起によると開山となるべき人が猟師や動物に導かれて山岳に入って、本尊や神体を発見して開山者となり、神格となって祭られるというものである。東国の寺社縁起を検討する前提として、寺社縁起と動物の関係をみておきたい。

動物が登場する寺社縁起を北からあげていくことにする。羽黒山の場合、参弗理ノ大臣（能除太子）が片羽八尺、三本足の大烏に導かれて一本の杉の木の根本から観世音菩薩を発見し、さらに隆待次郎という熊狩の猟師に会い、彼の頼みで、寝たきりの重病人と会ってその病者を完治させたことにより、羽黒山の開山となる。[16] 二荒山（日光山）は、『日光山縁起』に有名な鷹狩好みの有宇中将物語があり、馬・鷹・犬などがあらわれる。[17] 鹿島神宮については、『神道集』巻三「鹿島大明神」に、金鷲、銀鷲が天津児屋根尊、大中臣鎌足をそれぞれ駕して常陸にあらわれたとする。三島明神は、伊予国の長者橘朝臣清政の子玉王が鷲にさらわれることから始まり、玉王がのちに三島大明神となり、鷲が鷲大明神となったとする。[18] 諏訪神社、『諏訪大明神絵詞』[19] における八ヶ岳南麓の巻狩形式の神事、『神道集』中の『諏訪縁起』の「甲賀三郎流離譚」で、いずれも鹿が登場して主役となる。『諏訪大明神絵詞』と『諏訪縁起』については後述する。戸隠山は九頭竜、すなわち大蛇が権現であり水神信仰がその中心である。[20] 立山、『和漢三才図会』や『立山大縁起』によれば、[21] 越中国司佐伯有若の嫡男有頼が開山者と伝えているが、有頼が十六歳のとき父の白鷹を持ち出して鷹狩に出たところ、有頼はその白鷹と有頼が射た矢にあたり血を流しながら去った大熊に導かれて岩屋に入り阿弥陀如来と不動明王を発見しており、血を流して傷ついた大熊は阿弥陀如来であったとしているのである。白山は『元亨釈書』の「加賀白山明神垂迹」条によると、白山開闢者泰澄が白山に登り、池の辺りで加持していると池中から九頭竜の大蛇が出現し、さらに十一面観音像が現れたとしている。足助八幡宮については、三河国宝飯郡大深山に怪異の者が三つ出来し、一は猿のかたち、一は鹿の姿、一は鬼体であった。猿はのちに高橋庄猿投大明神となり、鹿は砥鹿大菩薩と化し、鬼体は足助郷にいたり、足助八幡宮の神体となっていくというのである。(22)熊野山は、『長寛勘文』(23)の中の「熊野権現御垂迹縁起」が縁起の古型として有名である。そこに狩猟を業とする犬飼千与定と、彼に射られた身のたけ一丈五尺の猪が登場し、その猪の跡をさがしていったとき熊野三所権現を発見する(後述)。粉河寺、『粉河寺縁起絵巻』(24)は二話からなるが、前話は大伴孔子古という狩猟民の霊地発見の物語であり、犬が絵巻にみられる。祇園牛頭天王(八坂神社)、『祇園牛頭天王縁起』(25)は薬師如来が牛頭天王として垂迹した次第を述べたものであるが、そこでは牛頭天王が遊覧のおり、山鳩にあい、その案内で沙竭羅竜王の第三女にあおうとするところから始まっている。伯耆大山は、『撰集抄』(26)に、養老のころ、玉造俊方なるものが大山に入り、そこの鹿を射とめると地蔵の姿となったとし、俊方はその罪を悔いて出家し、金蓮と称し、地蔵を本尊となして大山寺を開いたとしている。また『大山寺縁起』(27)によれば、猟師依道が美保浦でみつけた金色の狼を追って大山に入り、それを射ようとしたら地蔵があらわれたとするものである。

このように各地の寺社縁起に登場して活躍する動物は烏、馬、鷹、犬、鷲、鹿、大蛇、熊、猿、猪、山鳩、狼、虎等である。これらの動物が寺社縁起に取り込まれる過程はいかなるものであったのであろうか。この点については桜井好朗氏が『蟹満多寺縁起』を例に検討している。(28)山城国相楽郡の蟹満多寺の縁起にもとづくと思われる仏教説話が『法華験記』に収められている。この説話は蛇の婿入り譚と蟹の報恩譚を中心に、観音の霊験譚と蟹満多寺の沿革を述べたものであるが、その説話を検討した桜井氏は、この説話は『法華験記』より以前に成立した『日本霊異記』に類話二つがあることより、この説話は蟹満多寺で生まれたものではなかったとし、「神社や寺院の縁起がたんに社寺関係者の我田引水気味の恣意的な著作にとどまるものではなく、それぞれの時代の精神的な状況と深くかかわっている」(29)として、「それぞれの時代の精神的な状況」の具体的なものとして民間信仰圏に根強く生きつづける説話に注目し、民間信仰圏のなかに持続していた説話（蛇をたたり神としておそれる信仰）が神社・寺院信仰圏における縁起の水準に吸いあげられたとしている。寺社縁起と民間説話の強い結びつきを示すものである。さて猟師と動物と説話と縁起との関係を示すものをもう一つあげておこう。『今昔物語』巻二十六―七「美作国神、依猟師謀止生贄語」なる説話がある。その一部を引用すれば以下のような説話である。

> 今昔、美作国ニ中参・高野ト申神在マス。其神ノ体ハ、中参ハ猿、高野ハ蛇ニテゾ在マシケル。毎年ニ一度其祭ケルニ、生贄ヲゾ備ヘケル。其生贄ニハ国人ノ娘ノ未ダ不嫁ヲゾ立ケル。此ハ昔ヨリ近フ成マデ、不怠シテ久ク成ニケリ。
>
> 而ル間、其国ニ何人ナラネドモ、年十六七許ナル娘ノ、形チ清氣ナル、持タル人有ケリ。父母、此ヲ愛シテ、身ニ替テ悲ク思ケルニ、此娘ノ、彼生贄ニ被差ニケリ。此ハ今年ノ祭ノ日被差ヌレバ、其日ヨリ一年ノ間ニ養ヒ肥シテゾ、次ノ年ノ祭ニハ立ケリ。此娘被差テ後、父母无限歎キ悲ビケレ共、可遁様无事ナレバ、月日ノ過ニ随テ、命ノ促マルヲ、祖子ノ相見ム事ノ残リ少ク成行ケバ、日ヲ計ヘテ、互ニ泣悲ムヨリ外ノ事无シ。
>
> 然ル間、東ノ方ヨリ事ノ縁有テ、其国ニ来レル人有ケリ。此人、犬山ト云事ヲシテ、数ノ犬ヲ飼テ、山ニ入テ猪・鹿ヲ犬ニ令噉殺テ取事ヲ業トシケル人也。亦、心ロ極テ猛キ者ノ、物恐ヂ不為ニテゾ有ケル。其人、其国ニ暫ク有ケル間、自然ラ此事ヲ聞テケリ。（以下略）

美作国の「中参」「高野」という神が存在し、神体は猿と蛇であったが、毎年その国の娘を生贄にとっていたとするところから、この説話は始まる。これを引用したごときの「東人」の猟師が聞きつけるのである。以下、この「東人」が生贄をとる邪神たる猿神を退治し、生贄の女と夫婦になるというものであり、「其後、其生贄立ル事无シテ、国平カ也ケリトナム語リ伝ヘタルトヤ」で終っている。

ところでこれと同様な説話が『宇治拾遺物語』一一九「吾妻人生贄をとゞむる事」にある。美作国「中山」「高野」の生贄の話であるが、猿を退治した「吾妻人」の描写は「あづまの人の、狩といふ事をのみ役として、猪のしゝといふものの、腹だちしかりたるは、いとおそろしきものなり、それをだに、なにとも思たらず、心にまかせて、殺とりくふことを役とする者の、いみじう身の力つよく、心たけく、むくつけき荒武者」とあり、『今昔物語』にあった多くの犬によって狩をするという狩猟方法はみられないが、「吾妻人」の猟師が荒々しく描かれており、『宇治拾遺物語』が成立したのが鎌倉初期であることより、武者としてのイメージもその中に存在している。いずれにしてもこの説話は『今昔物語』のものと同様であり、同じ典拠によっていたものと思われるが、ただ最後は「其後は、その国に、猪、鹿をなん生贄にし侍けるとぞ」で終っており、猪や鹿が生贄として捧げられたことに注目しておきたい。

『今昔物語』にはこの説話以外にも、巻二十六―八「飛驒国猿神、止生贄語」、があり、猿と生贄の話を展開している。『今昔物語』や『宇治拾遺物語』のこれらの動物と生贄の説話を考えてみると、たしかに美作国の「中参」と「高野」という二つの神の話として展開されているが、それらの神社の縁起として話されているわけではない。「国平カ也ケリトナム語リ伝ヘタルトヤ」とあるように、一般民衆の間に語り伝えられた伝承という形態をとっているのである。桜井好朗氏は「神社寺院的信仰圏の下層にひろがる民間信仰圏の水準で語られた形跡をとどめる」(30)としている。ところで動物と生贄の説話は南北朝期に成立した『神道集』にもある。巻八「上野国那波八郎大明神事」なる縁起がそれで、これによると特定の寺社の縁起に生贄が取り込まれている。上野国群馬郡の地頭満胤は、その地位を妬んだ七人の兄に殺害されて、蛇食池の蛇塚の岩屋の中に投げ込まれてしまう。満胤は心中深く誓をたてて、大竜王や竜神に近づき、その身は大蛇の姿となり、自在の神通力を身につけて、三年後に兄たちに復讐を遂げ、その一族、妻子眷属、その子孫を生贄にとり、残らず殺してしまい、さらに関係のない一国内の人々すべてを取り殺そうとした。国内の人々はそれを嘆いて、都の帝に頼んで一年に一回生贄を奉納することによってその禍からのがれようとした。二十余年後、上野国甘楽郡尾幡庄の地頭、尾幡権守宗岡の娘が生贄にあったとき、奥羽へ黄金を求める使者として下る途中の宮内判官宗光なるものがあらわれ、尾幡庄地頭の娘と夫婦の契りを結び、法華経を読誦することにより、大蛇の怨念と殺意を消し、蛇の生贄となる姫を救うというものであり、そののち蛇は那波郡下村に八郎大明神としてあらわれ、宗光は上野国司となり、多胡郡の鎮守辛科大明神となったとする縁起である。猿と蛇の相違はあるが、話の筋は『今昔物語』や『宇治拾遺物語』とだいたい同じである。大きく異なるところは強烈な復讐観と、蛇や関係者が神々としてあらわれるところである。この縁起はもともと民間信仰圏内に育った説話をもととしており、それに法華経信仰や垂迹思想が付加されて在地鎮守神の縁起となっていったものとされている。(31) また「この話の背景には、兄弟骨肉相喰む在地領主層の内紛が血腥く匂っているといえる。赤城明神の場合と同じく、所領侵犯の親族間の争いと軌を一にしており、おそらく南北朝動乱の下剋上的な世相の中から生まれた話であろう(32)」と、岩崎武夫氏は指摘している。「上野国那波八郎大明神事」なる縁起にみられる特徴は、『今昔物語』や『宇治拾遺物語』にみられる説話のような民間に伝えられた伝承や説話を支柱としていると考えられること、在地における諸関係の一定の反映がみられること、法華信仰が絡まっていること、さらに関係のない一国内の人々に復讐するという構図がみられることより、「国質」(33)的な思想がみられることなどが指摘できよう。このような点からして、寺社縁起はそこに語られていることが歴史的事実でないにしても、縁起がつくられた時代やその寺社信仰圏内の民衆の要請に添うものであり、寺社信仰圏内の民衆の意識や思想、生活等の一定の反映をその中にみないわけにはいかない。

寺社縁起に動物が取り込まれた経過についてはいまみたとおりであるが、動物が説話や縁起にしばしば登場するのは、動物と人間との関係がきわめて濃密だからである。古来、生涯・生活・労働等のあらゆる分野で共存・競争関係が続けられてきた。寺社縁起の成立経過からして、縁起に登場する動物が害をなしたり、忌むべき動物であろうと、益獣であろうと、その動物にたいする対応を通して、その寺社信仰圏内の人々、あるいはその時代における動物にたいする意識や風習、さらには人間の生活や生産等の一側面を窺うことができるのではなかろうかと考える次第である。少なくとも動物の殺生ということについての民衆意識をみるうえで一つの手掛りをあたえてくれるのではなかろうかと思う。そこでもう少し寺社縁起内の動物、あるいは動物の殺生について詳細にみていきたい。

二　東国の寺社縁起——『日光山縁起』と『神道集』と『諏訪大明神絵詞』——

『今昔物語』や『宇治拾遺物語』の美作国の生贄の説話に登場するのは「東」あるいは「吾妻」の猟師であるが、東国の寺社縁起には狩猟を好む人物や神々がことに多くあらわれる。下野国日光山（二荒山）権現の縁起である『日光山縁起』がある。『新編会津風土記』（内閣文庫所蔵）に収められているものであり、至徳元年（一三八四）の奥書があるが、『日本思想大系　寺社縁起』の編者は成立は室町時代後期ではないかと推定している。この縁起は『有宇中将物語』として知られており、有宇中将という狩猟好みの貴種の流離譚ののち、狩猟神、山の神となる小野猿丸が登場するのである。この猿丸は「あまりかたち見にくゝおはしければ、都へも上給はで、奥州小野といふ所にすみ給けり。小野猿丸と申せり。弓箭をとて人にすぐれたり。百たびはなつに一たびもあだ矢なし。空とぶ鳥、地をはしるけだもの、一としてもるる事なかりけり」[34]と、狩猟の名手として描いており、そののち、彼は上野国赤城大明神との争いに功をたてて、日光山の神主となっていくというものである。

この縁起はすでに明らかとなっているように、狩猟民の間に保持された伝承をもとにして作られたものである。

縁起内の有宇中将や小野猿丸という狩猟の英雄が大活躍しており、いくつかの伝承が組みあわさって作られていることが知られるし、また日光山と狩猟との関係を示すものとなっている。『続古事談』第四に「宇都宮ハ権現ノ別宮ナリ、カリ人鹿ノ頭ヲ供祭物ニストゾ」とあり、『沙石集』巻一には「信州ノ諏方、下州ノ宇津宮、狩ヲ宗トシテ鹿鳥ヲ手向」とあり、鎌倉時代から宇都宮明神は狩の神として知られていた。

源頼朝も文治五年（一一八九）、奥州藤原氏を「征伐」するため奥州に進軍したおり、下野に到着した頼朝は「先御奉幣宇津宮、有御立願、今度無為令征伐者、生虜一人可奉于神職云々、則令奉御上箭給」(35)と、宇都宮大明神に詣でて武運を祈念しているのであるが、そのとき、藤原氏を討伐したならば、生虜一人を奉納するとの立願をなし、箭を奉じているのである。この事実は、武士の発生が狩猟民の系譜を引くこと、また鎌倉期の彼らは狩猟民的性格を残していることなどを考えると、合戦で捕えた生虜を奉ずるということは、狩人が狩で捕えた鹿等を供祭物として奉ずることと同様な意義があったといえよう。宇都宮大明神の性格を示すものである。ところで日光山と宇都宮大明神との関係は前記『続古事談』によれば、宇都宮は日光権現の別宮とあり、また文明十六年（一四八四）成立の「宇都宮大明神代々奇瑞之事」(36)に社の祖師を「温左郎麿《おんのさろまろ》」としており、これが『日光山縁起』の「小野猿丸」の転訛したものであることは明らかである。また『日光山縁起』の末尾で宇都宮大明神についての記述があることなどからして、その関係はかなり濃密であり、同一神を祀る神社であったことが知られる。いずれも狩の神であり、その寺社縁起は狩猟民の伝承・説話を中心にして造られたものであり、これに修験道や本地垂迹思想を絡めたものである。

同じく東国の縁起物である『諏訪大明神絵詞』をみてみよう。信濃国諏訪社の縁起は『諏訪大明神絵詞』と『諏訪大明神御本地縁起』がある。前者は延文元年（一三五六）、諏訪円忠が編纂したものであり、後者は民間説話として伝わったもので、いわゆる「甲賀三郎流離譚」として有名なものである。後者は『神道集』に『諏訪縁起』として収録されている。前者の『諏訪大明神絵詞』は「諏訪縁起絵」と「諏訪社祭絵」の二つから成っている。円忠がこれを記したのは失われた「諏訪社祭絵」の再興を発願したものである。「縁起絵」にみられる動物や狩についての記述は、「狩猟と生贄」「狩猟と天皇」等について説いたものである。「祭絵」にいたると、諏訪社の狩祭を具体的に記述したものである。諏訪社では年中四度、八ヶ岳南麓の裾野で巻狩神事が行なわれていた。五月二日から三日間行なわれる神事は『絵詞』(権祝本による)が記すところによると、

　五月二日、御狩押立進発、行列如常。(中略)狩集会大柏木ニシテ宇津保ニ改メテ、二流ノ旗ヲ守リテ、左右ニ相分テ、夏野ノ草ノ中ニシテ、所々ニ狩人散乱ス、台弖良山ニテ鹿ヲ出シテ、面々是ヲ射ル、四日ニ至マテ三ケ日ノ儀式也、其間、或ハ宅ニ帰リ、或ハ山ニ留テ狩猟ヲイタス、サシモ堪能ノ輩、数百騎ニ及ト云ヘトモ、矢ニアタル鹿両三ニスギス、諏方野ノ鹿ニアナアリト云フ古老ノ詞アリ。業深有情ノ本誓ニヨレルニヤ。

と、この「押立御狩神事」なるものが、かなり勇壮な形で描かれており、南北朝期の諏訪における巻狩の状況が窺えるのである。

　その他六月の「御作田ノ狩」、七月の「御射山御狩」、八月の「秋尾御狩」があり、ことに七月の神事のときは「凡諸国参詣ノ輩、諸道伎芸ノ族、七深山ヨリ群集シテ一山ニ充満ス。今夜参着ノ貴賤面々、信ヲ起シ、掌ヲ合テ祈念ス。諸道ノ輩衆芸ヲ施ス。又乞食・非人此処ニ集ル」というような「緇素群集」が見物する盛大な神事であった。まさに諏訪社の祭は狩祭、殺生の祭であり、諏訪社の祭神は動物の生贄を好む神であった。これは神事ではないが、「当郡ノ湖上ニ、炎暑ノ比、風シツカナル日、鯉馳ト云漁舟アリ。里魚ヲイトル事也。他国ニハタクヒマレナルヲヤ。必神事ノ法則ニアラネトモ、神官・氏人納涼ノ船遊シテ、祭礼ノ饗膳ニタムク。其躰シリフネ数艘多少不同ヲ流ル、クミツラネテ、堪能ノ射手一面ニタチワタル。矢ハスヲトリテ是ヲマツマニ、(中略)里魚タ

エスシテ水上ニヲトル。其時ニ面々射手矢サキヲ整テ此ヲ射ル。十之八九ハ矢アタリテ波上ニウカフ。串ニサスカ如クシテトリアク。自ラ船中ニ飛入魚ナトモアリ。是則上下末社小坂ノ鎮守浜南宮ノ中間、津々浦々ノワサ、興アル風情ナリ」と、諏訪湖で矢を射て鯉を取る豪快な漁をも伝えているのである。このような諏訪社の祭礼は近世においても行なわれており、諏訪社狩猟信仰は衰えなかった。

一方、『神道集』巻十の『諏訪縁起』の内容は周知のことと思われるが、その要点のみを記せばつぎのとおりである。甲賀権守諏胤に太郎諏致、次郎諏任、三郎諏方の三子があり、父の跡を三郎諏方がつぎ惣領となる。諏方が伊吹山で七日間の巻狩をしたおり、妻の春日姫が「天狗」にさらわれてしまう。三郎諏方は兄二人とともに妻をさがしに出、信濃国蓼科山の人穴で妻を見つけて救い出す。ところが三郎は次兄によって人穴に閉じ込められてしまう。そこで三郎は地底の国々を放浪するが、一日中鹿狩をしている維縵国の国王の娘維摩姫と結ばれる。その後、国王の許可をえて三郎諏方は浅間山頂から日本に帰り、妻の春日姫と再会して、信濃国岡屋で諏訪の大明神となるというものであり、諏訪明神は維縵国での狩の習慣にならい狩庭を非常に大切な行事とするというのである。この縁起も山の民・狩猟民の古伝承を伝えたものであり、この縁起の成立も、これら山の民と山の宗教家、巫女等の唱導文芸者の存在があったことによるとされている。(37) そして、この縁起の中で、鹿を殺すという狩猟のもつ意味が問われているのである。『神道集』では他にも巻狩があらわれる「赤城大明神事」では高野辺大将家成という公卿が無実の罪で赤城に流される。奥方と一男三女があったが、奥方が死亡して継母を迎える。そののち高野辺は許されて上洛する。継母は先妻の子どもの幸福を妬んで、それを殺害しようとする。その殺害の場が赤城山の狩競べ、七日間の巻狩なのである。

このようにみてくると、東国の寺社縁起には狩が切っても切れない関係にあり、殊に巻狩が重要な役割を演じている。さて巻狩といえば建久四年（一一九三）五月十五日、源頼朝によって挙行された富士の巻狩がある。これ以前、同年三月から四月末にかけて下野の那須野、上野の三原においても巻狩が展開されているのである。これらの巻狩の意義についてはすでに千葉徳爾氏が考察をくわえている。(38)それは、狩とは神意を問う手段であったことより、頼朝が重要な神の啓示を期待して行なったものであり、その神の啓示とは長子頼家が幕府をうけつぐ資格をそなえているかどうかを問うものであったとし、頼家がはじめて鹿を射たことにより、早速その夜山神に矢口祭を行なったことからそれが知られるとしているのである。そこには武門の棟梁は狩猟民の長たる意識が強くみられるのである。

八ヶ岳山麓で行なわれた諏訪社の神事は、頼朝が富士の裾野で展開した巻狩と同じ形態であるとみられており、さらに下野の日光や宇都宮明神にもこのような祭儀形態がみられるとされている。(39)殊に諏訪社の七月二十七日の御射山祭は注目されており、古代以来八ヶ岳山麓で巻狩を行ない、その獲物を生贄としていた。鎌倉時代になるとそれは鎌倉幕府の保護をうけながら、信濃国の御家人らの頭役によって運営されてきた。金井典美氏らによって旧御射山遺跡の発掘がなされており、その報告書も出されている。(40)このように諏訪や東国の在地における巻狩の事実、重要な行事が「縁起絵」の中に取り込まれたのは言うまでもないことである。民衆や武士の間において個人であろうと集団であろうと罪悪視されず、生活と生産のために行なわれてきた狩猟にたいする意識が、あるいは狩猟民・山の民の社会意識が諏訪社の縁起内部に潜んでいることを再度確認しておきたい。

以上中世後期に成立した二、三の東国の寺社縁起を検討した結果、つぎのような諸点を指摘しておきたい。縁起には鹿、猪等の多くの動物が登場し、殺生や生贄の対象となっている例が多いこと、縁起の原形は狩猟民・山の民の古伝承説話にあり、それに巫女等の唱導文芸者の存在と、利生縁が付加されていること、日光権現・宇都宮明神・諏訪明神(赤城明神もか)、いずれも狩の神々であり、動物の生贄を好む神であったこと、縁起内に巻狩がみられるが、この巻狩がしばしばみられることから、東国武士団の存在形態、意識の一定の反映がそこにみられること、さらにいえば武士と狩猟民との関係がそこにみい出されること、また動物を殺すことになんら罪悪観が示されておらず、むしろそれを好ましいとみなしていたこと、このような観念は近世まで続いていたことなどに要約できる。殊に罪悪観がまったくみられないことの意義については後に再度検討を加えたい。

三　畿内・西国と寺社縁起

(一)

東国の寺社縁起の性格をより明らかにするために、ここで少し畿内近国の寺社縁起内の動物や狩猟について検討しその位置づけを試みておこう。『諏訪大明神絵詞』『神道集』『日光山縁起』が成立した前後に、畿内・西国でもいくつかの有名な縁起が成っている。石清水八幡宮の縁起である『八幡愚童訓』の「放生会事」の末尾につぎのような記載がある。(41)

悪業を断じ殺生をやめ給はんが為に、大菩薩は魚味をとめて精進の御供を参り、肉食の者をば百日、七日、三日、勝劣に随て忌給。日本の諸神の中にも御慈悲すぐれておはします。唐土には神を祝ては、犠牲とて生ながら人を祭り禽獣〈ケダモノ〉を手向く。吾朝には大権の垂跡にてましませば、生ながら人をまつる事なし。爰式部卿親王敦実、衣冠をたゞ敷、手自精進・魚味の二の御供を奉り給て神慮を計給しに、精進の御供の御飯に御箸飛てたちしより、肉食を留て参らず。件の御箸は銀也。御節ごとに干㆑今奉㆑備㆑之。弥勒仏の光明仙人とて深山に修行し給し時、兎みづから焼死て肉を供養せしに、「吾肉をくゐばこそ、かゝる不便の事はあれ」とて、其よりして長く肉を断じ給も思しりぬべきおや。月の中に兎のかげあり、末代にしめさむために帝釈これをうつすと云へり。

『続群書類従』に収録されている『八幡愚童訓』であり、成立は正安三年（一三〇一）から嘉元二年（一三〇四）

までの間と推定されている。八幡神の霊験を十四章にわたって述べており、八幡信仰を一般民衆にわかりやすく論じたもので、その中の一節に「放生会事」なるものがある。この縁起ではいたるところで殺生禁断について触れているが、殊にこの「放生会事」においては、八幡宮の祭礼である放生会の由来と意義について述べたものであり、動物を殺害するという「悪業」犠牲等についての説話が多数のせられている。そこには殺生を「悪業」「罪悪」とみなす強固な思想があることはいまさら論じるまでもない。「殺生禁断」イデオロギーと称するものである。石清水八幡宮の放生会は中世国家の「国営」と化し、中世国家は「殺生禁断」イデオロギーを本地垂迹論を中核とする支配イデオロギーの中に組み込んでいき、しかも、鎌倉幕府がそれを諸国の地頭や御家人に厳守させることを命じたことにより、それはより強力な思想となったと伊藤清郎氏は論じている。(42) 殺生禁断はまさに国家的イデオロギーとなっていたのである。同じく鎌倉末の正中年間頃成立したとされている『石山寺縁起』第二―七に「永延の比、寺領のほとりにながく殺生をとゞむべきよし、寺家奏申侍けるに、慶保胤筆をそめていはく、(中略)かさねて建久の聖代にも、官符を下されて云、(中略)しかのミならず、永仁年中に関東・(の)下知状にも、たとひ他領たりといふとも、寺領のほとりにながく漁猟を禁断すべしと、侍るとかや。(43)」とあり、絵の部分において厳しく狩猟・漁撈を禁圧している図が描かれている。このようにこのころ畿内においては神社も寺院もともに厳しい殺生禁断が行なわれていたことを示す縁起が成立している。そもそも鎌倉初期に成立したとされている「諸社禁忌」には伊勢大神宮・石清水・賀茂・松尾等の有力諸社の産穢・死穢・触穢等の忌日の規定がなされており、(44) 触穢思想が広く諸社に浸透しているのが知られるのである。応永五年(一三九八)の奥書がある山陰地方の『大山寺縁起』をもう一つあげておこう。(45)

八十段

中頃聞へし悪遠江某とかやの孫に、葦名次郎左衛門とておそろしきあらゑびす異賊制罰の大将軍当国守護にて下しが、当山寺領の山に入、多の鹿獣かりとりし時、あきまの池にのぞみて魚鳥をとりつくし、のちには池のぬしの大蛇などを切殺しつ。さらに人のふるまひにはあらず如鬼神也。

八十一段

葦名加様に散々に遊ほどに日暮ければ返らんとせし時、大なる猪はしり出、只一矢に付《（射カ）》ころさんとせしに、三社神輿目にさへぎる。既に落馬せんとせしより心地みだれて重き病になりぬ。地蔵菩薩家中に入給とみへければ、願書を奉り財宝を捧て命ばかり助にけり。

八十二段

其後彼仁廿日ばかりなやみけるに、西の方より龍に乗たる僧錫杖もちて家の中に入と見て絶入す。後には物狂になる。大山より有験の高僧を請て護身加持しければ、権現の御託宣様様に有し程に、秘蔵太刀神馬等を奉り、平愈の後やがて殺生禁断して殊更に権現を奉仰けり。

この縁起は大山寺の成立より正応元年（一二八八）にいたる大山寺の寺歴を八十七段にわたって述べたものであり、その内容は霊験譚もあるが、確実な史実も少なくないとされており、史料としても大きな価値をもつとされている。ここに引用した三段は蒙古襲来ののち、伯耆国の守護となって東国から下ってきた蘆名（三浦）次郎左衛門の殺生と、地蔵菩薩信仰の説話であり、蘆名が多くの殺生をしたことにより重い病にかかり、地蔵菩薩と、大山の高僧の加持により、平愈し、以後殺生禁断を固く守ったとするものである。伯耆大山は『今昔物語』十七「依地蔵示従愛宕護移伯耆大山僧語」に「今、伯者ノ国、大山ト云フ所ニ詣デヽ、二世ノ求メム所ヲ祈リ願ヘ、彼ノ権限ハ、地蔵菩薩ノ垂跡」とあり、大山は地蔵菩薩を本地とするところであったことが平安末期から知られている。『大山寺縁起』の引用説話はその地蔵菩薩の霊験を説いたものであるが、「あらゑびす」の鹿獣を狩る行為がきわめつけの「悪業」として描かれており、「殺生禁断」思想が強く滲透していることが窺える。これより以前の鎌倉時代の中頃に成立したと推定されている『撰集抄』[46]なる説話集がある。その巻七の「大智明神ノ御事付俊方発心事」という説話に「伯耆国に太山と云所に、大智の明神と中神おはします。（中略）御本地は地蔵菩薩にておはしますとぞ。昔俊方と云ける弓取、野に出て鹿禽を狩ける程に、例よりも鹿多て、皆思の外に射留にけり。扨此鹿ともを取らんとすれは、我持仏堂に御座千体の地蔵をすへ奉ける。五寸の尊像に矢を射立て、鹿とみつるは地蔵にそおはしける。（中略）頓而手自本鳥切て、我家を堂に造て、永所ノ殺生を留侍にき」とあり、昔俊方なる武者が鹿と思って射たのは千体の地蔵菩薩であり、その後一宇を建立して永く殺生を止めたとするものである。『撰集抄』なる説話集は『西行撰集抄』などとも称されているが、西行とは関係ないとするのが通説であり、作者は不明である。成立は寛元・宝治・建長のころと推定されている。[47]鎌倉中期には大山寺と俊方なる武者の説話が知られており、この説話と『大山寺縁起』が関係あるかどうか不明であるが、「武者と殺生」「地蔵菩薩の出現」「霊験と殺生禁断」という基本的形態は同じである。この説話はあるいは中央で語られていたものであるかもしれないが、山陰地方においても殺生禁断が浸透していたことを示すものである。ところが縁起にみえる「悪遠江某の孫葦名次郎左衛門」については、佐藤進一氏が『増訂鎌倉幕府守護制度の研究』で詳細に触れている。[48]「悪遠江某」とは『民経記』の天福元年六月十三日条、『明月記』の同日条にみられる佐原盛連であり、その孫の蘆名（三浦）次郎左衛門とは頼連か行連に比定されるとし、彼は建治前後から弘安八年（？）まで伯耆の守護であったであろうと推定している。いずれにしても、実在の東国武者を主人公にして成立した縁起の一段であり、西国の人々からみた東国の荒武者と殺生を描いたものである。[49]

㈡

鎌倉・室町期に成立した畿内の寺社縁起は殺生禁断一色であるが、では畿内・西国の寺社縁起で動物の殺害や狩猟を好意的に描いたものはないかといえば、決してそのようなことはない。平安〜鎌倉初期に成立した寺社縁起にはしばしば殺生や猟師があらわれる。

熊野権現御垂跡縁起云、往昔甲寅年唐乃天台山乃王子信旧跡也。日本国鎮西日子乃山峰雨降給。（中略）次十三年乎過弖、壬午年本宮大湯原一位木三本乃末三枚月形仁天天降給。八箇年於経、庚寅農年石多河乃南河内乃住人熊野部千与定土云犬飼、猪長一丈五尺奈留射。跡追尋弖石多河於上行。犬猪乃跡於聞弖行仁、大湯原行弖、件猪乃一位農木乃本仁死伏世利。宍於取弖食。件木下仁一宿於経弖木農末月乎見付弖問申具。何月虚空於離弖木乃末仁波御坐止申仁、月犬飼仁答仰云。我乎波熊野三所権現止所申。一社乎証誠大菩薩土申。今二枚月乎者両所権現土奈牟申仰給布云々。

長寛元年（一一六三）に甲斐守藤原忠重が熊野社領甲斐国八代荘の年貢を押領したことにかかる前掲『長寛勘文』にある熊野の古縁起である。猟師である犬飼千代定が一丈五尺もある猪を射、その猪の足跡に導かれて石多河を上流に溯り、大湯原で死んでいる猪をみつけ、その肉を食べた。そしてその後、櫟の木にいる熊野三所権現を発見するというものである。ここでは狩猟と肉食という山の民の行動がとりたてて非難がましく記されていない。その理由は、この縁起は山の民・狩猟民の伝承・説話をもとに構成されたものであるからである。桜井好朗氏は、この縁起は狩猟民の古伝承と、修験者の唱導という二つの表現の水準で、神が世界にあらわれたことを示していると論じている。[50] この熊野山縁起は『神道集』にも収められている。巻二の「熊野権現事」がそれである。その概要は省略するが、摩訶陀国の王妃が、山中で出産してから首を切りおとされ、十二頭の虎が血のにおいをかいで集まり、その王子を守るというような、かなり血なまぐさい話が存在するが、前記した『長寛勘文』内の縁起の話も、「千代包」という猟師の説話として存在する。

十二世紀末頃の成立とされている粉河寺所蔵の『粉河寺縁起絵巻』[51]（国宝）は、地方に生れ、育ち、定着をみた仏教説話であり、絵巻としては古朴な形態をそなえているとされている。[52] この現存の絵巻はいつの頃にか火災にあって、詞書の第一段は焼けてしまい、第二段以下も天地に焼痕をとどめている。粉河寺の草創縁起にかかわるものとして、他に八種類の説話があるが、その中で漢文の『粉河寺縁起』(53)『粉河大率都婆建立縁起』(54)等が注目される。和文の『粉河寺縁起』(55)もあるが、この製作年次は天福二年（一二三四）をさほど隔ない時期といわれており、(56)他の縁起と内容が異なっているが、他の縁起は粉河寺草創にかかわるものであり、その登載されている説話は『三国伝記』のものを除き同系統のものといわれている。漢文『縁起』はその製作年次は不明であるが、『粉河寺大率都婆建立縁起』は奥書に天喜二年（一〇五四）とあることより、このときに成立したものである。漢文『縁起』と『率都婆縁起』を比較するとこの両者はきわめて近い関係にあり、漢文『縁起』のほうがより古体ではないかとの推測がなされている。(57)さて、国宝の『粉河寺縁起絵巻』は先行するこれらの『縁起』から資料を取っており、詞書の第二段以下の内容は漢文『縁起』等と大略同じである。であるから第一段の詞書も、漢文『縁起』の最初の部分とほぼ同じであったとみなしうる。国宝『縁起絵巻』になぜこれほどこだわるかといえば、猟師の生活を描いた『縁起絵巻』の絵は、古代末、中世初期の狩猟民の生活史料として屈指の名品だからである。この点は後に少し述べるとして、漢文『縁起』の最初の部分をみておこう。

宝亀元年草創紀伊国那賀郡粉河寺、故老伝云、先是同国同郡有一狩師、名曰大伴孔子古、畋猟為業、山林為栖、然間点一幽谷定一踞木、夜々窺猪鹿間、当左眼眦進（近カ）、有光明赫奕之処、其程如大笠許、心中作怖、奇特尤切、即下踞木漸行放光之処、随行光去、還来如東（本カ）、属現此相、及三四夜、即点光地、掃除草木、結構柴庵、心中発願、建立精舎、奉造仏像、不経幾程、有一童男行者、（中略）仏工閇戸、檀越反宅、七日之間致精誠、至第八日払暁、聞打戸声、参入拝見、千手観音像自然出現、更無仏師、於是檀主悲喜相交、歓悦尤甚、永断殺生、偏帰仏法、

大伴孔子古なる一猟師が山林に入って猪を狙っていたとき、左目の眦の方に大きな光を見つけ、奇特な思いを

なし、その地に柴の庵を建立し、仏像を造ろうと発願したことから始まる。中略部分について簡単に要約すれば、いくばくもなく童子の行者が来て寄宿せんことを請い、その礼として大伴孔子古の願いを果してあげるという。七日間の内に仏を造るから、その間に来て見ることを禁じて仏を造り始めたのである。そして八日目の暁に千手観音を発見するというものである。中略以下の部分については国宝『絵巻』にも和文で残されており「さて七日といふにくたん《（件）》の所にゆきてみれは（中略）れうし《（猟師）》あ□このよしをめ《（妻）》にかたり《（語）》てうちく《（具）》しつまいり《（詣）》きんへん《（近辺）》のものともにもこのよしをいひちらして、をの〳〵まいり、帰依したてまつりけり」とある。ところで国宝『絵巻』の第一段と二段の間の絵画の部分は猟師大伴孔子古の生活もきわめてよく表現されており、孔子古が踞木から猪鹿を狙っているところ、孔子古の家族の食事、飼犬、獣の皮をはいで干してあるところだとかが、みごとに表現されており、中世初期の狩猟民を描いた白眉である。宮本常一氏の解説を聞こう。「この絵巻には食事と食物についての若干の描写がある。そのうち興あるのは大伴孔子古の台所で鹿肉を食うさまである。まな板の上に肉をおき、それをまた箸でおさえ、小刀で切る。切ったものを椀に入れてたべるのであるが、小児は串さしの肉をそのままたべている。夫婦の椀に盛られたものは飯ではなさそうである。肉そのものが主食であり、ここには副食物らしいものは見かけられない。肉は焼いたり煮たりしてたべることも少かったようで、生でたべるか、またはあまったものは串ざしや薦の上に乾して乾肉にしたものである。その乾したものを鳥獣に食いちらされないようにおどしのための矢もたてられている」[58]と、この絵巻から、狩猟民の食事の実態を描き出しているのである。狩猟民や山の民が肉を主食としていたことは誤りあるまい。この絵巻は当時の狩猟民の生活を我々に知らせる貴重なものである。

粉河寺にまつわる縁起をみてみると、漢文『縁起』に「永断殺生、偏帰仏法」とあっても、猟師大伴孔子古にたいして、『大山寺縁起』の蘆名次郎左衛門や、『撰集抄』の俊方にみられるような、狩猟者にたいする極端なまでの「罪業」観、「不浄」観はみられず、国宝『絵巻』などにはただ「帰依」とのみ記されているのみである。この『絵巻』の製作者は後白河上皇の周辺で造られたものと推定する見解と、在地の粉河寺側が製作に関与していたとする見解に分かれているが、(59)門外漢の筆者には断定できかねるが、強い殺生禁断思想に侵されはじめている後白河周辺より、地方の狩猟民の説話をそのまま取り込み、具体的に狩猟民の生活を絵画で表現していることより、粉河寺がその成立に関与していたと考えるほうがより自然と思われる。

もう一つ付け加えておくならば、立山開山説話に次のようなものがある。鎌倉末から南北朝期に成立したとされている『類聚既験抄』(60)に「於立山狩人有之、熊射矢ヲ射立追入出処、其熊乍立矢死了、見之皆金色阿弥陀如来也、仍此山云立山権現也」というような猟師と熊と立山に関する説話があり、前掲『撰集抄』内の大山の俊方と同じような説話である。これより以前、鎌倉初期に成立したとされている『伊呂波字類抄』十巻本所収の『立山大菩薩顕給本縁起』(61)に、「為鷹猟之登雪高山之間、鷹飛空失畢、為尋求之深山之次、熊見射殺、然間笑立乍登於高山、笑立熊金色阿弥陀如来也」と立山開山説話を伝えている。しかし、鎌倉末・南北朝期に成ったとみられている『類聚既験抄』の縁起のほうがより古型であるとされており、素朴な形態を示している。いずれにしても立山開山の縁起には殺生禁断がみられないところは注目してよいであろう。これも本来狩猟民の間に存在した説話から発展したことを示している。後に成立した『立山縁起』に殺生禁断が入ってきているのも、他の西国縁起と同様である。

平安中期頃の縁起で猟師のあらわれるものとして知られているのは、前田家本『高野寺縁起』で、その中に所収されている、寛弘元年（一〇〇四）九月二十五日付の太政官符である。(62)ここに同年七月二十八日付金剛峯寺奏状につぎのような伝承が記されている。「寺家(唐)本願弘法大師以入学受持之密教、帰朝流布之弘願、誓而投三胋(鈷)可示有縁之地者、爰帰朝之後、為求機縁之地、尋究高山出行之間、途中相謁猟師二人云、願有験山高嶽之地、須為興仏法之寺者、祖師歓喜由、引高野之雲峰、重陳云、吾等是此山領主丹生高野祖子両神也、霊所尤在地、幸遇聖人遂宿願」と、空海が帰朝したのち、密教を教え広めるべき地を求めていたところ、猟師二人があらわれて、高野の峰に案内し、そしてその猟師は丹生・高野という親子の神だと名のったというのである。親子神は長年の念願がかなったので、「領地と三宝をあげるから、どうか伽藍を建ててほしい」といって姿を消したというのである。ここにみられる丹生明神は水銀採掘者等の山の民の神であり、高野明神は狩場明神ともよばれて狩猟民の在地神であったとされている。(63)『今昔物語』十一―二十五「弘法大師始メテ高野山ヲ建テタル語」にも「南ノ山ノ犬飼」と名のる高野明神と、山の民の姿をした丹生明神が空海を高野山に導く説話がのせられている。この在地神と金剛峯寺との関係については、複雑な関係があるようであるが、(64)寛弘元年の太政官符内の伝承でみるかぎり、狩猟民や山の民にたいしてまったく「悪意」はもっていないことは事実であるし、狩猟を「悪業」とはまったくみなしていない。鎌倉時代の『一遍聖絵』が「異類異形にしてよのつねの人にあらず、畋猟魚捕を事とし為利殺害を業とせるともがらなり」(65)と述べるような観念は決して存在していなかったといえよう。殺生「罪業」観の確立はまさに鎌倉時代以後のものとみなさざるをえない。

㈢

畿内・西国の寺社縁起の内容を検討してきたわけであるが、鎌倉・南北朝期前後に製作された寺社縁起内の狩猟・殺生・猟師等に関する部分をみると、殺生禁断を是となし、動物を殺すことを「罪業」とし、狩猟者を「悪人」とみなす見解がきわめて強くなっているが、平安末ごろまでのものは、「悪人」観は強烈ではなく、むしろ東国の寺社縁起に近いことが知られよう。ところで「熊野縁起」等にみられる肉食や殺生について「転換」という観点からその本質をみようとする見かたがある。桜井好朗氏は、熊野とは「不浄」が「清浄」に転化する劇的な転換の場所であるとして、『長寛勘文』所引の「熊野権現御垂跡縁起」の猟師千代定について、「猟師の千与定が殺生や肉食という『穢れ』＝『不浄』の所作を反復する。それによってはじめて熊野三所権現は人の世に現じえた」とし、傍証として、前掲『神道集』所引「熊野縁起」の山中における女御の出産の話や、『諸山縁起』の「役行者の熊野山参詣の日記」にみえる「所産半ばの女」や「牛馬の死骸」を「食らふ老女」の話が、猟師千代定の肉食の所作と同じことであったとし、彼らの行動は『延喜式』に規定されている「産七日」「宍を喫らば三日」なる「穢」に触れていることから「不浄」視されるものであり、その「不浄」が「清浄」に転換するというのである。(66)そしてそれは『諏訪縁起』をも含めて一般化され、神として出現するためには異様な苦難や災厄を人間として経験しなければならないと規定し、「人間のもつ苦しみや災いを、極端なかたちで通過しなくてはならない」(67)とするのである。このような思考は一部文化人類学者が好んで用いる手法であり、たとえば山口昌男氏は「王権の象徴性」において、「王権を担う者は、大罪を出発点において背負い、住民の穢れを一身に引き受けることにより、これを権威に転化していくという位置におかれる。彼は、そのため加速的に神の状態に近づく」(68)と論じており、「神」と「王」の相違はあるが、その分析視角はまったく同じといっていいであろう。「浄」「不浄」を逆転、転換、倒立、転倒の関係とみなす篠田浩一郎氏の「天皇制と日本語――能楽『蟬丸』をめぐって――」も同様である。(69)

たしかに熊野という場所は中世において、蘇生・転換の観念のある場所として有名である。また『神道集』の「熊野縁起」等の描写は「乱穢」「不浄」を思わせるものがあり、「浄」と「不浄」、「聖」と「穢」の転換という発想も可能となってくる。筆者も鎌倉〜南北朝期に成立した畿内「縁起」の特質から、中世の熊野という場に限定してこれを認めることは吝かではないが、『長寛勘文』や『粉河寺縁起』をもその対象にしたり、東国の諏訪社縁起までもそのような発想で処理することは疑問である。東国の寺社縁起である諏訪社の縁起も、あるいは日光山・宇都宮の縁起も狩猟や殺生にたいしての「罪業」観は微塵も感じられず、むしろ狩猟を好む神々であり、そこには「不浄」観などは無いから転換の発想は成立しえないのである。また、『長寛勘文』や『粉河寺縁起絵巻』にも、強烈な「罪業」観はなく、むしろ猟師を好意的に描いてさえいるのである。東国はもちろん、畿内の人々も古代〜中世にかけて狩猟を盛んに行なっており、ことに古代においては狩猟は民衆のみでなく、支配階級に属する人々もなんら禁忌することではなく、猪や鹿類、さらには、熊・猿・兎等を獲物としていたのである。『万葉集』内には多くの狩猟の歌があることが知られており、さらに平安期も狩猟は日本人の生活にとって不可欠であった。(70) ただ古代の一隅に「殺生禁断」思想が芽えてきたことも事実であり、すでに奈良時代から「殺生禁断」令もみられる。しかし、この思想が強烈な「罪業」「不浄」観に発展していくためには平安末・鎌倉を待たねばならなかった。(71) あるいは南北朝期との見解もある。(72)「浄」「不浄」を対比させて、その転換をみる思考は、鎌倉・南北朝期の熊野という場所のみで通用するかもしれないが、これを寺社縁起一般に拡大することはできない。畿内の寺社縁起も、歴史の進展とともに、支配的思想をより強固に取り込んでいったとみなすのが自然であり、平安期や中世初期に成立した『高野寺縁起』や『粉河寺縁起』『長寛勘文』にはいまだ迫害されていない狩猟民の素朴な生活・生産・信仰がみえるのである。ところが触穢思想や殺生禁断思想の発展は彼らを中世社会の一隅に追いやっていく。

四　諏訪の「勘文」と殺生禁断

去三月七日、自熊野那智浦、有渡于補陁落山之者、号智定房、是下河辺六郎行秀法師也、故右大将家下野国那須野御狩之時、大鹿一頭臥于勢子之内、幕下撰殊射手、召出行秀、被仰可射之由、仍雖随厳命、其箭不中、鹿走出勢子之外、小山四郎左衛門尉朝政射取畢、仍於狩場、遂出家、逐電不知行方、近年在熊野山、

『吾妻鏡』天福元年（一二三三）五月二十七日条にある、熊野より補陀落山に渡ろうとした下河辺六郎行秀法

師の挿話である。下河辺六郎行秀は、頼朝が行なった那須における巻狩で、大鹿一頭を射そこねたことにより出家し、熊野山に入り、さらに補陀落山に渡ろうとしたというものである。[73]同じような話が富士の巻狩にもある。工藤景光が大鹿を射そんじた、そのときの景光は「景光十一歳以来、以狩猟為業、而已七旬余、莫未獲弓手物、而今心神惘然太迷惑、是則為山神駕之条無疑歟、運命縮畢、後日諸人可思合云々、各又成奇異思之処、晩鐘之程、景光発病云々[74]」と、射そんじたことにより、その晩発病してしまったというのである。『吾妻鏡』のこれら武者の挿話と、『撰集抄』にみられる伯耆の俊方なる武者が鹿を射たところ、それが地蔵菩薩になったことにより出家した説話や、伯耆国守護蘆名某が多くの鹿獣を射たことにより重い病になったことを記す『大山寺縁起』を比較してみると、比較する史料の価値も、時代も異なっているが、出家、あるいは発病という事態にいたる前提、理由がまったく逆であることが興味深い。『吾妻鏡』のエピソードでは鹿を射そんじたことにより出家、発病するが、[75]伯耆国の説話では、鹿や獣を射たことにより出家・発病するというものである。ここに歴然たる社会意識の相違をみざるをえない。狩猟、ことに鹿を射ることは神意を問うものとする思想と、狩猟は神や仏の意向に反するものとする思想がそこにみられるのである。

この「東」と「西」における殺生観の相違の由来については別稿において述べたところであり、さらに武士の発生史ともかかわるところである。[76]戸田芳実氏の「国衙軍制の形成過程[77]」や高橋昌明氏の「武士の発生とその性格[78]」等の論文は、初期の武士が「屠膾之類」と呼ばれ、日常的に鹿狩・鷹狩・川狩等を行ない、「人ヲ罰シ畜生ヲ殺」す武士の様態を詳細に論じている。武士が狩猟民を一つの源流とする見解は通説的になってきている。そして東国はきわめて強力な武士団が存在したところであることは言うまでもなく、東国の武士気質として「おやもうたれよ、子もうたれよ、死ぬればのりこえのりこえたゝかふ候[79]」との『平家物語』にみられる死や殺生をまったく問題にしない特質も、東国武士団の存在形態と密接にかかわるものであり、それは東国武士団が狩猟民的側面を強く持っていたからである。前記した諏訪社の御射山祭をみよ。まさに典型的な狩猟民の祭がそこにあるではないか。[80] さらに馬上より、走る犬をめがけて矢を射る犬追物という武士の技芸は、「死」や「殺生」について独特な意識や気質を形成したとみていいであろう。

「西国のいくさと申は、おやうたれぬれば孝養し、いみあけてよせ、子うたれぬれば、そのおもひなげきによせ候はず、兵粮米つきぬれば、田つくり、かりおさめてよせ、夏はあつしといひ、冬はさむしときらひ候、東国にはすべて其儀候はず」[81]と、同じく述べられている西国武士団は、まさにそこに記されているように田畠を支配の中心にすえる武士団であった。そこにはおのずと「殺生」や「死」についての違いがあらわれて当然である。そして畿内・西国は荘園制的支配が強固である。「清目」なる「殺生」をもって支配者に奉仕する職能集団が生まれ、彼らを非人として賤視したのも西国である。しかし畿内や西国とて狩猟が盛んに行なわれていたことは、各地の荘園文書をみれば明らかであるし、また狩猟は民衆の生活と生産に深くかかわるものであった。だが狩猟者は中世社会が深まれば深まるほど、村落から排除され、賤視され、差別される状態となっていくのである。それは殺生禁断と触穢思想の浸透が民衆レベルまで及んだことを示す。西国の、平安末・鎌倉初期の縁起と南北朝期前後の縁起を比較したとき、狩猟者にたいする対応が異なっているのも、まさに理由はここにあったのである。黒田俊雄氏が「中世における武勇と安穏」[82]において、中世後期になっても武勇や合戦を、あからさまに嫌悪・非難しているのは西国にとりわけみられ、東国ではひたむきの武勇をよいこととみる傾向があると述べているが、本質を突いた意見である。

さてここでもう一度諏訪社に戻ろう。この社から発したものとして有名な「諏訪の勘文」あるいは「神文」という、殺害した野獣の霊を弔い、成仏を祈る呪文がある。

業尽有情　雖放不生

故宿人天　同証仏果

という四句である。[83]千葉徳爾氏は「野獣魚鳥の類はその業が尽きて人に捕えられるのであるから、これを再び野に放っても長くは生きられぬ。そればかりでなく、野垂れ死では成仏することもできぬ哀れなものである。したがって人に食べられることによってその人に同化し、この人が成仏するに伴なってそれらの生物の生命も同じく成仏するのであるから、そうした方がよい。だから、この文は死をうらまず人の食物となれと鳥獣魚類の霊にさとす引導の句なのである」[84]と解説している。「殺生」を公認するだけでなく、むしろ「殺生」を勧めてさえいるこの「諏訪の勘文」は「殺生仏果」観と位置づけられ、諏訪信仰として全国に広まっていった。千葉徳爾氏の研究によると、この「諏訪の勘文」は関東・中部地方はもとより南は鹿児島県大隅半島の「山神祭文」をはじめとして九州・四国の各地に狩猟儀礼の訛った呪文や祭文として残されており、古い猟師たちはこの作法にしたがって獲物を祭り、成仏させたことが、多くの事例をあげて論じられている。[85]さらに中世末から近世にかけて、鹿肉を食べても許されるという「鹿食免」[86]なる札や箸が諏訪神社で製作されており、平生肉食をしている人々の要望に答えているのである。このように近世になっても諏訪社の狩猟信仰は決して衰えなかった。

古代の一隅からおこった「殺生禁断」思想がきわめて強い思想潮流となり、支配体制の中に鋭く食い込み、支配階級のイデオロギーとして育っていったとき、東国の山間地帯ではこれと逆な、支配イデオロギーに対抗するような思想、「殺生仏果」観といえる思想が生成していた。この思想は東国や西国の山の民の思想として、「殺生禁断」思想に対抗して、永く近・現代まで残るのである。付け加えるならば、この「殺生仏果」思想は「生成期」における東国武士階級の思想でもあったのである。

「殺生禁断」思想が東国にも広く浸透してきたように、「殺生仏果」思想も「殺生禁断」思想が強い畿内にも一定度の浸透をみせている。長享元年（一四八七）諏訪円忠の子孫である諏訪貞通が勧進して、将軍足利義尚以下の公家・武家が、その年の御射山祭に法楽和歌を献じており、そのなかには「殺生仏果」観を和歌で詠じたものもある。[87] 京師の公家にも一定の理解をえられていることが知られる。江戸時代の前期に版本として流布した『狂言記』なる狂言の台本があり、作者不詳であるが江戸時代の狂言普及に大きな役割を演じたとされるものである。[88] 狂言は謡曲と異なって、時代とともにその内容や詞章が変化するので、狂言を史料として使用することは慎重にならざるをえないが、『狂言記』巻一の十「鹿狩」なる狂言は、室町末〜近世初期の「殺生仏果」観を取り込んだものとして著名であるので猟師と僧の問答の一部を掲げてこの節を閉じたい。

（前略）僧ふん、そなた狩人か。扠も〳〵、穢い奴が道具を持つたことかな。三郎やい、其処な坊、彼の弓はなぜに捨てたぞ。僧殺生を為る道具をば、この尊い愚僧が、持たうはずは無い。三郎やい、其処な坊主、殺生を為る事をして、仏の嫌やるか。僧おんでないこと。三郎いや、其の仔細が聞きたうおぢやる。僧なか〳〵、語りて聞かせう。それ出家と云つぱ、五戒を保つ。五戒といつぱ、殺生、偸盗、邪淫、妄語、飲酒戒、中にも仏の戒め給ふは、あゝ殺生ぢや。三郎やい坊主、頭は円めたれども、ものは知らぬ。殺生して苦しうない文がある。語つて聞かせう。それ達磨の文に曰く、殺生せよ、殺生せよ、刹那も、殺生せざれば、その身地獄へ箭の如くと云ふときは、如何ほど殺生しても、苦しうない。僧やい、それは、胸の中の殺生ぢや。茲に殺生をして、地獄へ堕つる文がある。語つて聞かせう。がうぢんくぢやう、すいほうふしやう、こしくぢんでん、だうしや、ぶつくわと聞く時は、とがにならないで叶ふまい。三郎やい坊主、またこの方にある。一心に生ぜざれば、万法に科なし、科なければ法なし。法なければ仏もないと聞く時は、如何ほど殺生しても、科にならぬ。僧やい、其処な者、如何ほどさう云ふとも、鹿を射たらば鹿にならいでかなふまい。三郎やい其処な坊、鹿を射て鹿になるならば、坊主を射て出家にならう。僧射る事はなるまいぞ。胸に三寸の弥陀があるぞ（以下略）[89]

「殺生禁断」を旨とする僧侶と、「殺生仏果」観をもつ猟師との間の掛合問答で、まったく異なる「殺生」観をもつ二人が相互に相手を非難し、揶揄しあうところに笑いがあるが、その中で僧が「かうじんくぢやう、すいほうふしやう、こしくぢんでん、だうしや、ぶつくわ」なる、訛った「諏訪の勘文」を発し、その意味も逆に解して、本来この「勘文」をよく理解している猟師に、それを説教しており、これは猟師が経文を坊主に語り聞かせるところとともに、一般の聴衆の笑いを誘うという構想となっているのである。狂言が畿内の農村を舞台にして成立してきたものであるという一般的見解に従うならば、中世末期・近世初期の畿内に居住する人々は、「諏訪の勘文」なるものについて理解していなければ、笑いは起こらないであろう。「諏訪の勘文」はこの「鹿狩」という狂言を見物する人々にとっては常識的に理解していることであったといえよう。この狂言の中に、当時における「殺生」観が凝縮しているのであり、興味深いものである。「殺生禁断」思想と「殺生仏果」観は相互に攻めぎあいを演じているとはいえ、「殺生禁断」が支配階級の思想となったことより、この思想が圧倒的に優勢であったことは誤りないところである。しかし「殺生仏果」観はけっして消滅することはなかった。

おわりに

なんとも冗長なものとなってしまい、締りのない論文であることを認めざるをえない。「東国社会論」に興味をおぼえ、史料の採訪を始め、方法論を模索しはじめたとき、「南北朝動乱期の社会と思想」なるテーマで稿をなさざるをえない状況に追い込まれてしまった[90]。「思想」などという論題がつく論文を書くなどと夢にも思っていなかったので、益々混迷を深めたが、たまたま動物を殺すこと、すなわち殺生に興味がひかれ、民衆史、民衆生活史の中でこの問題を追究しようと試みた。小稿においても、このような視角を貫いている。

「殺生」は民衆史を検討しようとすれば避けてはとおれない問題であるし、身分論や部落問題に密接に係わる問題であり、支配思想となっていった「殺生禁断」と「殺生」を正当化する思想を、民衆史の中で歴史的に位置づける必要があると考えたからである。さらに東国と畿内・西国では「殺生」についての認識の差があることが従来より指摘されているので、この点をさらに明確に位置づけ、東国社会の特質に一歩せまろうとしたものである。中世の東国社会を検討しようとする場合、それに関する史料が少ない。そのため寺社縁起や説話という史実を確定するうえで史料価値にやや疑義があるものをあえて使用せざるをえなかったし、また国文学や民俗学等の隣接諸科学の成果にたよるところが多かった。

小論がどれほど東国社会の特質や、民衆生活を明らかにしたのか心許無いが、今後も多方面の史料を駆使して、民衆史を追究していきたい。なお国文学関係については筆者と職場を同じくする両角倉一氏より多くの御教示をえた。

(1) 網野善彦『日本中世の民衆像』(岩波新書一三六、岩波書店、一九八〇年)。
(2) 網野善彦『東と西の語る日本の歴史』(そしえて文庫七、そしえて、一九八二年)。
(3) 大野晋・宮本常一編『東日本と西日本』(日本エディタースクール出版部、一九八一年)。
(4) 網野善彦・石井進・笠松宏至・勝俣鎮夫著『中世の罪と罰』(東京大学出版会、一九八三年)。
(5) 黒田俊雄「中世における武勇と安穏」(『仏教史学研究』第二四巻一号(一九八一年)、のち『王法と仏法』(法蔵館、一九八三年)収録。
(6) 佐藤進一『日本の中世国家』(日本歴史叢書、岩波書店、一九八三年)。
(7) 小林清治・大石直正編『中世奥羽の世界』(東京大学出版会、一九七八年)。
(8) 「一九七九年度歴史学研究会大会報告」(『歴史学研究』別冊特集)、同「一九八〇年度報告」、同「一九八一年度報告」。
(9) 拙稿「室町期の国家と東国」(前掲「一九七九年度大会報告」)。
(10) 「一九七九年度大会　中世史部会報告批判」(『歴史学研究』四七五、一九七九年)。

(11)『寺社縁起』(日本思想大系二〇、岩波書店、一九七五年)。
(12)桜井好朗『神々の変貌』(東京大学出版会、一九七六年)、『中世日本文化の形成』(東京大学出版会、一九八一年)に代表的な論考が収められている。
(13)同右。
(14)前掲『寺社縁起』解説。
(15)この点については別稿「南北朝動乱期の社会と思想」(『講座日本歴史』4、東京大学出版会、一九八五年)で簡単に触れておいた(本書第Ⅱ部第一章)。
(16)『羽黒山縁起』(山形県文化財報告書第二十『羽黒山修験道資料』山形県教育委員会、一九七五年)、永治元年に成立したものを寛永二十一年に筆写したとの奥書がある。
(17)『日光山縁起』(前掲『寺社縁起』所収)。
(18)『神道集』巻六「三島明神事」。
(19)『続群書類従』巻七三、『神道大系』神社編三〇。なお史料は『神道大系』所収のものを引用した。
(20)『阿娑縛抄』(『大日本仏教全書』)、『戸隠山顕光寺流記』(東京大学史料編纂所架蔵)。
(21)『和漢三才図会』、『立山大縁起』ともに近世の成立であるが、すでに鎌倉時代初期に成った『伊呂波字類抄』や鎌倉末と推定されている『類聚既験抄』にこの縁起の原型が存在する。
(22)「足助八幡宮縁起」(『続群書類従』巻六八)。
(23)『群書類従』巻四六三。
(24)『粉河寺縁起絵・吉備大臣入唐絵』(『日本絵巻物全集』角川書店)。
(25)『祇園牛頭天王縁起』(『続群書類従』巻五五)。
(26)『続群書類従』巻九五三。
(27)『続群書類従』巻八一五。
(28)注(12)参照。
(29)前掲『神々の変貌』、三一頁。
(30)前掲『中世日本文化の形成』九一頁。

(31) 同右書、九二頁。
(32) 『さんせう太夫考』(平凡社、一九七三年）二二九頁。
(33) 「国質」については勝俣鎮夫「国質・郷質についての考察」(『戦国法成立史論』東京大学出版会、一九七九年）を参照。
(34) 前掲、日本思想大系『寺社縁起』より引用。
(35) 『吾妻鏡』文治五年七月二十五日条。
(36) 『群書類従』巻二四。
(37) 前掲『神々の変貌』第五章「中世における神々の黄昏」。
(38) 千葉徳爾『狩猟伝承研究』(風間書房、一九六九年）第二章「日本狩猟史の諸問題」。
(39) 同右。
(40) 金井典美「旧御射山遺跡発掘調査報告」(『諏訪信仰史』名著出版、一九八二年)。
(41) 前掲『寺社縁起』所収「八幡愚童訓」から引用。
(42) 伊藤清郎「石清水放生会の国家的地位についての一考察」(『日本史研究』一八八、一九七八年)。
(43) 『日本絵巻物全集』(角川書店)。
(44) 『続群書類従』巻八〇。
(45) 同巻八一五。
(46) 注(26)参照。
(47) 『日本古典文学大辞典』(岩波書店、一九八四年）第三巻、「撰集抄」項。
(48) 佐藤進一『増訂鎌倉幕府守護制度の研究』(東京大学出版会、一九七一年）一〇五、一四二頁参照。
(49) 鎌倉時代の中頃、後深草院二条の日記である『とはずがたり』巻五に備後国和知に逗留したときの記述がある。二条がその逗留した家の主人について、「主が有様を見れば、日毎に男女を四五人具しもて来て、打ち苛む有様、目も当てられず。こは如何にと思ふ程に、鷹狩とかやとて、鳥ども多く殺し集む。狩とてししもて来るめり。おほかた、悪業深重なるふし」(『とはずがたり』筑摩書房、一九六九年）と評しており、この「主」は上野国から下向してきた広沢という御家人であった。周知のようにこの後、二条はこの広沢にあやうく「下人」にされかかるのであるが、いずれにしても、西国に下向してきた東国武士の実態を伝えているもので興味深い。この記述からも、伯耆国における盧名某の「悪業」がしのばれる。西国の人々が西国に下ってきた東国武士の殺生を嫌った史料は他にも多い。
(50) 前掲『神々の変貌』一八四頁。
(51) 『日本絵巻物全集』(角川書店)。
(52) 片野達郎「『粉河寺縁起絵巻』の絵詞の文芸性」(『日本文芸と絵画の相関関係の研究』笠間書院、一九七五年)。
(53) 『続群書類従』巻八一九。
(54) 前掲『粉河寺縁起絵・吉備大臣入唐絵』。
(55) 前掲『寺社縁起』。
(56) 前掲『寺社縁起』の「粉河寺縁起」解説。
(57) 注(52)参照。
(58) 宮本常一「粉河寺縁起絵巻に見える庶民生活」(前掲『粉河寺縁起絵・吉備大臣入唐絵』)。
(59) 梅津次郎「粉河寺縁起と吉備大臣入唐絵」(前掲『粉河寺縁起絵・吉備大臣入唐絵』)。注(52)参照。
(60) 『続群書類従』巻五八。
(61) 正宗敦夫編纂校訂『伊呂波字類抄』第四(『日本古典全集』第三期)。『伊呂波字類抄』には、三巻本と十巻本があり、三巻本は天養~治承年間に成立した。十巻本も鎌倉初期までに成立したと推定されている(前掲『日本古典文学大辞典』第一巻「色葉字類抄」項)。
(62) 『平安遺文』四三六号文書。
(63) 景山春樹「丹生明神と高野明神の画像」(『神道美術——その諸相と展開』雄山閣、一九七三年)。
(64) 桜井好朗氏は在地神祇をいただいた在地民と金剛峯寺との間に対立関係があったことを、この太政官符を通して明らかにしようとしている(前掲『神々の変貌』五〇頁以下)。
(65) 『一遍聖絵』(『日本絵巻物全集』角川書店)。
(66) 桜井好朗「歴史叙述における中世とは何か」(『空より参らむ』人文書院、一九八三年)。
(67) 前掲『神々の変貌』一九四頁。
(68) 久野収・神島二郎『「天皇制」論集』(三一書房、一九七四年)二七七頁。

(69) 篠田浩一郎「天皇制と日本語──能楽『蟬丸』をめぐって──」(『現代の眼』一九七六年九月号)。
(70) 加茂儀一『日本畜産史』(法政大学出版局、一九七六年)「肉食史」。
(71) 大山喬平「中世の身分制と国家」(『岩波講座日本歴史』八 中世四、岩波書店、一九七五年)、のち『日本中世農村史の研究』(岩波書店、一九七八年)収録。
(72) 網野善彦『中世の非農業民と天皇』(岩波書店、一九八四年)、前掲『日本中世の民衆像』。
(73) 益田勝美「フダラク渡りの人々」(『火山列島の思想』筑摩書房、一九六八年)。
(74) 『吾妻鏡』、建久四年五月二十七日条。
(75) 横井清氏は「的と胞衣」において、これらのエピソードから「鹿」と「山の神」との関係を考えようとしている(『社会史研究』三日本エディタースクール出版部、一九八三年)。
(76) 拙稿「南北朝動乱期の社会と思想」(『講座日本歴史』四、東京大学出版会、一九八五年)、本書第Ⅱ部第一章収録。
(77) 戸田芳実「国衙軍制の形成過程」(日本史研究会史料研究部会編『中世の権力と民衆』創元社、一九七〇年)、のち、『初期中世社会史の研究』(東京大学出版会、一九九一年)収録。
(78) 高橋昌明「武士の発生とその性格」(『歴史公論』一九七六年七月号)。
(79) 『平家物語』巻第五「富士川」。
(80) 前掲『諏訪大明神絵詞』。
(81) 注(79)参照。
(82) 注(5)参照。
(83) 前掲『狩猟伝承研究』第七章「狩猟信仰としての諏訪神道」が詳細である。
(84) 同右書、五五七頁。
(85) 同右書、第七章。
(86) もっとも古い「鹿食免」とされているのは『新編会津風土記』巻三所収のもので以下のようなものであった。

諏訪法性大明神鹿食御許之事

奈尽有情　雖放不生　故宿人身　同証仏果(朱印)　神主武居謾

天正十八年丙申　月吉日

|祝大壱|
|印祝神|

金剌

これが天正十八年のものかどうかは不明であるが、近世に多く「鹿食免」が発行されたことは事実である。

(87)「常徳院集」(『信濃史料』七)。前掲『諏訪信仰史』。

(88)前掲『日本古典文学大辞典』第二「狂言記」項。

(89)『校註日本文学大系』第二二巻(国民図書株式会社、一九二六年)。

(90)注(76)参照。

【付記】校正の段階において、村井章介「中世日本列島の地域空間と国家」(『思想』七三二号、のち『アジアのなかの中世日本』収録、校倉書房、一九八八年)という論文を読んだ。東国社会を検討するうえで興味深い指摘が多いが、参考にできなかった。殊に南九州と東国との関係については今後の課題としてうけとめたい。

第三章　中世後期の雑芸者と狩猟民——「善知鳥」にみる西国と東国——

はじめに

中世に生きた民衆の文化・意識・思想・技術、あるいは家や家族等の研究が多方面からなされてきている。一九七〇年代以後における身分論や分業論の発展と密接に関連しながら、さらにはアジールや徳政、地起等の社会意識に関する問題提起が次々となされるなかで進展してきたものである。民衆生活史を研究対象とする場合、古文書や日記等の文献史料の多くが支配層によって記されたことから、民衆の生活をみようとすると大きな限界があることは、従来より指摘されているところである。そのため文献史料とともに、民俗学や文化人類学等の隣接諸科学の成果を踏まえたり、あるいは絵画、歌謡、舞踊、民具等を検討素材として課題に迫らんとする努力がなされている。(1) このような隣接諸科学との交流を進めれば進めるほど学際的にならざるをえず、「今日社会諸科学全体が転換期の様相を帯び、さまざまな分野で学際的討論が活発に展開されていることを考えると歴史学も大胆な自己脱皮を迫られ、（中略）実証を通じて過去の対象を全面的に解明しようとする歴史学は元来学際的性格を持たざるをえないはず(2)」であるとの指摘もなされており、隣接諸科学との連携や、批判的摂取を強く押し進めるべきだとする提言は注目される。

さて小論においてはこのような動向に刺激されて南北朝・室町期の民衆意識の一側面を国文学等の研究成果に導びかれながら検討しようとしたものである。文学作品と歴史学との関係について、すでに津田左右吉は大正六年（一九一七）『文学に現はれたる我が国民思想の研究』において「この時代の文学としても現実の社会を余所にすることは出来ない(3)」として、物語の『佐伯』『朽木桜』、『あきみち』『文正草子』『物臭太郎』『猿源氏草子』、舞曲の『信田』『百合若』、謡曲の「望月」「放下僧」「籠祇王」「鳥追船」「広基」「苅萱」「砧」「藍染川」「園田」等の例をあげて、これは当時あった事実譚を潤色したりしたものであること、また詞や小説の主たる題材に地方人や下級民が入ってきたのは、この時代が始めてであること、さらに実社会から採った物語の材料として寺院社会に注目し、『初瀬物語』『あしびき』『秋の夜長の物語』等は寺院が舞台となっており、これらの物語も事実譚を根拠としたものであること等々、当時の社会や民衆と文学作品の接点について多く言及している。戦後にいたると石母田正氏は『中世的世界の形成』のなかで『平家物語』の持つ大きな意義について論述しており、またその前提となる平安時代の諸文学作品について「古い貴族的秩序から解体されようとしている個人の反省と内面化(4)」との意義付けをして、文学作品の中に当時の知識人の意識を見い出そうと試みており、また岩波新書で『平家物語』を執筆している。その後領主制研究が学界の主要な検討課題となり、石母田氏のように文学作品を通して、当時の人々の意識を探る姿勢はいつしか忘れさられていった。ただ『今昔物語』や『日本霊異記』等が田堵や「兵」、武士団の成立の傍証に用いられるのみであった。歴史学は厳密な史実の確定をきわめて重要視する学問である。そのための実証を一つの主要な柱としていることより、文学作品が歴史家の食欲をそそらなかったのは当然であった。しかし「中世史研究をとりまく環境は大幅に塗りかえられ、さらには研究者の問題意識までもが激しく揺さぶられることとなった。たとえば都市とその住民、あるいは都鄙を往来する遍歴漂泊の職人・芸能民・聖・さらには山の民・海（川）の民などに寄せる研究者の関心の高まりを見よ。それが農村における領主―農民関係のありかたに主要な関心を向け時代区分の座標軸としてきた戦後中世史学の枠組にもはや収まりきれないほどの段階にまで達している」(5)と論断する入間田宣夫氏の言を借りるまでもなく、現在の中世史はその枠組をめぐって新たな方向を模索する動きが活発であり、網野善彦氏を中心にして民俗学・社会学・文化人類学等の隣接諸科学の成果を大胆に摂取してその叙述がなされており、(6)文学研究の成果もその一翼を担うものとなっていることは周知の通りである。

石井進氏は『中世武士団』の中で鎌倉武士の姿、生きかた、考えかた、信仰などを『真字本曽我物語』を通して生き生きと描いており、鎌倉武士について新鮮なイメージを与えた。(7)大石直正氏は『曽我物語』『保元物語』『平家物語』『太平記』『義経記』等々の作品を駆使して中世国家の四至や蝦夷問題を詳細に検討して新たな論点を示している。(8)村井章介氏は『幸若舞』の『百合若大臣』から中世民衆の対外意識を、(9)千々和到氏は『竹取物語』を通して起請文を焼く意味をみようとしている。(10)横井清氏がもっとも好んで使用するのは狂言であり、その中から中世民衆像を構成しようとしている。(11)また連歌を論考の基調にすえているものも多い。さらには説経浄瑠璃を通して中世末期の民衆世界、社会の底辺の賤民を赤裸々な形で見据えた岩崎武夫氏の諸業績は中世史に大きな影響を与えている。(12)

家永三郎氏の『猿楽能の思想史的考察』なる著書がある。そこにおいて謡曲の思想的基調は鎌倉新仏教の世界観の延長上にあり、鎌倉新仏教の宗教的世界観が芸能に組み入れられて一般世人に享受され、広い社会的浸透をとげた結果によって生まれたものであると位置づけられている。(13)さらに氏はそこで「天下国家」「皇室」「武士」

けている。

「殺生を生計とする人々」「女性」「貴族」「地獄」「生きる悲哀」「解脱成仏の世界」等の猿楽能の主要なテーマについて個別具体的にその思想基調を考察しており、室町期の社会を検討するうえで見逃しえない問題をなげかけている。

筆者は中世の思想史や芸能史についてはまったく無知であり、謡曲を通して中世思想史を検討しようとするものではない。ただ家永氏の分類でいけば「殺生を生計とする人々」すなわち、猟師・漁夫という人々にたいする社会意識をみようとするものであり、謡曲中における彼らを検討することによって南北朝・室町期の社会の一側面に迫らんとしたものである。鳥獣魚類を捕殺し、屠殺することを職業とする人々は悪人の代表のごとくみられて、身分差別を受けていたことは周知の通りであり、中世社会を解明するうえで避けては通れない問題であることより、種々の検討がなされている。小稿は前記したような業績の驥尾に付して、文芸にあらわれた「悪人」をみようと試みたものである。さらに彼ら「悪人」を芸能の中にとり込み、それを民衆の間に流布し、浸透させていった雑芸者をみんとしたものである。(14)

なお小稿は本来「南北朝動乱期の社会と思想」(『講座日本歴史』第四巻、東京大学出版会)第二節(「動乱期の文芸と民衆」)であったが、原稿枚数の関係から、その節を大幅に要約、縮少せざるをえなかったため、増補して小論となしたものである。それゆえ、これは南北朝・室町期社会の全体像をみるうえの一部であることを断っておきたい。

一　謡曲「善知鳥」の世界(一)

謡曲「善知鳥」の内容を少し長くなるが紹介しておこう。(15)

「これは諸国一見の僧にて候、われいまだ陸奥外の浜を見ず候ふほどに、このたび思ひ立ち外の浜を一見と志して候、またよきついでにて候ふほどに、立山禅定申さばやと思ひ候」と、諸国一見の僧が、陸奥国外が浜と越中国立山をみんとして旅に出るところから始まる。その僧は越中国立山で「目のあたりなる地獄の有様」(地獄谷)を恐れながら見たのち、ある老人(陸奥国外が浜の猟師の亡霊)に呼び掛けられる。その問答は(「シテ」が老人、「ワキ」が諸国一見僧)「シテのうのうあれなるおん僧に申すべきことの候　ワキこなたのことにて候ふかなにごとにて候ふぞ　シテ陸奥へお下り候はば言伝て申すべし、外の浜には猟師にて候ひし者の、去年の秋の頃身罷りて候、さればその妻子の屋を尋ねて、それに候ふ蓑笠手向けてくれよと仰せ候へ　ワキこれは思ひもよらぬことを承り候ふものかな、届け申すべきことは易きほどのおんことにて候ふさりながら、上の空に申してはやはかご承引候ふべき　シテげに確かなるしるしなくては、や、思ひ出でたりありし世の、今はの時までこの尉が、木曽の麻衣の袖を解きて」と述べて、左袖を出して、右手でそれをちぎって指し出して姿を消してしまう。その後、旅の僧は外の浜に行き亡霊(老人)の妻子を尋ね、亡霊から渡された片袖をみせると妻は「疑ひも、夏立つ狭布の薄衣、一重なれども合はすれば、そでありけるぞ、あら懐かしの形見や。やがてそのまま弔ひの、み法を重ね数々の、中に亡者の望むなる、蓑笠をこそ手向けけれ、蓑笠をこそ手向けけれ」と、妻はその片袖が夫のものと確認する。さらに旅僧が蓑笠を手向けると、亡霊が「陸奥の、外の浜なるよぶこ鳥、鳴くなる声は、うとうやすかた」と、古歌を詠じながら再び姿をあらわす。この亡霊は現世においては猟師であったが、ウトウと呼ばれる鳥を無数に殺したため地獄に堕ちたのであった。現世にもどった亡霊は自分の子の千代童の「髪をかき撫でて、あら懐かしやと言はんとすれば」、煩悩の雲が間を隔てるのか、手向の蓑笠がかえって家族との間を隔てているのか、妻子の苫屋に近づくこともできずにただ泣くばかりであった。自らが鳥を殺して生計をたてていたとき、ウトウは「親は空にて、血の涙を、親は空にて、血の涙を、降らせば濡れじと、菅蓑や、笠を傾け、ここかしこの、便りを求めて、隠れ笠、隠れ蓑にも、あらざれば、なほ降り掛かる、血の涙に、目も紅に、染み渡る」と血の涙を流すのであるが、地獄に堕ちたあとは、ウトウは化鳥となり鷹となって猟師を責め苛むのである。

地娑婆にては、うとうやすかたと見えしも、うとうやすかたと見えしも、冥途にしては化鳥となり、罪人を追つ立て鉄の、嘴を鳴らし羽を叩き、銅の爪を研ぎたてては、眼を掴んで肉むらを、叫ばんとすれば猛火の煙に、むせんで声を上げ得ぬは、鴛鴦を殺しし咎やらん、逃げんとすれど立ち得ぬは、羽抜け鳥の報ひか。シテうとうはかへつて鷹となり、地われは雉とぞなりたりける、逃れ交野の狩り場の吹雪に、空も恐ろし地を走る、犬鷹に責められて、あらう心うとうやすかた、安き隙なき身の苦しみを、助けて賜べやおん僧、助けて賜べやおん僧と、いふかと思へば失せにけり、

と、猟師はものすごい地獄の責苦にあえぎながら救われないままにこの曲は終っているのである。

殺生を職業とせざるをえない人々の宿命が、すざましい地獄の描写とともにえがかれ、そこにはどうしようもない悲劇と苦悶が存在しているのである。殺生を職業とする人々を扱った他の傑作として「阿漕」(16)と「鵜飼」(17)がある。「阿漕」は伊勢の阿漕が浦が伊勢大神宮領であるために漁撈が禁止されていたのであるが、この禁を破ってこの浦の漁夫が夜々忍んで出漁したために捕えられてしまい、この阿漕が浦に沈められて地獄に堕ちた物語である。その亡霊は「悪魚毒蛇と成つて紅蓮大ぐれんのこほりに、身をいため骨をくだけば、さけぶ息は、せうねつ大焦熱の、ほのほけふり雲霧、立ゐにひまもなき、冥途の責も、たびかさなる、阿漕が浦のつみ科を、助けたまへやたび人よ」と呼びながらこれも救われぬままに波の底に沈んでいくのである。「鵜飼」も甲斐国石和の殺生禁断地において、鵜を使って密漁をした漁師が、これまた川の底に沈められて地獄の責苦にあうことを主題としたものである。ただ「善知鳥」や「阿漕」と異なるところは「無間の底に、隋罪すべかりしを、一僧一宿の功力に引かれ、急ぎ仏所に送らんと、悪鬼心を和らげて、鵜舟を弘誓の舟になし」と、生前旅僧に一夜の宿を貸した功徳によって救われるとされているところである。中世初期以来の法華霊験、すなわち猟師漁夫の殺生の罪は

仏力・法華の功徳によらねば救われないという仏教思想の伝統がそこに息ずいていることをみることができる。しかし一般にこのころの殺生を職業とする人々にたいする意識は、これらの謡曲に描かれている地獄の状況や、さらに「善知鳥」や「阿漕」の猟師、漁夫がまったく救われない存在であることなどを鑑みたり、またこの当時の人々の関心を引いていた『六道絵』や『地獄草紙』の迫力などからして、より深刻な度合を深めていったことが想像されるのである。

さて謡曲において、これらの殺生をもって生計をたてている人々の苦悶・悲劇をもって、救われない罪業を負った「悪人」と表現しようとも、これらのことが謡曲作者による別世界の空想的産物と処理し、架空・絵そらごとで、謡曲作者の生きていた時代に一般化できないとするならば、歴史学がこれらの作品をもって、当該時代研究の一助にしようとする試みはまったく無意味となるであろう。家永三郎氏は猿楽能に当該時代の思想史的基調を求める立場から桑木厳翼氏の「謡曲に示される限り、少なくとも其の時勢を反映するものとして、謡曲作者自身も無意識的に承認する所のものであり得るから、之を以て謡曲の世界と称することも必ずしも大なる不合理ではないであろう」とする「謡曲の世界観」を引用しながら、多くの研究者が猿楽能に一定の思想的傾向を見出す所見を公にしていること、そしてこのことは、すべての曲に共通するものを求めるというのではなく、「最も高い水準を示すと認められる代表的典型的な名作」に共通する思想的基調を求めることによって学問上可能であるとしているのである。(18) 家永氏は思想史的基調という観点に絞って論じられているが、ここで筆者が当面追究しようとしている職業観、あるいは猟師・漁夫にたいする当時の人々の社会意識についても当然あてはまる見解である。

殺生を業とする人々の姿や、彼らにたいする社会の意識がこれらの謡曲の中に反映されていることを前提とするならば、これらの曲はいつ頃成立したのであろうか。「善知鳥」の作者については諸説があって確定が難かしい。能勢朝次氏は『能楽源流考』で「此曲については、能本作者註文・古歌謡作者考・異本謡曲作者・二百十番謡目録・自家伝抄共に世阿弥作として居る。他に異説もないから、世阿弥作と認めてよい」[19]とされている。たしかにこれらの諸本はすべて世阿弥作としているが、『能本作者注文』は大永四年（一五二四）に成立し、『自家伝抄』は文明十二年（一四八〇）から永正十三年（一五一六）までの間に成立したと推定されており、また『いろは作者註文』は室町時代後期、『二百拾番謡目録』も明和二年（一七六五）の成立である。いずれも戦国―近世の諸本であることより、[20]世阿弥作との確実な根拠が乏しい。それゆえ諸種の議論がなされている。小西甚一氏は世阿弥作を否定し、その理由として文体や語法が世阿弥と違うこと、イメージの用法やトーンは著るしく非世阿弥的であること、作風が古色を存することなどをあげ、世阿弥と同系の作能技法を守る元雅、禅弁でもないとし、作者不明とするほかあるまいと、成立年代も作者も確定できないとされている。[21]また草深清氏は大和猿楽系統の人によって作られたものではなく、地方猿楽が中央猿楽に吸収され、古い猿楽が換骨、奪胎したものとみなしている。[22]小田幸子氏は「作品研究「善知鳥」」において、舞の構成から古作ではなく、世阿弥等により舞の形式が完成された以後の作品で、金春禅竹の子である宗筠ではないかと推定されており、成立期を十五世紀末ごろに求めている。[23]また篠田浩一郎氏は立山が「タチ山」でなく「タテ山」と表現されていること、さらに「士農工商」という熟語がみえることなどから、中世末期から近世初頭に成立したものとみなしている。[24]

このように「善知鳥」の作者、成立時期について種々な意見が出されており、世阿弥以前の古作風とするものから、近世初頭をも想定する論者まで多様である。篠田氏の中世末―近世初頭とする説は、『能本作者注文』がすでに十六世紀初類に成立して世阿弥作をとなえていること、「士農工商」という用語はすでに文安四年（一四四四）成立の『下学集』にみえるし、また蓮如の「御文」[25]にもみえていること、「タチヤマ」と「タテヤマ」の相違については、立山が「タチヤマ」と室町期まで呼ばれていたとするならば、能の役者の発音は厳正なることが要求されることより、当然昔の発音が詞章の上に残されていることになるので、篠田氏のように推定することも可能となるが、しかし、それでも「社会全体の音韻変化と全く切り離されるわけには行かない」(26)とされており、発音の厳正さが要求される能の世界においても社会の音韻変化にともなって発音の変化がみられるとされている。これらの諸点からまず篠田説は成立しないであろう。

『親元日記』の寛正六年二月二十三日条と二月二十八日条に以下のような記載がある。

　廿三日　辛丑　天晴

（中　略）

自貴殿以太田七郎太郎方、去廿七日仙洞御能目録有御存知度之由、観世ニ可申云々、則罷向申之、本十番用意七番分、以大夫自筆注申之、翌日披露申云々、

う乃は　やし満　夕かほ　多《音》んふう　きぬた

か《音》き津はた　は《音》うか　志《音》ねんこし《あたちかハら》　せい願寺

お《音》もは

　以上十番

用意分

あしか里《うとふ》　よりまさ　名《音》取老女　ゑくち

野《音》ゝミや　かつらき　見《養老》やうゑ上人

　七番雖如此当日ハ十五番能共俄相違候
　朱点一分ハ不被改之

廿八日　丙午　曇　天晴

御院参御供一番能観世已前目録十番内志ねん居士なし仍あたちかハら有
其外うとふ　かつらき〳〵名取老女〳〵野々宮〳〵養老

以上十五番

政所代蜷川親元の日記は自筆本が残されている年次もあるが、この寛正六年部分は写本しか残されていない。この中でもっとも善本と推定されているものでも原本を写したものではないと考えられており、その時代は江戸時代中期以前の書写であるとみられている。(27) そのため誤写が多い。引用した内閣文庫本（『増補続史料大成』所収）の二十三日条でも「去廿七日」は「来廿八日」であることは二十八日条と対比すれば明らかである。『親元日記』はこのように多少の誤写はあるが、応仁の乱前後の研究には欠せない史料である。この『親元日記』によれば、二十三日の段階では二十八日に院で演ぜられる能は「うのは」以下十番の能と「芦刈」以下七番の予備が予定されていたのであるが、二十八日に予定が変更になり、目録十番の内「自然居士」が「安達原」となり、その外も「うとふ」「かつらき」「名取老女」「野々宮」「養老」が代って演ぜられた。このように少なくとも寛正六年春には「善知鳥」は院や将軍の御前で演ぜられ、彼らの鑑賞にもたえられるような高度の芸術性をもった猿楽となっていたのである。この『親元日記』をみるかぎり十五世紀中頃にはすでに「善知鳥」が成立していたことは明らかである。

とすれば「善知鳥」の成立はどこまで溯ることができるであろうか。現在までの研究が明らかにしているところでは前述のように、作風が古色を持ち、土俗エネルギーが満ちあふれているにもかかわらず、その舞の特徴は大成期猿楽以後のものと指摘されている「善知鳥」は、すなおに考えて世阿弥以前に成されていた曲に世阿弥が舞等に若干手を入れたとするのがもっとも自然なようである。これが後世に世阿弥作と伝えられ、『能本作者注文』等がこれを記したものである。「阿漕」「鵜飼」も古色を存ずる曲であるから同様な成立過程であろう。(28) 殺生をもって生計をたてている人々を取り扱った代表的な謡曲の原形がいずれも古作か古作と推定されうることは、少なくともこれらの謡曲中の猟師・漁夫にたいする社会意識は、南北朝・室町前期のものとみなすことが可能となるであろう。

二 謡曲「善知鳥」の世界(二)

「善知鳥」は世阿弥の修羅物とは違った種類の迫力に充ち、土俗的なエネルギーが横溢しているとされているのであるが、その土俗的な息吹は曲の中に多く取り込まれている民間伝承、説話、山岳信仰である。そもそも「うとう」「やすかた」そのものが民間伝承であるが、諸氏が注目しているのは「立山地獄」「片袖霊譚」「陸奥外の浜」「蓑笠」等である。これらの説話についていままで明らかとなっている点について注釈しておこう。立山を地獄とする説話は『今昔物語』にみえている。巻第十四の七に「修行僧、至越中立山会小女語」と、同じく十四の八に「越中国書生妻、死堕立山地獄語」、第十七の二十七「堕越中立山地獄女、蒙地蔵助語」に立山地獄の説話があり、立山の地獄に堕ちた女人が観音の慈悲によって救われるというものであり、法華功徳譚である。殺生にまつわる因果応報の話として『三国伝記』巻九の二十四話や『地蔵菩薩霊験記』巻六の四話等が知られており、また『法華験記』『拾遺往生伝』『今昔物語』には殺生を業とするものが仏力によって救われたとする説話があり、古代末、中世初期の「思想的苦悶」が存在しているのである。立山で旅僧が殺生をおかした亡霊に会うという構想は「善知鳥」とよく類似しており、古代末以来の「思想的苦悶の伝統が存在」しているのであるが、「善知鳥」が法華功徳譚でないところが大きな相違である。

ところで徳江元正氏は殺生戒にまつわる因果応報、法華功徳譚のみを「善知鳥」は典拠としていたのではなく、能作者の創造力に働きかけた別のエネルギーがあったのではないかとして、「片袖幽霊譚」なる説話の存在をあげている。[29]「片袖幽霊譚」というのは亡霊が与えた片袖が形見の衣の袖の部分にぴったり一致するという奇譚で、貞享四年刊『奇異雑談集』(成立は天文年間まで溯る)、『鹿苑日録』の明応七年正月三日条、『清涼寺縁起』(永正十二年成立)等を例としてあげている。国文学者の研究によって明らかにされているこのような「立山地獄説話」、「殺生応報譚」、また「片袖幽霊譚」が「善知鳥」の主要な柱となっているという指摘は、中世の人々の意識や思想をみるうえで重要な点である。

さてここで注目したいのは奥州「外の浜」と「蓑笠」である。「善知鳥」の主人公である猟師と密接な関係がある場は地獄であるが、生前の生活場所「外の浜」もきわめて重要な地であり、なぜこの場所を選んだのか考えてみなければならない。また「蓑笠」も主要なモチーフとして登場してきているが、このことも十分検討する必要があろう。「外の浜」については諸氏が言及しているが、大石直正氏の「外が浜・夷島考」がもっとも詳細であり、中世国家論、蝦夷問題を踏まえた構成となっており、[30]中世の民衆意識をみるうえで示唆に豊む。その結論は(1)外が浜は中世国家の東の境界であったこと、(2)外が浜とその外に存在する夷島は国家的犯罪人や国に害をなすものを追却する場所であったこと、(3)このような領域の形成は中世国家の成立(十二世紀)とともに生まれたこと、(4)鎌倉時代後半の蝦夷反乱はこのような蝦夷の位置づけにたいする矛盾の爆発であったことなどが主要な点となっている。従来「外の浜」とは陸奥の歌枕としかみなされなかったのであるが、大石氏等の研究によって歴史具体的に「外の浜」の持つ意味が明らかとなった。「外の浜」についての史料上の初見は「陸奥の奥ゆかしくぞおもほゆる壺の碑そとの浜風」[31]と詠った西行の和歌である。この歌は十二世紀前半のものとされており、すでにこの頃には都の人々に外が浜が意識されていた。さらに鎌倉幕府の成立をもって東方の境界との位置づけが完成するのである。

では室町時代においては外が浜はどのように認識されていたのであろうか、基本的には中世前期と変りなかった。『お伽草子』の「御曹子島渡り」[32]によると、義経が十三湊から北に船出するのであるが、十三湊以北には馬人島、はだか島、女護の島、小人島というような異類異形、怪異なるものが住む島々が存在していたことが記されており、平安末・鎌倉時代の怪異なるものを追却する場所という意識がここにも脈々と生きていることが知れよう。しかし『幸若舞』に『信太』という将門伝説に属する舞曲がある。[33]主人公小太郎は「将門の御孫、相馬の実子、信太の小太郎」と呼ばれ、その前半は所領の横領、合戦等を勇壮・壮絶に語った合戦記であり、後半は人買にかどわかされて各地を転売され、奥州外が浜に至るという貴種流離譚、漂泊文芸となっている。近江国大津でかどわかされた小太郎は、京都博労座の人商人の統領五三郎に売られ、鳥羽の船頭へ、堺の浜へと転売され、四国、西国を売り巡り、若狭の小浜、越前の敦賀、三国湊、加賀国宮の越、能登国小屋の湊へ売られ、さらに「船に取って打ち乗せ申し、十八日と申すには、はるか奥陸の国、外の浜にぞ上がりける」と、外が浜の塩商人に買われたのであった。このように西国や北陸各地の地名が多く登場するのは信太の伝承を語り歩いた唱導者の足跡ではなかったかとされている。[34]

ここに記されている北陸各地の湊は中世の海上交通の拠点であったことが知られており、また外が浜の近くには日本海貿易の最北の拠点であった十三湊があり、北海の産物を畿内に送り、珍重されていたことは周知の通りである。この『信太』そのものは架空のものであるが、そこにあらわれる湊や地名などは日本海交易の発展を窺わせる。この点室町時代前期の成立とされている『義経記』の煩わしいほどの北国の地名の存在もまったく同様である。[35]外が浜が能登から十八日であるという航海日数も興味があるが、外が浜の塩商人の登場というのも興味深い。塩商人が蔑視される人々であったことはすでに網野善彦氏の指摘があるが、[36]「善知鳥」の狩猟民と同様に信太小太郎と非人との関連がそこにみえるのである。「御曹子島渡り」でも十三湊について「これは北国、又は高麗の船も御入候」という船頭のせりふがあったりして外が浜や十三湊についてそれなりの事実認識があったことを窺わせ、日本海交易の発展をそこにみることができるのであるが、中世前期の怪異なるものを追放する場所という認識から、さらに一歩進んで狩猟民や塩商人が登場してくるのが注目されよう。このことは「善知鳥」や『信太』等の作者と当時の社会意識との関係がしからしめるものと考えられ、いわゆる非人にたいする意識がそこにみられるのである。

さて「善知鳥」の主人公である狩猟民は具体的にどのような人々であったかといえば、「蝦夷」の意識や、アイヌとの関連を想起せざるをえない。『諏訪大明神絵詞』(37)は当時のアイヌを「日の本唐子の二類は、其の他外国に連て、形体夜叉のごとく変化無窮なり、人倫禽獣角肉等を食として、五穀の農料を知ず、九訳を重ぬとも語話を通じ(難し脱カ)、渡党和国の人に相類せり、但鬢多して遍身に毛生せり」と記しており、殊に渡党に属するウノリケシ(函館)やマトウマイ(松前)に居住する人々は外が浜に住来して交易を行なっていたと記されている。外が浜と密接な関連をもっているアイヌが、農業は知らず、殺生を業として禽獣・魚肉を食している剽悍な姿でえがかれているのである。このようにみてくると、室町時代の外が浜についての認識は、従来からの「境界」、「国境」という認識とともに、そこに居住する人々へ認識が発展しており、狩猟民、アイヌさらには十三湊との関係からか商人のイメージも存在していたことが知られ、総じて非農業民、境界に存在する「非人」的意識が濃厚となってきている。

外が浜と狩猟民とに関する説話がこのころ広く存在していたことが知られているが、歴史的にみても鎌倉後半期から南北朝期にかけて、この蝦夷をめぐる動向は大きな政治的焦点であった。鎌倉後半期以後この地方を中心に度々蝦夷の蜂起があり、殊に元亨二年以後の蜂起は大規模であった。蝦夷管領代官職をめぐる安藤季長、宗季の相論がもとで起こったこの合戦は双方が魚骨の毒矢をもった「夷族」を動員して合戦におよんだという。(38)このとき幕府は、「異民族」の反乱として、蒙古襲来とならぶ重大事と考え二度にわたる追討使を派遣したのであるが、叛乱の鎮圧に失敗し、幕府崩壊の一要因となったのである。(39) このように、外が浜と狩猟民の説話が成立してくる前提にはかなりダイナミックな動きがあったことが知られよう。このような北辺における激しい動きこそ、畿内の人々に新たな認識を植えつけたものと考えられる。そしてその認識は畿内周辺でますます強くなってきた殺生罪業観、あるいは殺生を業とする人々への賤視観と結びつきながら形成されてくる。さらに従来からの境界意識も強化され、排他的領域観にもとづき、その境界上に居住する人々にたいする蔑視観が、中心(畿内)に存在している人々によってなされるのである。それはアイヌを夷族とする古代以来の思考に狩猟民・境界人の意識を重ねたものである。

外が浜は国家規模の境界であるが、荘園等の境界についても興味深い指摘が多くなされている。そのなかで越後国奥山荘と荒川保の境界に居住する「非人」(40)が興味深い。井上鋭夫氏は彼らを「タイシ」と称する「金掘り」の山の民であったとし、(41) 服部英雄氏は漁撈や水上交通にたずさわる人々であったとされている。(42) いずれの見解も山の民か川の民、あるいは「金掘り」、狩猟か漁撈を職業としている人々であったとしており、非農業民とする点、山や川の境界の居住者で、賤視されていた人々であるという点では異ならない。境界に居住する人々にたいする鎌倉後期の見かたを示したもので興味深いものである。この奥山荘、荒川保に登場する「非人」は「善知鳥」「阿漕」「鵜飼」の主人公と同職の人々であった。

つぎに曲の構成上重要な地位を占めている蓑笠のもつ意味について若干触れておきたい。蓑笠について勝俣鎮夫氏が折口信夫氏の所論を引用しながら、蓑笠姿がみずからを神または鬼へ変身させるという折口氏が提起した問題の意味を考えている。(43) 江戸時代の百姓一揆のユニホームは多くの場合蓑笠であったことを多くの事例をあげて論じられ、さらに蓑笠姿だけでなく、乞食姿、非人拵もポピュラーな姿であったとされている。一揆参加者は通常の姿を変えて参加して、日常的姿、形、標識を不明なものにすること、すなわち幕藩制下の厳格な身分規定として定められていた百姓身分を、一時的にせよ、みずから解放させる意識で蓑笠姿となり、この変身は幕藩制国家の価値体系にたいする反抗であったとされるのである。百姓一揆という非日常的世界において蓑笠姿、乞食姿、非人拵をとるということを幕藩体制国家との関連からみいだそうとしているのである。江戸時代、穢多・非人は雨が降っても傘や下駄を着用してはならないとする規制がなされており、(44)蓑笠は雨のときの穢多・非人の服装であったことが知られている。(45)中世においてはどうであったのであろうか。中世の土一揆が蓑笠姿であったとする史料は発見されておらず、わずかに江戸時代に成立した『朝倉始末記』の流布本に一向一揆に蜂起した農民が「田蓑」をきていたという例があるにすぎないとされている。(46)しかし網野善彦氏によれば中世においても蓑笠は非人の服装であったとされている。(47)

このようにみてくると「善知鳥」において曲の象徴的な位置づけがなされている蓑笠は亡霊(狩猟民)の身分の象徴として意識的に登場させていると推定することも可能となってくる。中世身分論に立ち入ることはここでの主要論題ではないが、身分外身分として成立してきた非人は、乞食・癩者はもちろん、清目・河原者・犬神人、さらには芸能者等とともに殺生を業とする人々をも含むものとされている。謡曲に狩猟民＝非人、あるいはその象徴としての蓑笠が意識的に登場するということは、猿楽と非人とのなんらかの関連を推測せしめるものである。

三　猿楽と中世社会

永和四年(一三七八)六月七日、将軍義満は寵愛していた当時十六歳の世阿弥を富樫昌家の構えた桟敷に随伴して席を同じくした。このとき有力守護層は将軍義満の意をかおうとして世阿弥に競って金品を贈るという一件があった。このとき『後愚昧記』の著者三条公忠は、「かの散楽(猿楽)は乞食の所行なり」と苦々しく書いているのである。(48)室町期に公家・武家にあれほどもてはやされた猿楽が乞食の所行とされるにはそれなりの理由があった。

猿楽は観阿弥・世阿弥以後は知識人・文化人を含む武家・公家層の鑑賞にたえうる新しい芸術となり、室町時代の最高文化の一つになったのであるが、それ以前の猿楽は民間芸能であった。十一世紀の中頃成立した『新猿楽記』や『明衡往来』にこの時代の猿楽について記されていることは周知の通りであり、傀儡師と同様な雑芸者とみられ、平安末から鎌倉期にかけての猿楽は滑稽な物まねに舞を取り入れたものであったとされている。鎌倉時代にいたると各寺社の法楽神事と結びついて座を結んでいた。たとえば大和では興福寺修二月会参勤の猿楽として薪猿楽、同じく春日社頭等で演ぜられる大和猿楽、宇治では宇治離宮祭における宇治猿楽、『花伝書』に「法勝寺御修正参勤申楽三座、新座、本座、法成寺、此三座、賀茂住吉御神事にも相随」とある丹波猿楽、その他近江猿楽、伊勢猿楽、摂津猿楽等々、各地に猿楽座が存在し、長者に引率され、寺社と結びつきながら活動していた。(49)

鎌倉後半期にみる彼らの行動はこの時代にふさわしくダイナミックな動きを示している。大乗院の支配に属していた天満宮の祭礼に、宇治猿楽がその神事を演じたことにより大和猿楽と抗争になり、衆徒が宇治猿楽を襲撃して死傷者が出る騒動などが起きている。(50)また『勘仲記紙背文書』によれば、前記丹波猿楽と推定される法勝寺猿楽春若丸が数十人の「悪党」と語らい、法成寺猿楽の大和国住人石王丸を殺害するという事件をおこしており、鎌倉期猿楽の一側面を垣間見せている。(51)猿楽を演ずるのは座を結んだ彼らだけではなかった。千秋万歳等他の雑芸者も猿楽を演じていた。千秋万歳は鎌倉期には初春の予祝を唱えるものとみなされ、さらに猿楽等の雑芸を行なっていたのである。鎌倉中期の成立である『名語記』によると、「千秋万歳トテ、コノゴロ正月ニハ、散所ノ乞食法師が仙人ノ装束ヲマナビテ、小松ヲ手ニササゲテ推参シテ、様々ノ祝言ヲイヒツヅケテ、録物ニアヅカルモ、コノハツ日ノイハヒナリ」とあり、千秋万歳は散所ノ乞食法師が仙人の装束で行なうものとされており、これまた乞食の所行なのである。鎌倉時代の猿楽はまさに門付を乞う乞食の一種でもあったのである。彼らは声聞師、琵琶法師、千秋万歳、白拍子、傀儡師等と同様に各地を流浪し、公家・武家のみならず、民衆をも対象にして雑芸を演じながら生活している漂泊・遍歴の芸能者であり、さらに座を結んで相互に勢力を張りあう芸能民であった。室町期になっても大和地方では「猿楽、アルキ白拍子、アルキ御子、金タタキ、鉢タヽキ、アルキ横行、猿飼」[52]を七道と称しており、曲舞や千秋万歳とともに、門付を乞いながら遊芸する賤視された人々であったことは周知の事実である。[53]

これらの雑芸者には僧形の者が多く、有名な琵琶法師がその典型である。彼らは乞食法師、濫僧と呼ばれており、かの『塵袋』は彼らを「非人、カタヒ、エタナト人マシロヒモセス」と述べているのであり、また『沙石集』第四―二「上人子持タル事」にも器量のある子を選んで家を継がせ、「クヅノ捨物ヲ法師ニナシテ「乞食バシモセヨカシ」トテ髪ヲソリ、衣ヲ染タリ（中略）破戒無漸ナルヲ、禿居士トモ云、袈裟ヲキタル賊トモ云ヘリ」と記し、いずれも乞食法師、非人、賤と批難しているのである。さらに『天狗草紙』においては「放下の禅師と号して髪をそらすして烏帽子をき座禅の床を忘れて南北のちまたにさゝらをすり工夫の窓をはいてゝ東西の洛に狂言す」と、異類異形の乞食法師（放下僧―自然居士）が右手に簓を持って踊る姿を描いているのである。この当時「放下」という僧形の雑芸者がおり、彼らは品玉、手鞠、輪鼓、コキリコ等の手品や軽業をおこなう芸人であった。僧形の乞食雑芸者はこの時代の特徴であり、猿楽能のテーマにも多く取り入れられている。

観阿弥の代表作に「自然居士」[54]という曲がある。京都東山の雲居寺に自然居士という説経僧がいたが、東国の人商人に身を売った小女をとり返そうと自然居士が活躍するのがこの曲の主題である。人買は自然居士が芸の達人であることから、芸で「色々になぶって恥を与」えようとするが、居士は少女のために、中ノ舞から、簓すり、羯鼓打ちなど次々に芸尽しをみせ、その代償として少女をとり戻すのである。この自然居士は鎌倉後半期に実在した人物であり、かの『天狗草紙』に篦をすり、洛中に狂言している放下の禅師がそれである。人買、身売はこの時代日常茶飯事であり、鎌倉後半期の実在の雑芸者と人身売買を巧みに組み合せた曲であり、当時の民衆生活と密接に関連するものであった。「放下僧」という作品がある。[55]『能本作者注文』には近江能とし、『二百十番謡目録』では金春禅竹の作とあり、『自家伝抄』では宮増としているが、能勢朝次氏は宮増作と推定されている。[56]いずれにしても十五世紀中頃には完成していたことは事実である。この「放下僧」も当時の乞食法師の芸をテーマとしたものである。下野国の住人牧野左衛門が相模国の住人利根信俊に討たれてしまう。左衛門の子小次郎は兄とともに放下僧となり、敵の利根に近づこうとする。利根が武蔵国久良岐郡の瀬戸の三島に参詣しようとして宿泊したおり、かの兄弟の放下僧が訪れ、曲舞、羯舞、小歌舞等種々の芸をみせ、すきをうかがい仇討をするというものであり、これまた放下の雑芸がとり入れられているのである。乞食雑芸者をテーマとした曲は他にも多くあり、この乞食雑芸者こそ、猿楽が大成する以前の猿楽者の姿であった。また猿楽は各地を漂泊・流浪していたことより、地方の説話も多く取り込まれている。たとえば宮増という能作者は地方伝説を扱った曲を多く残しているが、それは宮増が地方巡行のおりに取材したものであり、それらの曲はいかにも地方の生活に即したものである。[57]これは古作ではないが、「足弱車」に身をゆだねた盲目の少年弱法師を主人公とした元雅の作品「弱法師」[58]も天王寺信仰と身体障害者（彼らもまた乞食雑芸者の一種であった）との関係をリアルにみつめており、説経節の『山椒大夫』や『しんとく丸』と相通ずるところがあるものである。

夢幻能を除けば、猿楽が好んで取りあげている素材は殺生を業とする人々、乞食、身体障害者、狂女遊女、山賊夜盗、放下僧、人買等々の流浪・漂泊の人々である。その曲の内容も雑芸者の生活の中から得てきたものが多くみられる。「善知鳥」や「阿漕」「鵜飼」は前記の人々をテーマとした曲と同様、民間伝承を豊に内包するとともに、その中に当時の社会・民衆意識がこれまた豊富に内在しているのである。

四　「異類異形」と狩猟民――むすびにかえて――

「善知鳥」「阿漕」「鵜飼」の主人公となっている猟師・漁夫等の狩猟民は社会的にどのようにみられていたのであろうか。弘安七年（一二八四）一遍は丹波穴生で腹痛をおこして十四日ほど逗留したときのことを『一遍聖絵』は「おりふし腹をわづらひ給けるほどに、行歩わづらはしとて、二七日逗留し給、そのあひだまいりあつまりたるものどもをみるに、異類異形にして、よのつねの人にあらず、畋猟魚捕を事とし、為利殺害を業とせるともがらなり、このさまにては、仏法帰依のこゝろあるべしともみえざりけるが、おの〳〵掌をあはせて、みな念仏うけたてまつりてけり」と、猟師は「異類異形にしてよのつねの人にあらず」とみられていたことを記している。彼らは仏法に帰依などしないようにみえたが、そうではなく、おのおの熱心に念仏を受けたのである。一遍の遊行集団にはこのような殺生を業とする人々をはじめとして、非人、癩者、乞食等、社会の低辺に生きる人々がむらがっていたことは周知の通りである。一遍の異母弟聖戒が正安元年（一二九九）何人かの絵師に描かせて詞書を添えて編纂した絵巻がこの『一遍聖絵』であり、当時の猟師・漁夫の社会的地位をかなり正確に伝えているものといえよう。親鸞が悪人正機を説き「うみ、かわに、あみをひき、つりをして、世をわたるものも、野やまに、しゝをかり、とりをとりて、いのちをつぐともがらも、あきなひをもし、田畠をつくりてすぐるひとも、たゞおなじなり」[59]と述べているのも同じで、殺生を業とする人々＝悪人観を前提にして説いているのであり、その悪人は社会の最底辺に生きる民衆のことであった。

『一遍聖絵』で「異類異形」と呼ばれている猟師はどのような姿をしていたのであろうか。宮本常一氏は『日本絵巻物全集』の「一遍聖絵解説」で「烏帽子のほかに蓑帽子をかぶった者を見かける。これは石山寺縁起にも見えているが、今日東北地方にも残存して用いられている。この絵巻では蓑帽子のみをかぶった者もあるが、第二巻の天王寺、第三巻の風呂、第五巻の白河関、第六巻の二宮入道臨終、第七巻の桂にて説法の各場面に見えた蓑帽子の男は何れも弓矢をもっているところからして当時の狩人の服装ではなかったかと思われる」と述べて、絵巻物中の狩猟民の姿を指摘している。狩猟民の「異類異形」とはまさに蓑帽子をかぶり、弓矢を負っている姿なのである。「異類異形」で有名なものは『峯相記』[60]に記されている鎌倉末期の播磨国の悪党である「異類異形ナルアリサマ人倫ニ異ナリ、柿帷ニ六方笠ヲ着テ烏帽子袴ヲ着ス」と、その姿とともに社会秩序を乱し、社会規範を無視するともがらが「異類異形」と呼ばれていたのである。異類異形といえば、『天狗草紙』の中で一向衆を誹謗する件の絵に自然居士とともに登場する蓑虫という乞食法師も「異類異形」であり、その姿は放髪で法衣に蓑をつけて簓を摺っているものである。彼ら法衣に蓑をつけている乞食僧は『沙石集』に「布施ヲトリ、供養ヲウケナガラ、不可思儀ノ異類異形ノ法師、国ニミチテ、仏弟子ノ名ヲケガシ、一戒モ不レ持。或妻子ヲ帯シ、或ハ兵杖ヲヨコタヘ、狩リ漁リヲシ、合戦殺害ヲスコシモ不レ憚」[61]あるいは「クズノ捨物ヲ法師ニナシテ、「乞食バミモセヨカシ」トテ」[62]と侮蔑されている法師・雑芸者であり、法衣に蓑をつけているのは放下僧の古い姿だとされている。まさに鎌倉末期は「異類異形」が跳梁した時代でもあったといえよう。

『一遍聖絵』によると狩猟民は「蓑帽子」をかぶっているが、蓑笠姿も多く描かれており、彼らの多くは馬の背に荷物を積んだ人、舟を引いている人等々、交通・流通にたずさわる人々である。さらに『遊行上人縁起絵』などにみえる蓑笠姿は非人・乞食・癩者等である。例外もあるが、当時蓑笠をつける人々は交通・流通にたずさわる人々、非人・乞食・癩者・雑芸者・乞食法師・殺生を業とする人々が多かったようである。中世において蓑笠が不吉を感じさせるものであったことは「あま衣みのきて家にいることは神やひ(ママ)よりいむといふなり」(『夫木和歌抄』第三十二、権僧正公朝歌)[63]なる古歌によって論じられているところである。その不吉さは蓑を着用する人々の身分と密接な関連があったのであろうことはいうまでもない。

畿内に流布した文芸の題材として「東国の狩猟民」がとりあげられ、そこには自分達が居住している畿内社会の意識、すなわち殺生を業とする人々にたいする蔑視観が強く反映していること、さらに雑芸者自身の姿がそこに投影されていることについて述べてきたが、では題材の場所である東国においては、狩猟民はどのように意識されていたのであろうか。この点については別稿「南北朝動乱期の社会と思想」でふれたので簡単に述べておくと、東国の「都」鎌倉等の若干の都市を除いて、殺生を特別な「悪」とみなす意識は薄く、東国に君臨する武士そのものが本来狩猟民的存在であった。鎌倉幕府成立直後の富士の巻狩において源頼朝の長子頼家がはじめて鹿を射たことの意義について千葉徳爾氏は「頼朝はこの狩の首尾を喜んで早速その夜、山神に対する矢口祭を行なった。(中略)狩猟本位の時代にはおそらく成年式の意味があったと思う。とにかく少なくとも頼朝の心事を推察するならば、(中略)幕府をうけつぐ資格がこの子供にそなわっているという確信が頼朝に湧きおこしたのではあるまいか[64]」と述べているのである。この千葉氏の見解が武士の当時におけるあり方を示しているものといえよう。日常的に鹿狩、鷹狩等の殺生をおこなう武士は畿内、近国では「屠膾之類[65]」として蔑すまれていた。しかし東国においては狩猟こそ勇者、誉への道であった。『諏訪大明神絵詞』等の東国の縁起物には殺生を好む神々の姿が生きいきとえがかれている。東国と畿内、西国との間における殺生についての意識の相違がそこにみられるのである。東国の狩猟民を描いた「善知鳥」等の謡曲は西国の殺生観をまさに示したものであった。

(1) 網野善彦『日本中世の非農業民と天皇』(岩波書店、一九八四年)他。
(2) 『民衆の生活・文化と変革主体』(一九八二年度歴史学研究会大会報告 別冊特集)「総合部会よりの問題提起」。
(3) 『文学に現はれたる我が国民思想の研究』㈢ 二一二頁(岩波文庫、一九七七年)。
(4) 『中世的世界の成立』(東京大学出版会、一九五七年)二三九頁。
(5) 入間田宣夫「中世史研究の新段階」(『新編日本史研究入門』東京大学出版会、一九八二年)。

（6）網野善彦　前掲書。
（7）『日本の歴史12　中世武士団』（小学館、一九七四年）。
（8）「外が浜・夷島考」（『関晃先生還暦記念日本古代史研究』吉川弘文館、一九八〇年）。
（9）「中世日本の国際意識について」（一九八二年度歴史学研究会大会報告　別冊特集）、のち「中世日本の国際意識・序説」と改題して『アジアのなかの中世日本』（校倉書房、一九八八年）収録。
（10）「『誓約の場』の再発見」（『日本歴史』四二二号、一九八三年）。
（11）『中世民衆の生活文化』（東京大学出版会、一九七五年）等。
（12）『さんせう大夫考』（平凡社、一九七三年）等。
（13）『猿楽能の思想史的考察』（法政大学出版局、一九八〇年）二三八頁以下。
（14）雑芸者についての研究は盛田嘉徳『中世賤民と雑芸能の研究』（雄山閣、一九七四年）がある。
（15）日本古典文学大系41『謡曲集』下（岩波書店、一九六三年）によった。
（16）日本古典全書『謡曲集』中（朝日新聞社、一九五三年）。
（17）日本古典文学大系40『謡曲集』上（岩波書店、一九六三年）。
（18）家永三郎　前掲書七一頁。
（19）『能楽源流考』（岩波書店、一九三八年）第三編　第十二章「謡曲作者考」。
（20）国語国文学研究史大成8『謡曲狂言』（三省堂、一九六一年）。
（21）小西甚一・草深清「善知鳥」（『言語と文芸』一九六二年三月号）。
（22）同右。
（23）『観世』一九七三年十一月号。
（24）「善知鳥・鳥頭・有多字」（『中世への旅』朝日新聞社、一九七八年）。
（25）日本思想大系17『蓮如　一向一揆』（岩波書店、一九七二年）御文七八。
（26）前掲『謡曲集』下　解説。
（27）続史料大成10『蜷川親元日記』解題。
（28）「鵜飼」は『世子六十以後申楽談儀』（日本思想大系24『世阿彌禅竹』岩波書店、一九七四年）に「鵜飼・柏崎などは榎並の左衛門五郎作也、さりながら、いづれも、悪き所を除き、よきことを入れられければ、皆世子の作成べし」とあり、榎並左衛門五郎の原作に世阿弥が手を加えたことが知られる。なお日本古典文学大系40『謡曲集』上 ではこれを古作の能としている。また「阿漕」については『二百十番謡目録』、『能本作者注文』、『異本謡曲作者』、『自家伝抄』ともに世阿弥とあるが、『申楽談儀』等にはみえない。

(29) 「善知鳥」論(上)・(下)(『国学院雑誌』第七十四巻十二号、一九七三年、同第七十五巻第四号、一九七四年)。

(30) 前掲「外が浜・夷島考」。

(31) 日本古典文学大系29『山家集』(岩波書店、一九五八年)。

(32) 日本古典文学大系38『御伽草子』(岩波書店、一九五八年)。

(33) 『幸若舞』1(東洋文庫355 平凡社、一九七九年)。

(34) 同右「解説・解題」(荒木繁氏執筆)。

(35) 日本古典文学大系37『義経記』(岩波書店、一九五九年)。

(36) 「非人と塩買」(『年報中世史研究』4、一九七九年)。

(37) 『続群書類従』三下。

(38) 遠藤巌「中世国家の東夷成敗権について」(『松前藩と松前』9、一九七六年)。入間田宣夫「鎌倉幕府と奥羽両国」(『中世奥羽の世界』東京大学出版会、一九七八年)。大石直正 前掲論文。

(39) 同右。

(40) 『新潟県文化財調査報告書第十奥山庄史料集』(新潟県教育委員会)八号文書「越後奥山庄一分地頭和田茂長代・同国荒河保一分地頭河村秀通等代連署和与状」等参照。

(41) 『一向一揆の研究』(吉川弘文館、一九六八年)第一章第二節。

(42) 「奥山庄波月条絵図とその周辺」(『信濃』三二―五、一九八〇年)。

(43) 『一揆』(岩波書店、一九八二年)三「変身と変相」。

(44) 前圭一「近世中後期における『かわた』の経済生活」(『部落史の研究』前近代篇 部落問題研究所、一九七九年)。

(45) 柴田道子『被差別部落の伝承と生活』(三一書房、一九七二年)収載「資料6」参照。

(46) 勝俣鎮夫前掲『一揆』一二六頁。

(47)「蓑笠と柿帷——一揆の衣裳——」(『季刊is』総特集・色、一九八二年)、のち『異形の王権』(平凡社、一九八六年)収録。
(48)『後愚昧記』永和四年六月七日条。
(49)前掲能勢朝次『能楽源流考』参照。
(50)前掲『能楽源流考』第三篇第二章、八八七頁。
(51)網野善彦『日本の歴史10　蒙古襲来』(小学館、一九七四年)三五六頁。
(52)『大乗院寺社雑事記』寛正四年十一月二十三日条。
(53)前掲盛田嘉徳『中世賤民と雑芸能の研究』。
(54)前掲日本古典文学大系40『謡曲集』上。
(55)前掲日本古典文学大系41『謡曲集』下。
(56)前掲『能楽源流考』。
(57)北川忠彦『世阿弥』(中央公論社、一九七二年)六七頁。
(58)前掲日本古典文学大系40『謡曲集』上。
(59)岩波文庫『歎異抄』(岩波書店、一九三一年)所引「弟子唯円に対する法語」。
(60)『続群書類従』二八上。
(61)日本古典文学大系85『沙石集』(岩波書店)六—九「説戒ノ悪口ノ利益ノ事」。
(62)『沙石集』四—二「上人子持タル事」。
(63)『圖書寮叢刊　夫木和歌抄』五(宮内庁書陵部、一九八八年)一五〇九四号歌。
(64)千葉徳爾『狩猟伝承研究』(風間書房、一九六九年)本論第二章二九八頁。
(65)戸田芳実「国衙軍制の形成過程」(『中世の権力と民衆』創元社、一九七〇年)、のち『初期中世社会史の研究』(東京大学出版会、一九九一年)収録。
(補注)『岩波講座能・狂言』Ⅲ(岩波書店、一九八七年)では、「世阿弥が完成させ歌舞を中心とする夢幻形態に依拠した作品や現在能でも歌舞的要素の強い物狂能と、元雅が開拓し禅竹の時代に開花した心の象徴劇ないし内面劇といった、歌舞性よりも思想性の濃い作品」（二九六頁）の作者不明の能として、「善知鳥」「阿漕」を位置づけている。

【付記】小論をなすにあたり、両角倉一氏の御教示をえました。末筆ながら感謝申し上げます。

Ⅲ

室町幕府と王権

第一章　室町幕府と武家執奏

はじめに

現在、多くの中世史研究者の目が中世国家論にむけられている。その中で権門体制論の当否をめぐって黒田・永原論争が展開され、特に室町期における国家形態のとらえ方については差が大きく、また諸氏の見解も分かれている。[1] さて小論においては、南北朝内乱期に幕府が朝廷の権限を接収していく経過を具体的に検討することとする。

永原慶二氏は南北朝内乱における最大の歴史的産物を王朝そのものの最後的消滅としており、[2] 佐藤進一氏は、幕府が北朝政権の接収にのり出したことは、日本国家史の転機をなす重要な事実とされているのである。[3] さらに笠松宏至氏は黒田・永原論争を評して、「この両説の正否をきめる直接的な手段は、室町時代における幕府と朝廷、およびもろもろの権門間の対立・依存関係を分析することにあることは明らかであり、同時にまた時期的には、鎌倉・室町時代の接続点である南北朝時代がもっとも問題とされなければならない」(4)と、その論点を明確化している。小稿における問題意識もこれらの点以上に出るものではないし、すでに検非違使庁の権能、公田段銭賦課・免除権の幕府への移行については説かれており、(5)他の諸権能の接収についても論究されている点が多い。

ここでは諸氏の所論に学びながら、特に、王権のもっとも重要な権能とされている裁判権(6)――特に所務沙汰――を検討し、さらに他の諸権限についても言及しながら、王朝権力の消滅過程を具体的に追究するとともに、南北朝内乱に関する二・三の論点に触れてみたい。

一　内乱期における文殿

南北朝期において、幕府・公家それぞれに裁判機構があった。幕府の裁判機構については、すでに佐藤進一氏が明らかにしている。(7)氏の論考によると室町幕府開創期の幕府の特徴は、尊氏が主従制的支配権を掌握していたこと、直義が統治権的支配権を管轄していたこと、これが統一されたのは義詮の晩年に成立した管領制であることなどが指摘されている。さらに直義の権限の中心となる訴訟機関については、所務沙汰を主とする五番編成の引付、手続面における過誤救済としての庭中、判決の過誤を救済する越訴方、寺院関係の訴訟機関である禅律方、その他として仁政方、内奏方等が整備されていたことが明らかにされている。

一方、朝廷の訴訟機関については、記録所・院文殿が存在していたことはすでに知られており、鎌倉期の公家裁判機構について考察されたのは橋本義彦氏である。(8)その「院評定制」の実態についての分析は数多くの興味深い事実を示している。さてここでは、橋本氏の所論に導びかれながら、南北朝期における公家の裁判機構について若干の検討を加えることを小論の出発点としたい。

南北朝期に見える公家側の訴訟機関は、記録所と文殿である。文殿は鎌倉後期の亀山・後嵯峨院政期に成立し、それが南北朝期まで続いていた。記録所は周知のごとく、延久元年に後三条天皇が創設した記録荘園券契所から始った。最初は荘園券契の真偽の勘決が主要な任務であったのであるが、鎌倉初期から諸司・諸国・諸人の訴訟勘決を主要な任務とするようになり、親政・院政区別なく南北朝期に及んだのであるが、院政期には文殿が訴訟勘決を行ない、記録所の活動は徴証を見ないとされている。(9)

　建武三年以来、光厳上皇の院政が行なわれたことよりして、南北朝初期の公家訴訟機関として現われてくるのは文殿である。文殿勘決の範囲は本所相互間の相論が多く、(10)その裁決は聖断が原則であったといえる。この裁決の過程はいかなるものであったのであろうか。康永三年閏二月一日、持明院殿において院評定がなされ、二・三の案件が評議されたのであるが、その中に備前国児林荘内横石嶋についての熊野山長床衆と南滝院僧正雑掌との相論があり、文殿の注進に依拠して評議がなされている。(11)その関連史料として『師守記』に訴論人に対する召喚状があり、その内容は閏二月一日の院評定のために訴論人ともに文殿への出席を求めたものである。(12)すなわち、諸人から訴訟がなされた場合、文殿衆がそれを検討し（期間は訴状提出以来三十日の間）(13)、その訴状に謂れありと認めたならば、訴論人に廻文を出し召喚し、文殿衆は訴論人の訴陳によってその是非を勘決するのである。(14)伊勢国和田荘預所職をめぐる甘露寺藤長と、その本所である九条経教との間における相論によると、甘露寺藤長が和田荘預所職について文殿に訴状を呈したのであるが、文殿の勘奏は、訴人甘露寺藤長の主張、論人九条家政所の陳述を記し、その是非によって文殿の裁決をしたためている。その論点は預所職に補されるのは本所の家礼であるか否かであった。文殿の裁決は「不依家礼奉公、全本家役、可致領掌之旨、右大弁宰相(甘露寺藤長)所愁申、似難被弃損矣」(15)として、九条家政所の陳述を却下したのである。かくのごとき文殿の勘奏にもとづいて一カ月後に院評定が開かれ、そこにおいても文殿の裁決を支持して、藤長をして同荘預所職を管轄せしむよう聖断を求める評定文がなされたのである。上皇はこの奉答によって、預所職については藤長の管領を認め、他方では藤長をして九条家に家

礼の礼を執らしむる勅裁を下したのであった。(16)

かくのごとき事例によって公家裁許の様態は概略明らかとなったであろう。諸人の訴状にもとづき、文殿廻文をもって訴論人を召喚し、訴陳をとげ、その是非によって文殿衆の勘奏がなされ、その勘状に依拠して院評定がおこなわれ、それにもとづいて院宣が下されるという経過であった。

正和雑訴法を基礎として作成された暦応雑訴法が残されている。(17) それに、定例日・審理の日限・訴訟手続・受理基準等が記されており、当時における公家の訴訟法等が明らかとなって興味深い。文殿の構成は執権・伝奏等の著座公卿と、七―十名程の衆中（文殿衆、寄人）である。その他臨時に上流貴族が参仕したり、上皇も出席することもあった。(18)

以上がこの時期における文殿を中心とした公家裁判の実態である。観応三年以後天皇親政となり、裁判機関も当然文殿から記録所となったが、記録所の構成・活動状況等は文殿と同様のものであったといえる。(19) しかし、文殿・記録所を中核とした公家裁判権で最も問題となるのは、その裁判権が完全な独立性を持っているものではなかったことである。(20)

二　公家の沙汰と武家の執奏

公家裁判権が完全な独立性を持っていなかったであろうことについては先に触れた。ここではさらにその点について詳細に検討したい。主として本所一円地、あるいは「公家勅裁地」と称される荘園に関する所務相論の経過の検討から、この当時における公家沙汰の特徴と変質をさぐってみたい。論点が公武の裁判管轄に深くかかわり、微妙な点が多いことゆえ、武家執奏状等による分析が最も確実であるが、それが不可能な現在、当事者の訴状・陳状等による以外ない。それゆえその内容に若干の誇張があることはまぬがれがたいことを断っておきたい。

（一）

最も典型的な事例として東寺領荘園山城国上桂荘をめぐる所務相論をとりあげてみることとする。上桂荘は現在の京都市右京区にあった小荘園であり、後宇多院によって正和二年に東寺に施入されたが、(21)その後、この伝領をめぐって南北朝末期まで激しい相論が展開したことで有名である。上桂荘についての個別分析はすでに源城政好氏が荘の伝領をめぐる相論に視点をあわせながら、鎌倉末・南北朝期における東寺の領主権確立過程を描いている。(22)ここでは、氏の論考に学びながら再度その相論の過程を検討することとする。

上桂荘の立荘は天暦頃と言われており、開発領主は津守津公であった。(23)それが諸氏に伝領され、鎌倉後期には四辻宮へと相伝されていたが、さらに後宇多院に寄進され、後宇多院は正和二年東寺に施入した。一方、四辻宮は後宇多院へ同荘を譲渡したにもかかわらず、正応三年に対馬入道光心の妻妙円に上桂荘を与えてしまった。ここに上桂荘の伝領をめぐっての激しい相論の起点があった。鎌倉時代においては山門と聖無動道我、妙円と平氏女一族、東寺と道我、東寺と平氏女等の相論が知られている。(24)建武三年東寺が上桂荘の知行安堵の院宣を得たことによって、東寺の一円的支配が確立したかに見えたのであるが、ここに新たな論敵が登場する。

建武四年八月、東寺は源氏女の違乱の停止を求めて公家に出訴した。(25)それより以前、源氏女は妙円の手継文書の一部を得、さらに建武元年三月同荘安堵の綸旨を得たと称して、(26)上桂荘の直務支配に乗り出してきていたのであった。東寺の論拠は「建武元年三月廿四日綸旨事、謀書顕然」たることと、源氏女が「悪党引率」とするところにあった。(27)この東寺の訴訟に源氏女は二回にわたって反論を加えた。(28)氏女の陳状は功を奏して同年十一月十二日、同荘に対する東寺の所務を停止する光厳上皇の院宣が下されたのである。(29)

源氏女に院宣が下付されるという事態に至った東寺は翌暦応元年五月、再度の対決を文殿に持ち込んだが、ここでも敗訴となり(30)、さらに翌年四月、文殿庭中に訴えたのである(31)。このとき、東寺が激しく氏女を論難した訴状を提出したにもかかわらず「爰東寺所帯之御起請符以下忩《（悉カ）》以於文殿被相《（経）》数箇度之御沙汰、以他人相伝之所領、御寄附寺家之条、背理致旨諸卿一同之群議也(32)」と文殿は一致して源氏女の理を認め、さらにその勘決状により、院評定においても文殿の決裁を支持し、上皇に執奏した(33)。ここに同年六月二十一日「任文殿注進、可相伝領掌」とする再度の院宣が氏女に下されたのである(34)。そこで東寺は同年七月、法印権大僧都行誉以下三十名の衆中の連署によって、院宣の召返しを朝廷に請うたのであるが何の効果もなかった(35)。一方勝訴した源氏女は同年八月、同荘を西山法花山寺内浄土院に寄進してしまい(36)、さらに上桂荘の支配権を強固にしたのであった。このような状況からして、東寺は重大な決意をせざるをえなかった。それは幕府に提訴することであった。

文殿の訴陳・院評定で敗訴した東寺は暦応二年十月、武家をして文殿の「参差」の勘決状を退けしめ、「楚忽」の院宣を召返されんことを請うて出訴した(37)。ここに上桂荘をめぐる相論は一転して幕府引付に持ち込まれたのである。

ところで、東寺が文殿の裁決で敗れたことによって、幕府へ出訴したことは、所務沙汰において幕府の訴訟機関と公家のそれとの間に管轄区分が有った当時においては、法論理からして、幕府への出訴の正当性が求められるのであるが、それはいかなる論理であり、いかなる手続を経たのであろうか。当事者の申状・支状等によって検討しておく必要がある。

(A)—① 被召返長田対馬蔵人源頼清、替面於息女源氏女、称有四辻宮御譲、并謀作綸旨、所掠賜院宣、可全寺家知行旨、被経御執奏、至頼清者、謀書眼前上、為武家被管《（官）》身、掠賜本所領上者、任被定置法、被処所当罪科（下略）(38)

(A)—② 七条院被譲進修明門院、而承久三年京都御領等一同没収之刻、（中略）以別儀被進女院以降、偏被馮思食関東之由、依御約諾、件御領事毎度於関東有御沙汰、仍此一具御領等、多以自武家被進御安堵者也、更不可被准自余公家領之上、嘉暦被付当寺由、被仰含関東（下略）(39)

（Ⓐ—①・Ⓐ—②　暦応二年十月日、教王護国寺僧綱大法師等申状案）

Ⓑ　抑東寺事異于他之上者、蒙勅許可有御執奏之旨、去暦応三年四月掃部頭親秀為御使、参中菊亭家之処、被経奏聞、不可有子細之由、被仰勅答畢、而今依氏女之謀訴、及寺門之牢籠、若不蒙武家御贔屓者、御願之失墜不可廻踵、早任勅許之旨、被経御奏聞、弁損濫訴、可被全先院叡願焉。(40)

（康永三年六月日、東寺申状案）

Ⓒ　抑御執奏由来者、東寺事異他之上者、寺家愁訴篇目蒙勅許、可有御執奏之旨、（中略）然則於当寺事者、先立就被申請勅許无相違之間、所抑（有）武家御執奏也、若无如此子細者、公家勅裁地事、争於武家可及庭中言上哉、（氏女推参庭中）○参差之至極何事如之、敢非御沙汰之限者也。(41)

（貞和四年七月日、東寺雑掌光信支状案）

Ⓓ　早被改小路（錦脱カ）殿之御口入、被寄絹（弃捐カ）東寺御陣之募、須為聖断之由、被経御奏聞者、定於公家可被究理非之淵底歟、自他不可存別作之恨、任道理預勅裁、開多年愁訴之眉。(42)

（文和四年八月日、法華山寺浄土院＝源氏女申状案）

Ⓐ・Ⓑ・Ⓒは東寺の主張であり、Ⓓは源氏女＝法華山寺のものである。上桂荘をめぐる東寺と源氏女の所務相論の最終決定権を有していたのはどこであったのであろうか。東寺の訴陳状を検討してみると、一貫して長田頼清の違乱に的がしぼられていることが知られる。Ⓐ—①によると、この論旨は二つの事項に区分することができる。第一は「可全寺家知行旨被経御執奏」と、上桂荘領有について幕府から朝廷への執奏を欲した点である。執奏とは幕府の「御吹挙」(43)「武家御贔屓」（史料Ⓑ）「御口入」（史料Ⓓ）とされるものであり、法制上は必ずしも最終決定

となりうるものではなかった。この第一点における東寺の主張は、長田頼清が面を替えて上桂荘を違乱していることより、源氏女の領有は無効たること、それゆえ東寺の同荘知行を朝廷に吹挙せられんことを望んだのである。すなわち、最終決定権は朝廷に有ることを認めながらも、相論の是非の審理を幕府に訴えたのである。第二点は、「任被定置法被処所当罪科」とする点にある。「被定置法」とは、暦応二年五月十九日制定の追加法に「一　諸国守護幷武家御家人等、望補吏務職、知行本所領事、（中略）而近年背禁制、致自由之競望歟、縦雖替面、自今以後於有其聞之輩者、可処罪科也」(44)とあることより、明らかにこの法令をさすものである。それゆえ、長田頼清が本所領を掠領したという「罪科」に対しては、幕府の裁決を欲したのである。(A)―①の検討より東寺の論理は次のごとく言えよう。東寺は幕府に対して、長田頼清が武家被官にもかかわらず、本所領を違乱押領したことについて裁決されたいとし、かつ、上桂荘安堵の吹挙を願っていることより、法的には、長田頼清の本所領違乱押領の科については幕府裁許、所務相論そのものの審理は幕府が行ない、最終的決定権は朝廷としているのである。しかし、同一申状内の(A)―②によると、七条院領（上桂荘を含む）は「自武家被進御安堵者也」として「不可被准自余公家領之上」と論じており、やや(A)―①と矛盾を見せているのである。かくのごとき東寺の論理は相論の過程でいかなる展開を見せたのであろうか。

(B)によると、幕府の執奏は暦応三年四月に上皇の「蒙勅許」とする論旨が展開されているのである。以後、この点は東寺のきわめて重要な論拠となっていくのである。(C)によるとこの「蒙勅許」という点を強調した後「若无如此子細者、公家勅裁地事、争於武家可及庭中言上哉」と、自己による幕府への出訴を正当化しながら源氏女に対しては、勅許を得ずに幕府に出訴することはきわめて不当であると論難し、「非御沙汰之限者也」としているのである。すなわち東寺の最大の論拠は、勅許を得たという点に変化してきたことが認められるのである。付け加えておくならば(A)―②の点については、この申状に述べられているのみで以後には見えない。それゆえ、相論の過程においてその論拠を失ったと推定される。

一方、源氏女・法華山寺の論理は(D)によると「為聖断之由」と明確に院・天皇による裁決とし、かつ「定於公家可被究理非之淵底歟」として、その審理権も公家に有ることを主張しているのである。

訴論人双方ともに「公家勅裁地」「為聖断」としているごとく、上桂荘の裁決権は公家側にあることを認めているのが一つの特徴である。事実、康永四年五月に院宣によって裁決がなされているのである。[45]第二として実質的な審理を院文殿が行なうのか、幕府引付でなすのかという問題である。東寺は幕府引付、源氏女は公家の審理を望んでおり、これが最大の論点であった。さて、東寺も公家側に最終決定権があることを認めていたのであるが、その理由はいかなることによるのであろうか。まず、源氏女の上桂荘領有は院宣によってなされたことゆえ、その召返しも院宣（綸旨）によらなければならず、幕府には院宣召返しの法的な権利がなかったことによると考えられることが大きな理由である。また、建武以来東寺と源氏女とは文殿において同荘領主職を争い、氏女は勝訴の後、領家職を法華山寺浄土院に寄進したことは前述した。それゆえ、同荘の所職・下地支配をめぐる相論は、東寺が長田頼清の違乱を追及するといえども、形式上は東寺と法華山寺＝源氏女の相論という形態をとっているのであり、同荘が東寺に安堵されたならば必然的に法華山寺の領家職も否定されるということになり、二領家間の相論という形態をとっていることも公家側裁決の理由となっているであろう。さらに推測すると、東寺が上桂荘を「公家勅裁地」（史料(C)）と述べているように、各荘ごとに「勅裁地」とそれ以外の荘との区分ができていたと想定されるのであり、[46]上桂荘は「勅裁地」の荘園であったと考えられ、それゆえ、裁決も院宣によらなければならなかったと推定される。

さて次に、上桂荘をめぐる審理権の所在であるが、源氏女・法華山寺は公家に求め、東寺は長田頼清が武家被官たることから「被経糺明御沙汰、可全当寺領之由、預御執奏者」[47]と関連文書に記されていることより、幕府側にそれを求めていたことは明瞭である。暦応二年十月東寺が幕府に出訴した最初の論理は(A)—①・(A)—②であった。ところが(B)によると半年後の暦応三年四月に朝廷から「武家執奏」の勅許を得ているのである。半年後に何故このような形態をとらなければならない事態にいたったかは不明であるが、少なくとも(A)—①・(A)—②の論拠では不十分であったことが窺われ、事実、(A)—②は以後の相論過程において何ら触れられていないのである。さらに厳密に言うならば、幕府が裁決できるのは幕府法の趣旨よりして武家被官長田頼清が本所領を違乱していたかどうかがその管轄権内であり、かくの事実があったとしても、幕府は頼清を罪科に処すことはできるが、法的には法華山寺の領家職を否する権限はなく、ましてや源氏女に与えられた院宣を召返すのは院宣によらなければならず、幕府側にはその権限はなかった。また、その当否を検討する審理権も持たないのであり、少なくとも上桂荘領家職をめぐる相論の審理・裁決権は公家側にあるのである。

東寺が上桂荘を一円的に支配して行くためには、法華山寺の領家職・源氏女の下地支配を否定しなければならず、それが公家側の審理で勝訴を望めないとすれば、幕府を頼る以外になかった。そこで幕府引付で審理するために、院の「蒙勅許」=授権という形態でそれを正当化しようとしたのである。かかる手続によって幕府の審理・執奏が法的に保証され「則勅答之後、山城国上桂庄事、為明石因幡入道法隼奉行、紀決訴論人之是非、被執奏畢[48]」と、幕府引付でその是非が決せられ、院に執奏したのであった。

「公家勅裁地」たる上桂荘をめぐる所務相論を武家が執奏するという法手続の検討は以上の通りである。その後の経過について述べると、東寺の執拗なる画策は成果をおさめ、康永四年五月十八日に至って「山城国上桂庄如元可管領之由」とする院宣を得るに及んだのである。[49]この東寺の勝訴は「依武家執奏、康永四年五月十八日寺家預勅裁畢[50]」と記されていることで明らかなごとく、幕府が東寺の理を認め、それを上皇に執奏したことにあった。源氏女もこの事態を黙視しているものではなく、法華山寺と相計らって、貞和四年七月、同荘の領有を請うて幕府に出訴した。[51] この訴陳は直義の「院宣一見状」(施行状)を東寺が得るに及んで、[52] 氏女・法華山寺の訴訟は却下となったが、貞和六年・[53] 文和四年・[54] 延文元年と[55] 法華山寺の再訴は続くのであり、延文元年十一月、東寺に当知行安堵の綸旨が下され決着がついた。[56] さらに至徳二年、大林家春が相伝知行地と称して幕府に提訴したが、[57] ここではもはや院宣・幕府執奏などは見えず、幕府御教書で決着がつけられている。[58]

以上の経過の中で東寺へ上桂荘が返還されたとき、院執権は「於公家者任道理、先年雖被下院宣於敵方《源氏女》依武家執奏、無是非被返付東寺」[59] と、その感想を述べているのは、当時の公家・武家関係を考える上で重要である。すなわち武家執奏が実質的な最終決定であることを示しているといえよう。

以上、上桂荘をめぐる所務相論の経過を整理すると、文殿勘奏→院宣→(当事者不満のため)幕府に出訴→幕府が審理することにつき院より授権→幕府審理→幕府執奏→院宣という形態であった。

(二)

上桂荘をめぐる所務相論を検討してきたのであるが、このような事例は一般化できるのであろうか。上桂荘の場合は武家被官が関係していることより、特殊な例と考えられないこともない。そこでこの時期朝廷側に裁決権がある所務相論において、武家執奏が一般的に行なわれていたかどうか、行なわれていたならば、武家被官がかかわっているときのみか、また必ず朝廷から幕府への授権という手続が必要であったかどうか検討しておく必要がある。

貞和四年八月能登国若山荘領家職をめぐって九条経教と日野時光との間に相論が起こった。若山荘は康治二年に源季兼から藤原聖子に寄進され、[60] 寿永二年には九条兼実が領掌しており、[61] 建武年間には九条家が本所、日野家が領家であった。[62] 九条、日野家の相論は、日野氏が本所役を懈怠したことにより、本所から領家職を没収されたところにあった。[63] 貞和四年八月以前の相論の経過は不明であるが、日野時光は三宝院賢俊を通して幕府の贔屓をえたことによって「若山庄領家職事、依武家執奏、被下院宣畢」[64]「若山庄事武家申候間、被下院宣之旨示了」[65]と、武家執奏・院宣によって領家職を安堵されたのである。幕府の執奏以前に幕府引付において審理がなされたかどうかは不明であるが、本所と領家間における所務相論においても武家執奏ということが行なわれていたことは明らかであり、またそれが非常に有効であったことは上桂荘をめぐる相論の場合と同様であった。さらに、足利尊氏の執奏状に「而時光重愁申、可為何様哉之由預勅問之間、申入御返事畢」[66]と、院より「勅問」があったと記されていることより、ここにも授権が認められるのである。しかし武家被官が関係していなかったことは明確である。

上桂荘・若山荘をめぐる相論は康永・貞和段階におけるものであるが、観応擾乱以後においては、かかる事態が益々顕著となってくる。荘園をめぐる相論ではないが、文和―延文年間にかけて北野社別当職をめぐって梶井宮尊胤法親王と前北野社別当慈昭が激しく争った[67]。文和二年朝廷より梶井宮に同職が安堵されたのであるが、文和四年十二月には慈昭が安堵の綸旨を得るにおよび、梶井宮は「竹薗(梶井宮)依被□計俄改篇、就被訴申武家」と幕府に訴えたのである。そこで幕府は「不及是非御紀定、任一方被申請、不可叙用勅裁之由、以御使直被相触社家重聖□参差之由、依及厳密御奏聞」と梶井宮の訴えを認め、慈昭に与えた綸旨の廃棄の決定を下し、その旨を執奏したことによって「被召返綸旨」ことになったのである。かかる事態に直面した慈昭は、延文二年「帰本訴理非、預憲法之御執奏」と、その是非を裁定せられんがために幕府に出訴した。

注目しなければならないことは「今度勅□(裁)不被申談武家之条参差之由、御奏聞之趣」と、武家と談合しない裁決は「参差」と執奏していることである。これは反対解釈として公家側の裁決事項に対して、「被申談武家」ことを要求し、その裁決過程において、幕府側が意見を執奏することによってはじめて正式な裁決とすることができるという幕府側の意識を示しているものである(もちろん制度的にそれが保証されていたというわけではない)。また訴人の側からも「凡公家御沙汰、被乱理之時、愁申武□(家)蒙御吹挙者、古今之流例也」と述べているごとく、公家側で一旦決定しても、当事者が不満な場合は幕府に出訴し、その執奏を請うことは当然とする意識があらわれてきている。かかる事例が一般的であったかどうかは検討を要するが、少なくとも、幕府も当事者（訴論人）も、相論の是非を幕府で審理することを望んでいる一事例である。結果は武家執奏によって、慈昭に北野社別当職安堵の綸旨が下されたのであった。(68)

西国の本所領間の境相論についても同様なことがいえる。永和年間に鞍馬寺と賀茂社との間に「貴布禰河界」についての相論がおこったのであるが、そこにおいても「旧院御代賀茂社得理了、而当御代鞍馬寺立越訴（中略）当御代被裁許鞍馬寺之処、武家忽経奏聞、賀茂社又得理」(69)と、朝廷の裁許が幕府の奏聞によって逆転させられているのである。具体的経過は不明であるが、貞治三年十二月、醍醐寺僧徒によって処罰された江左衛門入道の子による観心院、理性院、報恩院三門跡の醍醐寺管領を停止するよう求めた訴訟も同様であった。「可止門跡(観心院・理性院・報恩院)之管領之由、自武家執奏之間、公家又不及御糺明之沙汰、可止門跡之管領之由、被仰下座主僧正光済云々、依之三箇院家、於武門申披事子細間、則経奏聞之間、如元管領不可有子細之由、被下綸旨了、凡楚忽之御沙汰、迷惑無極者也」(70)と、当時における武家執奏と公家沙汰の関係を具体的に示しており、公家沙汰は全く幕府の傀儡的存在となってきていることが知れ、その点を痛烈に批判しているのである。

かかる事例からして、公家裁決事項に対し、公家側の裁決後当事者から幕府に出訴があったとき、武家による執奏が一般的に行なわれていたことは明らかである。「卿相雲客、幷寺僧等拝領之勅裁、大略被副将軍家御証状、以歴二十四年畢、是則諸人規模之御教書、依為金石之固、面々愁訴之時、預御屓贔(贔屓)者也、然今不及一同之弃破、限于一身、争可有用捨御沙汰哉」(71)と一寺僧が述べていることは、そのことを雄弁に物語っていよう。

所務相論に関する武家執奏について見てきたのであるが、一つ留意しておかねばならないことがある。それは同じ武家執奏においても、引付または幕府評定の座まで持ち込まれて相論の是非を問うて裁許したうえの執奏と、ただ単に幕府有力者の口入をえただけの執奏との間には差があるということである。前者の例としては、上桂荘をめぐる相論、北野社別当職をめぐるもの（註(68)参照）、貴布禰河堺相論、三宝院に関する相論もそれと推測される。若山荘に関する本所と領家による相論は後者に属する可能性が強い（註(66)参照）。その差異は何かといえば、幕府の裁判機関において審理するといういわば制度的・公的な手続を経た執奏と、幕府有力者の贔屓による執奏といういわば公的・制度的な手続を経ない私的なものとの相違である。公家側の裁決事項について、幕府側が審理権を掌握しはじめたと論じたのは、言うまでもなく前者の場合に属する相論に関してのみであることを断っておきたい。しかし、武家執奏が一般的になってきており、その中に、幕府の裁判機関において是非を審理される事例があることより、公家裁決事項にかかる所務相論の審理権が幕府側に移行しつつあったことは疑いないところである。

さて、上桂荘をめぐる所務相論においては、勅許によって幕府執奏が正当化されたのであるが、武家執奏は必ず勅許を得なければならなかったのであろうか。観応擾乱以前においてはその例は見られるが、以後においては検証できえなかった。検証されないことが勅許の無いことにすぐにはつながらない。幕府機関で公家裁決事項を審理する場合、あるいはそのような形式的手続をとった可能性は残る。(72)

この期における「公家勅裁地」あるいは公家の裁決事項にかかる所務相論の検討から、公家文殿、幕府引付と裁判機関は全く異なっていたにもかかわらず、その裁判の実態については、この時期かなり一体化してきていることが知られる。つまり、公家裁判権の独立性はかなり弱まっており、「公家勅裁地」であっても幕府の沙汰が優先する状況が生まれてきていた。とは言っても、公家裁判の法的効力が現存しているかぎり、その機構がたやすく消滅するものでもなかった。次に公家裁判権の消滅について見ておこう。(73)

（三）

いわゆる「正平一統」で光厳院政は廃止されて、後光厳天皇の親政となったのである。それにともなって、公家裁判機関も文殿から記録所に変った。記録所も文殿と概略同様な構成・方針で臨んでいた。『師守記』等を見ると、中原師守が法家輩であったことより、記録所の活動をかなり詳細に記しており、訴訟の過程を知ることができる。[74]さらに記録所勘奏にもとずいた鬼間議定も開かれている。[75]公家裁決の効力がかなり弱まり、幕府の介入が強くなったとはいえ、そこには従来からの公家裁判が続けられていた。応安四年、親政は後光厳院政となり、裁判機関も記録所から文殿へと変り、ここに再度文殿が見えてくる。[76]さらに永徳三年一月「文殿始」なども行なわれている。[77]

いずれにしても公家裁判は衰退の一途をたどるのであるが、朝廷内部でもこのような傾向に対して歯止めをかけようという動きを示す。貞治六年、記録所寄人の結審を定めて職員の粛正を求めたり、[78]応安四年後光厳上皇が暦応雑訴法にたいする追加法規を制定したり、[79]さらに降って永和二年には、雑訴について暦応・応安の法を守り闕怠なく勤めること、親疎・私曲によらず沙汰すること等を申合せたのであるが、[80]時の趨勢はいかんともしがたく、当時の記録から公家裁判は永徳年間をもってその姿を消すのである。[81]永徳三年の院政の実態を伝えるものとして「（一月）廿八日　仙洞評定始也、去年譲位之後未被行之（中略）文殿始又行之」[82]との記載がある。後円融上皇が院政を開始以来初めて評定始・文殿始が行われたことを示すものである。後円融上皇は永徳二年四月十一日に譲位し、院政を始めたのであるが、院の評定始・文殿始は約十カ月後に初めて開かれたのであり、当時における院政の様態はおのずと明らかとなるであろう。院庁における評定・文殿等は形式的には存続するのであるが、その実態は何らの意味も持たなくなり、機能を停止したことを示すものである。以後における公家の日記に文殿・評定の活動を伝えるものは無い。親政期における記録所も同様であった。

『空華日工集』に「永徳二年十一月六日、相府(足利義満)令下、天下訴訟不達者、許来于庭中而自訴、吾国所謂庭中者是也、入威喜之」[83]とあり、義満の言う「天下訴訟」が武家はもちろん公家・寺社を含んだものと解するならば、公家沙汰が記録上から見えなくなる時期と一致することにより、それが義満政権内に統合され、義満はすべての裁判権を完全に掌握したと推測されまいか。

　ところで南北朝期の公家沙汰と比較して、鎌倉後期はいかなるものであったであろうか。ここではその点について詳細に検討する余裕を持ちあわせていないが、必要上若干触れざるをえない。橋本義彦氏は鎌倉期の院評定に目をむけて、そこで取扱われる案件を検討され「(イ)所領に関する訴訟が圧倒的に多く、(ロ)宿曜道相承や社司・僧職の補任など、いわば人事に関する訴訟がこれにつぎ、(ハ)それとやや性質の異る神事・公事の振興策或は用途調達法の如き案件も議題となっている」とされている。[84]そこで問題となるのは南北朝期と対比上、これらの公家沙汰が独立性を持っていたかどうかということである。鎌倉時代の公武間における裁判管轄区分はかなり微妙複雑であったらしい。橋本氏がその事例としてあげているのであるが、寛元五年に高野山領と粉河寺領との間に境相論がおこった。[85]この裁判の経過は興味深い。最初この問題は関東に問注記を送って裁決を求めたのであるが、幕府は相論の間に起きた狼藉事件のみを沙汰し、境相論そのものは公家の沙汰となったのである。ここで見られるごとく、検断沙汰はさておき、所務沙汰においては公武の間に一定の管轄区分が存在していたと想定され、公家沙汰の管轄内の案件においては、幕府はその相論の是非を問わず、院評定にすべて委任しているのである。かくのごとき事例に接するならば、公家沙汰の管轄範囲内の案件においては、その裁決は朝廷にあったことを推測可能ならしむるものであり、その独立性は保たれていたごとく見える。またその管轄区分は、本所一円地かどうかにかかっていたと考えられる。[86]鎌倉末の室町院領備中国園荘の所領紛争について言及した花園天皇はその日記に、「経顕参奏雑事、故室町院御遺領内備中国園荘、生田禅尼依訴申、被遺院宣於関東云々、是偏可為本所之進止、豈依政務可有此沙汰乎、仍遺院宣於関東、可仰披之趣仰合定資卿也、近日政道多如此歟(87)」と記しており、園荘は本所一円地であることより勅裁たるべきであったのであるが、それを幕府に依頼した当時の政道を慨歎しているのである。幕府に院宣を遣した結果はどのようになったか不明であるが、花園天皇は本所一円地については公家沙汰であるべきであるとの明確な意識を持っていたことは疑いない。しかし、現実においてはその管轄区分を修正せざるをえない事態に到ってきたのも鎌倉末期の特徴的事実である。(88)

鎌倉期におけるこのような公家と武家との間における裁判の管轄区分は、原則として南北朝初期まで維持されていたと考えられるのである。貞和二年臨川寺領加賀国大野荘雑掌と同国倉月荘地頭との間に境相論がおこり、それを裁許した直義下知状(89)によってある程度その点を推測することができる。それによると「西国堺可仰聖断哉否、聊雖有其沙汰、云寺家云能直、両庄共一円進止、無各別領家之間不及子細」と、大野荘を領する臨川寺も倉月荘地頭摂津能直も双方ともに一円進止しており、領家が存在しないことによって「仰聖断」必要がないと直義が裁許したのである。然ばこの反対解釈として、両荘ともに領家（本所）が有るならば聖断によるということになり、少なくとも本所相互間の境相論は聖断によるとする鎌倉以来の原則が存在していたことは事実である。さらに地頭等が関与している場合にも、両荘に領家が有るならば「於庄園者、為領家之沙汰、経奏聞、可令蒙聖断、而地頭等任自由相論之条、慥可被停止(90)」とする鎌倉以来の原則が維持されていたと考えられないであろうか。

さて、以上のことを簡単に整理しておくこととする。鎌倉期において、本所一円地における所務相論は公家側で行なわれたであろうとは種々な事例からして明らかである。南北朝期以後もそれは原則として変らず、制度上は公家側に最終決定権が存在したことは疑う余地がなく、また文殿・記録所は公家訴訟機関として大きな役割を演じていた。しかし、武家執奏が重要な役割を持つようになったのも事実である。文殿の勘奏により院宣が下付された後においても、また武家被官が関与しているかどうかにかかわらず、当事者が不満の場合、幕府に出訴することが一般的に可能となってきた。幕府はその是非を裁決し朝廷に執奏したのである。それは制度的な最終決定とはいえないが、実質的な最終決定となったのである。また、その執奏、あるいは幕府による審理は少なくとも南北朝初期に関して、朝廷の勅許を得てなされていた。[91] ここに制度的な最終決定の形式は院宣の下付としながらも、その審理権を幕府が掌握するという事態にいたり、武家執奏が大きな効力を持つようになったといえる。公家沙汰は幕府の下級審的な役割しか演ぜられなくなり、さらに後半に至ってはその下級審的な地位も否定されるような状態となり、全く幕府の傀儡的存在と化すのであり、南北朝末期には、その活動さえ停止してしまうのである。

三　幕府による朝廷権限の接収

内乱の展開過程において荘園を維持していくことは公家・寺社にとってかなり厳しいものであった。その支配を保障する武家沙汰と公家沙汰は内乱期に合一する方向をとり、内乱末期には義満政権内に糾合されていくことは先に見た。さて、この点ときわめて深い係りをもつ権門勢家の所領に対する安堵権はいかなるものであったであろうか。地頭御家人についての所領安堵は幕府の権限に属していたことは言うまでもない。[92] 公家所領の安堵については、公家裁判権消滅の過程と同様な形態をとっている。

近衛家の家門相続について、観応二年に「近衛家門事、就当管領前関白被触遣、不可有子細之旨武衛出返報云々、近日天下諸家、只馮冥助之外不可有他念歟」[93] とあり、幕府側の承諾をえているのである。西園寺家所領についても、文和元年に「竹林院前内府(公重)所領備前国鳥取庄、能登国一青庄、伊与国宇摩庄等、被下安堵綸旨、鳥羽事被下綸旨於西園寺中納言(実俊)、是等皆武家所申行云々」[94] とあり、武家執奏によって西園寺家に諸荘園安堵の綸旨が下されている。洞院家の家門・家領の管領についても「伝聞、洞院家門事前中納言公定理運之由、旧年武家執奏云々、今日被下勅裁於前中納言云々」[95] と、洞院公定も武家執奏によって家門・家領安堵の綸旨をえたのである。ここで見られるように安堵の実質的主体はもはや幕府に移り、勅定はそれに基づいて行なわれているのである。公家領安堵についても武家執奏、安堵綸旨（院宣）という形態が定着してきているといえる。寺社領あるいは別当職補任についてはいかがであったか。この点についても公家領安堵と大差なく、東寺領荘園も幕府の執奏によってその所領・別当職等を安堵されているのである。(96) 他にも例があり、(97) 武家執奏で綸旨・院宣が下されるという様態がここでも見られる。さらに「可被止出仕之旨、武家奏聞」(98) と、廟堂への公家の出仕等についても同様であり、また近衛道嗣が関白を望んだときも「大麓事所出微望也、可預吹挙之由、今日令申武家」(99) と武家の吹挙を欲しているのである。いずれにしても幕府の意志が優先することは明らかである。「於武家有其沙汰之上者、可被閣聖断之由」(100) とは幕府奉行人の言葉であるが、当時の朝幕関係を端的に表現したものとして興味深い。

ところでこの点について鎌倉時代はいかなるものであったであろうか。

条々、

一、御政事、

執柄諸事可被計申歟、

一、議奏公卿幷評定衆事、

可為御計歟、

一、任官加爵事、

理運昇進、不乱次第可被行之歟、

一、僧侶・女房政事口入事、

一向可被停止歟、

一、諸人相伝所領事、

任道理可被返付本主歟、
一、御所事、
可為御計歟、
一、新院御分国事、
無御知行国者可為難治歟、被進之条可宣歟、
此外以詞申云、任官・叙位・所領事、称関東之所存、猥致所望之輩等有之歟、向後一切不可有御信受、只任道理可被行、若又関東有存知ム事ハ可申上云々。(101)

当条々は、鎌倉幕府が弘安十一年一月に政治刷新を求めて京都に送った七カ条であり、両統迭立問題とからんで、朝廷政治に幕府が介入したとされるものであり、(102)この七カ条が当時の朝幕の基本的関係を示しているものと考えられる。そもそも、幕府がこのような形で公家政治に介入することは以前には見られないことであり、幕府の優位性が認められることは事実である。しかし「関東有存知ム事ハ可申上」との保留条項があるとは言え、南北朝期と比して一定の原則が貫かれていたことが知れる。『公衡公記』(103)等の当時の公家の日記を見ると、朝廷と幕府との間でしばしば「仰合」が行なわれている。それは外交問題・沽価法の決定(104)・山門南都の問題(105)・院評定衆の構成等(106)がそれである。国家権力に密接に関係するものであったことが知られる。かくのごとく、鎌倉後期から公家独自の諸権限は崩壊する様相を見せはじめるのであるが、南北朝期にはそれが一層顕著となるのである。

ところで、武家執奏→安堵綸旨・院宣という形態も南北朝末期で消えていく。南北朝期、寺社本所に対してかなり多くの安堵綸旨・院宣が見られ、原則として朝廷が安堵権を行使していたことを知ることができるのであるが、徐々に少なくなっていき、永徳年間頃を境としてほとんど見られなくなるのが特徴的である。(107)公家沙汰の消滅と期を同じにするものといえよう。以後は義満の御判御教書あるいは管領奉書によるのがほとんどである。(108)

段銭の催・免権についてはすぐれた研究を得ており、室町幕府が催徴・免除権を獲得した時期等についてはすでに明らかとなっている。[109]百瀬今朝雄氏が明らかにしたことは次のような点である。朝廷用途段銭については、鎌倉末期にすでに幕府が催徴に関与しており、南北朝期には当初から催徴権を幕府に委任し、免除権はなお朝廷が保留行使していた。伊勢神宮の造営料である役夫工米については、鎌倉時代、賦課は朝廷が行い、徴収は造宮所が担当し、武家使が協力するという形態であり、幕府は全く賦課・免除の権限をもっておらず、南北朝期も同様であったとされている。さらに、かかる朝廷権限は何頃まで見られるかというと、康暦二年まで朝廷側の催促・免除等が存在することより、原則として康暦二年まで朝廷側にこの権限があったであろうと推定されており、康暦・永徳以後は幕府に課徴免除権が移ったとされている。また観応擾乱以後、課徴・免除について武家の施行が綸旨に優先するという考え方が現われてきているとの指摘がなされている。氏のあげられている例であるが、貞治六年山城国で幕府政所の使者が吉祥院修造段銭を徴収するという事件がおこる。この年幕府は綸旨のもとに、吉祥院修造段銭を山城国内の本所領等に課した。[110]ところが大炊寮領を管轄する中原師茂をはじめ吉田・大原野・稲荷などの諸社がその免除を申請し、朝廷はそれにもとづいて「大炊寮領吉祥院段別事、綸旨書進之」[111]と、綸旨でもってそれを免除し、さらに武家伝奏西園寺実俊をして段銭免除の綸旨を幕府に伝えしめた。ところが幕府は「吉祥院修造段別事、武家可被止綸旨之由、奏聞之間」[112]と綸旨を止められるように奏聞したので、朝廷は綸旨をさしおかざるをえなかったのである。ここにも武家執奏が見られる。かかる事例からして、この段銭賦課・免除についても幕府の執奏が大きな効力を持っていたことは明確であり、武家の沙汰がある時には聖断をさしおくという「原則」が貫かれていた。しかし、それも康暦・永徳期に幕府権限内に吸収されていくのである。

王朝権力の基礎であった検非違使庁の活動についてはすでに佐藤進一氏によって詳細に検討されている。[113]それによると検非違使庁が職権を行使している例は永徳年間までであり、至徳年間からは幕府侍所が遵行権を洛中に行使していたことが指摘されている。すでにこれ以前、貞治・応安年間に洛中の警察権を掌握しており、また検非違使庁の別当なども武家の推挙によって補されるという事態に至っていることより(114)、幕府が実質的に使庁の権限を掌握していると見ることができるのである。使庁の消滅も公家沙汰・所領安堵・公田段銭賦課免除権の消滅と同時期であるといえる。

次に山門・南都支配に触れておく必要がある。南都・北嶺の支配は前代以来聖断によっていたことは言うまでもない。当時の記録を見ると、ほぼ連年南都・北嶺の強訴がおこっており、公武両政権にとって最も扱いにくいものの一つであった。南都・北嶺の支配が聖断によっているといっても、その内実は公家側の他の諸権限行使の実態と変りなかった。たとえば南禅寺楼門撤去事件が起こったとき、「所詮山門嗷訴無其謂上者、雖奉振神輿、不可有傾動之儀、任法可有沙汰之由、武家已仰付云々、且此子細執奏公家云々」(115)とあり、さらに山門の衆徒が朝廷に「今度之儀一山之滅亡候、枉一途可預裁許」(116)と訴えたのであるが、幕府は「衆徒令申之趣、被仰武家之処、武家無承引之分歟」(117)と、幕府は拒否しているのである。この経過を見ると武家執奏により綸旨・院宣が下されるという様態がここでも見られるのである。かかる武家執奏→聖断たる南都・北嶺支配も南北朝末期には消えていく。

室町幕府法を見ると南北朝末期には、諸山に対する法令がかなり多い。東福寺に関するもの(118)、山門・諸社神人に関するもの(119)、「諸山条々法式」(120)などをあげることができる。一般的に言って諸山に対する統制が強まっていたことを知ることができる。南都・北嶺についてはどうであったのであろうか。例を南都にとろう。

応永期に入ると南都伝奏の奉書を数多く見かける。これについては別稿にて詳細に論じた(121)。従来、南曹弁が南都の訴訟を取り扱ってきたのであるが、南北朝末期に南都伝奏が設置され、それがその任にあたるようになった。義満期における南都伝奏は万里小路嗣房・広橋仲光・日野重光等の公卿が補されていた。当伝奏は朝廷によって補任されるのであるが、その最大の特徴点を述べるならば、ただ単に南都の訴訟を申次ぐのみでなく、時の将軍義満の「仰」を奉じて、南都支配の政策遂行に参加しているという点にある。それが伝奏奉書である。南都伝奏は朝廷によって補されながらも、その政治的活動の多くは幕府内で行なわれており、南都から訴訟があった場合、南都伝奏がそれを義満に申次ぎ、義満の裁決をあおぎ、さらにその決定を遂行するために伝奏奉書を発給するというように、義満の吏僚的役割を演じているのである。かくの事実は何を意味しているのであろうか。これはまさに王朝権力がただ単に吸収されたのみではなく、その制度・機能も義満政権内部に取り込まれていったことを示すものである。ここに注目すべき点がある。南都伝奏がいつ頃設置されたかと言えば、万里小路嗣房が初任で「康暦以来」であると伝えられている。(122) 義満は南都を直接支配するために、朝廷の伝奏制度を利用し、それを自らの権力内部に引込み、従来の聖断→南曹弁の施行という意志伝達形態を、将軍→南都伝奏の施行という形態になさしめたであろうと推定される。ここにも南北朝末期の「康暦」という時期が浮び上がってくるのである。さらに山門についても伝奏が置かれていたことより、(123) 同様な形態であったであろうと推定される。

国衙・国衙領進退権についても同様であった。国衙支配については諸氏によって指摘されているごとく、南北朝末には守護の管轄に入っていた。(124) また国衙領支配についても上野国国衙領に見られるごとく、(125) その権限は幕府のものとなっていったのである。

さて外交権に移ろう。応永初期における義満の対明外交はあまりにも有名である。朝貢貿易は日本国王の名で成立するのであることより、義満は日本国王として処遇されているのである。そこには聖断等の語は見えない。これより以前、貞治六年高麗国王の使者が来朝し、日本に倭冦の禁止と交易を求めてきた。(126) この時この件については「此事宜為聖断」(127) とされ、蒙古襲来の時と同様に朝廷で議定されたのである。(128) 朝廷の対応は、九州が勢力圏外であるということ、また高麗の牒状の形式が無礼であることなどの理由から返牒を出さないことに決定し、牒使の送還については幕府に一任するという態度であった。(129) しかし幕府は独自に返書を送ることにし、それを使者に持たせたのであった。(130) 中村栄孝氏はこの件に関して「古代の終りから、長いあいだ、日本の伝統的な外交政策になっていた通信の拒否ということは、宮廷公家のあいだにだけ墨守されようとしたが、武家によって棄て去られる端緒がひらかれたと見ることができるであろう」(131)とその意義を強調し、さらに「足利政権は、この初度外交において、武家政権として、外交をその権力下に接収するいとぐちをひらいたわけである」(132)と評価されている。この高麗使との折衝過程を見ると、この頃まで諸国に対する返牒は、形式上朝廷にあったことが知られ、朝廷が外交権を持っていたといえる。永和元年に来朝したときも同様であった。(133) しかし、幕府が返書を遣していることで知られるように、幕府がその外交権を実質上掌握していることもまた明らかである。さらに降って、応永初期には義満が名実ともに外交権を握って、日本国王と称しているのである。かくのごとき事実は、形式的な外交権も南北朝末—応永初期に幕府権限内に接収されていったことを示すものである。

如上のごとく、所務相論に関する裁判権以外の公家側の諸権限について検討してみても、形式的・制度的な最終決定は院宣・綸旨という形態で行ないながらも、それまでの過程において、武家執奏が大きな効力をもっていたことは疑う余地がない。さらにそのような形態も南北朝末期には消滅する。

四 武家執奏成立の要因

もっとも問題となるのは客観条件である。鎌倉後半期より職の重層的関係の崩壊が始まり、それにともなって、有力権門相互間の対立抗争も目立ち、大きな政治勢力と悪党が出現し、反幕府的・反荘園的行動をとるようになってくる。さらに、散在的所領が一定地域にまとめられるようになり、惣領制的相続から単独相続への変化が認められることなどが指摘されている。(134) 南北朝内乱の過程はまさに、この職の重層的な荘園支配体制から一円的支配体制への移行過程に起こった混乱である。さすれば、土地の一円的支配に見合った政治権力を模索する時期でもあったといえる。内乱の過程において「公家勅裁地」においても武家執奏が優先するようになったり、さらにその末期に公家沙汰が消滅していくのは、新たに形成されてきた土地の一円的所有という事態に対応する権力形態が求められ、従来の公武関係では現実に対応できなくなってきていることを示している。

南北朝内乱は下地支配をめぐる争いであった。下地支配をめぐる確執においては、当然その支配管理を保障するもの、すなわち強制力・執行権力が必要とされた。前記した上桂荘をめぐる東寺と他の領主層との相論を見ても、職の体系が動揺した時期において、院宣・綸旨がいかなる強制力があったのか疑問である。幕府の場合は将軍の安堵御教書は管領施行・守護遵行・両使打渡・当事者の請文提出という手続を経ているのであり、公家の場合と明確な差がある。さらに守護の職務活動の一つに所領保全があったことが知られている。(135)院宣・綸旨の場合は当事者にそれを下付するということのみであった。他の領主から所領を守るという点において、一片の院宣のみでは保障され難い事態がこの時期に生まれてきていた。それを保障するためには物理的執行が伴なわなければ有名無実となるのであり、ここに院宣・綸旨の幕府施行、あるいは「院宣一見状」などが出現するのである。これはまた公家権力の大きな崩壊でもあった。

しかし、さらに深く考えると、鎌倉後半期からの社会変化によって、従来の価値観が動揺し、新たな社会意識が芽生えるという点を忘れてはならない。それが最も顕著に現れてくるのは階級支配の接点たる村落においてである。我々はすでに「百姓申状」に見られるごときの百姓の自治的結束、あるいは「下剋上」の思想がこの頃から現われてきたことを知っている。(136)封建社会において、被支配者層は経済外強制と幻想的意識を植えつけられることによって階級支配を受ける。ところがこの頃になると従前の支配を当然なものとして受入れなくなってきた。特に「職」の体系の中心であった朝廷権力にとって深刻な問題がおこってきた。それは「公家勅裁地」における院宣・綸旨に対する意識の変化である。これは鎌倉末期の下地支配をめぐる事例であるが、摂津国生嶋荘をめぐって次のごとき相論が行なわれているのである。正応四年、覚照は本所に収公された重代相伝の地、摂津国生嶋荘を返付されんことを欲して朝廷に出訴した。(137) 覚照の述べるところによると、生嶋荘は彼の祖先である常陸介源実国の開発地であるが、康治年中に前皇嘉門院に寄進し預所として下地管理にあたってきたのであるが、覚照の時代に至ってそれを本所(九条家)に収公されてしまい、朝廷に訴えたところ、「可返賜生嶋庄」との沙汰があったが、「違背廿余ヶ度院宣、本所不及御承引」と、二十余度の院宣にもかかわらず本所はその返還を承諾しなかったのである。それゆえ覚照は替地として播磨国田原荘内西光寺を賜わったのであるが、そこにおいても「不可叙用院宣之由、称有本所御下知、田原庄定使行心・同公文代定源幷西光寺住僧以下庄民等、一向違背両度聖断、凡不叙用廿六箇度之院宣、及苅田狼藉種々悪行余、結句踏入院宣於泥土、何ヶ度雖仰下、不可叙用之由、吐悪口、追出覚照代官之条、言語道断未曽有所行也」と、在地において二度の聖断・二十六度の院宣(案文が現存している)が全く効力がないうえ、院宣を「泥土」の中に踏入れてしまうという事態であり、とても知行できる状態ではなかった。そこで本訴地、生嶋荘を返付されたいと再度朝廷に訴えたのである。ここで知られるように「公家勅裁地」において、院宣・綸旨を通しての在地と荘園領主との間の「合意」は決定的に破綻状態に陥り、法的効力はきわめて疑問がもたれる事態となっているのである。院宣を「泥土」の中に踏入れるという状況に見られるように、在地における院宣に対する意識の変化は注目すべきものがある。これは極端な事例かもしれない。しかし、下地支配という点において、従来からの在地と領主との間における院宣を通しての一定の「合意」が否定されたならば、その結果はおのずと明らかであろう。南北朝期にはさらにそれが深刻化していったのである。南北朝期における菅浦・大浦の境相論においても「暦応二年文殿勘進、同三年院宣子細分明也、而彼土民等忽違背勅裁、重致濫妨之間、不叙用勅裁之条」(138) と大浦雑掌が述べているのはその一例である。鎌倉末・南北朝期の在地における政治的現実は公家権力をもってしてはいかんともし難い事態であったといえる。鎌倉末に本所一円地の相論を幕府に持込んだ政治姿勢を慨歎した花園天皇のような意識は消え、ここに現実を現実としてとらえる意識が強くなってくるのである。公家の沙汰が「被乱理」のときは、武家の吹挙にあずかるのが当然であるとする考えや、武家の沙汰があった場合には「閣聖断」とする思想である。さらに、公家が理に任せて裁決しても、武家の執奏があればしかたがないとする考えがそれである。この考えは武家の執奏・施行によってこそ下地支配の保障がえられるという現実に対応したものであることは言うまでもないことであろう。「公家勅裁地」において「不可叙用院宣」という状況とともに、南北朝動乱という政治的状況も無視できない。

建武三年春、尊氏は後醍醐天皇制の反撃に屈して九州に敗走した。この途中尊氏は注目すべき法令を発布している。「元弘没収地返付令」がそれである。すでに佐藤進一氏はそれに注目されて「よびかける対象は、直接には味方の将士であるが、当時の状況からすれば、真意はむしろ敵方および去就あいまいの武士にあったと見るべきだろう。これは文字どおり反新政、そして先代（鎌倉幕府）復帰の法令である」(139)とされている。直接的動機は敗戦ということより、軍勢を味方に結集させるところにあったことは言うまでもない。事実、彼は敗走しながら多くの「返付令」を在地領主層に発して、(140)それがきわめて歓迎されており、光厳上皇の院宣を得る以前は、それが尊氏の軍勢催促の支柱となっていたのである。しかるに、再度九州から上洛した尊氏が、国家権力を掌握するや「返付令」は荘園領主をも対象とした政策となるのである。たとえば「元弘以来被収公当寺領、并当知行之地事、如元不可有相違之状如件」と、尊氏が建武三年八月十九日に高野山金剛三昧院に下したのはその一事例(141)であるが、同年八月より十二月にかけて諸寺社にかなり多くの「返付令」が見られる。(142)軍勢催促のために出発した「返付令」が、荘園領主を含む政策に発展し、かつその法の発布主体が尊氏であることに注目しておく。さらに公家についても同様な政策が出されている。

長講堂御領等事、不可有武家妨之旨、鎌倉右大将頼朝卿可申成宣旨云々、守彼例、去承久四年重令施行了、

任両度之先蹤、件御領等不可有違乱之由可加下知候、以此旨可令洩奏達給候、尊（氏）―恐惶謹言

（建武三年）八月三日　　　左兵衛督尊（氏）―判(143)

長講堂領保全の尊氏奏状であるが、同様な奏状が数多く見られ、(144)その内容は諸荘園について武士の違乱を停止し、所領を保全することであり、その所有権を確認することであった。このように尊氏が入京して行なった第一の施政は寺社本所の荘園所有を認め、荘園領主勢力を自らの勢力圏とすることであった。さらに建武四年十月七日「寺社国衙領幷領家職」について「諸国大将守護人、就便宜預置軍勢」ことを停止して「可沙汰居雑掌之旨」を定め、「武家領」についても同様な規定を行なったのである。(145)尊氏が建武三年六月上洛した以後、北朝権力が確立するまでの間、動揺している寺社本所勢力に対し、また彼等が南朝方に走るのを阻止するために、彼の権力によって次々と新たな政策を打ち出していった。動乱の過程という客観条件下にあり、さらに北朝が確立されていない時期における尊氏のこれらの施策は、結果的に全領主階級を幕府に結集させることになったことに注視する必要がある。ここに室町幕府の出発点があり、寺社本所勢力も所領等を保全するために幕府に出訴するようになっていった。光厳上皇の院政が一応の基盤を得ると、寺社・公家に対する所領安堵等は光厳上皇の院宣で行なわれるようになってくることも事実である。(146)しかしその場合でも尊氏・直義による「院宣一見状」などが副えられて、その法的効力が幕府側によって保障されていた。(147)

佐藤進一氏によると、室町幕府開創期、幕府の統治権的支配権を掌握していた直義は、その晩年において、直義親裁を強化したとされており「直義親裁権樹立の動きは、直接には荘園領主（寺社本所）勢力の直義に対する圧力によって導き出されたと言えるのではあるまいか。もしそうだとすれば、直義の権力なるものは、荘園領主の勢力を把握することなしには、形成されえず、保持されえない性格のものであったのではなかろうか」と、直義親裁の基盤を荘園領主勢力にもとめているのである。(148)荘園領主勢力が直義の親裁を望んだのは、地頭御家人以

下の寺社本所領押領を停止し、所領保護を願ってのことであったことは言うまでもない。しかし荘園領主勢力が直義のもとに結集したならば、彼等相互の内紛もまた直義（幕府側）に持ち込まれるのは必然であったであろうと推測される。さらに上桂荘をめぐる相論等を見ると、荘園領主と幕府奉行人の結びつきは無視できないものがあるといえる。(149)

さらに検討すると、鎌倉期に「京都御領」(150)南北朝初期に「公家勅裁地」と称された荘園、すなわち、純粋な本所一円地が南北朝期に多数存在したのであろうか。建武政権崩壊後における朝・幕関係についての幕府の基本政策は、ほぼ鎌倉幕府のそれをそのまま固定継承しようとしたものであったといわれている。(151)しかし、現実には畿内近国の在地領主層は「公家勅裁地」・寺社本所領を乗り越えて下地押領・年貢対捍等の非法を押し進め、荘園領主と鋭い対立が現われていた。室町幕府法を見ても、寺社本所領保護の政策が数多く打ち出されている。永原慶二氏は東寺領荘園を例として、南北朝内乱以後、在地領主勢力を排除した本所一円地がきわめて少なくなっていることを指摘されており、(152)在地領主層の荘園侵略がきわめて激しかったことが認められよう。かかる事態より「京都御領」あるいは「公家勅裁地」と荘園ごとに区別されていた法制上の意義は、動乱の間に実質上消滅したことは明確である。これにともなって公家・寺社領は「寺社本所領」として、幕府法の中に位置づけられるのである。(153)

軍勢催促も同様であった。尊氏が建武政権に叛旗を翻した時、光厳上皇の院宣にて軍勢催促を行なったことは周知の事実である。しかし、一旦政権の合法性を得るや、尊氏は武家・寺社・本所領区別なく独自に軍勢催促をするようになっていった。その典型的な事例は山城国である。山城国から結集してきた非御家人を御家人身分とすることによって、幕府権力の裾を広げたことはすでに知られている。(154)さらに有力寺社の僧兵についても軍勢催促状・宛行状が多く発せられている。(155)文永・弘安役においては勅裁によって本所一円地内の非御家人に対して軍勢催促を行なったのであるが、(156)内乱期にはもはやその形態は見られなくなる。寺社本所領・武家領区別なく庄官・名主層が自らの権益の擁護・拡大のために、幕府に結集していくのがこの時代の特徴であり、もはや「勅裁」による軍勢催促を必要としなくなってきており、ここにも公家管轄地は「勅裁」によって軍勢催促を行なうという法的な区別の消滅を知ることができる。在地勢力、あるいは南朝方との緊張関係の中から、幕府による既成事実が一つ一つ積み重ねられていった。既成事実は諸勢力の動向によっておのずと成されるものである。

以上のような社会的状況、政治的な動乱、またそれに対応する幕府の政策等を考慮すれば、公家側の決定事項に対しても幕府執奏が優先するという事態は必然的なものであったといえる。かくのごとく、在地領主・荘園領主を政治的に結集させはじめた幕府は、双方が合意できる土地政策を必要としたことは言うまでもない。それが半済令である。応安の半済令はその帰結点である。応安の半済令は大荘園領主と在地領主間の一定の合意を得た政策であった。(157)これによって鎌倉末期から続いていた下地所有の混乱は収束にむかい、下地の再分轄が完了したといえよう。荘園領主・在地領主を結集し、一円的土地所有の上に立った新たな権力が出現してくるのである。それが義満政権であった。

以上、武家執奏成立の要因をやや一面的に見てみた。しかし残された課題は多い。殊に、南北朝末に王朝側の形式的な諸権限まで幕府権力内部に吸収されていくのは何故なのか。永徳二年、後円融上皇が院政を開くや、義満が院の執事に補任されたという事実、(158)管領が細川頼之から斯波義将に交替したという事実、幕府―守護体制が確立しつつあったという事実等をいくつかあげることができる。これらの諸点については、義満政権の成立過程、その特質という側面から検討しなくてはならない。

さて、当時の国家権力の性格規定についての代表的見解をあげると、黒田俊雄氏は権門体制の第三段階の権力と規定されている。(159)永原慶二氏はこの見解を批判して、室町期の王権は明白に将軍の手に集中されたとしている。(160)

さらに佐藤進一氏は、将軍権力＝王権とされていることは周知の事実である。(161)この時期における国家権力を掌握していたのは誰かということを判断する重要なポイントとして裁判権をあげることができる。すなわち、その権力が他の諸権力から超越しているかどうかは、領主相互間の矛盾を調停する裁判権を握っているかどうかにかかわってくる。そこに裁判権を検討しなければならない理由がある。内乱の過程において、領主階級の矛盾を調停する裁判権は完全に幕府の掌中に帰した。さらに同様な機能を発揮する知行安堵権も幕府のものとなっていった。国家租税に擬せる公田段銭の賦課・免除権、また権力掌握の一つの目安である外交権も幕府に帰属するところとなっており、階級支配を貫徹するための暴力機構については今更言うまでもない。かくのごとく見れば、足利将軍権力を王権とする見解がもっとも妥当のように見え、政策もそれに添っているごとくである。またその権力形態は荘園領主・在地領主双方を権力の構成要素としていることからも封建王政とするのが自然であるように見えるが、なお、理論的・実証的検討が必要とされる。(162)

当時における天皇はいかなる役割を果したのであろうか。室町幕府のもっとも弱い環は支配イデオロギーの面であり、それを補完するものとして天皇の役割は大なるものがあったと推測される。それゆえ実態面から見るならば、封建王政内部でイデオロギー部門を分担する役割が演ぜられていたと考えられるが、この点は推測の域をいまだ出ない。後の課題としたい。

おわりに

小論は義満政権成立またその特質究明の前提として、武家執奏という非制度的な問題について若干の考察を加えてみた。政治制度のみに観点を絞るならば、院宣・綸旨によって諸事の裁決が行なわれている南北朝末期まで、公家と武家との間には厳然たる権限区分があったことは事実である。従来より、内乱末期に朝廷権力が消滅したとの指摘がなされているが、いかなる経過にてそのような事態に至ったかという分析が必要とされる。内乱という政治過程において、諸政治集団の力関係、既成事実の積み重ね等は十分注視しなければならない。ここでは公家側の諸制度が空洞化されていく一側面について武家執奏を通して検討したにすぎず、また武家執奏が制度的に確立していたわけではなく、ただ当時における政治過程の中において、公武二重の政治制度の再編成を迫られた支配者階級が、その再編過程内において行なった過渡的な形態であることよりして、きわめて曖昧な点が残されている。内乱の政治過程という動的側面のさらなる検討が必要とされる。

(1) 諸論点については、藤木久志「中世後期の政治と経済」(『日本史研究入門』Ⅲ 東京大学出版会、一九六九年)、笠松宏至「中世国家論をめぐって」(日本の歴史 別巻『日本史の発見』読売新聞社、一九六九年)、稲垣泰彦『講座日本史』3(東京大学出版会、一九七〇年)の「序論」等を参照されたい。
(2) 永原慶二「南北朝内乱」(『岩波講座日本歴史』6 岩波書店、一九六三年)、のち『中世内乱期の社会と民衆』(吉川弘文館、一九七七年)収録。
(3) 佐藤進一『日本の歴史9 南北朝の動乱』(中央公論社、一九六五年)四二四頁。
(4) 笠松前掲論文。
(5) 佐藤進一「室町幕府論」(『岩波講座日本歴史』7 岩波書店、一九六三年)、のち『日本中世史論集』(岩波書店、一九九〇年)収録。百瀬今朝雄「段銭考」(『日本社会経済史研究』中世編、吉川弘文館、一九六七年)。
(6) 永原慶二「日本封建国家論の二、三の論点」(『歴史評論』二六二号、一九七二年)、のち『日本中世社会構造の研究』(岩波書店、一九七三年)収録。なお、検断沙汰については羽下徳彦氏によって豊富な研究が積みかさねられている。「検断沙汰おぼえがき」(『中世の窓』四—七号、一九六〇年)、「室町幕府初期検断小考」(『日本社会経済史研究』中世編 吉川弘文館、一九六七年)、「中世本所法における検断の一考察——訴訟手続における当事者主義について——」(『中世の法と国家』東京大学出版会、一九六〇年)等を参照されたい。
(7) 佐藤進一「室町幕府開創期の官制体系」(『中世の法と国家』東京大学出版会、一九六〇年)、のち『日本中世史論集』

（岩波書店、一九九〇年）収録。

（8）橋本義彦「院評定制について」（『日本歴史』二六一号、一九六七年）、のち『平安貴族社会の研究』（吉川弘文館、一九七六年）に収録。

（9）橋本　同右。

（10）『園太暦』『師守記』等に多くの具体例があり、寺社相互・公家相互・寺社と公家等の相論が文殿で裁決されている。

（11）『園太暦』康永三年閏二月一日条。

（12）『師守記』康永三年二月二十六日条。

（13）仁和寺文書　第二回採訪「雑訴条々」第十八条。

（14）『園太暦』貞和五年二月二十五日以下の条。

（15）同右。

（16）同　貞和五年六月二十一日条。

（17）仁和寺文書「雑訴条々」。『師守記』暦応三年四月十一日条に「昨日注進候雑訴法者、正和三年十一月十三日法候、今度可用彼法之由、被仰下候」とあり、さらに同五月四日条に「今日雑訴有沙汰、又法等有評定云々、衆中被仰起請文、可書進之由云々、於法者未下文殿也」との記載が見えている。

（18）『師守記』暦応三年五月四日条。

（19）『師守記』観応以後に関連記載が多数ある。

（20）佐藤進一　前掲『南北朝の動乱』四二六頁。

（21）東寺百合文書（以下東百と略す）ミ一—八　正和二年十二月　後宇多院起請符案。

（22）源城政好「東寺領上桂庄における領主権確立過程について——伝領とその相論——」（『中世の権力と民衆』創元社、一九七〇年）。

（23）東百ヨ四一—五三　上桂荘相伝文書案。

（24）鎌倉期における相論については源城氏の前掲論文を参照されたい。

（25）東百イ一—二四　建武四年八月日　源氏女陳状案。

（26）同右。

(27) 東百イ一―二四　建武四年九月日　源氏女重陳状案。
(28) 注(25・27)所引史料。
(29) 東百イ一―二四　光厳上皇院宣案。
(30) 東百井一―一五　暦応二年四月日　東寺供僧学衆等代所司庭中申状案。
(31) 同右。
(32) 東百さ五〇下―五七　延文元年四月二十二日　浄土院雑掌重状案。
(33) 同右。
(34) 東百井一―一五　暦応二年六月二十一日　光厳上皇院宣案。
(35) 東寺文書甲号外二　一二―二四　東寺見住僧綱大法師等申状案。
(36) 東百な二―一五　源氏女寄進状案。
(37) 東百ヒ四九―五四　暦応二年十月　教王護国寺僧綱大法師等申状案。
(38) 同右。
(39) 同右。
(40) 東百ヒ四九―五四　康永三年六月日　東寺申状案。
(41) 東百ア一―一二　貞和四年七月日　東寺雑掌光信支状案。
(42) 東百ヨ一三―二一　文和四年八月日　法華山寺浄土院申状案。
(43) 東百ヨ一三―二一　文和四年九月日　東寺雑掌光信支状案。
(44) 室町幕府追加法　第四条（『中世法制史料集』第二巻所収）。あわせて同書「補註4」をも参照されたい。
(45) 東百ヒ四九―五四　康永四年五月十八日　光厳上皇院宣案。
(46) この区別がいつ頃からできてきたのか現在のところ明確には判断しかねる。しかし一般論として本所一円地と地頭補任地が固定化したときと考えられる。承久の乱により新補地頭が設置された以後、領家・地頭間における相論が激化する。それを解決する方法として下地中分が行なわれたことは周知の事実である。この結果、双方がそれぞれ一円支配を実現したとされている。この下地中分などをメルクマールにすれば、鎌倉期の後半ということになるがいかがであろうか。鎌倉幕府追加法第六八四条（『中世法制史料集』第一巻所収）に次のごとく記されている。

一、西国堺相論事
以弘安八年六月十一日、被仰六波羅条々内、於領家一人之所、有地頭相論事者、任旧儀可被沙汰、次関東御一門領与京都御領堺事、可為聖断条、(下略)
この条文は正安二年のものであるが、ここに「京都御領」なる語が見える。これが「公家勅裁地」と同義語かどうかは検討を要するが、判断の一つの材料となることは事実である。
(47) 東百ミ一—八　康永二年二月日　教王護国寺僧綱大法師申状案。
(48) 東寺文書乙号外一—六　延文二年閏七月日　西寺別当深源言上案。
(49) 注(45)所引史料。
(50) 東百ヒ四九—五四　年不詳　東寺所帯文書事書。
(51) 東百ア一—一二　貞和四年七月日　東寺雑掌光信支申状案。
(52) 東百ホ一—二〇　八月十一日　足利直義施行状案。
(53) 東百ム学衆方評定引付　貞和六年二月二十七日・三月四日条。東百な一—一〇　観応元年三月日　東寺申状案。
(54) 東百ヨ一三—二一　文和四年八月日　法花山寺浄土院申状案。東百ヨ一—一二　文和四年九月日　東寺雑掌光信支申状案。
(55) 東百さ五〇下—五七　西山法花山寺浄土院雑掌定勝重申状案。
(56) 東百書七—一二　延文元年十一月八日　後光厳天皇綸旨。
(57) 東百さ四〇—五〇上　至徳二年八月日　東寺雑掌頼勝支申状案。
(58) 東百ネ学衆方評定引付　至徳二年九月二十九日条。
(59) 東百ム学衆方評定引付　貞和六年二月二十七日条。
(60) 九条家文書　康治二年十月四日　源季兼寄進状。
(61) 同　寿永二年十月十九日　官宣旨。
(62) 同　建武二年六月二十九日　後醍醐天皇綸旨案。同　延元元年三月六日　日野資名請文。
(63) 同　貞和五年二月十八日　三宝院賢俊書状案。『園太暦』貞和四年九月十八日条。
(64) 同　貞和四年九月二十四日　光厳院仰詞案。

(65)『園太暦』貞和四年九月十九日条。

(66)九条家文書　貞和四年九月十九日　武家御返事案。

当相論に関する「勅問」と「執奏」の経過は、九条家文書の「若山荘関係文書」によると「仰詞　貞和四八六　奉行前左府」と貞和四年八月六日に光厳上皇より「勅問」があり、「武家御返事　貞和四八十四　申次中条備前々司秀長」と、貞和四年八月十四日に執奏している。さらに同年九月十七日に再度「勅問」があり、同月十九日に幕府側から執奏が行なわれているのである。このような短期間における執奏であることより、幕府引付等の公的機関では審理が行なわれず、幕府有力者（尊氏・直義）の判断にて執奏が行なわれた可能性が強い。

(67)曼殊院文書　延文二年後七月日　前北野社別当慈昭目安状案。この相論についての以下所引史料は断わらないかぎりこれによる。

(68)『園太暦』延文四年九月十二日条。

前北野社別当慈昭が幕府に出訴したのは延文二年後七月であった。それが「依武家奏聞、有其沙汰候由」と、武家執奏により、慈昭還補の綸旨が下されたのは延文四年九月十二日であった（『園太暦』）。二年数カ月にわたって幕府側でその是非が検討されたのである。当相論が幕府機関の審理という公的な手続を経たかどうかという点に関しては、その期間の長さ、また慈昭が訴状において「帰本訴理非」あるいは「被経哀憐之御沙汰」と、相論の是非の審理を望んでいること、「御教書案 備進之」と手継文書を訴状に副えていることなどから、幕府機関の審理を経て公家側に執奏されたと推定される。幕府機関とは、延文二年頃を境として幕府引付が無力化したとの指摘がある（小川　信「足利（斯波）高経の幕政運営」『国学院大学紀要』第十一巻、一九七三年、のち『足利一門守護発展史の研究』吉川弘文館、一九八〇年、収録）ことよりして、御前沙汰と推定される。

(69)『愚管記』永和五年十月十九日条。

(70)三宝院文書十七　隆源僧正覚書。

(71)注(48)所引史料。

(72)室町幕府初期の検断沙汰を検討した羽下徳彦氏は、二本所間の検断沙汰に関する相論に武家が介入する例をあげ、それは違勅の行為が発生したときであり、朝廷はそのとき武家の追捕権を発動せしめるとされ、その場合、「武家の介入には、当事者の朝廷への提訴及び朝廷からの武家への授権を必要とした」とされている（前掲「室町幕府初期検断小考」）。

（73）南北朝後期に文殿が消滅するという指摘はすでになされている。佐藤進一「守護領国制の展開」（『新日本史大系』第三巻、朝倉書店、一九五四年、九八頁）、同「幕府論」（『新日本史講座』中央公論社、一九四九年、三五頁、のち『日本中世史論集』岩波書店、一九九〇年、収録）を参照されたい。

（74）『師守記』に関連記載が多数ある。

（75）『愚管記』応安七年四月二十四日条。

（76）同　応安四年七月十八日条。なお同記応安六年十二月十一日条を見ると「八幡祠官訴陳一結被相副勅書被下云々、社務曽清非拠条条、常清以下七八人連署訴申之、此事二問答之訴陳、可為何様哉之由、被仰合武家之処、可為聖断申之、返遣文書之間、雑訴之次被経御沙汰之処、群議大略曽清科坐難遁之由申之（下略）」と、出訴があった場合二問二答が行なわれており、裁決は「群議」によっていることが知れ、従来の裁判形態が依然続いていたといえる。しかしその裁判も武家と「仰合」され、その許可を得ていることに注目しなければならない。

また、応安元年から同三年にかけて、備中国新見荘領家職をめぐって東寺と左大史小槻兼治との間に相論がおこった。この相論も朝廷において三問三答の訴陳がとげられている。東寺の陳状によれば、同荘は元徳二年周防国美和荘の替として東寺に施入されたものであること等を論じたのち、「爰去観応年中、（小槻）国遠宿禰以当庄申成礼服倉料所、依擬致知行、仏陀御施入之地、再難被成人物之旨、寺家就歎申、観応二年六月十三日、武家以二階堂信濃入道行珍、属勧修寺一品（経顕）家、東寺理訴之次第被経執奏、翌日十四日止料所之儀、被返付東寺之由、被成院宣訖」（東百ひ五〇―六〇　応安三年二月日東寺雑掌重陳状案）と、観応年間にも小槻氏と東寺の間に相論があったことが知れ、それは武家執奏によって院宣が下された（東百る最勝光院方引付貞治七年応安元戊申観応二年六月十四日　光厳上皇院宣案）。ここに見られるごとく、一旦は武家執奏→院宣で決着がついたものであったが、再度朝廷に対決を持ち込んだのである。これは本文中でも述べるごとく、公家側において貞治―応安年間に訴訟機関の強化・整備がなされていることより、そのような状況の反映と考えられる。この相論が公家訴訟機関内で決着がついたかどうか不明であるが、当時における公家側の訴訟審理内容・手続等を示すものとして興味ある。

（77）『後愚昧記』永徳三年一月二十八日条。

（78）『師守記』貞治六年五月二十八日条。

（79）佐藤進一前掲『南北朝の動乱』四二五頁。

(80) 『愚管記』永和二年閏七月二十八日条。
(81) 『愚管記』永徳元年五月二十条、『後愚昧記』永徳元年七月六日条に公家の雑訴のことが記載されているが、この頃を境として公家雑訴は見えなくなる。
(82) 注(77)所引史料。
(83) 『空華日用工夫略集』永徳二年十一月六日条(『中世法制史料集』第二巻 参考資料七四)。
(84) 橋本義彦 前掲「院評定制について」。
(85) 同右。
(86) 注(46)参照。
(87) 『花園天皇宸記』元亨元年四月十五日条。
(88) 永原慶二氏はこの記載を例として「武力をもたない朝廷は所領紛争や非法を解決・阻止する能力を失い、幕府にその停止を依頼せざるをえなくなり、みずからの政治的権限をせばめていった」と評価されている(前掲「南北朝内乱」)。
(89) 天龍寺文書 貞和二年閏九月十九日 足利直義下知状。
(90) 鎌倉幕府追加法第四二条(『中世法制史料集』第一巻所収)。
(91) 公家側が自己の権限を幕府側に授権するという点について触れておきたい。授権するということは形式的に見るならば、公家側の意志によって自己の権限を幕府側に委任するということである。公家側の委任・許可制ということより、幕府による公家権限の侵害・介入とはならないかのごとく見える。しかし、実態はまさにその逆である。法的には前のごとく言えても、政治の論理がそれを乗り越えていくことは言うまでもない。授権とは公家権力崩壊の大きな前進であった。
(92) 詳細については佐藤進一前掲「室町幕府開創期の官制体系」を参照されたい。
(93) 『園太暦』観応二年二月二日条。
(94) 同 文和元年九月八日条。
(95) 『愚管記』応安四年一月十九日条。
(96) 東寺文書乙号外一―六 延文二年閏七月日 西寺別当法印権大僧都深源言上条々案。
(97) 曼殊院文書 貞治二年十二月五日 足利義詮書状に「北野社別当職事、先年重々有沙汰、任相伝、可被返付之由、已経奏聞候上者」とある。北野社別当職の補任も幕府の執奏によってなされていることはすでに前節で見た。

(98)『園太暦』文和四年十月二十七日条。
(99)『愚管記』延文三年十一月十四日条。
(100)京都御所東山御文庫記録甲百八(『大日本史料』6の27、四二頁)。
(101)『公衡公記』弘安十一年一月二十日条。
(102)龍粛『鎌倉時代』下(春秋社、一九五六年、一三八頁)。
(103)同右 四三頁。
(104)橋本前掲「院評定制について」。
(105)『公衡公記』弘安六年七月二日条。
(106)同 弘安十一年一月二十六日条。
(107)所領安堵等について王朝に残された最後の権限は京都内の土地沙汰権であった。ところがこれについても「所詮京都地事、為公家御沙汰之処不及申入之、以武家令執奏条奇恠之至也」(『後愚昧記』永徳元年八月二十二日条)と、幕府権限内に移行しつつあったことが知れる。以後侍所が市内を管轄するようになることより、これも幕権内に吸収されたと考えられる。また、康暦以前においては院宣による安堵が多く有り、さらに永徳元年頃までは王朝による安堵が見られる(『後愚昧記』永徳元年七月一日条、広隆寺文書乾)。

しかし、上皇による院宣そのものが全く無くなってしまったわけではない。明徳三年閏十月十日、若狭東口御服所等をして、臨川寺領加賀国大野荘の年貢米を勘過せしむる後円融上皇の院宣(天龍寺文書)、明徳三年十一月二日、供御人等の廬山寺領山城国長坂湯舟山を乱妨することを停止せらるる院宣(廬山寺文書)、明徳四年二月三十日、山城国妙心寺無因に長講堂領但馬七美荘内上方三名を安堵せしめた院宣(妙心寺文書)等が見られるが、総じて天皇家領に関するものである。また応永初期に国衙領に関する後亀山上皇の院宣もあるが、南北朝合体後における特殊な事態によるものである。

例外もある。

(一)山城国東安寺幷尾張国長幡寺別当職、可令管領給由、新院御気色所候也、仍執啓如件

嘉慶二年九月廿四日　(花押)

謹上　理性院僧正御房

(二)尾張国長幡寺別当職事、任先例可令執務之状如件

嘉慶二年九月十五日　（義満）（花押）

理性院僧正房

㈢　尾張国長幡寺別当職事、任去月十五日御下知之旨、可沙汰居理性院僧正房雑掌之状、依仰執達如件

嘉慶二年十月三日　（斯波義将）左衛門佐判

土岐伊予守殿　（以上三点理性院文書）

嘉慶二年九月、理性院に対して後円融上皇の東安寺・長幡寺別当職安堵の院宣がなされたのであるが、それより以前、義満の御判御教書がなされているのであり、さらに管領によって施行されている。山城東安寺についての御判御教書・管領施行状は残されていないが同様であったと考えられる。これより、院宣が下付されたと言っても、幕府安堵の追認的形態でしかありえず、武家執奏→安堵院宣よりさらに後退したものであることは疑いない。さらに応永十二年、義満は理性院領を安堵したのであるが（理性院文書）、この時はもはや王朝側の安堵は見えない。

(108) すでに黒川直則氏は「公家・寺社・武家を問わず、室町幕府による所領安堵によって、はじめて領主たり得る」と指摘されている（「中世後期の領主制について」『日本史研究』六八号、一九六三年）。さらに幕府は「文和・延文年間に公家・社寺・武家に対して領家職・地頭職を媒介に荘園を安堵する権限を得た」（「中世後期の農民闘争」『講座日本史』3　東京大学出版会、一九七〇年）とされている。実質上は確にその通りであるが、以後においても公家・寺社に対する安堵綸旨・院宣が多く下されていることより、文和・延文年間に寺社・公家領に対する安堵権を幕府が得たとするには若干の難点がある。やはり、制度的には、康暦・永徳期頃まで降る方が良いように思われる。

(109) 桑山浩然「室町幕府経済の講造」（『日本経済史大系』2　東京大学出版会、一九六五年）。百瀬今朝雄　前掲「段銭考」。

(110) 『師守記』貞治六年六月十一日条。

(111) 同　貞治六年七月六日条。

(112) 同　貞治六年七月二十六日条。

(113) 佐藤進一　前掲「室町幕府論」。

(114) 『愚管記』永和五年六月四日条。

(115) 同　応安元年七月五日条。

(116) 同　七月二十三日条。

(117) 同　七月二十四日条。

(118) 『中世法制史料集』第二巻追加法一一五。

(119) 同　一一三。

(120) 同　一二八—一四二。

(121) 拙稿「応永初期における王朝勢力の動向——伝奏を中心として——」(『日本歴史』三〇七号、一九七三年、本書第Ⅲ部第二章)なお本文の記述は特に断わらないかぎりこれによる。

(122) 『建内記』嘉吉元年十月十九日条。

(123) 『園太暦』貞和三年七月二十日条に「抑今日有女房奉書、山門伝奏事、如元可申沙汰之旨、可仰宣明卿云々」とあることより、南北朝初期から伝奏が設置されていたことが知られる。これが南北朝末—応永にかけていかなる性格のものへと変化をとげたか不明であるが、他の諸条件からして、南都伝奏と同様な役割を演ずるようになったであろうと推定する。

(124) 田沼　睦「国衙領の領有形態と守護領国」(『日本史研究』八〇号、一九六五年)、岸田裕之「守護赤松氏の播磨国支配の発展と国衙」一・同二(『史学研究』一〇四・一〇五、一九六八年)、のち『大名領国の構成的展開』(吉川弘文館、一九八三年)収録。

(125) 中院文書　貞治五年九月十四日　足利義詮綸旨施行状によれば、上野国国衙領は「勅裁」であったことが知られる。しかし応永三年には幕府の沙汰となっている(『大日本古文書』上杉家文書一—六四　管領斯波義将施行状)。

(126) 『後愚昧記』貞治六年三月二十四日条。『愚管記』貞治六年三月二十日条等。

(127) 『愚管記』貞治六年三月二十日条。

(128) 龍前掲書　四三頁。

(129) 中村栄孝『日鮮関係史の研究』上(吉川弘文館、一九六五年)二三一頁。

(130) 『後愚昧記』貞治六年六月二十六日条。

(131) 中村前掲書　二三三頁。

(132) 同　二二四頁。

(133) 『愚管記』永和三年五月三日条。

(134) 網野善彦「鎌倉末期の諸矛盾」(『講座日本史』3　東京大学出版会、一九七〇年)。
(135) 佐藤進一『室町幕府守護制度の研究』上(東京大学出版会、一九六七年)一三一頁。
(136) 横井　清「下剋上の文化」(『講座日本史』3　東京大学出版会、一九七〇年)、のち『中世民衆の生活文化』(東京大学出版会、一九七五年)収録。
(137) 九条家文書　正応四年七月日　覚照重申状案。以下の引用史料は当申状案による。
(138) 菅浦文書五　延文二年三月日　円満院雑掌陳状具書案。
(139) 佐藤進一　前掲『南北朝の動乱』一二四頁。
(140) 三宝院文書　建武三年二月日　院林六郎左衛門入道言上状裏書　尊氏安堵状。他に小早川文書・那文書・上林証文等にある。
(141) 金剛三昧院文書　建武三年八月十九日　足利尊氏安堵状。
(142) 『大日本史料』六編之三参照。
(143) 京都文庫文書(『大日本史料』6の3　六四七頁)。
(144) 注(142)に同じ。
(145) 『中世法制史料集』第二巻　建武式目追加第一条。
(146) 建武三年八月末—九月頃にかけて光厳上皇の院宣が見え始める(醍醐雑抄・実相院文書・報恩院文書等参照)が、建武三年十二月頃までは尊氏も「返付令」を行使していることより、建武三年中は実質的に全権限が尊氏の掌中にあったといえる。
(147) 例えば、光厳上皇が臨川寺領山城国大井郷を建武三年九月に安堵したのであるが、それに「当寺幷寺領安堵院宣、加一見候畢」とする尊氏の添状が付されている(天龍寺文書)。
(148) 佐藤進一　前掲「室町幕府開創期の官制体系」。
(149) 例えば「西山法花山寺雑掌、属雑賀隼人入道、重出訴訟間」、あるいは「敵方相語奉行人之由聞之間」(東百ム　学衆方評定引付貞和六年庚寅上)と、幕府奉行人に縁を求めて行動していることが知られる。
(150) 注(46)所引史料参照。
(151) 永原慶二　前掲「南北朝内乱」。

(152) 同「荘園解体過程における南北朝内乱の位置」(『日本中世社会構造の研究』岩波書店、一九七三年)。
(153) 同 前掲「南北朝内乱」。
(154) 上島 有『京郊庄園村落の研究』(塙書房、一九七〇年)一二七頁以下。
(155) 『園太暦』観応二年一月九日条。園城寺文書 観応三年四月五日 足利義詮袖判下文。
(156) 『中世法制史料集』第一巻 参考資料補五六条。
(157) 佐藤和彦「南北朝の内乱」(『講座日本史』3 東京大学出版会、一九七〇年)、のち『南北朝内乱史論』(東京大学出版会、一九七九年)収録。
(158) 『公卿補任』永徳二年条。
(159) 黒田俊雄「中世の国家と天皇」(『岩波講座日本歴史』6 岩波書店、一九六三年)、のち『日本中世の国家と宗教』(岩波書店、一九七五年)収録。
(160) 永原慶二 前掲「南北朝内乱」。「日本国家史の一問題」(『思想』四七五号、一九六四年)、のち「中世国家史の一問題」と改題して『日本中世社会構造の研究』(岩波書店、一九七三年)に収録。
(161) 佐藤進一 前掲「室町幕府論」。
(162) 黒田俊雄氏は室町期を権門体制の第三段階とする理由を「公家・寺社が、儀礼や有職故実の学に権門としてのその理由をおいたことは、やはり、幕府では果しえない国家の機能として、当時なりの意義をもつものであった」(黒田前掲論文)とされている。しかし、「儀礼や有職故実の学」を行うグループの存在をもって、国家権力形態を規定する真の決め手となるであろうか。疑問を感ずる。権力形態を分析する場合、他にもっと重要な諸点がある。室町幕府将軍の権力は江戸幕府と比して弱体であったとはいえ、諸領主を従属させて君臨した。いずれにしても、天皇が国王であったとすることには議論の余地がある。

第二章　応永初期における王朝勢力の動向——伝奏を中心として——

はじめに

室町幕府研究は多方面よりなされてきており、数多くの成果が蓄積されてきている。(1) そのなかで、「義満期に室町将軍が、在地領主階級を基盤とした武家政権から、王朝貴族階級をも包摂した国家権力へと変化し、その性格は封建王政である」とする見解が提起されている。(2) この見解を裏打ちするのは幕府・守護・国人層（すなわち武家側）を分析対象とした論考である。ところが、当時の王朝貴族の動向を検討した成果は皆無に等しく、わずかに永島福太郎氏が南都の問題について触れているのみである。(3) また封建王政たる義満政権の実態分析も不十分なまま残されており、なお検討しなければならない問題が多くある。

そこで、小論においてはその課題の一つとして、義満政権に包摂されていったとされている王朝貴族の動向について、基礎的な分析を試みたい。分析対象は伝奏グループである。この検討によって、義満政権の権力形態分析の一助となれば幸甚である。

一　公家の動向の一側面

南北朝内乱は、封建王政ともいうべき室町幕府体制が確立してくる過程であるとともに、国家権力が下降分有されていく過程であった。だが、他面においては、王朝貴族の没落を決定的にし、自己の存在基盤を益々狭めていくものでもあった。公田反銭の賦課・免除権は幕府に移り、かつ、国衙領沙汰権も失い、また王朝勢力が最大の基盤としていた京都支配権も喪失するというように、従来その固有の権限であったものは、多くもって幕府の権限となったのである。わずかに、古代以来の伝統的な王朝観によって寺社勢力に一定の影響力を持つのみであった。

しかし、王朝貴族層が支配者階級の一構成部分として存立していくためには、なんらかの政治的な活動が要求されたことは言うまでもないし、また、その結節点となるグループを必要としていたのである。かかる観点から、この時期の公家の動向をみると、若干注目すべきものがある。最初に義満の晩年、応永十二・三年頃における政策決定の過程を検討することによってその動きを探ってみよう。山科教言の日記に次のような記述が見えている。

（応永十三年八月）
(A)――十三日
一、山科反銭事、伊勢入道（貞行）ニ重雖申、尚不可申之由故障、其子細裏松（日野重光）ヘワヒ申之処、守護ニ可仰之由被仰之、難有事也、(4)

(B)――十七日
一、守護高土左下知状案
山科殿知行分山城国山階東庄反銭事、御左右之間、可被止催促之由候也、恐々謹言、

八月十七日　　在判

佐治因幡(守直)入道殿(5)

(C)―廿四日

一、東庄反銭事、北野ヘモ不参仕之間、直ニモ難伺申、以大津奉行仲沢ニ我申トテ、忩々可伺申之由被仰、返々目出、

一、所詮厳重之地、先々免除之上者、可有御免云々、雖于今不始事、裏松(日野重光)難有々々(6)

北山殿における政策決定の形態については、後に触れるが、この一連の史料は政策決定の過程を興味深く我々に示している。応永十三年八月七日、山城国へ反銭が賦課されることが決定され、山科教言の家領山科東庄へも、守護をもって反銭賦課の触れが出されたのである。(7) これに対して教言は反銭を回避するために「如先々免状御折紙可預御下知候」(8)と、守護高師英にその免除を願い出たのであるが、守護に拒否されたらしく、さらに幕府政所執事、伊勢貞行に免除のことを重ねて訴えた。しかし貞行は「尚不可申之由故障」(史料A)と、ここでも拒否されたのである。そこで教言はその子細を日野重光に申したところ、日野より守護に取り計うとの返答がなされた(史料A)。翌十四日、重光は先の件に関して「自裏松以大津、高土佐守護許ヘ反銭事先々免除上者、可除之由」(9)と、山城国守護に反銭免除を申し入れたのである。しかし、義満が兵庫に下向していて不在であったために、彼の意見を伺うとして、守護はその態度を保留したのであるが、史料(B)のごとく、義満によって免除の可否が決定されるまで反銭の催促を停止したのである。(10) 二十四日に至ると、日野重光の画策によってか、義満によりその免除の決定がなされるにいたったのである(史料C)。しかし、結果的には「反銭事、権門勢家ヲ不謂悉可被沙汰之旨、重被仰云々、料足不足之故歟」(11)と再度の賦課が決定され、「山科殿御知行分反銭事、可勘京済候、可被止催促之由候」(12)と、反銭の京済ということで決着がついたのであった。

一荘の反銭賦課・免除の過程を具体的にみてきたのであるが、もっとも注目すべき動きを示しているのが日野重光であることを知ることができる。結果的には京済ということになったが、教言が守護あるいは政所執事に反銭免除を訴えても埒があかなかった問題を、重光が口入することによって一旦は免除の決定がなされ、山科教言をして「雖于今不始事、裏松（日野重光）難有々々」と言わしめているのである。日野重光のかくのごとき行動を『教言卿記』からさらに抜き出してみよう。ⓐ―「夜陰ニ隆直（四条）三位来、倉部ニ申旨アリ、参議所望事裏松（日野重光）へ可伝達之由申之」[13]。ⓑ―「園少将基秀朝臣来、転任事勅許畏入者也、倉部ニ裏松へ伝達候者、為本望之由申也」[14]。ⓒ―「高辻左京大夫久長来、倉部対面、来正月叙位上階事所望、裏松へ可得其意之由申之」[15]。ⓓ―「丹波国闕所守護（細川満元）注進、裏松可申沙汰云〻、先以祝著也」[16]。ⓔ―「呰部事裏松へ申之処、無子細可成奉書之由領状、目出〻〻」[17]。ⓕ―「闕所之地事、以資興裏松へ申、所詮奉行治部四郎ニ副使可責渡百姓之地子云〻」[18]。ⓖ―「但馬小佐事・故怡雲庵事有御雑談之処、裏松守護押領之由被申出歟」[19]。ⓗ―「若山庄已可有半済之由沙汰之処、裏松再往被申之、被閣云〻、弥重〻〻」[20]。ⓘ―「長方朝臣来、賀州所領事沙汰出来、周章之由申之、裏松ニテ可愁申由物語、可喜存云〻」[21]。ⓙ―「花山ヨリ使安芸左衛門季〻、家領事付裏松被申歟」[22]。応永十二・三年における日野重光（裏松）の特徴的な動向をⓐ―ⓙにまとめてみた。それを類型化すると、ⓐ―ⓒは官位昇進について重光の口入を訴えたものである。官位昇進等の推挙は義満がなしており、また彼の意向によって官位が左右されていたことは周知の事実である。とするならば、これらの公家の動きは、重光より義満への推挙を願ってのことであろう。結果は不明であるが、彼の動きからして一定の効果をあげたであろうことは疑いない。さらにⓓ―ⓙは公家の所領問題への介在である。当時においては、守護・国人による所領押領は日常茶飯事であり、公家にとって所領保全はきわめて切迫した問題であった。そこで自己の所領の安堵・保全等について、重光の口入を得ることによってその目的を達しようとしていたといえる。特に、ⓖ・ⓗにみられるように、守護勢力と対峙し、王朝勢力の利益を擁護していること、さらに中流貴族が多くもって重光のもとに結集し、彼がその中核的存在のごとくみえることなどは注目しておく必要がある。

さて、日野重光が当時の政界において重要な役割を演じていたであろうことは、以上の分析で明らかとなった。如上のごとき役割を担っていた重光はいかなる政治的地位にあったのであろうか。当時における重光の官位は正二位権大納言であった。(23) しかし、この官位をして、先のごとき役割を演ぜしめたことは考え難い。考えられうることは、重光は義満の正妻日野業子・康子の一族であったことが大きな理由であったであろうことである。前近代社会における権力構成は、血縁関係を考慮外においては考えられないからである。

しかし、血縁関係のみを重視することは許されず別の側面からの検討も必要とされる。そのためには日野重光と同様な行動をとっている公家が存在するのか否か、検証する必要がある。また存在するならば、どのような政治的地位にあったか究明することが問題解決の緒となる。

(D)―九月(応永八年)十二日、戊戌、向勘解由小路一位禅門(広橋仲光)許、吉祥院四ヶ里内田畠、下司則兼以下輩沽却事不可然、伺申御教書、無子細、下知飯尾美乃入道(貞之)奉書給之、仍謝之、(24)

(E)―二月(応永十年)四日、自夜雨下之間、(中略)入夜廬山寺長老参仕、於北庇禅閤(広橋仲光)有御対面、五日、未明、禅閤御参北山殿(中略)次又廬山寺々領事為被伺申也云々、(中略)抑廬山寺々領摂州〻〻若狭〻〻両所守護渡状、以御書被進禅閤者也、(25)

応永初期における広橋仲光の行動を示す史料を二点だけあげた。(D)・(E)ともに広橋仲光が他氏の所領問題に口入しているのである。すなわち、日野重光と全く同様な動きを示していることが知られる。さらに同じく、万里小路嗣房をあげることができる。(26) 広橋仲光は義満の「家礼の仁」であったことが知られているので、(27) そのためとも考えられるが、嗣房はいかなる理由によってであろうか。応永二年付の『略案宝集』の端書に「伝奏万里小路殿奉書」(28)とあり、彼が伝奏であったことが知られ、常時義満に近侍していたと考えられる。このことが前記の理由であろう。広橋仲光についても、応永十二年、一乗院良兼から仲光に宛てた書状に「宇多郡事、被仰伝奏御書」(29)とあり、伝奏たることが知られる。さらに、日野重光も『興福寺三綱補任』に「伝奏裏松殿(日野重光)被成下奉書」(30)と記されている。

万里小路嗣房・広橋仲光・日野重光の三人に共通する政治的地位は伝奏であったことが知られた。先のごとき行動をなした要因の一つは、この伝奏たる政治的地位にあったことによると推定される。では伝奏とは何であったのであろうか。

二　伝奏について

王朝勢力の動向を日野重光等を中心にさぐってきた。彼等の行動の基軸となっているのは伝奏という政治的地位にあったことによると推測した。ここで、必要な範囲内において、その制度的問題点について触れておくこととする。鎌倉期における伝奏を分析された橋本義彦氏は「上皇の口となり耳となって奏事を円滑に運ぶのが伝奏の任」とされ、補任権は上皇にあり、また鎌倉末から寺社伝奏等も出現するとされており、(31)数多くの伝奏が存在していたことが知られている。しかし、室町期の伝奏については不明な点が多い。当時の政治・社会を克明に記し、自らも伝奏として活躍し、その実態を伝えている万里小路時房の日記、建内記を中心として、その概略を知ることとする。まず、いかなる伝奏が存在していたのか検討しておく必要がある。

伝奏三人(時房、勧修寺経興、広橋親光)内、予抜群由関白殿下(持基)被存云々、――三宝院准后於御前此趣被申入事(32)

時房が伝奏としての能力を誇ったものであるが、この伝奏は関連記載よりして、武家伝奏であることは明らかである。その任務は「於公武之間構私曲、或不申達　叡慮之旨趣、巧言□(枉カ)其理、或不　奏達御申詞之旨趣、令色□(枉カ)其理、如此事是可為私曲也(中略)只不可失御本意之旨趣耳、是○《則》非私典(曲)之謂也」(33)と、私曲なく公武の中次を行なうところにあった。具体的に言えば、幕府側の官位(34)、装束の諮問(35)、任官(36)、伊勢大神宮職(37)の執奏等を行なっているのである。

一南都伝奏事、上古ハ以南曹弁毎事申入公家近来号伝奏、別而被付奉行、公家・武家ニ伺申者也、嗣房以来事也、

万里小路内大臣嗣房公　広橋大納言仲光卿(法名曇寂)

裏松大納言重光卿　広橋大納言兼光卿(法名常寂義同三司永享元年九月十三日入滅)

万里小路大納言時房卿　日野中納言兼卿(郷)々(永享八年十月十六日失面目)

万里小路内大臣時房公　日野内大臣勝光公(38)

寺社伝奏の一つ南都伝奏についての『大乗院寺社雑事記』の記載である。昔は「南曹弁」をもって事にあたっていたのであるが、万里小路嗣房以来、南都伝奏が置かれ、それが申次の任務を行なうようになった。それも「別而被付奉行、公家・武家ニ伺申者」という特別な政治的地位にあったことが知られる。さらに『建内記』によると「南都伝奏事（中略）此事、康暦以来、故大臣殿(自中納言至丞相)至応永五年八月御伝奏也(39)」とあり、南都伝奏が設置されたのは南北朝末の康暦年間以後のことであり、万里小路嗣房が初任であったことが知られる。以後南都伝奏は広橋仲光、日野重光、広橋兼宣、万里小路時房に補任されていった、その職務は「南都伝奏事、関白給使者(木幡中将)雅豊朝臣示承云、近日不被置伝奏之間、社家訴訟等相積云々(40)」とあることよりして、南都訴訟の申次であったことは明らかである。

寺社伝奏は南都のみではなかった。「石清水八幡宮伝奏事、故一位大納言重光卿(裏松)、之後広橋入道儀同三司兼宣、(于時大納言)伝奏了(41)」と、石清水八幡宮にも伝奏が置かれていた。また鴨社にも「鴨社伝奏可被定置之由、去十五日社家於室町殿庭中申、仍経成可為伝奏之由、以大館入道被仰下之間申領掌云々(42)」と勧修寺経成が鴨社の伝奏に補されており、

応永初期にも坊城俊任が伝奏であったことが知れ、(43)鴨社の訴訟を取り扱っていたのである。さらに「長講堂伝奏事、故一品資家（土御門）卿、之後不被置之、長淳朝臣直中沙汰了、（非直奏之分、又奉行弁也）而長淳朝臣出家之後、去月比被仰伝奏於日野新大納言資広卿、早云々」(44)と、長講堂にも伝奏が設置されていたことを知ることができる。さらに山門にも伝奏が設置されていた。(45)

さて、これらの伝奏の補任権は誰が掌握していたのであろうか。『建内記』によると、嘉吉元年、万里小路時房が再度南都伝奏を拝受するときの模様が詳細に記されている。それによると「南都伝奏事、近年不被置之、仍寺社訴訟相積歟、可被定其仁之由及御沙汰、被仰中山宰相中将定親卿近日旁就雑事伝奏之間、便被仰云々之処、固辞、所詮任先規予可存知由勅定之旨、関白給使者木幡中将雅豊朝臣、承之、難治非一事、申子細了、(46)」とあり、嘉吉元年頃にはいかなる理由にてか不明であるが、南都伝奏が置かれていなかった。しかし、不設置のため南都寺社の訴訟等が山積した。それゆえ、一旦は中山定親を任命したのであるが、固辞したため再度時房にその任がまわってきたのである。だが時房は伝奏拝任を固辞し続けた。そのことはさて置いて、その補任過程は「所詮先規予可存知由、勅定之旨」(47)、あるいは関連記載に「近日不被置伝奏之間、社家訴訟等相積云々、仍可被定置之由、奏聞之処、人躰可計申之由勅定」(48)と、天皇の勅定によって決定していることより、伝奏の補任権は朝廷にあったことは明らかである。しかし、「頭弁（中御門明豊）入来、南都伝奏事予已治定之由、中山示社家雑掌云々、談管領其後可承之由、昨夕執柄承了、如何由答了、(49)」とあることよりして、幕府の同意が必要であったことは言うまでもない。南都伝奏を例としたが、武家伝奏(50)・鴨・石清水・長講堂等の伝奏の補任権も朝廷に属していたと考えられる。

以上、当時における有力寺社には伝奏が設置されていたこと、その補任権は幕府の同意のもとに朝廷が行なっていたことなどが明らかとなった。注目すべきは、南北朝末期以後、義満政権にとって、特に伝奏という制度が重要となってきたことである。この点を彼等の政治的行動を分析することによって、次節において検討してみよう。

三　伝奏の政治的役割

伝奏は特別な地位にあり、王朝勢力の意志反映の窓口であったことなどについてはすでに触れた。ここでは伝奏の政治的行動を追いながら、義満政権内部においての政治的位置づけと、それをいかに評価すべきか検討してみたい。彼等は実に多くの文書を発している。南都伝奏を例として、その発給文書の特徴から分析に入る。

(A)—御教書 祇園社御旅所号大政所、高辻東洞院敷地一町事、打物師屋地外、如元一円所被返附社家也、止甲乙人等違乱、全管領、可被専神用之由、被仰下候也、謹言、

応永四 六月十一日　万里小路内大臣殿(嗣房) 御判

宝寿院法印御房(51)

(B)—五日ヨリ三ヶ日、於中院信読大般若在之、其砌ニ重御教書披露、其詞云、

寺門若輩等、為発向多武峰、已及進発云々、事実者太不可然、先止楚忽合戦、穏可経訴訟也、若不拘御下知者、可被処厳科之由、可有御下知之旨、被仰下候也、恐惶謹言、

(応永十年)十月三日戌刻　(広橋仲光)曇寂

大乗院殿(孝円)(52)

(C)—杉本党以下御免御教書、

大和国杉本党幷東山内党類、雖為十市箸尾与同、最前令当参、捧告文歎申候上者、所被厚免也、可存其旨之由、可被仰付大和(奥)入道之由、被仰下候也、誠恐謹言、

(応永十三年)後六月廿九日　(日野)重光

一乗院(良兼)殿[53]

伝奏　万里小路・広橋・日野が寺社に発した文書であり、いずれも「被仰下候也、〜謹言」となっている。史料に「御教書」とあることよりこれを一応伝奏の奉じた「御教書」とする。これらの文書に共通している「仰」の主体は誰であろうか。応永二年四月十七日、義満は興福寺・春日社に祈禱料所として大和国宇智郡を寄進し、御教書を出したのであるが、その施行を伝奏万里小路嗣房が行なっていること。[54] (C)の関連文書より、応永十三年四月二十八日、義満が興福寺・春日社に大和国十市・箸尾跡を寄進したことが知れ、[55] 同年六月三日に「十市遠重、箸尾為妙跡事、御寄附寺社之条、返々目出畏入候、則可沙汰付寺社雑掌之由、任御教書之旨、令下知当室被管(官)之衆徒并方衆等候之処[56]」と、一乗院良兼が同じく伝奏日野重光に寄進についての礼状を出していることより、重光が一乗院に施行したと考えられること。さらに史料(B)の関連文書に「多武峰衆徒等乱入宇陁郡、焼払宝生寺以下在々所々之条、太不可然、先止楚忽之入部（中略）重可被成下御教書於峰寺之由、被仰下候也[57]」と広橋仲光が幕府政所執事飯尾貞之に「奉書」を下していることからみて、この場合、幕府奉行人に命令できるのは義満以外には考えられないこと。これらの諸点より伝奏の奉じた「御教書」の「仰」の主体は義満であることは明らかである。[58] また時代は少し降るが、永享年間南都伝奏として活動していた万里小路時房も、時の将軍義教の「仰」を奉じている事実がある。[59]

南都伝奏は朝廷が補任するのであるが、その政治的行動は、ただ単に南都の訴訟を申し次ぐのみではなく、義満の南都に対する政策遂行にも参加しているのである。以後、南都支配はかくの如き形態で行なわれるのである。

さらにもう一つの特徴について論じておこう。史料(B)の日付の一日前、応永十年十月二日に次のような二つの御教書が発給されている。

(D)―三日、学侶集会被催之、御教書披露、其詞云、興福寺六方衆等、可発向多武峰旨有風聞、事実者太不可然、停止其企、可仰上裁之由、可令下知給之旨、可被申大乗院家之由、所被仰下也、仍執達如件、

応永十年十月二日　沙弥判（畠山基国）

東林院大納言僧都御房(60)

(E)―多武峰衆徒等乱入宇陀郡、（中略）濫悪之至、可有厳密御沙汰之由、重可被成下御教書於峰寺之旨、被仰下候也、謹言、

十月八日　曇寂（広橋仲光）

飯尾美濃入道殿(61)

応永十年九月二十一日、多武峰衆徒が大和国宇陀郡の地に押し入り、興福寺衆徒・国民と合戦に及んだ。原因は「彼一郡可収公故」(62)とするところにあったが、その原因はともかくとして、この合戦に当然のこととして幕府が双方の調停者として介入してくるのである。ところが、義満が両者を調停する過程において、二系統の御教書がみられるのである。(D)は十月二日、管領畠山基国が義満の「仰」を奉じて興福寺衆徒の多武峰発向を停止しているのであり、他方、翌三日には伝奏広橋仲光が大乗院宛に、同じく義満の「仰」を奉じて多武峰発向の停止を下知しているのである（史料(B)）。これ以前、九月二十八日に伝奏の奉じた「御教書」があり、さらに十月五日に管領奉書、十月八日に伝奏の奉じた「御教書」が大乗院に下されている。(63)だが、この両者の相互関係は不明である。しかし永享二年における次の事態は、将軍と伝奏・管領との関係を暗示している。永享元年七月十一日、大乗院僧正の使者が上洛し、大乗院経覚豊田中坊と井戸某との間に確執が起ったことを訴えてきた。その時の幕府・伝奏の対応は、「三宝院准后出京云々、仍参啓子細、先日上意之趣、御下知早可及異儀哉、難測之由申談之、（中略）次参室町殿、申入大乗院僧正被申趣、御教書事被成下者可承引哉之由有仰、予申云、不可不応上裁、縦

雖及異儀、雖何度被仰下之条可然事也、仰曰、管領可成御教書歟、可為予下知哉、予申云、付伝奏可成御教書之由彼使存之歟、仰云、時房可書出之」(64)と、三宝院満済等の幕府重臣と伝奏が合議した後、将軍義教の決定に従っているのである。その時、義教は管領をして御教書を発給せしむべきか、伝奏の時房をしてなさしむべきか迷ったのであるが、時房が「付伝奏可成御教書之由彼使存之歟」と述べたことによって時房に決定したのである。この時房の言辞からして、南都に対する将軍の命は伝奏をしてなさしむるのが一般的であったと考えられる。とするならば、先の管領による御教書は特別なものであったであろうと推定する。さらに、この過程からしても、御教書の「仰」の主体が時の将軍義教であることは明確であるし、伝奏が義教の政策決定、その遂行に参画していることは明瞭である。

また、(E)より、伝奏広橋仲光が幕府奉行人飯尾貞之に「奉書」を発していることは注視しなければならない。すなわち、義満と幕府奉行人との間の命令・伝達に伝奏が介在しているのである。

これらの行動は南都伝奏のみではなく、他の伝奏も同様であった。

(F)―鴨社領越中国寒江庄事申入之処、所被棄捐祐詞県主訴訟也、存其旨、殊可専神事之由、可被下御教書於禰宜祐有卿旨、被仰下候也、謹言、

(応永九)二月廿五日　　俊任

(葉室定顕)蔵人右小弁殿(65)

(G)―鴨禰宜祐有卿申社領越中国寒江倉垣両庄事申入之処、所被棄捐祐詞県主訴訟也、不可及被申沙汰之由、被仰下候也、謹言、

(応永九)二月廿五日　　伝奏坊城大納言殿也、俊任

武家奉行也 斎藤上野入道殿(66)

鴨社領越中国寒江庄等に関する祐詞県主の訴訟を義満が棄捐したのであるが、同日、鴨社伝奏坊城俊任が「仰」を奉じて公武両方に奉書を発給している。これによって、葉室定顕は同日（二月二十五日）、斎藤玄輔は二月二十八日、鴨禰宜あるいは鴨前社務にそれぞれ施行しているのである。(67)義教時代においても同様であった。永享二年、興福寺僧侶等は、北野社徳松院の同寺領山城狛野庄に対する違乱を訴えたのであるが、時の南都伝奏万里小路時房は「北野徳松院混彼社領、致《及》苅田狼藉之間、若宮祭礼可及違乱云々、急速《飯尾大和守相共》相尋子《令尋沙汰》細可令披露給之由被仰下候也」(68)と、幕府奉行人飯尾肥前守に子細糺明のための「奉書」を出しているのである。以上、室町期における寺社伝奏は、自らの管轄内のことにおいて、将軍と幕府奉行人との間の意志伝達に介在していることが明らかとなった。

若干煩雑となったので、朝廷・幕府・伝奏等の相互関係を簡単に整理しておくこととする。寺社伝奏は朝廷が補任するのであるが、その活動の多くは朝廷内部において行なわれるのではなかった。例えば、南都訴訟の多くは南都伝奏が申し次ぎ、義満（将軍）に裁可をあおぎながら、かつ、幕府奉行人にその糺明を伝達するというように、義満（将軍）の吏僚的役割を果していること、さらに、義満（将軍）の裁決後、南都にその旨を奉じた「御教書」を発給するというように、武家政権内で活躍するのである。他の寺社伝奏も同様であった。かかる事実から、義満は、自らの立脚基盤である幕府権力と、いまだ残存している王朝権力の両方をもってして、その支配を貫徹していたといえまいか。(69)特に、寺社勢力に対しては、伝奏という制度を利用し、それを活用したといえる。

これまでの検討から、伝奏グループは単に王朝勢力のために所領の安堵・宛行・保全・反銭免除などの口入(70)をすることのみではなかったことが明らかとなった。ではこの伝奏の役割をいかに評価すべきであろうか。

南北朝末期以後、室町将軍が、在地領主階級を基盤とした武家政権から、王朝貴族階級をも包摂した国家権力へと変質し、封建王政が確立しつつあったとされているのであるが、(71)先にみたごとく義満政権内部に王朝貴族が加わっていたことは、上記の指摘をさらに裏付けるものとなろう。

南北朝内乱は諸階層相互の対立を激化させながら、またその要求をあらわにしながら展開していったのである。寺社勢力も例外ではなかった。内乱の過程における南都・北嶺の嗷訴をあげれば枚挙にいとまがないし、また内乱のある場面においては戦局の帰趨の鍵を握る場合さえあったのである。また南都は寺社本所勢力の拠点として存在しており、周知のとおり大和守護職は興福寺の兼ねるところであった。しかしその内実は一乗院・大乗院両門跡の確執、さらに在地領主層による「私合戦」が盛んに繰り返されていた。衆徒、国民によるこの「私合戦」は、しばしば京都において政治問題となっていたのであり、幕府も手を焼くところであった(72)。さらに石清水・山門等も多くの問題をかかえ、山門ならびに諸社神人の悪行狼藉は目にあまるものがあった。このような寺社勢力の動向のなかで、義満のとった対応は、南都・山門等の諸社に「条々法式(73)」を定めるとともに、旧来の王朝国家権力の観念的部分を利用することであった。歴史的・伝統的に寺社勢力と関係の深い公家をして伝奏となさしめ、それでもって事にあたったといえよう。伝奏の果した役割はそこにあった。すなわち、幕府が直接、寺社と対峙するのではなく、寺社伝奏という制度を利用し、ワンステップ置いた形態で有力寺社を統制したといえる(74)。これによって、鎌倉以来武家政権の支配圏外にあった中央の有力寺社をその支配下に置いたのである。しかし、かくの如き伝奏制度の成立はまた義満政権内部に従来の王朝権力が取り込まれていく過程でもあった。他方、王朝勢力は独自な権力行使が不可能となってきていた。王朝権力最後のとりでであったのは検非違使庁であるが、この権能も幕府の侍所・政所の機能に吸収されていった。さらに京都の商業支配の多くも、また一国平均課役の課徴免除権も幕府が握るところとなった(75)。とするならば、王朝勢力が自己の利益を擁護するためにいかなる行動をとったかおのずと明らかである。義満政権内部に入って、その構成員となる以外になかったのである。

幕府が王朝・本所の公権を接収し、彼等が持っていた固有の権利を奪っていくとともに、王朝貴族が義満政権の吏僚となって、その権力構成の一要素となっていったのが、南北朝末から応永初期にかけての一特徴とすることができる。

このような点は従来の権力形態においては考えられず、義満政権の性格を規定する場合、きわめて重視しなければならない点であり、さらに義満を中心とした封建王政が成立してくるための必然的な過程であったのではなかろうか。

四　北山時代の室町殿における評定の実態

義満は応永元年将軍職を義持に譲ったとはいえ、幕府の実権を握り、あまつさえ、前太政大臣・准三宮として朝廷内部でも大きな権限を有し、公武の実権をその手中にしていたことが知られており、また、この期における義満政権について、王権が確立したとする佐藤進一氏の重要な指摘も周知のところである。(76)

義満の専制君主たる様態についてはすでに述べられている。(77) 義満の機嫌をそこねて、出仕を止められた公家・武家は枚挙にいとまなく、将軍たる義持も勘気をこうむりうろたえるあり様であり、当時の公家をして「恐怖々々」(78)と言わしめているのである。さらに公・武の人事を左右し、北山殿の推挙がなければ官位につけない事態であった。(79) かくのごとき義満の行為にたいして、一条経嗣は「此事凡非言語所覃、外記局有其謂之由誰人可開口哉、可以目而已、莫言々々、只不便次第也」(80)と、義満の所為を口をきわめて非難しているのであるが、いかんともしがたいあり様であった。公卿の家領を安堵することはもとより、(81) 所務相論の裁許、公家への所領宛行等、義満の専断をあげればきりがない。このような義満の行動をもって、彼を専制君主と規定することは容易であるが、問題はその実態を追究することにある。

さらに、北山時代における義満の政治的地位は「将軍をはるかに越えた『日本国王』であり、この地位は明らかに将軍とは別である」と、すでに佐藤進一氏が指摘しておられる。[82] しからば、将軍義持を頂点とする室町幕府はこの時期いかなる政治的役割を演じたのであろうか。この点、すなわち義持を中心とする室町殿における政治運営について簡単に言及し、その問題点を整理しておく必要がある。

義満が将軍職を辞するまでは、将軍義満を頂点とする室町幕府が国家権力を掌握し、形態はどうであれ幕府が政策を決定し、その官僚機構を駆使してそれを遂行してきたことは誤りない。ところが、義満が将軍職を義持に譲り、北山殿を造営し、そこで政務をとるようになると、権力の中心は室町殿から北山殿に移行し、そこで最終的な政策が決定されるようになり、幕府の評定は形式的なもの、あるいは二次的なものとなり決定権がなくなったと考えられる。すなわち、義満が北山殿に居するようになって以後、そこで評定を行なうようになってきた。まず、次の史料を検討したい。

(A)
(応永十二年)
―八月廿五日
一、新管領評定始、(斯波)右兵衛督入道義教法名道孝、衣袴墨袈裟云々
一、(義持)新御所御狩衣、(下略)[83]

(B)
(応永十二年)
―八月廿八日
一、新管領参北山殿、御物沙汰始(前カ)云々、[84]

応永十二年八月管領に就任した斯波義教は同月二十五日、室町殿において恒例の幕府の「評定始」を行なった（史料(A)）。ところが八月二十八日には、北山殿においても「沙汰始」を行なったのである（史料(B)）。ここに評定を行う機関が室町殿と北山殿の二カ所に存在していたことが知られる。さらに、『吉田家日次記』の応永八年二月をみると「二月十七日、丙子、雨降時々止、（中略）今日於北山殿被始行御前沙汰、准后太政入道殿御出座、参仕人々管領(畠山基国)右衛門佐入道徳元、土岐美濃入道常保、問注所刑部少輔長康、波多野肥後入道元喜、（以下略）[85]」とあり、

二月十七日に、管領以下が北山殿に参仕して「御前沙汰始」が行なわれたことが記されている。『御評定著座次第』によると、幕府においても正月十一日に「評定始」を行なっているのである。[86] また、例年、幕府においては正月十一日に「評定始」が、北山殿においては二月十七日に「御前沙汰始」が定例化されていたことを知ることができる。[87] 一方において、幕府機構内部で将軍を頂点とする幕府の評定があり、他方、将軍を越えて存在する義満が北山殿において政治運営を行ない、政策決定、評定の場がそこに持たれていたのである。すなわち、管領・奉行人たるものは、室町殿・北山殿の双方に祇候し、その評定に参加していたといえる。しかし、政策決定の多くは北山殿においてなされ、かつそこにおける決定が最終的なものであったことは周知の事実であるし、またこのことを示す史料は枚挙にいとまがない。この北山殿における「御前沙汰」は単なる形式的なものではなかった。例えば、先の応永八年二月十七日の「御前沙汰」においては「次向左衛門佐(斯波義重)、信濃国守護職、自去々年小笠原拝領了、而国人等不承諾、度々致合戦了、昨日被宛行右衛門督入道(斯波義将)前管領、云々」[88]とあり、また次年の二月十七日の「御前沙汰始」においては、「今日御前沙汰始也、於北山殿被行之、准后御出座、管領(畠山基国)以下参仕云々、(中略)後聞、侍所事改赤松上総入道(義則)性松、被補土岐美濃入道(頼益)常保云々」[89]と、それぞれ信濃国守護職の補任、侍所の更迭等を決定しているのである。北山殿において、幕府側の管領以下が参仕して、常時「御前沙汰」が開かれ、そこで地頭御家人に関する重要事項が決定されていたといえる。また、有力寺社に関する問題は、先にみたごとく、伝奏が北山殿に常時参仕して、そこで協議していたことは明瞭であるので、義満の政治運営の形態はおのずとその輪郭を現わしてくる。一方において、「御前沙汰」を開き、他方、王朝勢力に関しては、伝奏と協議し、それを統一的に統轄していたのが義満といえよう。[90] ところで、義満、管領以下の奉行人、伝奏の三者による合議は定例化していたのであろうか。現在のところ不明であるが、義教時代における伝奏が、常に連絡をとっていること、前節における史料(D)・(E)などの過程からして、先の三者が一同に会し合議していたであろうと推定することもできる。

義持を頂点とする幕府は、最終的な決定権を持っていなかったのであるが、この時期管領の奉じた御教書が多く発給されている。室町幕府機構内における管領の位置づけは「将軍の執事と政務の長官とを併わせた地位」であり、「管領制は二元性調和の一つの解答である」と同時に、将軍親裁権の強化のために成立したものであるとされているのである。(91) この観点に従えば、管領の奉じた御教書の「仰」の主体は将軍義持であるはずであるが、その実際の主体は義満であることは論証するまでもなく明らかなことである。(92) 幕府奉行人との関係もまたしかりである。この点を確認しておきたい。

では、室町殿における評定の実態はいかなるものであり、どのような政治的役割を演じたのであろうか。次の史料はかなり示唆的である。

(C)―東寺僧綱、大法師等誠惶誠恐謹言、

請特蒙□恩、被付当寺造営要脚状

右当寺者、(中略)速成不日之営作、弥致海内無事之精誠、又抽玉体安穏之忠勤、不堪懇欸之至、誠惶誠恐謹言、

応永十一年八月　日(93)

(D)―(応永十二年)七月廿日

一造営間事

先日内々為寺家被申勘解由小路(斯波義将)了、猶来月初老僧両三輩令烈(列)参三宝院幷勘解由小路、何様造営事可歎申之由治定了、(94)

応永十一年八月、東寺の僧綱・大法師等はその造営のために要脚料を支給せられんことを幕府に訴えたのである(史料(C))。しかし、いっこうに埒があかなかったと考えられ、次年七月、裏面より有力者である三宝院満済・

斯波義将等にその口入を依頼し願いを果さんとした（史料(D)）。ここで注目しておく必要があるのは、正式な訴訟はあくまで幕府の公的機関を通して行なわれるのであるが、しかし具体的成果を得るためには、義満に連なる有力者への裏面工作が必要とされていたのである。ここに先に論じた伝奏等の公卿が活動する余地があった。すなわち、政策あるいは訴訟の決定は、この表裏両面から得た資料にもとづいて、義満が最終的になすという形態であったといえよう。その決定が管領（ある場合には伝奏）奉書として当事者に発給されたと推定される。

さらに、義満の御判御教書の成立過程を示すものとして興味深いのは次の史料である。

(E)――（端裏書）「御教書等度々」

（端書）「御判御教書案文、奉行斎藤五郎兵衛基久、執筆同人」

祇園社領丹波国波々伯部保幷金丸名半分事、所付社家也、早可沙汰付之、於相残金丸半分者、追可有其沙汰之状如件、

応永五年五月六日　　御判（義満御所）

細河右京大夫殿（満元）

応永伍年五月九日、顕深参西御所、直下給御判畢、則此御教書持向守護右京大夫殿、案文幷預状直付渡畢、明日可遣守護代云々。(95)

まず、西御所なるものであるが、義満の側室の一人が西御所と称されていたので(96)、この御教書案は義満の御判御教書案であることを確認することができる。細川満元に祇園社領についての「沙汰付」を命じたこの御判御教書は、案文を幕府奉行人斎藤基久が作成し、祇園社の某が、それを義満のもとに持参して、直接御判を給わったことから推して、まず、室町殿において一定の論議がなされて御教書の案文が形成され、最終決定を義満に仰だと考えられる。このことは、室町殿における評定はいかなるものであったのか推定することを可能ならしめるものである。さらに、応永十三年の『教言卿記』の記載によると、山城四宮川原率分所沙汰人職について、園城寺

と内蔵寮との間に相論があったことがみえている。「園城寺四宮川原率分沙汰人職事、公方へ捧申状、奉行、仲沢、惣以於公方致訴訟之条不得其意、仍返遣申状了、奉行留守之間、奏者十郎申者請取了」(97)と、園城寺は率分所沙汰人職のことを幕府に訴えたのであるが、内蔵頭は「為公方非御沙汰之限」(98)とみなしており、また幕府もこの訴訟について「四宮河原率分所沙汰人職内一人、申公方、欲被成御教書之処、管領ノ判不被出、内蔵寮沙汰人ト申不審之由、内々以飛鳥禅門告承之条難有也」(99)と、幕府は園城寺方への補任御教書に管領の加判を拒否したのである。またその四日後には「重能今朝重罷向飛鳥禅門、管領へ引付奏者、諏方《(訪)》云々、大概令申文書」(100)と、さらに幕府側と折衝をかさねているのである。かくのごとき事実をみるならば、室町殿における評定の実態は、訴訟、その他についての公的ルートにおける事務処理や下準備、あるいは裁決後における問題の処理に関するものであったと推定されるがいかがであろうか。

以上の検討より、室町殿(幕府)における評定の実態はおおよそ推定できた。その評定は専制君主義満の判断をあおぐ単なる事務処理、あるいは諮問的なものか、また北山殿において決定された事項を遂行するためのものであったといえる。政策の決定権が将軍を頂点とする幕府にないとなれば、国家機構内部における幕府の地位は相対的低下以外のなにものでもないであろう。さらに義満は自己意志の強制を多くの場合、幕府機構を通して行なっていたことは明らかである。これより、義持を頂点とする幕府の客観的位置づけはおのずと明らかとなるであろう。北山殿における政策決定、室町殿における政策の立案、あるいはその遂行、有力寺社については伝奏がその任務を行なうというのが当時における調和的な権力形態であったといえよう。

付言しておくならば、北山殿における評定に管領以下が参加していたのであるが、すでに述べた伝奏グループを王朝勢力の利益代表とするならば、幕府の管領・奉行人は在地領主層、特に有力守護層の利益を擁護し代表するものであったと規定することができる。(101)

おわりに

小稿は義満政権の権力形態を明らかにするための基礎作業の一つとして、北山殿・室町殿における評定の実態、伝奏グループの行動分析、さらにその政治的役割についての検討を試みたものである。

我々が権力形態を解明しようとする場合、忘れてならないのは、いかなる形態で政策決定がなされたのか、またその過程においていかなる手続を経たのかという問題、さらにそれを支えるグループは何であったのかという点の検討である。そこで、義満政権内部において、自己の支配を貫徹させるためにある政策を決定した場合、その政策決に参加するか、また直接影響を与えていたグループはどのような層であったかということが問題となる。

これらの点については、いまだ問題意識の域を出ていないが、ここでは義満政権を支えるグループの一つとして伝奏を分析対象にしたのである。この期、王朝勢力は独自な動きを示すことがなく、義満政権内部に組み込まれてきていた。そのなかで、伝奏は王朝勢力の利益代表として義満に近侍するとともに、義満の「仰」を奉ずるなど、義満政権を考える場合無視できない役割を演じていた。すなわち、義満の政策決定に一枚かんでいた可能性がある。これ以上述べると砂上の楼閣となる恐れがあるが、義満政権を支えていた権力構成は在地領主・守護層の代表としての管領・奉行人、王朝勢力の代表としての伝奏グループ、さらに義満の近臣によって形成されていたと推定される。この時期における政策決定過程の分析については不十分なままであるが、その政策は支配者階級内部の利害対立・矛盾を調整するものであり、かつ義満は他階層に対して相対的独自性を持っていたと考えられる。

小稿は非常に限定された問題意識のもとになされたものであるので、応永初期における義満政権の若干の特徴を示したにとどまっており、残された課題は多い。南北朝内乱の一応の決算として義満政権が成立するのであるが、そこから生まれてきた権力の性格をいかに規定するかは大きな問題である。義満政権が形成されてくる歴史的過程・客観条件・政策決定過程・支持グループ等について、さらに緻密な検討が必要とされている。

(1) 羽下徳彦「室町幕府論――覚書・主要研究の整理――」(『日本史の問題点』吉川弘文館、一九六〇年)、藤木久志「中世後期の政治と経済」(『日本史研究入門』Ⅲ 東京大学出版会、一九六九年)参照。

(2) 田沼睦「室町幕府と守護領国」(『講座日本史』3 東京大学出版会、一九七〇年)。「室町幕府はいまだ弱体ながらも実質的に封建王政を志向したといえるのであるが、しかし、全般的には(単に形式的にではなく)依然権門体制を克服し切らなかったのである」(「中世の国家と天皇」『岩波講座日本歴史』6 岩波書店、一九六三年、のち、『日本中世の国家と宗教』岩波書店、一九七五年、収録)と、室町幕府を権門体制の第三段階と規定する黒田俊雄氏の見解もある。

(3) 永島福太郎「足利将軍家の南都巡礼」(『大和文化研究』第十巻十一号、一九六六年)。

(4) 『教言卿記』応永十三年八月十三日条。

(5) 同　八月十七日条。

(6) 同　八月二十四日条。

(7) 同　八月七日条。

(8) 同　八月九日条。

(9) 同　八月十四日条。

(10) 山科教言の家領、山科東庄への守護使の入部が停止された八月中旬、山城の東寺領荘園も催促使の入部が停止されている。

中沢遣守護状案

東寺領山城国久世庄、拝師庄、上野庄、殖松庄等段銭事、可伺申候、先其程可被止催促之由候也、恐々謹言、

八月十八日　　中沢 行清　在判

片山隼人入道殿（東寺百合文書ツ五十二―六十一）

東寺も寺領に対する守護使入部を停止するために、教言と同様な行動をとったと考えられ興味深い。

(11) 『教言卿記』応永十三年九月十七日条。

(12) 同　九月十八日条。

(13) 同　十二年十一月十五日条。
(14) 同　十三年三月二十六日条。
(15) 同　十三年十二月十九日条。
(16) 同　十二年十一月十九日条。
(17) 同　十三年三月八日条。
(18) 同　十三年七月二十八日条。
(19) 同　十三年十一月二十八日条。
(20) 同　十三年十一月二十五日条。
(21) 同　十三年十二月十五日条。
(22) 同　十三年閏六月二十一日条。
(23) 『公卿補任』（『新訂増補国史大系』五十五巻）応永十三年条。
(24) 『迎陽記』応永八年九月十二日条。
(25) 『兼宣公記』応永十年二月四・五日条。
(26) 『山門大講堂供養記』（『大日本史料』7の2、五〇四頁、以下『史料』と略す）。
(27) 永島福太郎前掲「足利将軍家の南都巡礼」。
(28) 『略案宝集』（『史料』7の2、三〇頁）。
(29) 『東院毎日雑々記』（『史料』7の7、三九七頁）。
(30) 『興福寺三綱補任』（『続群書類従』第四輯下）。
(31) 橋本義彦「院評定制について」（『日本歴史』二六一号、一九六七年）、のち『平安貴族社会の研究』（吉川弘文館、一九七六年）収録。
(32) 『建内記』正長元年六月二日条。
(33) 『建内記』正長元年三月条。
(34) 同右。
(35) 同右。

(36)『建内記』正長元年三月十日条。
(37) 同　六月十五日条。
(38)『大乗院寺社雑事記』文明三年閏八月二十二日条。
(39)『建内記』嘉吉元年十月十九日条。なお南曹弁については、『愚管記』延文二年二月十一日条にその活動が見えている。
(40)『建内記』同右。
(41) 同　永享元年三月三十日条。
(42) 同　正長元年九月二十二日条。
(43)『吉田家日次記』応永八年三月五日条。
(44)『建内記』嘉吉元年八月二十二日条。
(45)『園太暦』貞和三年七月二十日条。
(46)『建内記』嘉吉元年十月十九日条。
(47) 同右。
(48) 同右。
(49) 同　嘉吉元年十一月七日条。
(50) 万里小路時房が武家伝奏に任ぜられる過程は次のようなものであった。「(前欠) 自彼承之趣叡意歟、非其儀由、定先以三人《(時房、勧修寺経興、広橋宣光)》可奏事、又可被仰下事、自武家可有奏聞歟否未知之、只今直承之分、三人密々只申入之分也、又勅答云、委有《先》御心得也、就此事重可被仰事有之者、次三人退出、次参内裏、於北門招三条中納言、奏此趣《今日事》、弥重之由有勅答、先是向三《ゝ(満済)》宝院僧正、三人同道也、示今日之儀、是御沙汰之次第先日示送之間也、入醍醐寺云々、仍示置者也」(『建内記』応永三十五年二月二十三日条)と、幕府が時房以下二人の伝奏を推挙し、朝廷の勅許をえているのである。
(51)『祇園社記』二十三。
(52)『寺門寺条々聞書』(『史料』7の6、三〇九頁)。
(53)『東院毎日雑々記』(『史料』7の7、八五八頁)。
(54)『略案宝集』(『史料』7の2、三〇頁)。
(55) 応永十二年四月二十八日義満御判御教書案(『大乗院寺社雑事記』康正三年九月十五日条)。

(56)『東院毎日雑々記』(『史料』7の7、九六〇頁)。
(57)『寺門事条々聞書』(『史料』7の6、三二一頁)。
(58) 永島福太郎氏は伝奏、広橋仲光に注目されて、「義満が大臣に昇ると公卿家司を置くことができたが、このときその家司を伝奏に任じた。(中略) たとえば、『春日神社文書』第壱に収める第一号第二号文書の興福寺別当御教書というのは、足利義満御教書の誤りである。これを奉けた家司の益舜は曇寂の誤読である。曇寂は広橋仲光の法名、その南都伝奏のときだった。」(前掲「足利将軍家の南都巡礼」)と、広橋仲光を例として論じられており、傾聴に値する。しかし、伝奏を単に家司という側面でのみとらえることはできない。例えば、『建内記』永享元年七月三日条をみると、「抑南都両門主為披露賜書状是皆直消息也、当門主雖有直状、此間連々以執事奉書可申入之旨所申也云々、被示之、不得其意、如南曹弁如此也、於伝奏者旁可為直状也、門主無故実之故也、但広橋儀同三司幷故広橋等皆家礼之仁也、仍毎度被用奉書歟、可異于彼輩也、先公(万里小路嗣房)御伝奏時故門主毎度直状也(下略)」とある。ここで万里小路時房は、南都の門主たるものは、伝奏に対して直状たるべきこと、ただし広橋仲光・同兼宣は家司であったので例外であると強調しているのである。ここにみられるように伝奏=家司でなかったことは明らかである。問題は義満政権がかくのごとき上流貴族を自らの権力内部に組み込んでいったところにある。この点については以下の本論で述べる。
(59)『建内記』永享元年七月十一日条。
(60) 注(52)史料。
(61) 同右。
(62) 同右。
(63) 同右。
(64) 注(59)史料。
(65)『賀茂社諸国神戸記』(『史料』7の5、四二三頁)。
(66) 同右。
(67) 同右。
(68)『建内記』永享二年十一月三日条。
(69) この点について永島氏は、「いわば将軍家の南都に対する公家的支配が南都伝奏、武家的支配が南都奉行を通じて行なわれていたのである。」（永島前掲論文）と、正しく評価されている。

（70）ところで、義満への口入を行なっているのは伝奏グループだけではなかった。他に三宝院満済をあげることができる。例えば、「聖護院へ自三宝院口入之処、難義由返答間、公方へ被伺申之処、無子細趣示給了」（東寺百合文書た十一宝荘厳院方評定引付、応永五年戊寅）、「三宝院返事、内々口入事不可叶、公方可申云々」（東寺百合文書ワ四鎮守供僧評定引付、応永七年庚辰）等々である。満済は義満の猶子であるので、その関係からと考えられる。

（71）田沼睦前掲「室町幕府と守護領国」。

（72）熱田公「筒井順永とその時代——『大乗院寺社雑事記』を通じてみた一土豪の生涯——」（『中世社会の基本構造』創元社、一九五八年）。

（73）室町幕府追加法一二八条〜一四三条・同一四五条・同一五三条〜一六七条。

（74）応永三年六月十一日、伝奏万里小路嗣房が「山門講堂供養呪願」のために、段銭徴収の「奉書」を発給している（山門大講堂供養記『史料』7の2、五〇四頁）ことより、延暦寺との関係も南都と同様であったと推定される。

（75）佐藤進一「室町幕府論」（『岩波講座日本歴史』7　岩波書店、一九六三年）、のち『日本中世史論集』（岩波書店、一九九〇年）収録。

（76）佐藤進一前掲「室町幕府論」。

（77）田中義成著『足利時代史』（明治書院、一九二三年）三七頁以下。臼井信義著『足利義満』（吉川弘文館、一九六〇年）。

（78）『教言卿記』応永十二年三月二十八日条。

（79）『吉田家日次記』応永九年三月二十八日条に「今度北山殿（義満）御口勢以外、大中納言以下、為上被仰出之外、不及伺申之旨、伝奏勘ケ由小路一位入道（広橋仲光）、令申之間、数輩不達所望云々、微運之至歟」とあり、当時の除目の状態を伝えている。

（80）『荒暦』応永三年四月十九日条。

（81）『九条家文書』一（『図書寮叢刊』）応永十年六月二十八日義満御判御教書。

（82）佐藤進一『日本の歴史9　南北朝の動乱』（中央公論社、一九六五年）。

（83）『教言卿記』応永十二年八月二十五日条。

（84）同　八月二十八日条。

（85）『吉田家日次記』応永八年二月十七日条。

(86)『御評定著座次第』応永八年正月十一日条。

(87)『吉田家日次記』応永九年二月十七日条。

(88)同　応永八年二月十八日条。

(89)同　応永九年二月十七日条。

(90)この期、義満の御判御教書が数多く下されているが、将軍を辞して以後、応永七・八年頃まで、地頭御家人に対してはほとんど袖判御教書形式であり、王朝勢力に対しては多く「官途（花押）」の奥判形式であったのであるが、それ以後多くは袖判御教書に統一されつつあることを指摘できる。この変化はいかなる理由によるのか不明である。詳細な検討は後稿を期したい。

(91)佐藤進一前掲「室町幕府論」。

(92)例えば次の例は典型的なものである。

(A)

（花押）《（義満）》

平賀次郎時宗申、安芸国高屋保半分入野郷北方地頭職事、早任亡父道成去嘉慶二年二月九日譲状、可領掌之状如件、

応永二年四月十日（平賀家文書）

(B)平賀次郎時宗申、安芸国高屋保半分入野郷北方地頭職事、早任去応永二年四月十日安堵、可被沙汰付之由、所仰下也、仍執達如件、

応永五年三月十二日　沙弥《（斯波義将）》（花押）

右兵衛佐《（渋川満頼）》殿（平賀家文書）

(A)・(B)ともに『大日本古文書』家わけ第十四に収載）。

(A)は義満の平賀時宗に対する所領安堵の袖判御教書であり、(B)は、それについての管領による施行状である。これから、「仰」の主体は義満であることは明瞭である。

(93)東寺百合文書　て十三―十九。

(94)同右。

(95)建内文書（『史料』7の3、二八二頁）。

(96)『吉田家日次記』応永九年七月八日条。

(97)『教言卿記』応永十三年三月二十六日条。
(98)同　応永十三年八月七日条。
(99)同　応永十三年四月七日条。
(100)同　応永十三年四月十一日条。
(101)義満の政策決定に影響を与えていたと考えられるグループの一つに彼の近臣団をあげることができる。室町幕府における近習あるいは奉公衆の実態、またその政治的役割についてはすでに佐藤進一氏、福田豊彦氏等によって明らかにされており、その構成は外様守護の庶子、あるいは有力国人層であったとされ、将軍権力はこれら国人層を近習・奉公衆として組織することによって強化されたとされている。すなわち、将軍権力を支えるもっとも主要な存在であったのが近習・奉公衆であり、それは財政的・軍事的にも政治的にも将軍権力を支える機能を果たすとともに、有力守護層を統制するために大きな力を発揮したとされ、また、このような近習・奉公衆が体制的に整備されたのは義満期であるとされている。①これらの近習は義満に常時仕えているので、政策決定に一定の影響を与え、かつ諮問グループとして義満政権に参加していたであろうと推定される。応永十二年、義満は大乗院に大和国宇多郡を寄進したのであるが、その時一乗院良兼は伝奏広橋仲光に宇多郡内における一乗院所領の安堵を賜わらんことを訴えるとともに、義満の近習御賀丸にも同様に訴えていることは、②前の推定を裏付けるものである。さらに、義持期における富樫満成・赤松持貞の動き、また「幕府への訴訟は近習を通ずれば早くとりあげられる」という一般的風潮があった事実等、③彼等が幕政の機密に通じていたことは明らかであろう。専制君主化すればするほど、その近臣を重要視するという一般的傾向を鑑みれば、決して彼等を軽視することはできない。ただ近習がいかなる層の利益を代表していたのか、決定的な史料が無いので確定はできないが、守護との対抗関係、その出自からして、守護の庶子・国人層により親近感を持っていたのではなかろうかと推測するのみである。

(補註)
①　関係論文としては、杉山博「室町幕府」(『講座日本歴史』3　東京大学出版会、一九六三年)、佐藤進一前掲「室町幕府論」、福田豊彦・佐藤堅一「室町将軍権力の一考察――将軍近習を中心として――上・下」(『日本歴史』二二八・二二九号、一九六七年)、福田豊彦「室町幕府の奉公衆――御番帳の作成年代を中心として――」(『日本歴史』二七四号、一九七一年)、同「室町幕府『奉公衆』の研究――その人員構成と地域的分布――」(『北海道武蔵女子短期大学紀要』第三号、一九

七一年)。

② 『東院毎日雑々記』(『史料』7の7、五〇〇頁)。

③ 福田豊彦・佐藤堅一前掲論文。

(補記) 本論中において伝奏時房等について「武家伝奏」という呼称を用いているが、富田正弘氏が指摘しているように(「嘉吉の変以後の院宣・綸旨」『中世古文書の世界』吉川弘文館、一九九一年)、明応以後まで「武家伝奏」という呼称は存在していなかったので、この伝奏について富田氏にならって、公武の申し次ぎをする伝奏ということで「公武伝奏」と呼ぶことにしたい。

【付記】 本論文は『日本歴史』誌上に発表したものであるが、投稿以前に豊田武先生のご紹介により、今江広道氏に読んでいただいた。本来発表誌上においてお礼を述べるべきであったが、記し忘れてしまった。今江氏にあらためて感謝の意を表したい。

第三章　義持政権をめぐって──禅秀の乱前後における中央政局の一側面──

はじめに

義満から義持にかけての時期は、室町時代においてもっとも安定した時期であったといわれているが、こと義持期についての研究はいまだ充分進んでいるとはいえない。

著名な概説書である佐藤進一著『南北朝の動乱』(中央公論社) は義満の死で終っており、永原慶二著『下剋上の時代』は禅秀の乱を中心とした「東国の動乱」から始まり、次に「嘉吉の乱」へとつづくのである。まさに義持期に関する研究動向を顕著に示しているといえる。さらに義持政権についても、その権力の性格は将軍と有力守護の合議的形態であったとする以上に分析されていない(1)。

さて、ここでは義満の死から禅秀の乱にいたる政治情勢と、乱の事後処理の問題を通して、義持政権が確立していく過程の基本的特徴点をおさえたい。

一　義満死後における守護勢力の動向

応永十五年五月六日、足利義満は五十一歳で他界した。将軍職は義持が応永元年についでいたのであるが、義満は晩年において義嗣を溺愛し、義持は疎んじられていたこと、さらに義満は義嗣を「日本国王」の継承者とする意向であったこと等はすでに指摘されているところである。(2) 義持と義嗣の関係が微妙な時に義満は死去したといえる。義満が死ぬと「管領勘解由小路左衛門督入道《斯波義将》をしはからひ申て、嫡子《義持》大樹相続せらる」(3)と老将斯波義将が積極的に義持を支持することによって、相続問題は一応けりがついた。この将軍擁立問題で知られるように、有力守護層の動きが極めて顕著であることを指摘できる。

ここで当時における守護層の動向の特徴点を整理しておくこととする。『東寺執行日記』に「同八日、贈太上法皇号可被給之由、雖有宣下、昔ヨリ比例依無之、勘解由小路禅門《斯波義将》申留」(4)とあり、死去した義満に尊号を贈る議が朝廷で起きたが、斯波義将らの意見によって辞退するという事件が出来した。尊号辞退といわれるものである。この件に関する従来の見解は、何故に尊号を贈ろうとしたのかという観点から論じられており、その意義などについては論及されていないのが現状である。(5)

義満が生前自己の支配を貫徹させるために追求してきた論理は何であったのか確認しておく必要がある。それは足利将軍絶対の観念をつくり出し、浸透させることであった。足利氏自身のなかに将軍権力の絶対性を正当化する根拠を求めえないとすれば、将軍自身が天皇家の一員となり、天皇と一体化することであった。(6) そして、このイデオロギーの上にたった政治形態が北山時代といわれる「日本国王」義満の専制政治であったといえる。太上法皇の尊号を義満が得ることは、まさに足利氏の支配イデオロギーの完成となるべきものだった。ところが、斯波義将らを中心とする幕府はそれを拒否したのである。すなわち、足利将軍絶対の論理の完成を拒否したところに大きな意義が認められる。これは究極的には、北山時代の政治形態の拒否につながるものではなかろうか。ここに、守護層の発展を規制する専制者を認めないとする守護の論理、エゴが如実に現われている。これが第一の特徴点である。

応永十五年十一月三日、次のような注目すべき幕府法が発布された。

一　諸国闕所事（応永十五十一三于時武衛（斯波義教）、管領判在之　飯尾美濃入道常廉奉行）

諸人就望申、雖被充行、或称本主、或号新給、帯証文、申之輩繁多也、因茲参差之沙汰出来之条、不可然、所詮於向後者、闕所之段、土貢之員数、相尋守護、就左右可有其沙汰、若注進日数過廿ヶ日者、以訴人差申在所、可充給御下文矣(7)

義満の死後、諸国の地頭御家人層が、その所領安堵、宛行を求める動きを示しており、若干の動揺が現われていることを示すものである。従来よりこの幕府法について、関所地給与の手続面に占める守護の役割の拡大、恣意的な発言権の増大が注目されている(8)。この法令によると、ある所領が欠所地であるか否かは守護の判断にまかされ、その注申によって幕府が決定するものとしたのであった。しかし、注視する必要があるのは、欠所地でないと判断された場合において、一方においては幕府に注申しながらも、他方、守護がその領主に当知行の証文を発給することは考えられることである(9)。守護の領国支配という実体面からみるならば、その支配のための有力な梃子となるものであった。義満の死去した半年後の法令であることに注意すると、専制君主死後における地頭御家人層の動揺に対する幕府の対応と、また一方においては、領国支配を強化するためにその権限を拡大しようとする守護層の意向とが、一致したところで発布された法令であるといえよう。いずれにしても、守護の領国支配の権限が飛躍的に強化されたであろうことは疑いないところである。これが特徴点の第二である。

さて、義満の死後、目立った動きを示すのが斯波義将である。義将は明徳五年から応永五年まで幕府管領を勤め、幕閣に重きをなしてきた人物であるが、義満の晩年には公的立場から退いて、管領職は畠山基国、さらに義将の子義教が補任されていた。義満の死去時には斯波義教が管領職にあった。しかるに尊号問題がおこったとき、義満の尊号を押し留め、かつ義持の相続を支援したのは義将であった。また応永十六年六月七日には自ら管領となり、(10)さらに次の管領に義将の孫である当時十一歳の義淳を補すということをなし、「于時十一歳、依為幼少、祖父法花(義将)寺代孫載判形云々」(11)と管領の実権を完全に自己の手中にしたのである。これらの諸点を考慮すれば、専制君主義満が死去した後、動揺をきたしていた幕府中枢部において、義持を擁立し、その権力を大きく浸透させたのは斯波義将であったということができる。(12)

斯波氏のかくのごとき動向は、幕府内部で斯波氏と競合する他氏を刺激しないはずはなく、種々の軋轢が生じた。(13)しかし、義将は将軍―斯波氏という支配体制を強化することなく、義満が死んだ二年後、応永十七年五月七日に他界した。(14)彼の死は自動的に管領交替につながるものであり、その一ヶ月後の六月九日、畠山満家が管領となったのである。以後、幕府管領は畠山満家から、十九年には細川満元が補任されるに至った。(15)しかし、斯波義将の死後、畠山、細川、斯波、赤松、山名等いずれも政治的主導権をとれず、義持を中心に合議的な政治形態を模索しながらも、政治的には不安定な状態が続いた。応永二十一年六月には斯波義教の従兄弟満種が高野山に遁世するという事件が起こる。(16)同じく十一月には、管領細川満元の一族である細川宮内少輔が東大寺領を押領した咎によって、自害させられるという一件が出来する。(17)二十二年四月には「去夜騒動荒説等事御物語」(18)、また五月九日には「今日於管領諸大名寄合、今度荒説等無為、自他祝着儀歟」(19)と、守護間に不穏な空気があることを示している。ちょうどこの時期、伊勢国司北畠満雅が南朝問題をめぐって叛旗を翻した時であったので、(20)足利義嗣、または在京の守護の中に北畠と気脈を通じている者があるとの「荒説」がたったのであろう。当時の政治情勢からいって当然のことであった。応永二十年以後の京都の町並がただならぬ緊張した空気につつまれていたことを知ることができる。在京の守護層内部における矛盾が一定度表面化しているのが特徴点の第三である。

以上、守護層は専制君主義満の死後、幕府内部で発言権を強化し、また領国支配の権限を拡大していったのであるが、他方統率者の不在のため、その内的矛盾が顕現化してきていた。

二　鎌倉府と南朝

この時期、足利義嗣、南朝方と気脈を通じながら、無気味な動きを示していたのが、鎌倉府の持氏であった。他稿において、鎌倉府は応永初期前後に一定の変化をとげ、幕府統治機関から「自立」しつつあったこと、幕府と鎌倉府の対抗関係は応永初期における鎌倉府権力の一定の変化によって顕在化してきたことなどを指摘した。(21) 義満の死後、幕府の鎌倉府にたいする政策は全般的に譲歩を示しながら、その支配を貫徹していたとみることができる。例えば、義満期以来の懸案であった伊豆国走湯山密厳院別当職をめぐる幕府と鎌倉府の紛争は、応永十九年幕府が鎌倉府の主張を全国的に認め、鎌倉府の推す尊賢僧正を補任するということで結着した。(22) かくのごとくの幕府の譲歩、鎌倉府の強硬姿勢という両者の相違はどこに由来していたのであろうか。

義満が死去した一年後、応永十六年七月二十二日鎌倉公方満兼も他界したのである。(23) この後鎌倉公方を持氏が継いだが、分国内ではにわかに不穏な空気がただよい始める。以下その徴証を列挙しておこう。

(一)―己丑(応永)十六、七月二十二日、(中略)同日、新田相模守ヲ於七里浜ニ侍所千葉介討之(24)

(二)―庚刁十七持氏依虚事子細、八(月)十五(日)、若公(持氏)管領(上杉憲定)宿所山内へ出御、同九(月)三(日)、御所へ還御座、(足利)満隆御陰謀雑説故歟(25)

(三)―去月三日御教書、同廿二日到来、謹以拝見仕候訖、抑陸奥・出羽両国可為関東御成敗之由被仰下候、存其旨可守申御事書候、以此趣可有御披露候、恐惶謹言、

応永廿年九月二日　　　　　沙弥〻〻(結城満朝カ)請文

進上　御奉行所(26)

(四)ー甲洲(マヽ)凶徒并地下□備中次郎□平山三河入道駆向之由、注進之上者、不日令進発、合力平山

可致忠節之状如件、

応永廿年□十日　　　　　□(持氏)

武州南一揆中(27)

応永十六年以後における東国の不安定な政治状況を知ることができる。足利満兼が死去する直前、新田某がその虚をついて蜂起する（史料一）。次年には、満兼の弟満隆が不穏な動きを示す（史料二）。奥州においては、伊達氏がまたまた反鎌倉的な動向を示しており、あまつさえ幕府がその後楯となっていたのである。そこで鎌倉府は再度、奥州は鎌倉の管轄であることを奥州武士に請文をもって再確認させなければならない政治状況であった（史料三）。また、応永二十年には南朝凶徒、地下人が反乱を起す（史料四）というような事態であった。

十五世紀におけるこれらの政治的事件の深部でうごめいているのは国人一揆と農民闘争である。十四世紀における国人一揆は藤原一揆、白旗一揆、平一揆などと称されるいわゆる族的一揆を形成していたのであるが、十五世紀に入ると、この枠を開放して、国人の地縁的連合である上州一揆、武州一揆などの国単位の一揆へと変化をとげていった。またこの国人一揆の動向が政治的諸事件の帰趨の鍵であったこと、さらに国人の動きを内部から規定しているのは、在地構造の変化と、土一揆、逃散等による農民闘争であったことが指摘されている。(28)

かくのごとき東国の事態は、足利持氏をして分国支配の強化を痛感せしめずにはおかなかった。持氏の専制的支配という権力形態となって、それが具現化するのである。さらに、分国内の危機に対応するために自己の権限を拡大することが必然的となり、それが対幕府関係における強硬策となってくるのである。一方、幕府は義満の

死後、義持政権の基礎が固まらず不安定な状況を続けており、他の政治勢力に譲歩しなければならない立場にあったといえる。

南朝は明徳三年に北朝と合体し、一応の名分はたてたものの、合体条件は守られるはずがなかった。応永十七年、後亀山法皇は窮困と号して吉野へ出奔してしまい、幕府はその対策に苦慮するのである(29)。翌十八年七月には、飛驒国司姉小路君綱が反乱をおこす(30)。その要因は定かではないが、所領問題にあったらしい。姉小路は飛驒国司と称されているごとく、その系譜は南朝系であった。応永十九年になると伊勢国司北畠満雅が積極的に政治工作を開始する。六月に入ると「三日、同、伊勢国司入道殿（北畠満雅）、今日上洛、今夜畠山大夫殿（満慶）ニテ岩童猿楽アリト云々(31)」「十二日、同、今日、武衛（斯波義教）へ伊勢国司入道殿御入之間、相伴ニ裏松殿（日野重光）其外御出居皆々御出アリ(32)」、あるいは「廿一日、同ソト夕立ス、裏松殿へ伊勢国司入道殿ヲ御招請アリ(33)」とあり、六月三日に入京してきた北畠満雅は公武の重鎮畠山、斯波、日野氏等と接触をもった。当時、次期天皇の即位問題が主要な政治的課題となってきており、具体的にその選考がおこなわれ始めていたとみられ、北畠満雅の動向はまさにこのことに対応するものであった。すなわち、彼は南北朝合体条件の一つである両統迭立の原則から、南朝系天皇の即位を求めて上洛してきたといえる(34)。しかし、北畠満雅の政治工作にもかかわらず、幕府は同年八月二十九日、北朝系の称光天皇の即位を強行するのである(35)。幕府の存立条件からいっても当然であった。この即位は新たな政治不安をかもしだす結果となった。応永二十一年秋、満雅はこの処置に不満をもって伊勢国において挙兵したのである(36)。さらに河内国では楠木一党が蜂起するという(37)ように、南朝方の全面的反抗となって現われた。幕府は土岐氏等を派遣したのであるが、苦戦をしいられ、さらに畠山氏等を派遣せざるをえなかった(38)。伊勢で幕府軍が苦戦をしいられれば、その反映として京都政界内部に動揺があらわれ、種々の風説がたち政局に不安定さをもたらしたのであり、それに足利義嗣が一枚噛んでいるという容易ならざる事態であった。

以上、応永十年代末から二十年代初めにおける中央、地方のこれらの動きは、専制君主義満の死によって政治的不安定度が高まった時、さまざまな政治的諸勢力が自己主張をあらわにし、相互矛盾を激化させながら、政治の前面におどり出てきたことを示している。かかる動向は、義持政権に直接、間接の影響を与え、さらに京都政界内部の諸勢力とつながりを持ちながら、禅秀の乱へとなだれこんでいくのである。禅秀の乱そのものは鎌倉府にたいする一叛乱であるが、義持政権を検討する場合、重要な一画期を呈するものとして注目する必要がある。

三　禅秀の乱と京都政界

義満の死後数年間の政治情勢を簡単に整理しておくと、政治情勢の第一の特徴点は、専制君主義満の死によって彼の晩年における諸矛盾の解決がせまられるとともに、将軍義持が有力守護層に擁立されて出現するということでも知られるように、守護層の京都政界内部における地位が相対的に上昇したことである。さらに守護層はその領国経営に規制されて、守護権の拡大化の動きを示しており、幕府も一定度譲歩せざるをえない事態であったことである。第二に、幕府内部において守護勢力の発言権が強化されたのであるが、他方いまだ政治的主導権をとる主体、あるいはグループが確立しておらず、幕府内部において政治的主導権をめぐって矛盾が顕在化しており、不安定な政局であったことをあげることができる。第三の特徴点として、王朝勢力の一分派たる南朝方は、皇位継承問題に端を発し、幕府に公然と叛旗を翻し、攪乱工作を強めており、幕府の足もとを脅かす存在であったこと、また東国においては、持氏の鎌倉公方就任とともに分国内は緊張した空気につつまれ、持氏が専制化することによってこの危機を回避しようとしており、内的矛盾を外部に向けようとしていたことである。全般的にいって、この時期諸政治勢力が躍動し、それに対して幕府は一定度譲歩せざるをえない状況であったといえる。

このような時に起こったのが禅秀の乱である。乱そのものは幕府の持氏援助ということによって、禅秀は鎌倉雪下で自殺せざるをえなかったし、また足利義嗣は京都を逐電せざるをえなかったのである。従来の禅秀の乱についての考察は、東国の政治的社会的変化について分析されたものが多く、[39]中央政界に与えた影響について考証された論考は見あたらない。そこで中央政局に及ぼした衝撃について触れ、あわせて義持政権の方向を問うこととする。

禅秀の乱の余波は中央政界にも大きな影響を与えた。京都を逐電した義嗣は十月末、高雄において捕えられ、加賀国守護富樫氏に預けおかれたのであるが、そこで富樫氏等によって叛乱の与同者を糺問された。[40]ところが、この取り調べは幕府内部に微妙な波紋を呼び始める。「教高朝臣糺問事、管領意見ハ、若白状ニ諸大名四五人も有同心申人者可被如何候哉、御討罰可為御大事、然者糺問中々無益歟之由申、畠山金吾意見者、押小路殿野心之条勿論之間、参て御腹を切らせ可申云々、管領又申、其も楚忽之儀不可然之由申、意見区々未定云々」[41]と幕閣内部において、義嗣等の自白によって、その与同者が発覚することを恐れる風潮がでてくるのである。すなわち、管領細川満元も畠山満家も守護の与同者が出来した場合の大事を考え、義嗣等の糺問の中止あるいは、早く処置してしまうことを主張しているのである。義嗣の自白は京都政界内部に新たな難問を持ち込むことであり、この処置に幕府中枢部はとまどいはじめていることを示すものである。

かかる細川、畠山等の心配は現実となって政治問題化してくる。「語阿被糺問之間、武衛(斯波)管領(細川)赤松等与力之由白状申」[42]と、斯波義教、細川満元、赤松義則が与力したと白状しはじめる。さらに応永二十五年に入ると「世上物言事、畠山修理大夫入道、山名右衛門督入道身上也、押小路(足利義嗣)亜相叛逆同意之故云々、土岐與康同意、而與康死去了、子息依同罪可被改伊勢守護云々、所領数ヶ所被召上了、山名ハ以富樫被止出仕之由被仰出云々」[43]という事件がおこり、前記の諸氏以外に畠山、山名、土岐氏等が足利義嗣与同者として詮議をうけ、土岐氏は伊勢国守護職の没収、山名氏は富樫をもって出仕を止められたのである。

如上のごとく、応永二十四〜五年にかけて、幕府内の有力守護細川、斯波、畠山、赤松、山名、土岐氏等が義嗣の与同者として嫌疑をかけられたり、あるいは咎を受けたりしているのである。彼等は事実義嗣に与同していたのであろうか。幕府の有力者のほとんどが義嗣に加担したとするのは、きわめて疑問といわざるをえないし、またその徴証は先の記事以外に見い出すことができない。しからばその裏に潜んでいるものは何であったのであろうか。そこには幕府内部における政治的主導権争いが潜んでいたと推定される。ここで注視する必要があるのは富樫氏の動向である。義嗣等を糺問、処置したのは「両富樫ニ被預置可糺問云々」(44)「加賀国可被配流云々」(45)「押小路亜相(足利義嗣)進退事、自室町殿管領富樫大輔等為御使」(46)、あるいは「押小路亜相入道叛逆已後被押籠在所之間騒動、(中略)亜相令自焼被没落之間、奉討之由有披露、則取頭富樫宿所へ持参」(47)とあるように、富樫氏が中心的存在であったことが知られる。しからば次の推定が成立しよう。富樫氏は義嗣を糺問する過程において、政治的疑獄をでっちあげることは可能であったのである。すなわち、自己の敵対者、競合者を陥れるために彼の職権を利用して、相手方を義嗣与同者というレッテルを貼ることは十分考えられることである。「世上比間有物言、諸大名分国勢共潜召上、誰身上雖不露顕、大名共令用意、室町殿も有用心、御所四方小路大釘抜被打、秉燭以前不被入万人云々」(48)と『看聞御記』の筆者は記している。この記述は畠山、山名、土岐氏等が義嗣与同者として世情の風説にあがる四日前の情勢である。応永二十五年六月、京都の町並はただならぬ不穏な空気につつまれていたことを知ることができる。さらに『康富記』によると「或仁語云、当管領細川右京大夫入道々歓也、正月沙汰始之後也、自正月至六月末伺無之云々、不可説々々歟、□由之為身黷重職、可謂姦人哉」(49)と、同じく応永二十五年、管領細川満元が正月の沙汰始めより以後六月まで出仕を拒んでいるという噂が流れはじめている。満元が何故出仕していないのか、またこの記事の真疑も定かでないが、二十五年の幕府内の動きからして、かなり真実に近いものと考えられる。真実であるならば、富樫氏の画策が一枚噛んでいるであろうとする推測も成りたつ。いずれにしても、かかる不穏な動向の背後には、三管領四職等の有力守護層と、将軍義持の近臣富樫一派との対立があったであろうことは明確である。富樫のねらいは何であったのであろうか。将軍―富樫を中心とする専制的な政治形態を志向していたことは疑いない。有力守護層の動きを、禅秀の乱に事寄せることによって封じ、自己の権力を確立するところにあったといえる。

禅秀の乱以前にも、富樫のこのような動きはないわけではなかった。先に述べたごとく応永二十一年六月、斯波義教の従兄弟満種が京都を追われ高野山に遁世し、その領国加賀国を没収されるという事件がおこったのであるが、「富樫両人(満成・満春)加賀国拝領」(50)と、富樫氏が満種跡の加賀守護に補任されたのである。斯波満種が京都を追われた理由は「以外上意悪題目出来」(51)あるいは「依御不審遁世于高野」(52)とされる外、具体的には不明であるが、富樫氏がこの件に何らかの形でタッチしていたであろうことは推測に難くない。富樫氏はそもそも「以富樫伺申」(53)「可達上聞由申送富樫大輔」(54)等で知られるように、近臣として将軍と幕府有力者間の申次の役にあったのであるが、この政治的地位を利用して発言力を強化していった。

遊行上人、当所關勘過事、被仰下之旨、畏奉了(マヽ)、彼門下七条・藤澤時衆、上下無煩可被勘過之由、堅可加下知候、以此旨、可有御披露哉、恐々謹言、

(異筆)「応永廿三」
二月十三日　　兼宗(花押)
　　　　　　　兼承(花押)
　　　　　　　辨證(花押)

富樫兵部大輔殿(55)

宛人の富樫兵郎大輔は将軍の近臣富樫満成であることは明らかである。その富樫に、辨證外二名が連署をもって、七条、藤沢時衆に「關勘過」の下知を下されんことを訴えているのである。まさに当時における富樫満成の

様態を如実に示すものである。

いずれにしても、禅秀の乱における事後処理の問題を通して、一挙に政治的主導権を握ろうとしたのが富樫氏の意向であったのであろう。機先を制した富樫氏派は、細川、山名、土岐氏等を一応追い落したかにみえたのである。しかし、ことはそう単純には運ばなかった。「抑聞、富樫兵部大輔今暁没落云々、室町殿北野参籠中御突鼻云々、近日権威傍若無人之処、俄之儀今更人間不定被驚了」(56)と、大きな権威をもっていた富樫満成は応永二十五年十一月、中央政界から失脚してしまったのである。その理由は、「抑富樫逐電事者、押小路故亜相禅門(足利義嗣)謀叛事中勧、其後可露顕之間被誅事又申沙汰云々、彼愛妾林歌局ニ遣艶書令密通云々」(57)と、義嗣叛逆を勧めたこと、さらに義持の愛妾と密通したことなどがその要因であった。しかし、この理由はどこまで信頼できるか定かではない。考えうるに、富樫氏によって窮地に陥れられた有力な守護層の富樫氏への反撃であり、彼によってきせられた義嗣与同者たる汚名を富樫に張りかえすことによって、義持の近臣であり、かつ大きな権限を有していた富樫満成を追い落としたと見なすことができよう。

しかし有力守護層と将軍近臣との間におけるこの確執は、単に両者の政争論、勢力消長論をもって断ずることはできない。時の権力形態と密接不可分の関係にあったのである。義満の死後、幕府の権力形態をめぐって二つの政治的潮流があり、両者は複雑にからみあいながら中央政局の政治動向を規定していたのである。一つの潮流は富樫兵部大輔に代表されるような、将軍・近臣等小数者による専制的な権力形態を志向するものであり、これを押し進めれば究極的には北山時代の権力形態の再現となろう。他方は有力守護を中心とする方向をもったものであった。この内部でも守護相互間の利害が絡まって複雑な動きを示してはいるが、禅秀の乱後、近臣層に対抗するために守護層が統一した動きを示し始める。義満の死後、十年の政治過程を経て、後者の潮流が前者を圧倒していった。禅秀の乱の事後処理はその総決算でもあったといえる。

乱が幕府権力に与えた影響の諸特徴を列記しておくと、第一に、幕府内の不平分子（義嗣）を一掃したこと。第二に、幕府内において政治的主導権争いを激化させたこと。その結果として将軍の近臣を排除して、いわゆる三管領四職等の有力守護層が政治的主導権を確立したことを第三点としてあげることができる。[58] 義持の家督相続以来、くすぶり続けていた幕府内部における主導権争いは、「合議」的権力形態を確立したのであるが、これはまた有力守護層の望むところであった。幕府は禅秀の乱という政治的危機を逆手にとって、「合議」制という権力形態をとることによってその権力の裾を広げた。しかし、問題は全面的に解決したわけではなく、関東、南朝の問題は依然として未解決のまま残された。以後、この二勢力は、事あるごとに反幕府的な行動をくりかえすのである。

おわりに

従来、義持期の権力形態について「重要な政治問題はふつう相伴衆といわれる宿老たちの合議によって処理されていたようである」[59]「斯波、細川、畠山、山名、一色、赤松、京極のいわゆる三管領四職家たる足利一門およびそれに準ずるもの（中略）かれらのうちから管領および侍所所司が選任され、他のものも将軍の相伴衆という形で枢機に参画した。その意味でこの相伴衆こそが実質的意味での最高権力グループであったといえよう」[60]と、指摘されている。また、義持が死去する時に残した「蹤御実子雖有御座、不可被仰定御心中也、況無其儀、只兎モ角モ面々相計可然様可定置云々」[61]との遺言は有名であり、よく引用されるところである。

このように、義持政権は一般的に「合議」的権力形態であったとされているが、いまだ一般論を出ていない。小論においては、義持政権がいかなる政治過程を経て確立されたのかという点に問題視角をすえて論じてきたので、義持政権の権力形態等については省いた。後稿を期したい。

（1）義持期に関する研究論文としては、田中義成『足利時代史』（明治書院、一九二三年）、渡辺世祐『関東中心足利時代之研究』（雄山閣、一九二六年）、同『室町時代史』（早稲田大学出版部、一九一五年）、秋元信英「斯波義重の動向」（『歴史教育』一六―一二号、一九六八年）等がある。

（2）渡辺世祐前掲『関東中心足利時代之研究』二二四頁。佐藤進一『日本の歴史9　南北朝の動乱』（中央公論社、一九六五年）。臼井信義『足利義満』（吉川弘文館、一九六〇年）。

（3）『椿葉記』（『大日本史料』7の10　二二頁、以下『史料』と略す。『群書類従』帝王部）。

（4）『東寺執行日記』、応永十五年五月六日条。

（5）田中義成前掲『足利時代史』一六六頁。臼井前掲書。

（6）佐藤進一「室町幕府論」（『岩波講座日本歴史』中世3　岩波書店、一九六三年）、のち『日本中世史論集』（岩波書店、一九九〇年）収録。

（7）『中世法制史料集』第二巻、室町幕府法、一五二。

（8）笠松宏至「中世闕所地給与に関する一考察」（『中世の法と国家』東京大学出版会、一九六〇年）、のち『日本中世法史論』（東京大学出版会、一九七九年）収録。

（9）欠所地処分に重大な関連をもつ当知行地安堵について、興味ある史料が安芸国に残されている。

（一）安芸国山懸郡内太（大）朝本新庄、幷平田庄志知原、石中原等事、任先例知行不可有相違之状如件、

応永十九年十二月十九日　　前伊豆守（武田）信守（花押）

吉河駿河守殿

（『大日本古文書』家わけ第九ノ一、二四八号）

（二）吉河駿河入道法秀申、安芸国分郡山縣内太朝庄本新（中略）為被成下安堵御判於謹言上如件、

応永廿二年三月廿八日　　沙弥（武田信守）祐光（花押）

進上　御奉行所

（『大日本古文書』家わけ第九ノ一、二五〇号）

（三）（義持）（花押）

安芸国山縣郡太朝本新庄、（中略）任当知行之旨、吉河駿河入道法秀領掌不可有相違之状如件、

応永廿二年十二月廿四日

（『大日本古文書』家わけ第九ノ一、二五一号）

この三点の史料は、吉川経見所領の安堵に関する一連の文書である。安芸国は応永十三年六月、山名満氏より山名一族と考えられる右京亮（山名熈重カ）に守護職が改替され、さらに応永十九年十二月までに武田信守に交替されたらしい。新任守護武田信守は、一方において国人に当知行を安堵しながらも（史料一）、さらにそれを幕府に推挙し（史料二）、吉川氏をして義持の安堵証判を得させていたのである（史料三）。当時における当知行安堵の申請に対しては、「幕府は守護に『当知行之段』『可支申仁之有無』の二項目について起請文を以て注申すべき旨を命じ、これによって安堵状の下附を決定するのが一般的手続であった」（笠松前掲論文の第五節、注17）とされている。ところが、守護は幕府に対する注申のみでなく、領国支配強化のため自ら安堵権を行使しており、その後幕府に申請しているのである。かかる安堵に関する守護権の拡大は、当知行安堵にも重大な関連をもつ闕所地処分にも認められると考える。

（10）『教言卿記』応永十六年六月七日条。

（11）『執事補任次第』（『続群書類従』四輯上）。

（12）斯波氏の羽振の良さは「勘解由小路（斯波義将）面々家見事罷向、金吾（山科教興）五百疋持向也、北畠（木造俊泰）等ハ八千疋歟、次武衛禅門（斯波義教）許五百疋也」（『教言卿記』応永十六年十二月十日条）と、斯波氏が邸宅を新築した状況からも知ることができる。

（13）義満が死去して百ヶ日がいまだすまない七月二十五日、大和において一事件がもちあがった。すなわち、大和国民箸尾と興福寺衆徒筒井、義満近臣御賀丸との間に、興福寺河原庄をめぐって紛争がもちあがった（『東院毎日雑々記』『史料』7の10、三一九頁）。この騒動において幕府はまず上使として、飯尾美濃入道を下向させた。その後「筒井御退治事、引退之上者、可被閣之由」（同記、応永十五年八月四日条）と筒井が兵を収めたことによって、一旦筒井退治を延引したのである。幕府としてはこの紛争を筒井退治ということで収束させようとしていたことは明らかである。ところが問題はこれだけではなかった。「赤松典厩合力筒井率軍勢《百廿騎許云々》進発国中、先下著称名寺、自彼経大鳥井前下向国中」（同記、応永十五年七月二十九日条）。また「赤松典厩相具軍勢引還南都畢」（同記、同年七月三十日の条）と赤松一族が一枚噛んでいるのであり、それも筒井方に助勢しているのである。これは当時幕府の実権を掌握していた斯波氏にたいする赤松一族の抵抗の現われといえよう。この事態が容易ならざるものであったことは、当時の公卿をして「大和国〻民ト御賀殿之内者合戦云〻、仍赤松勢下遣之、見付之云〻、雖為私事、未御百ヶ日之中、無勿躰〻〻〻、若巷説者歟」（『教言卿記』、応永十五年七月二十八日条)。といわしめていることより窺い知ることができる。
(14)『儀法記』応永十七年五月七日条(『史料』7の13　一八四頁)。
(15)『武家御社参記』応永十七年十二月十二日条(『史料』7の13、二五七頁)。
(16)『満済准后日記』応永二十一年六月八、九日条。
(17)同　応永二十一年十一月二十九日条。
(18)同　応永二十二年四月二十日条。
(19)同　応永二十二年五月九日条。
(20)同　応永二十二年二月二十二日条。『南方紀伝』、応永二十二年の条。
(21)拙稿「鎌倉府覚書」(『歴史』第四二輯、一九七二年)。
(22)三宝院文書(『静岡県史料』第一篇、四七六頁)。
(23)『喜連川判鑑』(『続群書類従』巻第百十二)七月二十二日条。
(24)同前。
(25)『鎌倉大日記』(『史料』7の13、三三三頁)。この記述の信憑性は、鑁阿寺文書応永十七年八月二十四日付、沙弥祈禱状によって裏付けられる。
(26)結城文書(『史料』7の18、二八二頁)。
(27)阿伎留神社文書(『武州文書』十、多摩郡所収文書)。
(28)永原慶二「東国における惣領制の解体過程」(『日本封建制成立過程の研究』岩波書店、一九六一年)。峰岸純夫「上州一揆と上杉氏守護領国制」(『歴史学研究』二八四号、一九六四年)のち『中世の東国』(東京大学出版会、一九八九年)に収録。同「東国における国人一揆の基盤」(『歴史学研究』三〇〇号、一九六五年)。
(29)『大乗院日記目録』応永十七年十一月二十七日条。『看聞御記』応永二十三年九月六日条。
(30)岡田文書(『史料』7の14　三八一頁)。
(31)『山科家禮記』、応永十九年六月三日条。
(32)同　六月十三日条。
(33)同　六月二十一日条。

(34) 北畠満雅のこのような動きは、かえって逆効果を生んだようであり、「応永十九年八月九日、今夜被行議定、為御譲位議定之由、自関白被申之間、俄被行之」(『不知記』『史料』7の15、三四九頁)と、にわかに譲位を決定し、称光天皇即位を強行してしまうのである。

(35) 『不知記』(『史料』7の17　一頁)。

(36) 『満済准后日記』応永二十二年二月二十二日条。『南方紀伝』応永二十、二十一、二十二年条。渡辺世祐前掲『室町時代史』。

(37) 『満済准后日記』応永二十二年七月十九日条。

(38) 同『南方紀伝』応永二十二年条。

(39) 渡辺世祐前掲『関東中心足利時代之研究』。永原慶二前掲「東国における惣領制の解体過程」(『日本封建制成立過程の研究』)。

(40) 『看聞御記』応永二十三年十一月五日条。

(41) 同　同年十一月九日条。

(42) 同　同年十一月二十五日条。

(43) 同　応永二十五年六月六日条。

(44) 同　応永二十三年十一月五日条。

(45) 同　同年十一月九日条。

(46) 同　同年十一月二日条。

(47) 同　応永二十五年一月二十五日条。

(48) 同　同年六月二日条。

(49) 『康富記』応永二十五年七月二十一日条。

(50) 『満済准后日記』応永二十一年六月八日条。

(51) 『寺門事条々聞書』応永二十一年六月九日条(『史料』7の20　二〇一頁)。

(52) 『東寺王代記』応永二十一年六月八日条(『続群書類従』二九輯下)。

(53) 『満済准后日記』応永二十年十二月十五日条。

(54) 同　応永二十年八月二十三日条。
(55) 旧藤澤山清浄光寺所蔵文書（『改訂新編相州古文書』第五巻所収）。
(56) 『看聞御記』応永二十五年十一月二十四日条。
(57) 同　同年十一月二十五日条。『満済准后日記』『康富記』にも同様な記載がある。
(58) 富樫満成が失脚した以後、義持の近臣が政治的主導権をとれなかったことは次の事件で明らかである。
応永三十四年十月、義持は赤松満祐から播磨国を召し上げ、近臣の赤松持貞に料国として預け置こうとした。これに憤慨した満祐は自邸に火をかけ、本国に引き上げて行った。かかる満祐の振舞に激怒した義持は、満祐の領国備前を赤松美作守に、美作国を赤松伊豆守貞村に与え、かつ山名、一色氏をもって満祐を討伐させようとした（『満済准后日記』応永三十四年十月二十六日条、同十月二十七日条）。ところがこの処置に対して、幕閣を形成している有力守護層から批判が続出する。満済は「以外楚忽御成敗歟」（同、十月二十七日条）と評し、幕府内の有力者も満祐の宥免を願っている（同、十一月三日条）。さらに、播磨攻略は大将一色がその出発をとりやめるというように、少しも進展しない状況であった（同、十一月四日条）。このような時期、赤松持貞と義持の側室の一人との間に密通があったとする直訴があった。そのため、持貞の切腹、満祐の宥免という結果に落着したのである（同、十一月十二日条、十三日条）。赤松持貞と義持側室との関係を密告したのは一人の遁世者であり、高橋殿（義満側室の一人）の文と称しているが、その裏で近臣持貞を陥れるために画策した者がいるのではないかと推測され、その人物は満祐に同情的な有力守護層ではなかろうか。いずれにしても、有力守護層と将軍、近臣の確執の一側面であることは疑いないところである。
(59) 永原慶二『日本の歴史10　下剋上の時代』（中央公論社、一九六五年）。
(60) 同『体系・日本歴史3　大名領国制』（日本評論社、一九六七年）。
(61) 『満済准后日記』応永三十五年一月十七日条。
(補注)　注(27)引用文書については、『新編埼玉県史』の編纂者は、「足利持氏軍勢催促状写」（三島明神社文書）として収録しているが、「本文書、検討を要す」と注を付している（『新編埼玉県史』資料編5、六八一号文書）。今後の検討課題として残しておきたい。

第四章　伝奏と天皇——嘉吉の乱後における室町幕府と王朝権力について——

はじめに

新井白石は『読史余論』（『岩波文庫』）で「王朝既に衰へ、武家天下をしろしめして、天子を立て世の共主となされしより、其名人臣なりといへども其実のある所は、其名に反せり」と、足利義満の段階で武家政権が確立し代替りがあったとみなし、さらに『折たく柴の記』（『岩波文庫』）において「北朝はもとこれ武家のためにたてられ給ひぬれば、武家の代の栄をも衰をも、ともにせさせ給ふべき御事」と北朝を位置づけているのである。白石の幕府と王朝との関係についてのこのような認識はかなり的を射たものであり、現在でも基本的な考え方として、この時期に王権掌握者が交替したとみなす見解が多い。それは南北朝・室町期に王朝権力を幕府が吸収・奪取、あるいは委譲されたとする考え方を基本とするものであり、佐藤進一氏が「室町幕府論」で提唱されて以来諸氏によって追究されてきている。(1)その論点は京都支配権、段銭賦課・免除権、王朝貴族の所領安堵・裁判権、過所発給権等に及んでいる。この権限奪取を中心とする義満の封建王権の強化に注目する見解から、義満の時点において、王権というものは将軍に一元化され、天皇は依然として制度としては存在するが、それは礼的側面や政治的「利用」価値のあるものとしてのみ存在しているとする結論が導き出されてきているのである。(2)

これに対して権門体制論を提唱され、中世全体を通して王権は天皇にあると考えている黒田俊雄氏は「義満は内乱を収束し諸権門を従属させていわば封建王政に近い統治形態をもつ政治機構をつくり上げ、その実権を掌握したが、彼はその地位を確定するために国王としての天皇を否定したり将軍をそれに代えたりしたのではなく……」(3)と将軍国王説を明確に否定しているのである。また同氏は天皇が中世を通じて国王の地位にあったかどうかは室町期の分析と評価にかかっていると断じているのである。

このように室町期における天皇の国政上の位置づけは大きな隔たりがあり、この期における天皇制の研究は大きな課題となっている。現在、室町期の天皇の究明が重要視されながらも、南北朝期の幕府による王朝権力の吸収については比較的研究がなされているにもかかわらず、室町期における天皇の動向についてはほとんど検討されていない。天皇(王朝)の具体的分析なくして、室町期の天皇は儀礼的存在とか、あるいは、幕府は国王としての天皇を否定しなかったと論じても両説の相違は消えないであろう。ここではまず伝奏を取り上げてその具体的行動を追うこと、すなわち幕府と伝奏との関係、伝奏制度の政治的位置を明確にすることから出発し、朝幕関係、さらに天皇の国政上の位置づけまで、具体的事実を検討することよりこの課題に迫りたい。

なお、黒田氏は中世天皇制の本質として、王家、国王、帝王の三側面に注目されているが、(4)室町期の天皇制の研究は、このように区分してそれぞれの特質を究明するほど進んでいないので、特に区分して言及するということはしなかった。

一　嘉吉の乱後の伝奏

将軍が有力守護に殺害されるという前代未聞の事件であった嘉吉の乱は、それ以後における幕府支配に少し変化をもたらした。それは専制的君主であった義教が家臣によって殺されたこと、幼少の義勝が将軍職を継ぎ、管領が政務を代行したことなどにより、幕府側の威光が相対的に低下し、それにともなって朝廷側の権威が上昇したことに大きな要因があった。ところでこの両権力を深く結びつけていたのが伝奏であった。かつて義満政権の権力形態の特質を探るために南都伝奏の行動を検討したが、義満期の南都伝奏という限定された問題に焦点を絞ったため、伝奏について若干の特質を示したにとどまった(5)。それゆえ、最初に嘉吉の乱後における伝奏の動きを追うことによって、伝奏の特質について二、三の点を補足し、かつ当時の権力構造の特徴に迫ってみたい。

『建内記』の次の記載から始めよう。

蔵入左少弁入来、昨日於中山参会了、摂津国鳥養牧教季(今出川)朝臣安堵綸旨事、中山宰相中将以奉書仰俊秀書出綸旨、如元知行不可有相違之由也、而菊第青侍両人向俊秀許、鳥養牧東西両村と申請了、而伝奏奉書不載東西村、書落歟、所詮忩可加其字之由、夜中急速所用之由示送之間、不及不審、不能疑殆書載了、此十月比事也、而(鳥)養牧五ヶ村内三ヶ村者、元来菊第当知行也、西東両村者、赤松伊豆(貞村)近年知行不避渡之地也、今申請此東西両村字、即率武者入卩、及所務之間、伊豆歎申之間、中山者、不知両村事、只安堵之由存了、且奉書不載東西村事之由返答之、仍俊秀相具菊第使両人、於中山演説先夜之儀、件勅裁此上者先可返進之由、俊秀雖示之、菊第不承引、仍俊秀周章之由、談之、如此事必可任伝奏奉書之由、度々予指南之処、楚忽之至、言語道断事也、為(伝奏)。職事之人、殊可有用心事也(6)、

嘉吉元年（一四四一）十一月、今出川教季は摂津国鳥養牧五ヶ村の安堵綸旨を得たのであるが、その過程にお

いて、勅裁を職事に伝える中山定親の伝奏奉書と、職事が成した綸旨との間に相違があることが判明する。それは教季より職事のもとに使者があり、伝奏奉書に無い東西両村の安堵まで申請したところに原因があり、職事は迂闊にもそれを綸旨に書き加えてしまったのである。ところが鳥養牧東西両村は赤松貞村の知行地であったので、赤松から訴えがあり、教季に与えた綸旨を召し返さなければならなくなり、教季との間にトラブルが発生したことを示すものである。

さて、このトラブルは置くとして、ここで注視しなければならないのは中山定親が発した伝奏奉書の役割である。鳥養牧についての勅裁がなされると、中山定親はその意を奉じて伝奏奉書を職事俊秀に下しているのである。職事はそれにもとづいて綸旨を作成していることが知られる。本来、勅許を職事に伝えるのは内侍等による場合が多かったのであるが(7)、それを伝奏奉書によっている点が注目に価する。

禁裏御料所美濃多芸地頭方預所職事、可被成綸旨之由、管領申請之云々、就其書様事、中山大納言定親無才学宛武家之輩可被成之条、先例不審也、仍御新所事、帥大納言・資任両人奉行也、宛帥大納言可下知之由、若可被成歟、彼是談合、予可書出之由、中山示俊秀云々、先可給奉書之由、俊秀示中山、仍中山一通書出云々、俊秀商量之、

美濃国多芸庄地頭方預所職事、所被仰付平真秀也、可令下知之由、可被仰帥大納言之由、被仰下候也、謹言、

五月廿六日　　定親

蔵人権弁殿(8)

嘉吉三年五月、禁裏料所美濃国多芸の地頭方預所職補任について、幕府管領より執奏があった。勅許の後、預所職補任の綸旨が成されるのであるが、その宛所をめぐって、公家の間で議論されているのがこの記事である。この綸旨が作成される経過は、管領より地頭方預所職についての申請がなされ、勅許がなされた。この勅裁を中

山定親が奉書でもって職事に伝えているのである。ここの「仰」は室町殿ではなく、明らかに天皇である。この定親が発した奉書は伝奏奉書であろう。同様な形態として、文安元年（一四四四）四月、右衛門督内侍が所領証文を紛失してしまったのであるが、「証文紛失由被聞食了、当知行之上者、弥可全預掌之由可被成下勅裁之由、以尹大納言（中山定親）被仰下云々、可為和字綸旨可用引合之由、示了(9)」と、これまた中山定親をして綸旨の作成を伝えしめているのである。

「公武申次」の伝奏であった中山定親は、勅許を職事に伝達するという重要な職務に携わっていたことが知れよう。その伝達は伝奏奉書で行なった。このような状態であるから「主永司領鵜原西室小預職事、最長寿寺為不知行之処、当知行之由、就伝奏可被下綸旨之由所望之云々、不可説次第也(10)」と、不知行地を伝奏の口入によって安堵綸旨を得ようとするものもあらわれてくるのである。さらに伝奏中山は、織部町に関する所務相論につき訴陳状を取り扱い、叡慮を伺申し、この相論について管領に使者を遣すというように(11)、従来からの「公武申次」を行っていることも指摘しておこう。

南都伝奏はどうであろうか。

南都伝奏万里小路前内府遣社家御奉書文安六年

春日祭六位外記史前勧盃役人可跪由事、勅定已厳重之処、権官等猶申子細背社家備進之記録、只称沙汰来之例、不拘憲政之条、以外次第也、早可被応上裁之由、厳密被仰下之旨所候也、恐々謹言、

二月十八日　忠敦

春日両惣官御中

伝奏万里前内府被進南曹弁御奉書案文安六年

春日祭六位外記史前勧盃役人進退事、（中略）勅定及度々、敢勿怠慢、可存其旨之由、可被成長者宣之旨、

被仰下之状如件、

二月十八日　　判

左中弁殿

長者宣案文安六

春日祭六位外記史前勧盃役人進退事、（中略）勅定及度々、敢勿怠慢、可存其旨之由、左中弁殿御奉行所候也、仍執達如件、

二月十八日　　左衛門尉ゝゝ

謹上春日両惣官御中(12)

南都伝奏万里小路家の奉書二通と、長者宣である。内容は「春日祭六位外記史前勧盃役人可跪由事」という先例をめぐる問題であった。これにつき勅定がなされ、南都伝奏時房はこれをうけ、家司忠敦をして春日両惣官と左中弁葉室教忠に伝えしめたのである。南都伝奏奉書と長者宣との関係は中原康富の記すところによれば「其後相伴之参南曹左中弁朝臣（教忠）許、有対面、万里前内府之状付進之、即長者宣書給了(13)」と勅定を伝える時房の奉書によって南曹弁が長者宣を作成したのである。同様なことは宝徳元年（一四四九）にも起こっている。同じく勧盃役人の問題についてであるが、「今度又依勅定被成御奉書（案文如此）、所被下長者宣也(14)」と勅定をうけたまわり、南都伝奏奉書・長者宣が下されているのである。ここから次の結論を引き出すことができよう。南都伝奏も勅定をうけたまわり、それを弁官、あるいは南都春日社など各方面に伝達していること、この過程に室町殿は一切関与していないことである。

神宮伝奏についてはどうであろうか。

蔵人権弁（坊城俊秀）示送。（大神宮）大宮司氏長重任事、可宣下之由、伝奏（日野大納言資広卿）、奉書到来、重任之時書様如何云々、旧案無之、

准傍例大将還宣旨等、宜為如旧皇太神宮大宮司之由、可被宣下哉、〓旧案猶可被尋之由、答了、(15)

これ以前、幕府より河辺氏長の重任について執奏があり、勅定の後、神宮伝奏日野資広が勅許の旨を伝奏奉書をもって、職事俊秀に伝えたのであるが、職事は皇太神宮大宮司職の重任宣下の書様を知らず、時房にその先例を尋ねたのである。ここにも伝奏奉書で職事に勅定を伝達するという形態がみられるのである。

さて嘉吉の乱以後における武家伝奏・南都伝奏・神宮伝奏等の動向を整理し、その特質を述べるならば以下のようになるであろう。彼等は義教時代までの伝奏と異なる動きを示しはじめているといえる。彼等が活動している場は公家支配機構内であること、室町殿との関係は薄くなっていることなどを指摘することができ、この頃彼等がしばしば発する伝奏奉書は天皇の意を奉じたものであり、勅定を職事に伝えるという重要な役割を演じていたことが知られる。伝奏中山定親や万里小路時房は自己の職権にかかわる事項を奏聞し、その勅定がなされた後、それを職事に伝達したり、関連方面に伝えているのである。これらの形態は嘉吉の乱以後のものであるが、このような伝奏の動きは義満―義教期にあったであろうか。

正長二年(一四二九)七月将軍義教が月輪尹賢息に「教」字を与えて教賢と称えさせ、彼の叙爵について書状をもって仙洞へ推挙したのであった。(16)その時、伝奏万里小路時房は次のような奉書を職事に下している。

藤原教賢、宣叙従五位下任侍従、可被宣《(令)》下給之由被仰下候、謹言

(正長二年)七月四日　　時房

蔵人権弁殿
頭弁殿　政光也(17)

この奉書で問題となるのは「仰」の主体である。すなわち誰の「仰」を蔵人権弁政光に伝達したのかという点である。この時期時房は武家伝奏であった。この関連史料として次の二点が残されている。(18)

(1)口宣一枚

従五位下藤原教賢宣任侍従事

右、職事仰詞内々奉之、早可被下知之状如件、

七月四日　　　　　　　権大納言判

四位大外記局〔師世朝臣也、〕

(2)正長二年七月四日　宣旨

従五位下藤原教賢

宣任侍従、

蔵人権右少弁藤原政光奉

(1)は上卿権大納言が大外記局に伝宣したものであり、(2)は口宣案である。叙位任官は消息宣下で多くなされたのであり、その場合、内侍が勅旨を職事に伝え、職場から上卿に伝え、上卿は外記局等に伝宣するのが普通であった。この教賢の場合は(1)が上卿から外記に伝えたものであり、(2)は職事から上卿に勅旨を伝えたものである。とするならば時房奉書は叙位任官宣下の手続中どこに位置づけられるのであろうか。嘉吉三年（一四四三）の次の例を参考に検討しよう。

(1)〔東大寺別当〕持宝僧都権大僧都の事、望申候、（下略）

(2)付勾当内侍申入之処、勅許、〔女房御返事加文書〕宣下事可仰職事也、

(3)権小僧都持宝宜叙法印〔権大僧都〕可令宣下給之由、被仰下候也、謹言

七月十八日　　　　　　時　房

蔵人権弁殿(19)

これより以前東大寺別当持宝が使を南都伝奏時房に送り、権大僧都を所望したのであるが、時房はその意を書

状をもって勾当内侍に申し入れ、禁裏に奏聞した(1)(2)。勅許の後、その旨を奉書で職事に伝えているのであり(3)、この後、職事より口宣案が発せられたと推定されるのである。藤原教賢叙位における時房奉書も、全く同様な形態であることにより、勅定を職事に伝達しているものと考えられる。前述した神宮伝奏も「蔵人権弁示送。大神宮大宮司氏長重任事、可宣下之由、伝奏日野大納言資広卿奉書到来[20]」とあり、これも伝奏奉書で勅旨を職事に伝えていることが知られる。勅定を職事に伝えるのは女房奉書による場合が多かったのであるが事柄によっては伝奏奉書でもなされていた。

勅旨を職事に伝達するという伝奏奉書の一特徴を示したのであるが、このような特質は義教時代にすでに存在していたと推定することが可能である。義満から義教期までの伝奏が室町殿の「仰」を奉じていたことは諸氏の説かれているところであり、時房は義教のことを「主人」と呼んでいるのである[21]。また伝奏等の義教に親しい公家衆を「内々」公家、他を「外様」と呼んで区別もしていた[22]。このように将軍と密接な関係を持っていた伝奏は二種類の奉書を発して幕府、公家の両権力機構内で活躍していた。将軍義教は伝奏を幕府の政策立案に参加させながら、勅定を必要としない寺社本所の諸問題については伝奏奉書を下すことによって政策を遂行し、勅許を必要とする事項(叙爵等)は、伝奏をして奏聞せしめ、その意を伝奏奉書で職事に伝達させ、宣下せしめるという形態で王朝機構を掌握していたのである。

だが室町殿と伝奏・王朝権力とのこのような関係はあくまでも室町殿と王朝側の力関係によっていた。義教時代においてさえ形式上は執奏・奏聞という形態でしか彼の意向を王朝側に伝えられなかった。だから幼少の将軍が出現したとき、この関係は変化する可能性を含んだものであった。嘉吉の乱によって将軍義教が殺害され、年少の将軍が出現すると、室町殿の「仰」を伝奏が奉じて、奉書を寺社本所に下すという関係はほぼ解消し、伝奏も公家権力機構内で勅定を奉ずる行動が主となるのである。嘉吉の乱以前と以後では、伝奏の政治行動にかなり相違があることに注目したい。

公武の祈禱、特に伝奏による祈禱奉書を分析された富田正弘氏の近業(23)は、従来注目されなかった公武の祈禱文書の検討から室町期の権力形態に迫らんとしたものであり、注目してよい論文であろう。氏の所論にたいしてここでは室町期の権力形態をどのようにみるかという根本的問題に係わる次の点のみについて触れておきたい。祈禱に関する伝奏奉書を分析された結論として以下のように規定している。伝奏とは室町殿がみずから上皇に擬し、公家権力の機構をみずからの支配下に収め、公家支配機構に「院政」を行う手段であったとされ、特に「義教時代以降、伝奏と伝奏奉書は、室町殿の専属下におかれた(24)」と伝奏を位置づけ、さらに「室町殿が伝奏をして公家勢力を支配し、その支配が貫徹されている間(25)」は明応年間までであると推定している。この結論で問題となるのは、はたして義教時代以降伝奏奉書は室町殿の専属下におかれてしまったのであろうか。これは厳密に検討しなければならない問題であるが、これはすでに述べたように、嘉吉乱以後、伝奏の活躍舞台は公家権力機構内であり、彼等はしばしば天皇の意を奉じた伝奏奉書を下しており、公家権力内で重要な職務を分担しているのである。これより推して富田氏のごとき結論を出すことはきわめて疑問といわざるをえなくなってくる。あえてこのようなことをいうならば、義教時代以前に伝奏と伝奏奉書は室町殿の専属下におかれていたというべきである。また、室町殿が伝奏をして公家勢力を支配したのは明応頃までとの推定が疑わしいことはいうまでもない。

また『建内記』永享十一年（一四三九）二月二十八日条に「彗星出現事、司天従三位安倍有重卿、注進室町殿、仍公家・武家御祈事、早可有其沙汰之由、被仰中山宰相中将定親卿、（中略）公家御祈事、蔵人右少弁俊秀依御祈奉行可申沙汰之由被仰之、応安元年・永徳・至徳等度御祈条々、有尋沙汰、今度被行条々、中山注一帋給蔵人右少弁、是於室町殿申定分歟云々」との記載があり、これは義教が彗星出現のため公家・武家のために祈禱を行うよう伝奏中山定親に命じ、中山から職事（蔵人）に伝えられたものであるが、富田氏はこれにより室町殿は公家政権の丸抱え的「院政」体制を創出したと推論されている。(26)しかし前述したように伝奏は職事に勅定を伝達するという職務があることから、伝奏中山が蔵人に書を遣わしたのはこれとも考えられる(勿論将軍義教の意志が強く働いていたことは疑いないが)。いずれにしても『建内記』のこの記事は伝聞で決め手に欠けることは確かであり、この史料のみで室町期の公武関係を「院政」体制と決めつけるのは危険ではなかろうかと考える。

伝奏が室町時代の幕府と朝廷の関係、権力形態を検討する上で大きな位置にあることは疑いない。義教時代まで幕府と朝廷を結びつける重要な絆であった伝奏が、嘉吉の乱以後、室町殿から一歩距離を置いた行動をするようになる。さて、このような伝奏の動きを参照しながら嘉吉乱以後における幕府と王朝との関係を少し論点を広めて次に考えてみよう。

二　嘉吉の乱と綸旨

嘉吉元年(一四四一)九月十日、播磨国木山城が落ち、赤松満祐らは自殺して嘉吉の乱が終る。この九月、公家側から猛烈な所領回復運動が起こってくる。すなわち、赤松の領国であった播磨・美作・備前の各国について守護不設置の寺社本所の直務支配を望み、守護が決定されない以前に勅定を幕府に下そうとする動きであった。(27)この企ての中心となったのは、万里小路時房・中山定親・三条実雅らの伝奏グループであった。勅定を勅使をもって管領に伝えんとしたのであるが、最終的には穏やかに三宝院義賢をして幕府側に申し入れさせようとした。時房は「普広院殿御政道、毎事被任上意、人々多愁歎事、余殃難測不及御子孫之様可有貴計、是只以善政可被補其過歟、積善之家有余慶、積悪之門有余殃、尤可被謹慎哉、室町殿少年御事殊有御冥加之様、補佐之臣可得其意者哉」(28)と、義教の悪政を批判し、その悪事の報いが幼少将軍義勝に及ばぬようにと、補佐の臣の善政を求めているのであるが、その善政とは寺社本所の一円直務なのである。ところが三宝院義賢がこの勅定を幕府側に伝達しないため、「如綸旨若可被成哉、宜在談合歟之由」(29)と、綸旨を下すことを検討したりしている。

このような王朝側の高圧的態度はいかなる理由からであろうか。専制的な義教の殺害、嗣立した将軍義勝が幼少であったことなどが王朝側の姿勢に反映したことは当然である。もう一つは武家の奏聞により、王朝側が赤松満祐追討の綸旨を下したところにもあった。その過程を『建内記』は次のように記している。

> 中山宰相中将定親卿、入来、左衛門督実雅卿（正親町三条）、可相談予由有示旨、仍所来也云々、赤松大膳大夫入道父子誅伐事、御少年之時分之間、管領下知人々所存如何、無心元之間、可申請綸旨之由管領細川右京大夫持之朝臣事也、申之、此条可為何様哉、令奏聞可点吉日云々、定不可有相違歟、就其文章・充所等事如何、於関東事者先度被成綸旨了、凡不可有子細事哉、（不審）。旁談合云々、予云、綸旨（征伐）事申請之条本儀也、勿論神妙、（雖）但御少年有輔佐之臣執事之事也即管領事也、同事也、有何事哉、鹿苑院殿御代連々被申請綸旨了、。其比康暦応安、自鹿苑院御代末比不被申請之ゝ太不可然歟ゝ、職事綸旨院司院宣等直書進了、今者面々家礼也、充人可書進之条勿論、但今度之儀赤松代々家臣也、不可及申請勅裁事歟、然而申請上者勿論、猶自公家遮被成下綸旨之条若可宜哉、朝敵不可過今度之逆悪之故也、次家司未補之時傍例可充代々補来家司人歟、又可充所縁有其好之人歟、共不可有子細、（先御代）関東之時被充三条少将公綱、是又有何事哉、但管領為相催人々、只充管領猶有其便歟(30)、

時房の述べていることの要点を示せば、(1)義勝が少年で「無心元」ので、管領が綸旨を申請してきたこと、(2)義教時代（永享の乱か結城合戦）にも関東征伐の綸旨を下していること、(3)義満治世（康暦・応安ごろまで）にも綸旨を成していたが、義満後半期には絶えたこと、(4)赤松は室町殿の家臣であるので本来勅裁は不可であるが、朝敵であることより、綸旨を下すのは当然であること、(5)綸旨の宛所は本来将軍家家司であるべきであるが「未補」なので、管領に宛てるべきことなどである。

応安・康暦頃以来絶え、事実、明徳の乱・応永の乱・禅秀の乱などのときには発せられなかった治罰の綸旨が復活し、さらに武家内部の問題（将軍と主従関係のある武家の問題）に朝敵という理由で綸旨を下しているというこ

とは、幕府が綸旨に頼らなければならないという政治的不安定さ、幕府権力の脆弱性を注目せざるをえないし、王朝側と幕府との間における力関係にかなりの変化が生じてきたことが知られよう。この綸旨は管領細川持之が正親町三条実雅（伝奏カ）に申請し、伝奏中山定親が奏聞・勅許、その旨を定親が職事俊秀に伝えるという手続を経て管領に下されているのである。武家伝奏の役割が、この綸旨の作成においても鮮明にあらわれている。綸旨が下される手続・経過は義教時代と同様でありながら、赤松鎮圧について綸旨に頼らねばならないという政治状況の大きな変化が出現し、大きく幕府側の地位が低下しているのである。伝奏中山定親・万里小路時房らの王朝側が旧赤松領国を寺社本所の直務にせよと強引に幕府に迫ったのも、このような朝廷側の政治的地位・発言力が増大した結果にほかならないであろう。このような状況は一時的なものであったのであろうか。

この点については別に論じた。(31) この期における天皇の政治的地位を伺い知るものとして、治罰綸旨（院宣）の持つ意味、綸旨で関東管領を補任する意義等について検討した。さらに山門・南都と朝廷との関係、公家所領安堵権の復活等の諸点についても触れた。ここではこれらの諸点について二、三補足しておきたい。まず南都問題から述べることとする。大和においては周知のごとく、大乗院、一乗院の対立が長く続き、衆徒、国民の筒井と越智・箸尾等の抗争が両院の確執と結びつきながら激化しており、さらに永享四年（一四三二）には土一揆が蜂起し、また将軍弟義昭が越智等と結び幕府に反抗するというように南都は政治的混乱と階級対立が激化していた。幕府はこのため永享四年以後数次にわたって軍勢を大和に進め、大乗院・筒井を支援し、越智・箸尾を討つところとなったのである。(32) この結果は永享十一年越智・箸尾が幕府軍に敗死したことにより一旦は終息するのであるが、嘉吉の乱後、義教によって追放されていた畠山持国の援助をえて越智・箸尾等が復活してくる。また筒井一族にも内紛がおこり、さらに興福寺学侶・六方衆もこれに加わり、大和はまたまた大混乱となるのである。越智・豊田・古市等に攻撃され、また大乗院経覚・学侶・六方衆によって罪科に処されて官符衆徒を召放たれていた筒井順永と成身院光宣は文安元年（一四四四）二月反撃に転ずる。このとき六方衆徒は群議して「今般光宣一類事、依悪逆過法既被成下御治罸之綸旨之処、更不恐勅命、剰乱入筒井之城、弥叛逆之企之条、不可不禁者哉、随而彼凶徒等急可追討旨、被成下御下知之間（中略）若下知令停滞者、凶徒之陸梁不可断絶之哉旨、群議如斯」(33)とする衆徒群議の事書を管領畠山持国に送り幕府の上使下向を申請した。管領は「此事心得申候由申候、所詮伝奏并奉行忩可被付之由」(34)と南都伝奏と奉行によって処理しようとしたのである。このような武力抗争にかかわる事項は時房にいわせれば「謁兵卩卿、南都注進筒井事、於此題目者、可申武家事也」(35)と幕府側で対応しなければならないことであるとしているのである。しかし管領はこの大和の抗争を朝廷側の威光、特に綸旨を下すことで解決しようとした。すなわち管領は「只今上使事、縦雖被差下、其実不審、申沙汰有斟酌、但為上意被仰下者、其時者面々可訪意見哉」(36)と幕府上使派遣を躊躇しているのであり、その理由は使節下向に疑問を持っていることと「去年就綸旨随勅定成御教書候」(37)とするところにあった。それゆえ今回も勅定を下されたいとするのである。経覚の日記には「京都返事到来、以綸旨・御教書下、雅意相振舞之条、言語道断之次第、仍堅可致其沙汰由、先衆徒・国民へ被成奉書云々」(38)と綸旨・御教書を下すとの連絡がなされたことが記されているのである。これは管領畠山持国と時房が綸旨を発するかどうか論議する約一ヶ月前のことである。幕府側が常に綸旨を重要視していたであろうことは前年綸旨を下したとき「管領評定諸大名申意見了、仍被成綸旨了」(39)と時房が述べていることからも窺うことができる。朝廷側によって綸旨の発給を拒否された幕府は使者を下向させたのであるが「武家使者上洛、筒井等治罸事難成立」(40)と、何の成果もえぬまま畠山持国が予想したような結果となるのである。また畠山も軍勢を大和に進めるのであるが、これも筒井方に敗退するという結果であった。(41)管領が畠山持国から細川勝元に交替した翌文安二年九月の『大乗院日記目録』は「十九日、光宣率大勢罷上、為用心鬼薗山城又構之、筒井順永官符如元五个関所光宣知行事如元、勅免綸旨後々日到来」と記載している。文安二年九月筒井派は越智等を圧倒し、順永が官符衆徒、光宣が河上五関の代官職を安堵されるとともに勅免の綸旨が発せられて落着したのであった。ここで注目されることは、幕府は使節や御教書を下しながらも、この混乱の解決を朝廷側の綸旨や伝奏奉書に頼ったことである。このため朝廷側は治罰綸旨を発し、宥免綸旨を下して結着をみているのである。また大和におけるこれらの抗争の一コマとして、東大寺衆徒と興福寺衆徒との間における闘争が起こった。この和睦について管領畠山持国は南都奉行松田貞清を南都伝奏万里小路時房のもとに遣わしてその対策を協議するとともに、時房に興福寺衆徒の東大寺発向停止の下知を求めた。これにより時房は大乗院・一乗院・興福寺別当僧正御房・興福寺学侶衆徒中・興福寺六方衆徒中・興福寺官符衆徒中宛に伝奏奉書を下しているのである。(42)

　幕府側が朝廷側の綸旨、伝奏奉書によって決着させようとしていたのには理由があった。将軍義成が将軍宣下をしておらず、幕府の権威が相対的に低下していたことにもよるが、幕閣内部に大和をめぐっての対立が存在していたことによる。すなわち河内・紀伊等の守護であった畠山氏は大和に勢力を浸透させようとして越智氏等と結びついており、一方細川氏は筒井等を支援していたのであった。このため幕府御教書はあまり意味がなく、管領畠山は「管領評定諸大名」(43)と諸大名の合議と称して天皇の綸旨を引き出してきたのであり、後の細川勝元もまったく同様な行動をとったのである。大和国における領主階級の分裂・矛盾、さらにそれを根底から規定している土一揆の蜂起、幕閣内部の対立は必然的に綸旨・伝奏奉書の持つ政治的意義・権威を高めざるをえなかったといえよう。階級矛盾と支配者階級内部の内的矛盾のもたらした必然的結果ということができる。

　次に公家相互の所務相論について少し触れておきたい。南北朝末期に公家側の裁判機構は崩壊し、公家相互の所務相論も幕府で裁決されていたことが知られている。(44)このころの裁判も実体は幕府で行われていたといってよい。「甘家督訴訟問事、郷《大夫》長奉行飯尾加賀入道、前左衛門佐親長奉行斉藤加賀入道玄忠云々、文書正文可出帯之由有召之云々」(45)と、甘露寺家督相続について郷長と親長とが争ったのであるが、各々幕府の奉行人に付き、幕府から文書正文の出帯を命ぜられていることより、裁判の審理は幕府側で行ったことは明らかである（もちろん、裁決は幕府法によったであろう）。しかしこれ以前、甘露寺郷長が家督を競望して幕府に訴えたとき管領は「武家之儀此事定可為公家御成敗由可申歟、所詮中山辺可令得其意歟、簡要又《可》在叡慮歟(46)」と、これは公家成敗に属するものとして伝奏中山定親の意見を伺っているのである。また嘉吉三年（一四四三）三月における鴨菊松丸と祝入道との所務相論について「付中山大納言歟申、是《此事》管領可為聖断之由、返答之故云々、大納言奏聞之時、殊得叡慮之様可申之由、示之(47)」と、管領は聖断としているのである。これらの点により公家裁判権や裁判機関が復活したとみなすのは早計であるが、公家側の意向を強く意識していることは確実であり、また天皇の裁決権を認めていることは明確である。甘露寺に関する相論は後に幕府で審理していることからして、朝廷側の委任によって幕府側で審理された可能性が強い。

　文安元年（一四四四）五月清閑寺幸房と正親町持季が近江祇園保・越前大蔵庄をめぐって所務相論をおこし、幕府が審理した。先年幸房が両庄を没収されて持季に宛行われたことから始まった相論である。幸房所領が没収されたのは「幸房朝臣依違勅之科之由、宰相中将《（持秀）》申之、非其儀、只為普広院殿《（義教）》御沙汰之由、幸房朝臣申之(48)」とするのが双方の対立点であり、この点を管領は奉行人を各方面に派遣して究明しようとした。この決着は文安五年の『康富記』によって明らかとなる。「近江国祇園保、越前国大蔵庄、両所事者去々年譲与侍従公澄之間、立彼一流、別而可令致奉公之由申請之間、即被下綸旨了(49)」と公澄に祇園保、大蔵庄が綸旨で安堵されたのである。公澄は正親町持季の猶子であったことより両所領を持季より譲られたとみなすことができよう。一方このとき「勅勘」を免ぜられていた幸房はこの決定に異議を唱えたが「於出頭者彼朝臣雖有御免、於所帯等者、已被充行侍従公澄之間、不可被返本人之旨、去月廿九日、内々被下勅書之由(50)」と、その主張は全面的に退けられたのであった。この相論の経過から推して、幕府は幸房が所領を没収されたのは「違勅科」であったと結論づけたと推定され、

「違勅科」であることより、当否の最終的裁定は朝廷側に委ねたと考えられ、朝廷は幸房の「違勅科」を免じ、持季の猶子である公澄に両所領を安堵したものと考えられる。しかし、公家側に裁判機関が存在するわけがないので、幕府側の審理に沿って天皇の裁定が下されたものであろう。公家相互の裁判について詳細に明らかにすることはできないが、いずれにしても、この裁判についても天皇権限の復活がみられることは明確である。

以上、綸旨を中心に嘉吉の乱以後の天皇の統治権について検討してみた。当時の天皇が統治権のみでなく、「除目」による官位補任、さらに「上卿」を補任して各種祭礼を行い祭祀権を行使していることはいうまでもなく、多くの宣旨が発せられている。文安六年六月、朝廷は官宣旨で疫病・饑饉の祈禱（七日間大般若経転読）を五畿七道、東大寺以下の九寺、石清水宮以下の一〇社に命じた(51)。この宣旨の遵行について「此宣旨諸国分、自官局雖遣之、守護等牒難遵行、自武家被仰付奉行、遣守護可被仰歟之由、以今案令申談伝奏万里前内府之間、定可有其評議歟云々(52)」と幕府に命じて遵行させようとしているのである（現実に遵行できるかどうかは疑問であるが）。五畿七道大寺社に官宣旨で祈禱を命じるという注目すべき国家的行為を行っているのである。朝廷が国家的祈禱を命じており、祭祀権をも完全に掌握していることを確認しておきたい。

将軍の代替りのとき、朝廷側の発言力が増大することは、義教の嗣立期に顕著な例がありすでに知られている。嘉吉乱以後はこの傾向がきわめて強くなってきており、王朝側の古代以来の支配機構・支配形態・権威は依然として存在しており、独自な動きをしているのである。そしてそれは、発言力の増大とか地位の向上とかいうのではなく、全国支配のきわめて重要な一要素として、いな、天皇そのものが国政の中心的存在として、すなわち国王として振舞っていることをみることができるのである。

武家側の内紛・相互対立などに綸旨でもって事にあたっている例として幕府と鎌倉府の抗争を例として論じたが(53)、武家内部の問題さえ綸旨を発するという事態であるから、公家寺社領にたいする安堵綸旨は普通となってきていた。

このような事態にいたった理由の一つは何かといえば、将軍権力の脆弱性によるであろう。直轄領・直轄軍(奉公衆)も将軍権力を支える強力な基盤たりえなかったし、取り分け問題であったのは将軍と近親との関係であった。一族近親は本来将軍権力を支える基礎たりうるものであるが、こと足利家の場合、初期には足利直義、義持時代には義嗣、義教期にも弟義昭がそれぞれ将軍の命により殺害され、(54)幕府と鎌倉府の対立・抗争は周知のごとく永享の乱、結城合戦へと続き、将軍権力の基盤たりうるどころかその反対の様相さえ呈しているのである。さらに他の子弟の多くも出家しており、現実的な支えとなりうるものでなかった。

これに代って有力守護層が将軍権力の支柱となり、一時的に「合議」的な政治形態で幕政を安定させたかにみえたが、領国の不安定性、相互の対立、有力者の死去等により、このような形態も真に将軍権力を支えるものとはなりえず、義教は権力の脆弱性を補うため異常に権限を集中する(専制化)。この専制君主の横死と以後の状況は将軍権力の弱さ、脆さを内外に鮮明に印象づけるところとなった。

義満以後、王朝権力の実質的部分は幕府に完全に吸収されたかにみえた。統治権にかかわる宣旨・院宣・綸旨などは姿を消し、支配意志の伝達は御内書・御教書に代っていたのであるが、ここに至り、再度朝廷側の統治権が行使されるのである。この王朝側の行為は煎じ詰めれば、武家の内紛・分裂は支配者階級全体の危機につながるという意識から出発しているとみなされる。当時、徳政一揆・土一揆は幕府支配を大きくゆさぶり、階級対立は激化し、支配者階級の内紛と徳政一揆によって階級対立は頂点に達しようとしていた。管領細川持之が赤松誅伐綸旨を朝廷に申請したとき「心元ない」からと表現したのは、直接的には義勝が少年であるということによっているが、その意識は当時の幕府を取り巻くただならぬ政治状況に発しているのであり、より根本的には将軍権力の脆弱性に至るのである。綸旨の申請は当時幕府の抱えていた弱点を朝廷の伝統的権威で克服しようとしたものであり、さらに分裂しつつある支配者内部を再度階級的に結集・結束させるという効用も兼ねたものであったといえよう。支配者階級の危機に天皇が登場してきたことに深い注意を与える必要がある。これは天皇制の本質にかかわる問題であるからである。

三　応仁の乱と天皇

応仁の乱の研究史は厚い。幕府権力の崩壊、守護・国人・寺社本所の動向、徳政・国人一揆、戦国期への移行の問題等々、多方面から研究がなされており、数多くの問題提起がある。ここでは乱そのものの推移等については論旨に必要上の最小限にとどめながら、この乱中における天皇・上皇の動きを具体的に探ることから出発してみたい。その目的はこの乱中に室町期天皇制の特質の一側面が現れていると考えるからである。

畠山、斯波の家督争いが国人の動きに規定されながら断続的に続いていたのであるが、細川勝元、山名持豊を将とした全幕府を二分する戦乱となったのは応仁元年（一四六七）五月二十六日のことであった。将軍義政は、五月二十八日使者を細川、山名の両軍に遣わして休戦を命じたのであるが、従来の争いでもそうであったように、この休戦命令も何らの効果がなく、逆に細川勝元から牙旗を要求され、これを与えざるをえなくなり、さらに義視に山名持豊追討を命じたのであった。(55) ここに細川方（東軍）は形式上は「公方の軍」となったのであった。勝元に牙旗を強要されるような事態からして義政の力と地位が窺われるのである。さて、東軍に将軍をにぎられた山名方（西軍）は、その後足利義視を奉じて「将軍」となしたのは周知の事実である。このように東西両軍ともに将軍（あるいは「将軍の名」であろうか）を掌握することを重視しているのであるが、将軍家のこの分裂を鈴木良一氏は「まったく細川方・山名方の対立のかげにすぎない」(56) と断言されている。これ以前、正月十七日畠山政長が自邸を焼き、上御霊社に陣をはったとき、山名持豊・畠山義就方は将軍義政をにぎり、足利義視を今出川邸から幕府に移して、政長との接触を断ってしまうのである。結局政長は勝元の支援をえられず没落せざるをえなかったのであるが、幕府内の勢力争いであることから「将軍をにぎる、にぎらない、が第一の問題であった」(57)とも述べられているのである。いずれにしても、当時の支配階級内部の意識として「自己の行動の正当性」を規定する一つの根拠を将軍を奉ずることに求めていたことは疑いない。

さて乱勃発前後の後花園上皇・後土御門天皇の行動を追ってみよう。前記「上御霊社の合戦」のとき天皇・上皇は室町殿に行幸・御幸し、二十日に還幸する。また乱勃発二ヶ月後の八月二十三日、再び室町殿に移り、そこに居住するというように、兵乱を室町第で避けながら逼塞し、無力な日々を送っているがごとくみえる。しかしその上皇がこの乱中にやや注目すべき動きをしているのである。近衛政家は七月六日の日記に「伝聞、自仙洞被立勅使於武家云々、伏見殿、一条(兼良)関白等勅使云々、是世上之儀、可被致無為之了簡之由被仰之云々、於于今者細川以下不可承引歟」(58)と記載しており、世上無為のため上皇は使者として伏見宮貞常親王・関白一条兼良を遣わし、さらに十月二十三日にも政家は「伝聞、此間以勅使、畠山武衛等陣へ被仰遣有子細問」(59)と記しており、上皇が東西両軍の調停、和睦を斡旋しているのである。将軍義政は大乱勃発後三日にして休戦を命じたのであるが問題にされず、以後東軍にかつがれて中立性を失っていることにもよろうが、朝廷が勅命によって調停を行うという動きに注目しておきたい。

開戦直後、細川勝元が将軍義政に牙旗を求めたことは前述したが、そのとき彼は朝廷にたいして山名治罰綸旨をも申請していた(60)。牙旗・治罰綸旨の双方をもって東軍の正当性を天下に示そうとしたといえよう。この勝元の要求は十月三日の治罰院宣でかなえられた。大乗院経覚はその日記に次のように書き留めている。

山名右衛門督入道宗全□□□(治罰之カ)院宣并御内書在之、

就今度兵革事、可致忠節之由、可令相触満寺賜(給カ)旨、院御気色所候也、仍執達如件

十月三日　　　　　　　　　　　　　　　　　　　　　　　按察使（甘露寺親長）

謹上　興福寺別当法印御房（孝祐）

追申、天下静謐事、可致禱祈之由、同可令下知給也、

御内書

山名右衛門督入道宗全事、被成治罰院宣上者、不移時刻参御方、致忠節者可為神妙也、

十月三日　　　　　　　　　　　　　　　　　　　　　御（義政）判

興福寺衆徒中

奉書案

就院宣幷御内書、可有上洛之処、于今無其儀之条、如何様之次第哉、既合戦之間、折角上者率猛勢、不廻時刻馳参、可被致忠節由被仰出候、仍執達如件、

十月五日　　　　　　　　　　　　　　　　　　　　　貞（布施）基　判

興福寺衆徒中　　　　　　　　　　　　　　　　　　　之（飯尾）種　判(61)

後花園上皇院宣、義政御内書、奉行人連署奉書の三通がほぼ同時に興福寺に下されているのである。東軍が「公方軍」として公認され、将軍義政をにぎり、また天皇・上皇も室町第に行幸・御幸しているとなれば、西軍山名を追討する院宣が発せられたのは当然といえば当然であるが、しかし、興福寺別当に「可致忠節之由」とする院宣が下され、義政御内書は「被成治罰院宣上者」と後花園上皇院宣を掲げ、その権威によりながら興福寺衆徒に軍勢催促の命を下しているのである。奉行人奉書は院宣と御内書を奉じて軍勢催促をしている。勝元が六月

一日綸旨を求めて以後、朝廷側は実質上東軍方に属しながらも、その態度を鮮明にしていなかった。たとえば、九条政家は日記の九月十三日に「治罰事未有勅許云々」(62)と伝えている。それが十月三日に山名治罰院宣を下したことによって、その態度を明確にさせたのであった。これより以前、天皇・上皇が室町殿に入った八月二十三日、大内政弘が大軍を率いて入洛してきた。またこの日、足利義視が伊勢に出奔して伊勢国司北畠氏を頼り、将軍家も二分されつつある状態であった。院宣が発せられた十月三日は相国寺をめぐって東西両軍が乱中最大の激戦を展開した日であり、この戦いは大内政弘の支援をえた西軍がやや優勢に進んだのであった。不利な東軍が院宣を強要したとも考えられるが、いずれにしても東軍は将軍から牙旗と御内書、院から山名治罰院宣をえたことにより、いわゆる「官軍」としての正当性を公認されたものである。さらに院宣が発せられた後、御内書が下されるという手続をとっていることをも注目しておきたい。応仁二年（一四六八）十一月に至ると十人の公卿が「准敵軍同意」と西軍に与同したとして「解却」され(63)、また一旦帰京していた義視が再度比叡山に脱出したので、この月、後花園法皇による足利義視治罰院宣、義政御内書が発せられる(64)。山名持豊と同様な形態で足利義視追討が決定されているのである。

他方、山名持豊を中心とした西軍はどうであったであろうか。大乗院経覚は応仁元年十月二十五日に次のような書状を書き留めている。

就今度世上時宜、已前具如令啓候、近日御成敗悉右京大夫（細川勝元）自由之所行候、既被成勅書御内書候、殊昵近之衆大略此方馳来候、以是等上意忝之趣可有還迹候、然上者公武共以御無為之儀必□□（定候カ）、又可然在所可奉寄附候、尚々御同心各可為抑（杼）悦候、恐々謹言

十月廿五日　美（成頼）乃守判土岐

謹上　興福寺々務

兵部少輔(山名政清)判　大内介(政弘)
相模守(山名教之)判　山名一族
左衛門佐(畠山義統)判　能登守殿
□□□判　一色
□□□判　□□
□□□判　□□
左兵衛佐(斯波義廉)判　管領 武衛[65]

□□(朝倉)孝景自是可付遣□
□管領申云々
東大寺へ同文擧状
在之、付遣了

西軍の山名、畠山義就、斯波義廉ら八大名が興福寺に勅書・御内書を得たと称して軍勢催促をしてきたものであるが、すでに十月三日に山名治罰院宣・御内書が下されていることより、西軍に勅書・御内書が発せられたとは考え難い。しかしこの時期、朝廷との間に何らかの接触があったようである。近衛政家は十月二十三日に「伝聞、此間以勅使、畠山(義就)武衛(義廉)等陣へ被仰遣有子細間、近日一途可有落居歟之由有世風(聞脱カ)云々、太不審也[66]」と記しており、勅使が西軍に派遣されたことを伝え聞いており、それらの動きを訝っているのである。この記述からすれば西軍方と朝廷側との間に和平等について交渉がなされたものとみなすことができよう。この結果が不首尾であったことはいうまでもないが、西軍側は朝廷との間におけるこの折衝を巧みに利用して、勅書・御内書を得たと称したのであろう。この点はともあれ、西軍も天皇・将軍の持っている権威で軍勢催促をしようとしたことは明らかである。しかし現実の天皇・将軍は東軍がにぎっているので将軍は足利義視をもってそれにあてたのである。

文明二年(一四七〇)尋尊は天皇について「南帝事内々計略子細有之歟云々、如風聞者西方大名以下悉以同心、可奉入内禁云々、院内御留守衆公卿殿上人則可致奉公之由、内々申合子細有之歟云々、希代事也[67]」と記しており、また次年「西方新生ハ小倉宮御息、十八歳成給、今出川殿ハ御同心無之云々、自余大名悉以同心[68]」と、南朝小倉宮の子息を「主上」として奉じたと伝えているのである。真偽のほどは確定できないが、形式をととのえるため南朝を担いだと推定してもまず誤りなかろう。嘉吉の乱以後、南朝勢力の動きはかなり活発であり、京畿を騒がせていた。殊に嘉吉三年（一四四三）九月には南朝方数十人が内裏に押し入り、神璽・宝剣を奪取して内裏を焼亡させるという事件さえ起こしているのである。[69] 西軍がこの南朝と結び付くことは容易に考えられよう。

西軍がこれほどまでに将軍・「主上」に拘泥するのはどこにその要因があるかといえば、現実的意味がそこにあったことによるが、その一つは賊名を恐れて形式をととのえるという点にあったことによろう。他に官途・官位の補任権を朝廷が掌握していることにもよろう。足利義視は文明二年相良左衛門尉（為続）に軍忠感状を発したのであるが、そのとき大内政弘は副状に「次御官途事申沙汰候」[70]と書き添え、義視は彼を従五位下、左衛門尉に推挙したことからもこの重要性が知られる。地方武士は依然として官途をえることに大きな魅力を感じていたのであり、それをえることは支配者間における序列が上がることを意味していたからである。

次に朝廷側の統治権に関するものも検討しておく必要がある。

ここに応仁元年（一四六七）十一月二十八日付山科言国宛の山城国東庄内名田等についての安堵院宣がある。[71] 南北朝末期、公家にたいする所領安堵権は朝廷から幕府に移行していた。ところが、この頃、公家にたいする所領安堵の院宣が数多くみられ、院宣（綸旨）による安堵は一般的となっていた。注意しておかなければならないことは、この山科言国宛の安堵院宣は朝廷側が単独で行った安堵ではなく、「任武家下知之旨」とあり、武家側の安堵御教書が下された後に発せられた院宣で、朝廷と幕府が一体となって所領を安堵していることである。双方が一体化しなければ所領安堵ができないほど（実際所領保全ができたかどうか疑問であるが）幕府も朝廷も弱体化していたことはいうまでもないことであるが、反面、崩壊していく幕府の支配意志である御教書・御内書に院宣を添えることによってその権威を保たせるという点をも見過ごしてはならないであろう。ここに天皇・院の持っている一つの特質があらわれてきているといえる。

所領安堵をめぐる幕府と朝廷の動きをもう少しみてみよう。『後法興院政家記』に次のような記載がある。

(応仁元年十一月)廿七日己丑晴、参殿御方(近衛房嗣)、殿被遣御書日野内府(勝光)許、家領江州信楽郷代官職事自赤松方依有令違乱子細、被歎申武家所也、又世上擾乱之儀歎存之由、可申公武由被仰了、

(応仁二年一月)十一日壬申天霽(中略)江州信楽郷直務不可有相違由武家之奉書到来、内□令申沙汰了、

(応仁二年一月)廿九日庚寅 夜来降雨亥刻許止、入夜参平等院、江州信楽郷直務事不可有相違之由被成院宣、広橋黄門(綱光)令執奏、奉行右中弁尚光(柳原)、付年預左少弁兼顕也、余未披見、明後日可参殿御方也、

応仁元年十一月二十七日、近衛房嗣は赤松に押領された江州信楽郷について、伝奏日野勝光(日野富子の兄)を通して武家に訴えた。次年一月幕府は同所直務についての安堵奉書を近衛に下したのであった。ところが同月二十九日、政家は信楽郷直務についての安堵院宣をも得た。これより公家は伝奏を通して所領安堵を武家に申請し、武家から奉書が発給され、さらにその後院宣が成されるという手続で所領安堵がされるという形態であったことが知られよう。治罰院宣と同様に、所領安堵についても幕府奉書と院宣がワンセットでなされているということがここでもみられるのである。

応仁の乱中における天皇・上皇の動きを要約すれば東西両軍の調停、西軍の足利義視・山名持豊に関する治罰院宣を発したこと(軍勢催促)、西軍与同公家の官を削ったこと、「武家下知」に院宣を添えて所領安堵を行ったこと、西軍が南朝を担いだことなどを指摘することができる。このように朝廷側がただ除目や加治祈禱のみ司っていたのでなく、かなり政治に関与していたことは明らかである。天皇・上皇のこれらの動きをどのように評価すべきであろうか。

鈴木良一氏は「将軍家はこうして二分したが、(中略)皇室にいたっては分裂さえしなかった。七一年(文明三)

八月、西軍は後亀山天皇の孫という小倉宮の王子をかついだが、それだけのことであり、畠山義就はそれさえ快くなかったらしい。あれほど朝廷を下風においた足利義満でさえ、大内義弘を討つのに『朝敵』とよび、義弘はかれに敵対するのに『天命を奉じ暴乱を討』として足利満兼をかついだ。しかし、細川勝元は天皇を奉じたものとしては、まったく動いていず、南朝与党系の大和の越智も同じである。応仁の乱後、旧南朝与党の動きはまったくみられない(72)」と評価している。

たしかに応仁の乱は国人による在地支配、領主権の維持・強化・拡大による国人間の対立矛盾、土一揆との抗争、守護家の嗣子をめぐる争い等々が複雑にからみあいながら矛盾が大爆発したものであった。守護家の家督をめぐる争いも国人が各々の派に結びつき首領を担ぎながら益々抗争を激化させたのであった。このような観点からみるならば将軍家の権力はきわめて弱体化し、その権威も地に落ちたがごとき感を呈していることより、将軍家内部の対立などは確かに脇役的存在でしかなかったであろう。ましてや天皇・上皇の動きなどはさらに意義のないものであり、現実の争乱の世界では全く意味のないもののごとくみえるのも当然であろう。しかし、それでもなお注目しなければならないことは、国人は支援する有力嗣子（守護）を担ぎ、その守護もまた将軍をとりあいながら対立を激化させ、天皇を担いでいるということである。また将軍は天皇の権威を振りかざしながら軍勢催促を行っていることである。このような重層的な関係についてどのように考えるべきであろうか。天皇等を奉ずることによる現実的利益と、またその権力構造・意識構造を考えなければならないであろう。

『重編応仁記』がある。この成立は戦国末期以後であり、あまり信憑性はないが、応仁元年（一四六七）正月の上御霊社の戦いの状況について、「タトヒ公方ハ敵方ヘ御一味アリ共、此方禁中ェ乱レ入テ、院内ヲ取奉リ、合戦ヲセバ、一味ノ人々後ニハ皆々参ラルベシ（中略）山名入道ハ、政長大内ェ乱入ンヲ氣遣フテ、此旨ヲ言上シ、伝奏ニ付テ、行幸御幸ヲ花ノ御所ヘ成シ奉ル、三種ノ神器ヲ先キニ立テ、公卿ノ面々供奉申サル、」と記している。前述したごとく、「上御霊社の合戦」は畠山政長が没落した戦いである。『重編応仁記』によると、このとき政長はたとえ公方が敵方（山名方）に行こうとも院（後花園上皇）さえとり奉れば一味の人々（細川勝元らか）が馳せ参じるだろうと御霊の森に立籠り、一方山名方はそうはさせじと天皇・上皇を室町殿に移し奉ったとしているのである。もちろんこれは後代の物語であることより、信憑性に欠けるのであるが、天皇・上皇さえ奉じればなんとかなるという乱直前の天皇・上皇の置かれた状況をいみじくもいいえているのである。

おわりに

伝奏の政治的役割、綸旨の持つ政治的意義等について検討し、天皇の国政上の位置を考えてみた。周知のごとく、永原慶二氏は義満政権以後の室町・戦国・織豊期の天皇を政治的利用という観点でとらえている。(73) そこで室町期の統治形態について、職の体系が崩壊したことを主要な指標として義満を「日本国王」とするのであるが、しかし朝廷権力との関係について「武家が実力で支配権力を掌握した場合にも、天皇および伝統的国制とのかかわり方がきわめて重要な問題であったことを読みとることは容易であり、そこにこれ以降、近世にいたるまでの武家支配権力と天皇とのかかわり方の問題の原型があった」と、公武関係の重要性をきわめて注目しているのである。結論は異なるのであるが私もこの点は重視していきたいと思う。

室町期、統治権の大部分は幕府が握っていたことは明白な事実である。しかしそれにもかかわらず、太政官機構が天皇の支配下にあり、除目等がなされ、将軍が太政大臣になったり征夷大将軍に補任されていることもまた事実である。天皇から伝奏を通しての意志伝達も厳然と存在し、綸旨が大きな政治的意味を持っていたことも明らかである。王権をどちらに求めるかの結論をえるためには、現在のところ「実力」を重視するか、「伝統的国制」の枠組を重視するかになってしまうであろう。この点から飛躍するためには、民衆支配と天皇との関係をより具体的に探求していくことが必要であろう。今後の課題としたい。

(1) 研究整理は桑山浩然「中世の政治経済Ⅱ」(『岩波講座日本歴史』26　岩波書店、一九七七年)を参照されたい。
(2) 石母田正『中世政治社会思想』上(岩波書店、一九七二年)解説。永原慶二「前近代の天皇」(『歴史学研究』四六七、一九七九年)。
(3) 黒田俊雄「国家史研究についての反省」(『歴史学研究』四四五、一九七七年)。
(4) 同氏「中世天皇制の基本的性格」(『現実のなかの歴史学』東京大学出版会、一九七七年)。
(5) 『応永初期における王朝勢力の動向」(『日本歴史』三〇七、一九七三年)、本書第Ⅲ部第二章。
(6) 『建内記』嘉吉元年十一月十日条。
(7) 相田二郎『日本の古文書』上。
(8) 『建内記』嘉吉三年五月二十六日条。
(9) 同　文安元年四月二十三日条。
(10) 『康富記』嘉吉三年五月五日条。
(11) 同　嘉吉二年六月十日条。同六月二十六日条。
(12) 同　文安六年二月二十一日条。
(13) 同　同年二月十九日条。
(14) 同　宝徳元年十一月二十七日条。
(15) 『建内記』嘉吉三年七月八日条。
(16) 同　正長二年七月四日条。
(17) 同右。
(18) 同右。
(19) 『建内記』嘉吉三年七月十八日条。
(20) 同　嘉吉三年七月八日条。
(21) 同　正長二年三月十五日条。

(22) 同　正長元年三月十二日条。田沼睦「室町幕府権力の構造」（有斐閣新書『日本史』(3)　有斐閣、一九七八年）。
(23) 「室町時代における祈禱と公武統一政権」（『中世日本の歴史像』創元社、一九七八年）。
(24) 同　三三五頁。
(25) 同右。
(26) 「院政」開始の他の論拠として、義満・義持が将軍を辞した後、伝奏奉書が集中的に発給されていることをあげておられるが、将軍辞任以前にも伝奏奉書が存在していることより、これは論拠とならないであろう。
(27) 『建内記』嘉吉元年九月十七日条以下。
(28) 同　同年十月十二日条。
(29) 同　同年十月十日条。
(30) 同　同年七月二十六日条。
(31) 「室町期の国家と東国」（『世界史における地域と民衆――一九七九年度歴史学研究会大会報告』）。
(32) 熱田公「筒井順永とその時代」（『中世社会の基本構造』創元社、一九五八年）。
(33) 『建内記』文安元年二月十二日条。
(34) 同右。
(35) 同　嘉吉四年一月二十二日条。
(36) 同　文安元年二月十五日条。
(37) 同右。
(38) 『経覚私要鈔』嘉吉四年一月二十三日条。
(39) 注(36)史料。
(40) 『大乗院日記目録』文安元年後六月十九日条。
(41) 同　文安元年六月十三日条。
(42) 『建内記』嘉吉三年六月一日条。
(43) 注(36)史料。
(44) 拙稿「室町幕府と武家執奏」（『日本史研究』一四七、一九七四年）、本書第Ⅲ部第一章。

(45)『建内記』嘉吉三年六月二日条。
(46)同　嘉吉元年十二月二十六日条。
(47)同　嘉吉三年三月二十一日条。
(48)同　文安元年五月十五日条。
(49)『康富記』文安五年四月二日条。
(50)同右。
(51)『康富記』文安六年六月十六日条。
(52)同右。
(53)前掲「室町期の国家と東国」。
(54)『建内記』嘉吉元年四月八日条。
(55)『後知足院房嗣記』応仁元年六月一日条。
(56)岩波新書『応仁の乱』(岩波書店、一九七三年)、六七頁。
(57)同右、五二頁。
(58)『後法興院政家記』応仁元年七月六日条。
(59)同　応仁元年十月二十三日条。
(60)注(55)史料。
(61)『経覚私要鈔』応仁元年十月三日条。
(62)『後法興院政家記』応仁元年九月十三日条。
(63)『公卿補任』応仁二年条。
(64)『大乗院寺社雑事記』応仁二年十二月十九日条。
(65)『経覚私要鈔』応仁元年十月二十五日条。
(66)『後法興院政家記』応仁元年十月二十三日条。
(67)『大乗院寺社雑事記』文明二年五月十一日条。
(68)同　文明三年九月八日条。

(69)『看聞御記』嘉吉三年九月二十三日条以下。
(70)「相良文書」文明二年五月二十二日付足利義視御内書、同大内義弘副状。
(71)「案文消息集類」(『大日本史料』第八編之一、五一三頁)。
(72)鈴木前掲書、六七頁。
(73)永原慶二前掲「前近代の天皇」。

(補注)本論文では、治罰綸旨について嘉吉の乱以後の問題を主として論じているが、永享の乱の時にもこの綸旨が発せられている。この「足利持氏治罰綸旨」については今谷明『戦国大名と天皇』(福武書店、一九九二年)に詳しい。

成稿一覧

序論　中世天皇制と収載論文をめぐって（新稿）

第Ⅰ部　天皇制と観念的権威

第一章　中世における天皇の呪術的権威とは何か（『歴史評論』四三七号、一九八六年）
第二章　四角四堺祭の場に生きた人々（『歴史』六六号、一九八六年）
第三章　抜頭の舞（福島大学行政社会学会編『行政社会論集』第一巻三・四号、一九八九年）
第四章　衛門府とケガレのキヨメ（『福大史学』五〇号、一九九〇年）
第五章　ケガレ観と鎌倉幕府（原題「「東国国家」と天皇」『東国史の研究』東京大学出版会、一九八八年）
第六章　中世国家と領域観（原題「日本中世における国家領域観と異類異形」『歴史学研究』五七三号、一九八七年）

第Ⅱ部　南北朝動乱と社会思想

第一章　南北朝動乱期の社会と思想（講座『日本歴史』第四巻　東京大学出版会、一九八五年）
補　論　南北朝の内乱と変革（『日本歴史大系』二　山川出版社、一九八五年）
第二章　寺社縁起の世界からみた東国（『福島地方史の展開』名著出版、一九八五年）
第三章　中世後期の雑芸者と狩猟民（『東国の社会と文化』梓出版、一九八五年）

第Ⅲ部　室町幕府と王権

第一章　室町幕府と武家執奏（『日本史研究』一四五号、一九七四年）
第二章　応永初期における王朝勢力の動向（『日本歴史』三〇七号、一九七三年）
第三章　義持政権をめぐって（『国史談話会雑誌』豊田・石井両先生退官記念号、一九七三年）
第四章　伝奏と天皇（『日本中世の政治と文化』吉川弘文館、一九八〇年）

あとがき

最近三十年ぶりに出身高校の同窓会が開かれそれに出席した。その折り、高校時代の担任の先生が、高校時代に出来の悪かった筆者をつかまえて、一体何処で勉強したのかと驚いて聞いた。東北大学であると答えたが、まさに東北大学文学部国史研究室が私を育ててくれたのである。一九六八年四月初めて国史研究室に顔を出した。千葉大学の小笠原長和先生の薦めにより、東北大学の豊田武先生の下で研鑽することが許されたからである。

大学は、大学紛争が最盛期を迎えようとしており騒然としていたが、当時の国史研究室は新鮮な息吹に溢れていた。近世史担当助教授として渡辺信夫先生が半年程以前に着任されたばかりであった。助手は入間田宣夫氏が新しく就任し、研究室内には豊田先生も参加される中世史研究会が組織されていた。また他の時代の研究会も活発であった。この年より大石直正氏が香川大学から東北学院大学に転勤されて、中世史研究会に参加されるようになっていた。また遠藤巖氏もこの研究会に遠く涌谷から来られていた。他に二、三人の大学院生と学部の学生を含めて毎週この研究会が持たれていた。学部の学生の中には、伊藤清郎氏、松井茂氏等がおり、数年後に斎藤利男氏も進学してきたし、誉田慶信氏も山形大から大学院に入ってきた。時折、小林清治氏も研究室に顔を見せることがあった。このような中に「西も東も」わからずに紛れ込んできたのである。領主制研究が華やかなりし頃のことであるが、「守護領国制」「国人領主制」「土豪領主制」等の問題を口角あわを飛ばして議論していた頃が懐かしい。この研究会で得たものは計り知れないものがある。参加されていた諸氏に感謝したい。その当時国史研究室の院生のほとんどが院生運動なるものに参加して、「大学民主化」を要求して、院生運動を展開していた。筆者もその一人であり、教授会との「団交」の席で執行部の一人であられた豊田先生と交渉することもあった。このような運動に参加していても、先生は勉強さえしていればいいと言って、特別白眼視されることはなく、筆者が青臭い問題意識を得意になって展開すると、いつもいつも「それは面白いね」、「その後どうなったかね」といって励ましてくださった先生のお顔が忘れられない。豊田武先生は誠に残念なことにお亡くなりになられてしまったが、千葉大学の恩師である小笠原長和先生、田中久夫先生が御健在で、現在でもご指導いただいているのは嬉しいかぎりである。

一九七六年四月に山梨県立女子短期大学に就職し、一、二年ブラブラしていた。この大学は雑務も少なく、時間は十分に有ったが、勉強をしなくても一向に咎め立てを受けるようなところではなかった（教育の負担も軽かった）。ただ国文科があったので、国文科の先生から種々お教えを受けたのは幸運であった。怠惰な研究生活を送り始めていたとき、見兼ねたのか東京の歴史学研究会から声がかかってきた。中世史部会の運営委員、さらには委員をやれと。これ以後ほぼ十年にわたって歴史学研究会と付き合うこととなった。当時は「社会史旋風」が吹き荒れており、研究もかなり大きく転換せざるをえなかった。すでに序論で述べたように、第一部、第二部の諸論文はこの活動の中から諸氏に学んで成したものである。この活動の中で様々な人と会い、お教えを受け、世話になったが、歴研委員・運営委員を長らく一緒に勤めた木村茂光氏に感謝したい。アバウト的な性格で、多少情緒不安定などころがあるので、木村氏とコンビを組まなかったならば、とうてい歴研委員等は勤まらなかったと思う。本来不精でぐうたらな性格に生まれ付いていたのであるが、委員たる者は否応なく様々な研究会に出席せざるをえず、勉強せざるをえなかった。歴研中世史部会で出会い、教えを受けた人々は忘れ難い。福島に移った現在でも当時の仲間が東京から電話をかけてきて飲む会に誘われると、いそいそと何はさて置いても出かけるのである。

東京大学史料編纂所藤田覚氏には史料閲覧等の便宜で何時も御迷惑をかけている。千葉大学、東北大学大学院と同じようなコースを歩み、二十数年にわたっての「酒友」である。今後も宜しく願いたい。

本書が成せたのも、ある研究会で常に隣に席を占められていた今谷明氏の熱心なお勧めがあり、思文閣出版に推薦していただいたからである。深謝したい。

最後に本書を纏めるに際して、思文閣出版の林秀樹氏、編集の労をとられた芹生文子氏には様々な御配慮をいただいた。末筆ながら謝意を表したい。

一九九三年五月二〇日

人名索引

あ

い

へ

ほ

ま

み

事項索引

あ

い

う

え

お

か

き

す

せ

そ

た

ち

つ

て

と

な

伊藤　喜良（いとうきよし）

1944年長野県生.
1974年東北大学大学院文学研究科博士課程満期退学.
東北大学博士（文学）.
東北大学教養部，山形大学教養部等の非常勤講師を経て，1976年山梨県立女子短期大学講師．1978年同助教授．1990年福島大学 行政 社会学部 助教授．92年同教授.
著書：日本の歴史 8『南北朝の動乱』（集英社），『講座日本歴史』4（共著，東京大学出版会），『中世奥羽の世界』（共著，東京大学出版会）

思文閣史学叢書

日本中世《にほんちゅうせい》の王権《おうけん》と権威《けんい》

一九九三年八月十日　発行

著　者　伊藤喜良

発行者　田中周二

発行所　株式会社　思文閣出版
京都市左京区田中関田町二ー七
電話（〇七五）七五一ー一七八一㈹

印刷　同朋舎　製本　大日本製本紙工

ISBN4-7842-0781-3 C3021

伊藤喜良（いとう　きよし）…福島大学名誉教授

日本中世《にほんちゅうせい》の王権《おうけん》と権威《けんい》（オンデマンド版）

Digital Publishing

2016年10月20日　発行

著　者　　伊藤　喜良
発行者　　田中　大
発行所　　株式会社 思文閣出版
〒605-0089　京都市東山区元町355
TEL　075-533-6860　FAX　075-531-0009
URL　http://www.shibunkaku.co.jp/
装　幀　　上野かおる（鷺草デザイン事務所）
印刷・製本　株式会社 デジタルパブリッシングサービス
URL　http://www.d-pub.co.jp/

AJ809

ISBN978-4-7842-7012-5　C3021　Printed in Japan